◀全面建成小康社会研究丛书▶

百年圆梦
全面建成小康社会

王相坤◎著

BAINIAN YUANMENG

QUANMIAN JIANCHENG XIAOKANG SHEHUI

河北出版传媒集团
河北人民出版社
石家庄

图书在版编目（ＣＩＰ）数据

百年圆梦：全面建成小康社会 / 王相坤著. -- 石
家庄：河北人民出版社，2020.10
（全面建成小康社会研究丛书）
ISBN 978-7-202-15023-8

Ⅰ．①百… Ⅱ．①王… Ⅲ．①小康建设－研究－中国
Ⅳ．①F124.7

中国版本图书馆CIP数据核字(2020)第207239号

丛 书 名	全面建成小康社会研究丛书	
书　　名	百年圆梦：全面建成小康社会	
著　　者	王相坤	
责任编辑	赵　蕊　王　颖　郭　忠	
美术编辑	王　婧	
封面设计	雨　林	
责任校对	付敬华	
出版发行	河北出版传媒集团　河北人民出版社	
	（石家庄市友谊北大街 330 号）	
印　　刷	河北新华第二印刷有限责任公司	
开　　本	787 毫米×1092 毫米　1/16	
印　　张	34.75	
字　　数	398 000	
版　　次	2020 年 10 月第 1 版　2020 年 10 月第 1 次印刷	
书　　号	ISBN 978-7-202-15023-8	
定　　价	98.00 元	

中国共产党第十九次全国代表大会报告——《决胜全面建成小康社会　夺取新时代中国特色社会主义伟大胜利》，回顾中国共产党对我国社会主义现代化建设做出战略安排的历程，明确指出："到建党一百年时建成经济更加发展、民主更加健全、科教更加进步、文化更加繁荣、社会更加和谐、人民生活更加殷实的小康社会，然后再奋斗三十年，到新中国成立一百年时，基本实现现代化，把我国建成社会主义现代化国家。"[①]这段话讲的就是"两个一百年奋斗目标"，第一个百年目标，是到2020年全面建成小康社会；第二个百年目标，是到2050年实现社会主义现代化，实现中华民族伟大复兴。

众所周知，"小康社会"这个概念是1979年12月6日邓小平在会见日本首相大平正芳时最早提出来的。他说：四个现代化的目标是毛主席、周总理在世时确定的。所谓四个现代化，就是要改变中国贫穷落后的面貌，不但使人民生活水平逐步有所提高，也要使中国在国际事务中能够恢复符合自己情况的地位，对人类作出比较多一点的贡献。落后是要受人欺负的。我们要实现的四个现代化，

[①]《中国共产党第十九次全国代表大会文件汇编》，人民出版社2017年版，第22页。

是中国式的四个现代化。我们的四个现代化的概念，不是像你们那样现代化的概念，而是"小康之家"。到本世纪末，中国的四个现代化即使达到了某种目标，我们的国民生产总值人均水平也还是很低的。要达到第三世界中比较富裕一点的国家的水平，比如国民生产总值人均1000美元，也还得付出很大的努力。就算达到那样的水平，同西方来比，也还是落后的。所以，我只能说，中国到那时也还是一个小康的状态。[①] 1984年3月25日，在会见日本首相中曾根康弘时，邓小平又说："翻两番，国民生产总值人均达到800美元，就是到本世纪末在中国建立一个小康社会。这个小康社会，叫做中国式的现代化。"[②]

从邓小平的两次论述看，当时讲的"小康社会"就是实现现代化，是现代化目标的一个新表述。然而，到1985年时邓小平对二者的表述发生了变化。这一年3月25日，邓小平在会见美国新闻界人士"重访中国团"时，谈到中国的现代化发展战略时指出：我们有个雄心壮志，从80年代起，到本世纪末，把中国建设成为一个小康社会。这个目标达到了，就为我们的继续发展奠定了一个很好的基础。再用30到50年的时间建设，我们就可以接近世界上发达国家的水平。办好这件事，要花70年的时间，但这是我们坚定不移要做的事情。从我们制定战略目标起，就把我们的建设叫作社会主义四个现代化。[③] 在这里，建成小康社会的目标是到20世纪末，而建成社会主义现代化国家是到21世纪中叶。

真正把小康社会作为第一个百年奋斗目标，是2002年召开的

---

① 《邓小平思想年编（1975—1997）》，中央文献出版社2011年版，第280-281页。

② 同上书，第494页。

③ 同上书，第535页。

中共十六大。十六大报告指出："综观全局，21 世纪头 20 年，对我国来说，是一个必须紧紧抓住并且可以大有作为的重要战略机遇期。……我们要在本世纪头 20 年，集中力量，全面建设惠及十几亿人口的更高水平的小康社会，使经济更加发展、民主更加健全、科教更加进步、文化更加繁荣、社会更加和谐、人民生活更加殷实。……经过这个阶段的建设，再继续奋斗几十年，到本世纪中叶基本实现现代化，把我国建成富强民主文明的社会主义国家。"[1] 这段话明确提出了到 2020 年中国共产党成立即将 100 年时，全面建设惠及十几亿人口的更高水平的小康社会。也就是第一个百年奋斗目标。

对"两个一百年"奋斗目标的第二个百年——到 2049 年中华人民共和国成立 100 年时，实现现代化、实现中华民族的伟大复兴，习近平总书记在党的十九大报告中已经做出了明确的回答。他说："我们党深刻认识到，实现中华民族伟大复兴，必须建立符合我国实际的先进社会制度。我们党团结带领人民完成社会主义革命，确立社会主义基本制度，推进社会主义建设，完成了中华民族有史以来最为广泛而深刻的社会变革，为当代中国一切发展进步奠定了根本政治前提和制度基础，实现了中华民族由近代不断衰落到根本扭转命运、持续走向繁荣富强的伟大飞跃。"[2] 这就把从 1949 年中华人民共和国成立到 2049 年实现中华民族伟大复兴的缘起讲清楚了。

那么，如何理解第一个百年奋斗目标——到 2020 年中国共产党成立 100 年时全面建成小康社会呢？

---

[1] 江泽民：《全面建设小康社会　开创中国特色社会主义事业新局面——在中国共产党第十六次全国代表大会上的报告》(2002 年 11 月 8 日)，《人民日报》2002 年 11 月 9 日。

[2] 《中国共产党第十九次全国代表大会文件汇编》，人民出版社 2017 年版，第 11—12 页。

这就需要回答一个问题：为什么 1979 年提出的"小康"成为中国共产党成立 100 年的奋斗目标？在即将实现全面建成小康社会的今天，必须从理论与实践的结合上回答好这个问题。为此，作者进行了深入的研究。研究是围绕这样一些问题而展开的：

一是中国共产党成立时的最初理想与全面建成小康社会有没有关系，是一种什么关系？

二是新民主主义革命时期中共的革命史与全面建成小康社会有无必然的历史联系，它在何种程度上回答了全面建成小康社会的理论与实践问题？

三是小康社会的概念提出以后，多次改变实现小康社会目标的时间，怎样理解它作为第一个百年目标的历史必然性？

对第一个问题做出回答，实际上是解决中国共产党对小康梦想的缘起问题，也就是说，建党时中国共产党人的最初理想有没有小康的设计，如果有，小康社会就成为贯通中国共产党 100 年历史的一条红线，说它是中国共产党第一个百年梦想的理论逻辑是成立的。

对第二个问题做出回答，实际上是解决中国共产党对小康梦想的初步实践问题，也就是说，在新民主主义革命时期，中国共产党的主要使命是革命，完成革命的过程是不是实现人民小康梦想的过程，如果是，就解决了中国共产党建设小康社会的连续性问题，它使改革开放后党提出建设小康社会的目标成为历史的必然。

对第三个问题做出回答，实际上是解决建设什么样的小康社会的问题，是初级的小康、高质量的小康还是全面的小康？它直接关系到中国共产党对小康社会的定义和追求。从后来发展的结果看，中国共产党追求的是全面建成小康社会，所以它是中国共产党诞生以来的百年梦想。

要对上述问题做出全面正确的回答，第一，必须从中国共产党的创建史开始研究，只有这样才能搞清楚李大钊、陈独秀和毛泽东等创始人在筹建中国共产党时，是怎样设计包括小康社会在内的实现民族独立、国家统一、人民解放道路的。在此基础上，进一步研究整个新民主主义革命时期的中共党史，只有这样才能从早期共产党人的思想理论和革命实践中，寻找小康社会的历史源头；从新民主主义革命28年间走过的不平凡道路中，探究在以武装夺取政权为主题的战争年代，中国共产党人是怎样实践为人民谋小康的。

第二，必须认真研究社会主义革命和社会主义建设时期的历史，也就是新中国史。只有这样，才能从中华人民共和国成立后进行社会主义革命和社会主义建设的历史中，研究和总结执政后的中国共产党人在建立社会主义制度、探索社会主义建设规律的过程中，是怎样为中国人民解除贫困、不断提高物质和文化生活水平的。

第三，最重要的是认真研究改革开放史，只有这样，才能从中共十一届三中全会以来进行改革开放和社会主义现代化建设的历史中，总结提出建设小康社会目标以后中国共产党人是怎样不断深化认识，最终实现全面建成小康社会目标的。

中国共产党的历史、新中国史、改革开放史贯穿了这样一条红线：中国共产党人对建设小康社会的梦想是一以贯之的，它揭示了小康社会从思想萌芽、实践探索、理论形成到逐步推进、最终实现的百年路径：

救国救民——这是中国共产党之所以诞生的根本原因。救国救民是早期共产党人让中国人民过上好日子、建设小康社会的早期表达。那时候，共产党人认识到，在半殖民地半封建的旧中国，在祖国惨遭外国列强侵略、欺凌的背景下，要建设小康社会是不现实的。挽救民族危亡是那时中国的当务之急，也是建设小康社会的前提。那时，救国救民的内涵就是实现民族独立、国家统一、人民解放、社会稳定。中国共产党团结带领人民找到了一条以农村包围城市、武装夺取政权的正确革命道路，进行了28年浴血奋战，完成了新民主主义革命，1949年建立了中华人民共和国，实现了中国从几千年封建专制政治向人民民主的伟大飞跃，从而为建设小康社会奠定了政治基础。

进行社会主义革命和社会主义建设——这是为小康社会奠定物质基础阶段。中国共产党人深刻认识到，建设小康社会，实现"两个一百年"奋斗目标、实现中华民族伟大复兴，必须建立符合我国实际的先进社会制度。它团结带领人民完成社会主义革命，确立社会主义基本制度，推进社会主义建设，完成了中华民族有史以来最为广泛而深刻的社会变革，实现了中华民族由近代不断衰落到根本扭转命运、持续走向繁荣富强的伟大飞跃。中国共产党人进行社会主义革命和社会主义建设的过程，实际上也是建设小康社会的过程。据联合国亚洲及太平洋经济社会委员会的统计，1949年，中国人均国民收入27美元，不足亚洲平均水平44美元的2/3，不足印度57美元的1/2。也就是说，新中国成立时，中国的绝大多数劳动人民处在国际公认的贫困线以下。经过29年社会主义革命和社会主义建设，到1978年，中国经济总量居世界第10位，人均190美元，与新中国成立时的27美元相比增长了许多倍。虽然占世界的份额只有1.8%，但贫困人口明显减少，有2.5亿农民处于未解决温饱的贫困状态，这个数字占全国农民总人口的30.7%。

实行改革开放——这是建设小康社会的思想理论形成、完善的重要阶段，是实现全面建成小康社会的阶段。在这个过程中，以邓小平为主要代表的中国共产党人，团结带领全党全国各族人民，深刻总结我国社会主义建设正反两方面经验，做出把党和国家工作中心转移到经济建设上来、实行改革开放的历史性决策，明确提出走自己的路、建设中国特色社会主义，科学回答了建设中国特色社会主义的一系列基本问题，提出建设小康社会的一系列理论和政策，制定了实现小康社会的发展战略。中共十三届四中全会后，以江泽民为主要代表的中国共产党人，把邓小平提出的建设小康社会、基本实现社会主义现代化的战略目标继续推向前进，在中共十五大第一次提出了"两个一百年"奋斗目标，在国内外形势十分复杂、世界社会主义出现严重曲折的严峻考验面前，捍卫了中国特色社会主义，确立了社会主义市场经济体制的改革目标和基本框架，确立了社会主义初级阶段的基本经济制度和分配制度，成功把中国特色社会主义推向 21 世纪。中共十六大后，以胡锦涛为主要代表的中国共产党人，深刻认识和回答了新形势下实现什么样的发展、怎样发展等重大问题，在全面建设小康社会进程中推进实践创新、理论创新、制度创新，强调坚持以人为本、全面协调可持续发展，形成中国特色社会主义事业总体布局，着力保障和改善民生，促进社会公平、正义，推动建设和谐世界，推进党的执政能力建设和先进性建设，成功在新的历史起点上坚持和发展了中国特色社会主义。中共十八大以来，以习近平同志为核心的党中央团结带领全党全国各族人民，全面审视国际国内新的形势，深刻回答了新时代坚持和发展什么样的中国特色社会主义、怎样坚持和发展中国特色社会主义这个重大时代课题，形成了习近平新时代中国特色社会主义思想，坚持统筹推进"五位一体"总体布局、协调推进"四个全面"战略布局，推动党和国家事业发生历史性变革、取得历史性成就，实现全面建成小康社会的第一个百年目标。

本书向广大读者展示的就是从中国共产党成立到 2020 年全面建成小康社会的完整历程。

用这样的研究方法把从 1921 年中国共产党诞生到 1979 年我们党对"小康"概念的正式提出连接起来，形成从中国共产党诞生到 2020 年中国共产党诞生 100 年时实现全面建成小康社会的百年完整奋斗历程，有没有理论依据？回答是肯定的，习近平总书记在十九大报告中指出："中国共产党一经成立，就把实现共产主义作为党的最高理想和最终目标，义无反顾肩负起实现中华民族伟大复兴的历史使命，团结带领人民进行了艰苦卓绝的斗争，谱写了气吞山河的壮丽史诗。"① 人所共知，小康社会是实现现代化、实现中华民族伟大复兴征途中的一个阶段性目标，那么，中国共产党一经成立，就义无反顾肩负起实现中华民族伟大复兴的历史使命，小康社会必然包含其中。所以，中国共产党一经成立，也就同时胸怀建设小康社会的伟大理想。

王相坤

2020 年 1 月 20 日于北京

---

① 《中国共产党第十九次全国代表大会文件汇编》，人民出版社 2017 年版，第 11 页。

MULU | 目　录

第一章 救国救民

建党时期共产党人的『小康』梦

中华民族是一个具有 5000 年文明史的伟大民族。在人类发展的漫长进程中，中华儿女不断书写辉煌。在具有标志性意义的科学发明领域，中国的造纸、蚕丝、火药、指南针、印刷术等，比其他国家领先许多年；在工业方面，使用煤炭作为燃料，开采深井盐和天然气，机械学上差动齿轮和钟表装置，造船上使用尾柱舵、密封舱和明轮等技术，中国要领先欧洲几百年。即使到 1750 年，中国仍是世界第一强国，史称"康乾盛世"。这一年，中国 GDP 占世界份额 32%，居世界首位，欧洲几大强国共占全世界 GDP 的 17%。那时，美国还是英国的殖民地，26 年后才独立建国。

　　鸦片战争后，帝国主义用坚船利炮打开了古老中国的大门，中国从此饱受帝国主义列强的欺侮，开始走下坡路，逐步沦为半殖民地半封建社会。为谋求民族独立、人民解放，不屈不挠的中国人民进行了无数次抗争。在一次次失败后，十月革命一声炮响，给中国送来了马克思列宁主义。中国共产党的成立改写了这一悲惨的历史。

一、救国救民的初衷，把中国的先进分子引向革命道路

"救国救民"的本质是爱国主义。在中国古代，"爱国"的早期表达是"爱家"。因为封建帝王是"家天下"，他的爱家就是爱国；对于普通百姓而言，家与国的关联虽没有如此直接，但是，撑起家庭的责任，减少对国家的依赖，也是爱国的表现。在政治上，国家是皇帝的，"家国同构"。这种模式，形成了忠孝两全的政治伦理和传统。家庭是社会的基本单元，整个社会被看作是家庭的延伸和扩展，血缘亲情造就了中国人对家庭成员的热爱。中国封建社会的经济政治制度，又使中国人互相依存于家庭，家庭成为个人生存的依托、感情的港湾、解决困难的后盾、成长成才的老师。所谓"天下之本在国，国之本在家，家之本在身"，"欲治其国者，先齐其家；欲齐其家者，先修其身"，就是这个意思。以爱家为起点，造就了中国人强烈的责任心。对家庭的责任，对亲友的责任，对同事的责任，对社会的责任，对国家的责任，无处不在影响着每一个人的生活。

由家庭延伸到国家，中国人都有深厚的爱国情感。中国古代的爱国所爱的那个"国"与当代的爱国所指还是有区别的。

其一，古代中国，爱天下即指爱国。由于封闭的环境造成信息不畅，不了解天下之大、国外有国，所以，把"天下"与"国家"混淆了。周朝时，《诗经·小雅·谷风之什·北山》中就有"溥天之下，莫非王土；率土之滨，莫非王臣"之说，意指王权覆盖整个天下，四海之内都是他的臣民。这种天下观，实际上是把中原王朝看作天下唯一国家为前提的。所以，在古代，讲"国"的时候多以

"天下"一词代替,以《老子》为例,"天下"共出现55次,"国家"仅出现2次。

其二,古代中国"忠君"就是爱国。中国古代政治体制是家国同构,国君为国家代表,国难就是家仇,"忠君"是大义,所以,古代历史上的屈原、范仲淹、岳飞、陆游、文天祥、史可法等爱国者,都有不同程度的"忠君"思想。

其三,爱繁衍生息之地也被理解为爱国。古代中国的战争有抵御外敌之战,但更多是内争,以战争实现朝代的更替。在春秋战国之前,完整意义上的国家还没有诞生,国与国之间的边界并不清晰,人员往来自由。"在当时人们的思想意识中,并不存在中国与外国的对立与区别","普通百姓对某一国所采取的或去、或就、或留的态度,并不是他爱国与否的标志"。① 宋代以后,"反侵略"成为爱国主义的重要内容。但那时的"反侵略"在今天看来,只能算是内争。"当时战争的各方,也并不认为那是发生在国与国之间的国际战争,而只是一个国家内部的斗争,是在争夺这个大家所共有的'天下'。"② 如,宋与辽、金的长期战争,辽朝是中国历史上由契丹人建立的一个王朝,它全盛时期的疆域东到日本海,西至阿尔泰山,北到额尔古纳河、大兴安岭一带,南到今河北省中部的白沟河。金朝是女真族在今黑龙江省哈尔滨市阿城区建都立国的统治中国东北和华北地区的王朝。所以,中国人称历史上的历代政权为"朝"而不称为"国"。

"爱国"这个概念真正意义上具有反侵略的含义,发生在近代。1899年2月,近代思想家、政治家、教育家、史学家、文学家梁启

---

① 郭建勋:《屈原的乡国之情与人格魅力》,《光明日报》2014年5月26日。
② 同上。

超发表近代史上第一篇论爱国的文章《爱国论》，提出"爱国"的概念。梁启超在文中强调爱国是现代社会最重要的伦理。他说："夫国家者，一国人之公产也。朝廷者，一姓之私业也。国家之运祚甚长，而一姓之兴替甚短。国家之面积甚大，而一姓之位置甚微。"这种"主权在民"、把国家看作是人们公共利益的观点，与封建王朝"家国同构""爱家就是爱国""忠君就是爱国"有着根本的区别。梁启超认为，有国才有家，爱国便是自爱，"皮之不存，毛将焉附"？梁启超提出爱国论之时，正是中华民族被外国列强侵略之时，所以他谈论的爱国时常与救国联系在一起。他说："夫爱国者，欲其国之强也，然国非能自强也，必民智开，然后能强焉，必民力萃，然后能强焉。故由爱国之心而发出之条理，不一其端，要之必以联合与教育二事为之起点。一人之爱国心，其力甚微，合众人之爱国心，则其力甚大，此联合之所以为要也；空言爱国，无救于国，若思救之，必藉人才，此教育之所以为要也。"梁启超反复强调，爱国就要使国家强盛，要团结一心，从我做起，发挥民智，集中民力。

鸦片战争后，帝国主义列强一个又一个、一次又一次轮番地掠夺中国资源。从 1840 年到 1900 年的 60 年间，由清政府向各帝国主义列强正式承认的赔款共达 7.23 亿两白银，加上分期付款利息和赔款而借贷利息额，实际为 16 亿多两白银。这些赔款等于清政府20 年的财政收入总和。国库不济的清政府最终把苦难转嫁到老百姓头上，使得农民和手工业者的赋税负担越来越重。1852 年 2 月，曾国藩在一份奏折中禀报："东南产米之区，大率石米卖钱三千"，"昔日两银换钱一千，则石米得钱三两；今日两银换钱二千，则石米仅得钱一两五钱。昔日卖米三斗，输一亩之课而有余；今日卖米六斗，输一亩之课而不足"。① 这表明，当时的农民收入锐减，支出倍增，生活艰难。而凶如恶狼的封建官吏，却对人民进行敲骨吸髓的压榨。江浙一带，漕赋一石，经过层层摊派勒索，浮收至二石五斗六；湖南官吏，"合党分私"，巧立名目，"不饱不放"。这种情况加剧了贫富分化，而对于农民来说，贫困的最终结果就是出卖土地，这就使土地兼并成为必然。据直隶、江苏、浙江、山西、湖北、陕西、山东、河南、江西、福建、广东、广西和东北地区的统计，全国土地的40%~80%集中在10%~30%的少数人手中，而60%~90%的多数人，则没有土地。

失去土地，生活无着，这是爆发社会危机的强烈信号，最终各地农民揭竿而起，群起反清。在1842年至1850年的几年间，各地农民起义达92次之多。其中，1842年10次，1843年4次，1844年9次，1845年9次，1846年6次，1847年8次，1848年10次，1849年13次，1850年23次。到1851年，终于爆发了洪秀全领导的太平天国农民革命运动。洪秀全出生于广东花县一个中农家庭，因4次参加功名科考不第，痛感清王朝的腐败，最终抛弃科举仕途的幻想，开始摸索救国救民的道理。他向人们宣称自己受上帝之命下凡救世，劝导人们只信上帝，不拜别的偶像，开创了"拜上帝教"，建立了自己的组织"拜上帝会"。这种用宗教语言宣传的道理，成为发动太平天国起义的精神武器。到1850年11月，聚拢在洪秀全旗帜下的农民已达万人以上。

为了实现革命目标，洪秀全制定并颁布了一系列政治、军事、经济法令：在政治上提出了建立"有田同耕，有饭同吃，有衣同穿，有钱同使，无处不均匀，无人不饱暖"的理想社会的目标。在政权

---

① 陈旭麓主编：《近代中国八十年》，上海人民出版社1983年版，第83页。

建设上建立官制。实行封王，并由东王杨秀清节制各王。设立官制12级：军师、丞相、检点、指挥、将军、总制、监军、军帅、师帅、旅帅、卒长、两司马。规定军帅以下各级乡官实行保举制度，"凡天下每岁一举，以补诸官之缺。举得其人，保举者受奖；举非其人，保举者受罚"①。在军事上，组建太平军，实行军、师、旅、卒、两、伍的军队建制。洪秀全严明军纪，规定："一遵条命；二别男行女行；三秋毫无犯；四公心和傩（睦），各遵头目约束；五同心合力，不得临阵退缩。"②后来，又以此为基础经过充实完善，形成"定营规条十要"和"行营规矩"十令，纳入《太平条规》，于1852年明令颁布。在经济上，建立圣库制度，没收地主浮财，抢割地主田禾，奖励商业。1853年冬，颁布了实现耕者有其田的《天朝田亩制度》。

1853年3月，太平军攻克南京，改南京为天京，定为太平天国首都，正式建立了与清朝政府对峙的政权。之后，太平军发起北伐和西征。北伐军一度占领天津一带。太平天国全盛时期曾占有中国半壁江山，其势力发展到18个省，实际控制的区域150多万平方千米。太平军曾发展到100多万人。

就在太平军大破清军江南大营，太平天国运动形势大好之时，太平天国领导人之间的矛盾日益激化，爆发"天京事变"。手握重权的东王杨秀清被胜利冲昏头脑，产生了篡位之心。"天京事变"导致太平天国领导集团公开分裂，使太平军力量被大大削弱，此后太平天国运动走上下坡路。1864年7月，天京被清军攻陷，轰轰烈烈的太平天国运动悲壮地失败了。

---

①《中国旧民主主义革命八十年大事简介》，解放军出版社1988年版，第59页。
② 同上书，第49页。

太平天国运动有着救国救民的进步性。马克思在 1853—1862年，写下 6 篇文章盛赞太平天国运动。1853 年 5 月 20 日，他在《中国革命和欧洲革命》一文中指出："中国连绵不断的起义已延续了十年之久，现在已经汇成了一个强大的革命；不管引起这些起义的社会原因是什么，也不管这些原因是通过宗教的、王朝的还是民族的形式表现出来，推动这次大爆发的毫无疑问是英国的大炮"，"可以大胆预言，中国革命将把火星抛到现代工业体系的即将爆发的地雷上，使酝酿已久的普遍危机爆发"。[1]

在太平天国运动 30 多年后，中国大地掀起了大规模的义和团运动。鸦片战争后，帝国主义列强的侵略，造成中国人民的贫困破产和各种灾难，从而激起人们的排外情绪。生活在社会下层的民众认为，只有把一切洋人赶走，一切洋货取消，人民大众才有出头之日。于是，分布在各地并经常与人民直接接触的外国教会和传教士，成为各地群众痛恨和打击的直接目标。"义和拳"首先在受到帝国主义列强瓜分的山东兴起，开展反洋教活动，并很快演变成为以"扶清灭洋"为目标的义和团运动。

1900 年，义和团席卷京津。目睹者记载："拳民聚集既众，而新附者尤络绎不绝"，"头裹红巾之辈，触目皆是，致红巾价格为之顿昂"。[2]中外反动势力对义和团的迅速发展惶恐不安，帝国主义政府和各国驻华公使不断警告清政府"剿灭义和团"。5 月，直康总督裕禄派副将领杨福同率领清军到涞水镇压。义和团两三千人预先埋伏在石亭地区，待杨福同的清军进入设伏地域时，被义和团层层包围，伤亡 70 余人。杨福同见势不妙，企图突围，被义和团乱刀砍

---

① 《马克思恩格斯要论精选》（增订本），中央编译出版社 2016 年版，第 503 页。
② 《中国旧民主主义革命八十年大事简介》，解放军出版社 1988 年版，第 367 页。

死。之后，义和团数千人乘胜攻占北京南侧重镇涿州，声势更盛。慈禧太后见一时"剿灭"不了义和团，出于对西方列强反对她废黜光绪皇帝的报复，于是改变策略，承认义和团的合法地位，以便控制利用。

义和团运动也增强了清政府抵御外敌的勇气。1900年6月21日，清政府以光绪皇帝的名义向英、美、法、德、意、日、俄、西、比、荷、奥11国宣战。同时，悬赏捕杀洋人，规定"杀一洋人赏50两"。此后，义和团和清军围攻各国在北京的使馆。这为列强武装侵略中国提供了口实。奥、英、法、德、意、日、俄、美8国一致决定，以保护使馆的名义调兵进入北京。八国联军侵占京、津后，烧杀抢掠，无恶不作。日军自供，仅从清政府的国库（户部）中，就抢走了263万两银子。

义和团运动就这样在八国联军的铁蹄下被绞杀了。

在与列强的战争中不断失败，使清政府看到外国侵略者拥有比中国旧式武器厉害得多的"坚船利炮"，外国军队的训练也远胜中国的绿营、八旗。在与外国势力联合镇压太平天国运动中，清政府还看到他们与外国侵略者拥有共同利益，外国侵略者要的是经济利益，并不准备推翻清朝统治取而代之。而清王朝第一位的任务是保政权。于是，他们把魏源的"师夷长技以制夷"的主张修改为：在承认列强在华既得利益，力保中外"和局"的条件下，换取列强的支持，引进一些资本主义生产技术，强兵富国，摆脱困境，求得"自强"。在慈禧太后的支持下，掀起了一场长达30年的学习"外洋科学"的"洋务运动"。

洋务派实现军事自强的第一步是，向外国大量购买洋枪、洋炮和机器设备，开办工厂，制造军火。1862年，两江总督曾国藩在安庆设立军械所，试造船炮。在中国科学家华蘅芳、徐寿等人主持下，于 1866 年建造了一艘时速 20 多里的木质轮船黄鹄号。这一做法引起了军方的重视。江苏巡抚李鸿章认为："中国欲自强，则莫如学习外国利器；欲学习外国利器，则莫如觅制器之器。"奕䜣则上奏朝廷："查治国之道，在乎自强，而审时度势，则自强以练兵为要，练兵又以制器为先。"[①]这样，制造武器成为清廷的主流意见，在全国开始大兴军火工业。江南制造总局、金陵机器局、福建船政局、天津机器局等一系列军工厂拔地而起。

由于整个国家经济不景气，洋务派在筹办军事的过程中受制于经费不足。于是，他们又学西方国家"以工商致富，由富而强"的办法，提出"寓强于富"的口号，转而将筹办军事的目标由"自强"兼及"求富"，着手筹办民用性工矿企业，企图通过"求富"达到"兴商务，浚饷源，图自强"。但这是不现实的。列强侵略中国的主要目的是掠夺中国资源，清政府发展经济就会与他们的利益产生矛盾，因此，不允许清政府取得经济主导权是列强的政策底线。同时，鸦片战争后，通过一系列不平等条约，列强逐渐控制了中国的经济命脉，在不驱逐列强的情况下要发展中国经济是不可能的。

1894 年，中日燃起战火。在历时 8 个月的甲午战争中，李鸿章苦心经营的北洋水师全军覆没。甲午战争失败的直接结果，导致清政府迈出丧权辱国的又一重要步伐——与日本签订了《马关条约》。在这个条约中，中国把辽东半岛、台湾岛及其附属各岛屿、澎湖列岛割让给日本；赔偿日本军费白银 2 亿两；开放沙市、重庆、苏州、杭州为通商口岸；中国承认朝鲜"完全无缺之独立自主"，从而使朝

① 陈旭麓主编：《近代中国八十年》，上海人民出版社 1983 年版，第 198 页。

鲜沦为日本控制。

看到帝国主义不愿意也不允许中国自强的嘴脸，同时也看到了依靠腐败无能的清政府无力实现国家自强之后，中国上层的民族资产阶级开始考虑变法，主张在不触动封建统治基础的情况下，改革封建弊政，按照英、日等资本主义国家的模式，在中国实行以建立君主立宪制、发展资本主义为最终目标的自上而下的政治改革，使中国走上资本主义道路。

1898年1月底，康有为向光绪皇帝呈送了变法维新大纲。基本内容是：（1）召集群臣，宣誓变法，大臣们都要表明决心，革除旧习，努力维新，否则自请免官；（2）设"上书所"以广开言路，让官吏和士民自由上书，凡上书建议都可以直接送到皇帝手中，有符合要求的，就破格任用；（3）在宫廷中设制度局，以定新制……皇帝每日到局议政，对旧章法视不同情况或废除或保留或修改，并定出新规章，颁布施行。

这三条，第一条是想依靠皇帝的权威，在全国推行变法；第二条是想让维新派参与中央和地方各级政权，在全国上下壮大维新的声势；第三条是要全面改革政权机构。

在认可这一变法纲领之后，1898年6月11日，光绪皇帝发布"明定国是"诏书，宣布变法，实行新政，戊戌变法由此起航。在3个多月时间里，光绪皇帝发布了100多道诏书、谕令，内容包括：在政治上，广开言路，提倡官民上书言事；准许自由开设报馆、学会；撤除无事可办的衙门，裁减冗员；废除满人寄生特权，准许自谋生计。在经济上，提倡实业，设立农工商总局和矿务铁路总局，兴办农会和商会，鼓励商办铁路、矿务，奖励实业方面的各种发明；创办国家银行，编制国家预决算，节省开支。在军事上，裁减绿营，淘汰冗兵，改变武举考试制度，精练陆军；筹办兵工厂；添设海军，培养海军人才。在文教上，开办京师大学堂，全国各地设立兼学中学、西学的学校；废除八股，改试策论；选派留学生到日本，设立译书局，编译书籍，奖励著作等。

为使这些政策得以落实，光绪皇帝下达上谕，向全国阐述实行变法的重要意义，指出：“今将变法之意，布告天下，使百姓咸喻朕心，共知其君之可恃，上下同心，以成新政，以强中国。”并要求各省各州县官员要切实进行宣讲，务必使“所有关乎新政之谕旨”“家喻户晓”。①

但是，戊戌变法挑战了千百年来的定制，冲击了封建顽固势力的既得利益者，从一开始推行就在要不要变“祖宗之法”，要不要废除“八股”、倡导西学、改革教育制度，要不要实行君主立宪等问题上，遭到以慈禧太后为首的封建顽固势力反抗。变法实施后的第四天，慈禧就采取了三项措施削弱光绪皇帝的权力：（1）命翁同龢“开缺回籍”；（2）以荣禄为直隶总督；（3）命二品以上大臣到太后前谢恩。这三项措施，意在达到这样的效果：搬掉支持光绪皇帝的亲信重臣翁同龢，由她的亲信荣禄直接统辖北洋三军，在军事上控制京畿，把北京城的军队指挥权抓到手中，确保把维新变法扼杀在摇篮之中；让二品以上大臣前来谢恩，给人以这类官员的升降权力并不属于皇帝，而仍在她的手中的印象；警告光绪皇帝及其追随者，不要走得太远。

读懂慈禧心思的各地官员开始在贯彻光绪皇帝变法维新法令中徘徊。

光绪皇帝为打破困境也采取了三项措施。一是裁撤机构。在中

---

① 胡绳著：《从鸦片战争到五四运动》下册，人民出版社 1997 年版，第 533 页。

央，裁撤了詹事府、通政司、光禄寺、鸿胪寺、太常寺、太仆寺、大理寺等衙门；在地方，裁撤了湖北、广东、云南三省巡抚。二是查办官员。7月16日，光绪下诏把阻挠主事王照上条陈的礼部尚书怀塔布、许应骙等交部议处。三是重用维新派。任用谭嗣同、杨锐、刘光第、林旭四人为军机章京上行走，参与新政事宜。

这是慈禧不能容忍的。7月29日，光绪面见慈禧当天，就写了一道密谕交给杨锐，并说："朕惟时局艰难，非变法不足以救中国，非去守旧衰谬之大臣，而用通达英勇之士，不能变法。而皇太后不以为然，朕屡次上谏，太后更怒。今朕位几不保，汝康有为、杨锐、林旭、谭嗣同、刘光第等，可妥速密筹，设法相救。"①

缺乏斗争经验的康有为等一群书生，把解救光绪、拯救维新变法的希望寄托于：一是借用袁世凯的力量发动推翻慈禧太后的军事政变，二是请求帝国主义者出面干涉。结果，美英等帝国主义国家袖手旁观，他们"并不认为有必要在慈禧太后和光绪皇帝的争权斗争中明确表示支持哪一方面"，从而堵死了维新派依靠外力向慈禧施压的路子。而袁世凯是个惯于看风使舵的野心家，他一面答应维新派的要求，具折向光绪"谢恩"，一面与顽固派暗通消息，并于9月20日被光绪召见后急回天津向荣禄告密。得到密报的慈禧太后于9月21日凌晨发动政变，软禁光绪皇帝于中南海的瀛台，慈禧太后以"训政"的名义，重掌国政。康有为、梁启超分别在英国人和日本人的保护下，逃亡国外。谭嗣同、康广仁、杨深秀、刘光第、杨锐、林旭"戊戌六君子"，在北京菜市口殉难。历时103天的"百日维新"还是没有逃脱失败的命运。

戊戌变法维新运动的失败再一次表明，在帝国主义压迫下，在

---

① 胡绳著：《从鸦片战争到五四运动》下册，人民出版社1997年版，第554页。

不动摇封建制度根基的前提下，走资产阶级改良主义的道路是根本行不通的。

几乎在康有为领导戊戌维新改良运动的同时，以孙中山为代表的资产阶级革命派就开始了以推翻封建专制统治为目标的资产阶级民主革命。

1894年11月，中国资产阶级民主革命派的第一个团体兴中会，在孙中山领导下宣告成立。在入会的秘密誓词中，孙中山明确提出了"驱除鞑虏，恢复中华，创立合众政府"的革命目标。这是中国历史上第一个资产阶级性质的革命纲领。这个纲领后来被准确概括为"驱除鞑虏，恢复中华，建立民国，平均地权"的十六字纲领。

为了进一步壮大革命力量，1905年，孙中山在日本联合兴中会、光复会、华兴会等团体成立了同盟会，并被推为总理。这一年，孙中山首次提出了"民族""民权""民生"的三民主义口号。他指出：民族主义所要宣布的目标，是要推翻满族人当权的政府，重建汉族人当权的政府；民权主义所要宣布的目标，是要推翻封建君主专制制度，建立资产阶级的民主共和制度；民生主义所要宣布的目标，是用"平均地权"的办法，以防止资本主义制度下贫富分化的对立。这是孙中山对他提出的"十六字纲领"所做的新的阐发。

三民主义集中反映了中国资产阶级在政治上、经济上的要求，同时还在一定程度上曲折地显示了广大农民对于获得土地的希望，体现出中国资产阶级革命民主派所领导的斗争是一场争取建立新的社会制度的革命。当时，马克思主义还没有传到中国，俄国十月革命还没有发生，中国无产阶级还没有觉醒，中国共产党还没有成立，全世界无产阶级在巴黎公社失败后还没有实际的革命运动，此时孙中山能够提出三民主义，足见他政治上的远见卓识。

尽管提出了资产阶级民主革命的纲领，但对如何实现这一理想，孙中山心里并没有底。起初，他试图采取社会主义的革命手段。1905 年初，孙中山专程前往比利时布鲁塞尔第二国际书记处，向第二国际主席王德威尔德、书记胡斯曼提出接纳他为"党的成员"的请求，并向他们介绍了"中国社会主义者的目标和纲领"。孙中山大胆预言：中国将从中世纪的生产方式直接过渡到社会主义的生产阶段，而工人不必经受被资本家剥削的痛苦。[①] 但第二国际没有接受孙中山的入党请求。

他前往日本、美国等地，宣传中国革命，并希望美国等西方国家帮助他成就革命事业。1904 年，他在美国发表《中国问题之真解决》一文，提出只有推翻清政府的统治，"以一个新的、开明的、进步的政府来代替旧政府"，"把过时的满清君主政体改变为'中华民国'"才能真正解决中国问题。文章说："中国现今正处在一次伟大的民族运动的前夕，只要星星之火就能在政治上造成燎原之势，将满洲鞑子从我们的国土上驱逐出去。我们的任务确实是巨大的，但并不是无法实现。"文章"向文明世界的人民、特别是向美国的人民"发出呼吁："要求你们在道义上与物质上给以同情和支援，因为你们是西方文明在日本的开拓者，因为你们是基督教的民族，因为我们要依照你们政府而缔造我们的新政府，尤其你们是自由与民主的战士。"[②] 但是美国作为在中国的既得利益者，不可能向孙中山的革命伸出援手。

孙中山逐渐认识到美国等西方国家靠不住，这是孙中山领导革命党人先后经历了 10 次武装起义的失败，才得出的结论。10 次

---

① 金一南著：《苦难辉煌》，华艺出版社 2009 年版，第 8 页。
② 胡绳著：《从鸦片战争到五四运动》下册，人民出版社 1997 年版，第 666 页。

起义的失败，没有把孙中山击垮。1911 年 8 月 11 日，他致信郑泽生，指出："吾党无论由何省下手，一得立足之地，则各省望风归向矣。"① 为了再发动一次大规模的起义，1911 年 6 月，孙中山只身来到旧金山，为起义筹集资金。10 月 10 日晚 7 时许，金兆龙、熊秉坤和战友们进攻清军的枪声，打破了武昌城深夜的寂静。全城各标营新军中的革命党人闻风而动，一齐开枪放火，响应起义。晚 11 时左右，各路起义士兵 3000 多人联合起来，分三路猛攻湖广总督署。经过一夜激战，攻克总督衙门，并于 11 日正午占领了武昌全城，革命党人制作的十八星旗第一次插上黄鹤楼。

武昌首义的成功，推动了全国革命高潮的到来。由湖北开始的独立运动蔓延全国，一个又一个省宣告独立、脱离清廷，预示着清王朝的封建统治行将结束。1911 年 12 月 29 日，在有 17 个省的代表出席的各省代表会议上，孙中山以绝对多数当选为中华民国临时大总统。

1912 年 1 月 1 日晚 10 时，中华民国临时大总统就职典礼在南京总统府隆重举行。孙中山庄严宣誓为"倾覆满洲专制政府，巩固中华民国，图谋民生幸福"而奋斗。同时发布《临时大总统就职宣言》，宣告中华民国成立。提出中华民国临时政府的任务是："扫尽专制之流毒，确定共和，以达革命宗旨，完国民之志愿。"② 新政府宣布废除阴历，改用阳历，以 1912 年 1 月 1 日（阴历辛亥年十一月十三）作为民国建元的开始。

辛亥革命的胜利，宣告了中国历史上第一个资产阶级共和国政府——中华民国的成立。在全国革命的怒涛中，清朝最后一代皇帝

---

① 尚明轩著：《孙中山传》，北京出版社 1979 年版，第 150 页。
②《临时政府公报》第一号，南京大总统府印筹局 1912 年编印。

爱新觉罗·溥仪于 1912 年 2 月 12 日下达退位诏书，宣布退位。自此，统治中国 268 年的清帝国终于被推翻。从秦始皇以来绵延 2133 年的君主制度终于走到了尽头。

但是，这是一次不彻底的革命。中华民国刚一成立，就遭到即将灭亡的清王朝和帝国主义列强的联合反扑。清廷为避免它的灭亡，在帝国主义列强公使团的授意下，起用曾因镇压义和团反帝爱国运动"有功"被提拔为直隶总督、北洋大臣、清廷最有实力的人物袁世凯，企图让他扑灭孙中山的民主革命之火。袁世凯担任内阁总理，总揽军政大权后，施展阴谋，左右开弓，借孙中山的中华民国势力逼清朝皇帝退位；挟清王朝的势力向孙中山的中华民国讨价还价，逼孙中山把政权交给他；用孙中山的中华民国势力和清王朝的双重势力向中外反动派施压，要求他们确保其在清廷灭亡后独掌中国政权。中外反动派在确认他们的政治和经济利益得到保证之后，支持袁世凯统治中国。他们频频向革命党人施加压力，要求孙中山让权于袁世凯。面对中外反动势力的联合进攻，孙中山只得同意"在清帝退位、宣布共和的条件下，由袁世凯继任总统"。就这样，辛亥革命胜利的果实落到袁世凯之手。

辛亥革命从胜利至失败的沉痛教训，反映了资产阶级的软弱性。它雄辩地证明，没有先进的无产阶级政党领导，在国内反动势力与帝国主义列强互相勾结、封建势力强大的半封建半殖民地中国，要实现民族独立和人民解放是极其困难的。

从地主阶级洋务派的"师夷长技以制夷"，到农民阶级的太平天国运动、义和团运动；从资产阶级改良派的百日维新，到孙中山领导的资产阶级革命派发动的辛亥革命，都是由中国当时的先进分子发起的，最后都失败了。为什么会是这个结局？习近平总书记在总结这段历史时说道:"历史告诉我们,没有先进理论武装起来的先进政党的领导,没有先进政党顺应历史潮流、勇担历史重任、敢于做出巨大牺牲,中国人民就无法打败压在自己头上的各种反动派,中华民族就无法改变被压迫、被奴役的命运,我们的国家就无法团结统一、在社会主义道路上走向繁荣富强。"[①]

二、诸路皆走不通的结局,使中国的先进分子走上用马克思主义救中国之路

在中国一代又一代志士仁人探索救国救民的道路无果而终之时,俄国发生了十月革命,这使中国人民由此看到了民族解放的希望。这时的中国先进分子一开始也是从挽救民族危亡中探索革命道路的。他们走过了这样的路径:

(一)挽救中华民族危亡

1917 年 2 月 19 日,在十月革命爆发前夕,中国马克思主义传播第一人、北京大学教授李大钊提出,要救中国,必须"建立民族之精神,统一民族之思想"。他在《新中华民族主义》一文中指出:"盖今日世界之问题,非只国家之问题,乃民族之问题也。而今日民族之问题,尤非苟活残存之问题,乃更生再造之问题也。余于是揭新中华民族主义之赤帜,大声疾呼以号召于吾新中华民族少年之前。"[②]

在李大钊看来,一个民族要振兴,国民必须具有革命的精神,这是由 19 世纪世界历史所决定的。当时,"欧洲大陆茁生于拿翁铁

---

① 习近平:《在庆祝中国共产党成立 95 周年大会上的讲话》(2016 年 7 月 1 日),人民出版社 2016 年版,第 4 页。

②《新中华民族主义》(1917 年 2 月 19 日),《李大钊全集》(修订本)第一卷,人民出版社 2013 年版,第 477 页。

骑之下者，实为国民的精神。希腊以之脱土耳其羁绊而独立矣，巴尔干诸邦以之纷纷向土揭叛帜矣，荷兰与比利时以之分离矣，其屡经挫压以致未达此志者，惟有波兰（波兰独立之声近又喧传于世界矣）与匈牙利耳。而发扬蹈厉以树国民的精神，亿辛万苦，卒能有成者，则德意志帝国之建立、意大利之统一，其最著矣。国民的精神既已勃兴，而民族的运动遂继之以起。于是德国则倡大日尔曼主义（Pan Germanism）矣，俄罗斯、塞尔维则倡大斯拉夫主义（Pan Slavism）矣……"①

李大钊断言，"以吾中华之大，几于包举亚洲之全陆，而亚洲各国之民族，尤莫不与吾中华有血缘，其文明莫不以吾中华为鼻祖。今欲以大亚细亚主义收拾亚洲之民族，舍新中华之觉醒、新中华民族主义之勃兴，吾敢断其绝无成功"，"凡籍隶于中华民国之人，皆为新中华民族矣。然则今后民国之政教典刑，当悉本此旨以建立民族之精神，统一民族之思想。此之主义，即新中华民族主义也。必新中华民族主义确能发扬于东亚，而后大亚细亚主义始能光耀于世界"。②

1920 年 11 月 7 日，中国新文化运动的旗手、被毛泽东称为五四运动的总司令的陈独秀提出："要想把我们的同胞从奴隶境遇中完全救出……我们要逃出奴隶的境遇，我们不可听议会派底欺骗，我们只有用阶级战争的手段，打倒一切资本阶级，从他们手中抢夺来政权，并且用劳动专政的制度，拥护劳动者底政权，建设劳动者的国家以至于无国家，使资本阶级永远不致发生。"③

---

① 《新中华民族主义》（1917 年 2 月 19 日），《李大钊全集》（修订本）第一卷，人民出版社 2013 年版，第 477 页。
② 《李大钊全集》第一卷，人民出版社 2006 年版，第 285 页。
③ 《建党以来重要文献选编（1921—1949）》第一册，中央文献出版社 2011 年版，第 475-476 页。

后来成为中共第一代领导集体核心的毛泽东则认为救中国必须联合民众。他指出："世界什么问题最大？吃饭问题最大。什么力量最强？民众联合的力量最强。"[1] 他在1919年7月21日发表的《民众的大联合》一文中深刻指出："国家坏到了极处，人类苦到了极处，社会黑暗到了极处。补救的方法，改造的方法，教育，兴业，努力，猛进，破坏，建设，固然是不错，有为这几样根本的一个方法，就是民众的大联合。我们竖看历史，历史上的运动不论是哪一种，无不是出于一些人的联合。较大的运动，必有较大的联合。最大的运动，必有最大的联合……胜负所分，则看他们联合的坚脆，和为这种联合基础主义的新旧和真妄为断。"[2]

从毛泽东提出的"大联合"观点看，中国的先进分子在五四运动后已经开始接触马克思主义，能够把马克思主义关于"全世界无产者联合起来"的思想精髓运用到中国革命中，能够认识到民众是中国革命的主要力量，依靠民众是救中国的根本方法。

上海共产党早期组织发起人之一俞秀松在给父亲的信中写道："父亲，我的志愿早已决定了：我之决志进军队是由于目睹各处工人被军阀无礼的压迫，我要救中国最大多数的劳苦群众，我不能不首先打倒劳苦群众的仇敌其实是全中国人的仇敌便是军阀。进军队学军事知识，就是打倒军阀的准备工作。这里面的同事大都抱着升官的目的，他们常常以此告人，再无别种抱负了！做官是现在人所最羡慕最希望的，其实做官是现在最容易的事，然而中国的国事便断送在这般人的手中！我将要率同我们最神圣最勇敢的赤卫军扫除这般祸国殃民的国妖！做官？我永不曾有这个念头！父亲也不致有

---

[1]《毛泽东早期文稿（1912.6—1920.11）》，湖南出版社1990年版，第293页。
[2] 同上书，第338页。

（于）这样希望我吧。"①

早期党员恽代英在五四运动期间起草的《湖北全体学生上督军省长公函》中明确指出："关于救国大计，如提倡国货及以言语文字发表爱国之精神等项，则志在必行。盖国家兴亡，匹夫有责。生等受国重恩，投身学界，被教育之熏陶，念国耻之大辱，无日不以投效国家自期许，即推究国家作育人材之意，亦莫不期国民报效国家为主旨。上而政府，下而国民，既同此怀抱，则生等此举庸可非乎？"②

中共早期党员基本上都有关于救国救民的言论和思想倾向，他们中有的观点虽然还不是马克思主义的，比如，有的提出教育救国，有的倾向于实业救国。这些都是受当时流行的无政府主义思潮影响的结果，恽代英的上述言论就是在这样的背景下形成的。但是，他们救国救民的热情是毋庸置疑的。

（二）救国就要信仰马克思主义

用什么办法救国？这是鸦片战争以来中国的有志之士不断探索的主题。到 20 世纪 20 年代，形成了各种各样的救国方案。经过实践，都失败了。特别是孙中山领导的辛亥革命，虽然推翻了统治中国两千多年的封建帝制，但资产阶级革命的胜利成果很快落入窃国大盗袁世凯之手。中国陷入军阀混战之中，中国人民仍然生活在水深火热之中，中国社会仍然处在半殖民地半封建社会。第一次世界大战的爆发，以及战后于 1919 年初召开的巴黎和会，以帝国主义重新瓜分世界为特征，中国人民的合法权益被置之不理，彻底"打破了中国人学西方的迷梦"。于是，中国的先进分子开始转入信仰

①《俞秀松文集》，中共党史出版社 2012 年版，第 66 页。
②《恽代英全集》第三卷，人民出版社 2014 年版，第 19 页。

马克思主义。

1848年2月以《共产党宣言》发表为标志宣告马克思主义诞生。51年后马克思的名字和他的思想才传到中国。1899年,在上海基督教广学会主办的《万国公报》上,由英国传教士李提摩太翻译、中国人蔡尔康撰写的《大同学》中,首次将马克思的名字翻译成中文。1902年,《新民丛报》上发表的梁启超的文章中,出现了马克思的名字,但他把马克思的名字翻译成了"麦喀斯"。1907年,上海世界社出版了一本大画册,第一次出现了马克思的画像,就是后来我们常见的马克思形象。马克思主义刚进入中国的时候,并没有产生什么影响。那个时候中国正面临着亡国灭种的严重威胁,无数仁人志士正忙于挽救民族危亡,而没有想到马克思主义就是救中国的唯一"真经"。

十月革命之后,马克思主义各种著作、文章、刊物、研究会在中国雨后春笋般出现,形成了马克思主义传播的高潮。李大钊从1918年起,先后发表《庶民的胜利》《我的马克思主义观》等著名演说和文章,系统介绍马克思主义。1919年8月17日,李大钊在《再论问题与主义》中对马克思主义学说之唯物史观和阶级斗争进行了阐述。

面对社会上流行着各式各样的救国方案,毛泽东最终选择了马克思主义。《在新民学会长沙会员大会上的发言》中毛泽东指出:"社会民主主义,借议会为改造工具,但事实上议会的立法总是保护有产阶级的。无政府主义否认权力,这种主义恐怕永世都做不到。温和方法的共产主义,如罗素所主张极端的自由,放任资本家,亦是永世做不到的。激烈方法的共产主义,即所谓劳农主义,用阶级专政的方法，是可以预计效果的，故最宜采用。"①毛泽东在这里所说的"共产主义"，就是马克思主义的核心内容，即是说，他主张用马克思主义来救中国。

北京的共产党早期组织成员邓中夏也曾在批判无政府主义后选择了马克思主义。他指出："共产主义与无政府主义终极的目的没有甚么两样：无政府主义的好处，共产主义都包有；共产主义的好处，无政府主义却没有了。共产主义有目的，实行有步骤，有手段，有方法，反之，无政府主义除开他视为掌上珠，图案画，绣花衣的最美妙的理想目的以外，却空空毫无所有了。"②

在早期中共党员中，有一批人曾参加过孙中山领导的辛亥革命和中华革命党（国民党前身），如董必武、何叔衡、林伯渠、吴玉章等，他们亲眼见证了靠资产阶级民主革命不能救中国，所以开始接受马克思主义。

董必武早年曾追随孙中山，早在1911年辛亥革命后就加入同盟会，1915年6月，受孙中山派遣，从日本回国，策动军队开展反对袁世凯斗争。1917年10月，孙中山领导的护法战争爆发后，董必武奔赴护法军政府的鄂西靖国军总司令部担任秘书。孙中山领导的资产阶级民主革命一次又一次的失败，使董必武对孙中山依靠旧军人进行革命的方法产生了极大的怀疑，觉得此路走不通。这时他结识了被其尊称为"我的马克思主义老师"的李汉俊。1918年底，李汉俊从日本留学回国后住在上海，那时董必武也在上海，与张国恩共同主持湖北善后公会事宜。李汉俊几乎天天到湖北善后公会，热情地介绍俄国十月革命和布尔什维克党的情况，并把从日本带回

---

① 《毛泽东文集》第一卷，人民出版社1993年版，第1—2页。
② 《邓中夏全集》（上），人民出版社2014年版，第166页。

的一些马克思主义著作拿给董必武他们看。董必武听了李汉俊的讲解，认真阅读了这些马克思主义的书籍，有一种恍然大悟的感觉。他不仅对马克思主义产生了浓厚的兴趣，而且使自己的思想发生了深刻的变化。其最大的变化，就是由信仰孙中山的三民主义，转变为信仰马克思主义。1919 年 3 月，董必武说："中国的独立，走孙中山的道路行不通，必须走列宁的道路。"[①]

林伯渠也是在马克思主义和三民主义理论与实践的比较中，选择马克思主义的。他说："一个彻底的民主主义者，他所走向的是共产主义的道路。辛亥革命前觉得只要把帝制推翻可以天下太平，革命以后经过多少挫折，自己所追求的民主还是那样的遥远，于是慢慢的从痛苦经验中，发现了此路不通，终于走上了共产主义的道路。这不仅是一个人的经验，在革命队伍里是不缺少这样的人的。"[②]

（三）信仰马克思主义，就要走社会主义道路

马克思主义的精髓是科学社会主义，选择社会主义道路对于一个马克思主义者来说是必然的。当时，关于社会主义的思潮很多，有新村主义、合作主义、泛劳动主义、基尔特社会主义、伯恩施坦主义等。对于绝大多数进步青年来说，社会主义只是一种朦胧的向往，他们对各种社会主义学说的了解，如同"隔着纱窗看晓雾"，并不十分清晰。但特别希望从中找到挽救民族危亡和改造中国社会的良方。一些资产阶级知识分子并不赞成社会主义，1920 年，英国哲学家罗素来华讲学，提出"暂不主张社会主义"，当务之急是"开发中国资源"，发展实业。中国国家社会党、中国民主社会党领

---

① 《董必武年谱》，中央文献出版社 1991 年版，第 42 页。
② 《林伯渠文集》，华艺出版社 1996 年版，第 238 页。

袖之一张东荪撰文宣传罗素的观点，反对在中国实行社会主义。他
们认为，中国经济落后，中国唯一的病症是穷，救治的办法是用资
本主义的办法发展实业，并自称是基尔特社会主义。以李大钊、陈
独秀、李达、蔡和森为代表的马克思主义者与他们进行了一场社会
主义是否适合于中国国情的争论。

面对改良主义的挑战，李达连续发表《张东荪现原形》《马克
思还原》《劳动者与社会主义》《社会革命底商榷》等文章，驳斥所
谓"中国无地主资本家"，没有阶级区别，不能进行社会革命等谬
论。李达以自己从"教育救国"到"实业救国"再到"革命救国"
的心路历程说明："就中国现状而论，国内新式生产机关绝少，在今
日而言开发实业，最好莫如采用社会主义。"①

李汉俊也参加到这场论战中。他在上海《民国日报》副刊《觉
悟》上发表的《我们如何使中国底混乱赶快终止？》一文中，正确
地回答了在中国这样落后的农业国能否不经过发达的资本主义直接
进入社会主义的问题。他指出："现在中国要进化到社会主义，没有
要经过资本主义充分发展的阶段的必要，可以直接向社会主义的路
上走去，并且资本主义在现在的中国没有充分发展的可能，以中国
现在的环境又有直接向社会主义路上走去的必要。""'社会主义是
要物质的条件完备，才能实现'，这话是不错的。但我们所说要中
国直接向社会主义的路上走去，并不是说要在二十四点钟以内就把
中国完全变成社会主义的状态，只要在制度上把中国引向社会主义
的路上去进化的意思。再我们所说要在制度上把中国引向社会主义
的路上去进化，也并不是要在二十四点钟之内就把完全向社会主义
的制度实现出来，只要把一切足以妨碍中国向社会主义自由进化的

---

① 《李达文集》第一卷，人民出版社 1980 年版，第 65 页。

制度铲除，改建一切足以促进中国向社会主义自由进化的制度，使中国能够自由向社会主义急速进化的意思。至于完全社会主义的状态，以及完全社会主义的制度，自然是要待物质的条件完备，才能实现；我们现在不过是要在这新状态之下，使这条件完备罢了。至于说一定要在资本主义的制度之下使产业发达了，然后才能向社会主义的路上走去，那就太远了。因为这物质的条件不必一定要在资本主义制度之下才能完备，在这新制度之下一样也能完备；并且还要比在资本主义制度之下完备得快，因为凡在资本主义制度之下所必然发生而为产业健全发展之障碍的种种产业上及社会上障碍，在这新制度之下都可以完全铲除的缘故。所以要使中国进化到社会主义，不必一定要经过资本主义充分发展的阶段。"[1]

蔡和森在这场论战中则直指无政府主义思潮。1920 年 8 月 13 日，在给毛泽东的信中，蔡和森进行了深入探讨，指出："我以为现世界不能行无政府主义，因为现世界显然有两个对抗的阶级存在，打倒有产阶级的迪克推多，非以无产阶级的迪克推多压不住反动，俄国就是这个明证。所以我对于中国将来的改造，以为完全适用社会主义的原理和方法。"蔡和森同时指出无产阶级革命后不得不专政的两点理由，其一是无政权不能集产，不能改造经济制度；其二是无政权不能保护革命，亦不能防止反革命。蔡和森由此得出结论："我近对各种主义综合审缔，觉社会主义真为改造现世界对症之方，中国也不能外此。社会主义必要之方法：阶级战争——无产阶级专政"，并认为这是"现世革命唯一制胜的方法"。[2] 它基本回答

---

① 中共湖北省潜江市委党史研究室、中共一大会址纪念馆：《李汉俊文集》，中共党史出版社 2013 年版，第 280–281 页。
②《蔡和森文集》，人民出版社 1980 年版，第 50 页。

了中国革命的根本出发点、根本方法和最终目的。其出发点是唯物史观，根本方法是阶级战争和无产阶级专政，最终目的是创造共产主义社会。

（四）走社会主义道路就要走俄国的路

因为，社会主义最成功的范例只有俄国在十月革命胜利后建立了世界上第一个社会主义国家。所以，十月革命胜利后，中国的先进分子迅速将目光转向俄国。陈独秀指出："要想把我们的同胞从奴隶境遇中完全救出，非由生产劳动者全体结合起来，用革命的手段打倒本国外国一切资本阶级，跟着俄国的共产党一同试验新的生产方法不可。"[1]

李大钊说："俄国这次大革命，不是独独代表俄国精神，是代表人类共同的精神。比如法国革命，不独关系于法国，却关系于全世界。此次俄国革命，足以表示全世界人类共同的精神。他底办法，虽然不能认为终极的理想境界，但他是革命的组织，是改造必经的阶段，自由的花是经过革命的血染，才能发生的。"[2]

蔡和森也说："在历史上必然的历程看来，中国将来真正的独立与解放，非经过世界革命的潮流不能成功；而现在要提高国际地位，更非与业已在国际上占新的重要地位之苏维埃俄罗斯携手，不能为力。我们要了解苏维埃俄罗斯在国际上的新势力与新地位，看看最近资本帝国主义的国家邀请他在柔鲁开对等会议的经过、德俄条约的影响及土耳其国民党政府提议协约国须会同莫斯科政府才得谈判近东问题的事实，就明白了。"[3]

[1]《建党以来重要文献选编（1921—1949）》第一册，中央文献出版社2011年版，第475—476页。
[2]《李大钊全集》第三卷，人民出版社2013年版，第367—368页。
[3]《蔡和森文集》（上），人民出版社2013年版，第118—119页。

可以说，"走俄国的路"，成为当时中国先进分子的共识。

（五）"走俄国的路"，就要成立共产党

俄国十月革命的成功，最根本的经验，就是列宁领导的布尔什维克党的坚强领导。所以中共早期党员一致认为，要用马克思主义改造中国，走十月革命的道路，就必须像俄国那样，建立一个无产阶级政党，使其充当革命的组织者和领导者。

1920 年 2 月，陈独秀为躲避反动军阀政府的迫害，从北京秘密迁移上海。李大钊在护送陈独秀离京途中，两人最早商谈了建立共产党的问题，这个过程后来被概括为"南陈北李，相约建党"。

1920 年 7 月初，蔡和森、向警予在法国巴黎组织新民学会在法会员开会，提出了建立共产党的问题。8 月 13 日，蔡和森致信毛泽东，谈了在这次会上他的观点，信中写道："我以为先要组织党——共产党。因为他是革命运动的发动者、宣传者、先锋队、作战部。以中国现在的情形看来，须先组织他，然后工团、合作社，才能发生有力的组织。革命运动、劳动运动，才有神经中枢。但是宜急宜缓呢？我以为现在就要准备。"[①]

1920 年 9 月 5 日，毛泽东发表《打破没有基础的大中国建设许多的中国从湖南做起》一文，赞赏列宁领导的俄共（布）共产党，指出："以政治组织改良社会组织，以国家促进地方，以团体力量改造个人，原是一种说法。但当在相当环境相当条件之下，如列宁之以百万党员，建平民革命的空前大业，扫荡反革命党，洗刷上中阶级，有主义（布尔失委克斯姆），有时机（俄国战败），有预备，有真正可靠的党众，一呼而起，下令于流水之原，不崇朝而占全国人数十分之八九的劳农阶级，如响斯应。俄国革命的成功，全在这些

---

①《蔡和森文集》（上），人民出版社 2013 年版，第 57 页。

处所。"①

以救国救民为己任—信仰马克思主义—实行社会主义制度—走俄国的路——成立中国共产党，这样一个心路历程，中国的先进分子经过十月革命以后短短几年的探索，顺利完成了。这样就使中国共产党应运而生了。

三、中国共产党诞生，肩负起实现中华民族伟大复兴的重任

苏联的共产党，是先有小组，然后再发起建党。1945 年 4 月 21 日，毛泽东在党的七大工作方针中指出："《联共党史》开卷第一页第一行说，苏联共产党是由马克思主义的小组发展到领导苏维埃联邦的党。我们也是由小组到建立党，经过根据地发展到全国。……我们开始的时候，也是很小的小组。"② 这就是说，中国共产党的建立，也是学习俄国的经验，从建立共产主义小组即党的早期组织开始。

作为建党的第一步，1920 年 5 月在上海组织了"马克思主义研究会"。负责人是陈独秀。小组的成员有李汉俊、沈玄庐、陈望道、俞秀松、沈雁冰、邵力子、杨明斋等。稍后加入的是施存统。据邵力子回忆："1920 年 5 月间在上海组织'马克思主义研究会'。参加研究会的有：李达、李汉俊、沈玄庐、施存统、陈独秀、陈望道、戴季陶、邵力子等。……研究会成立半年多，逐渐转变成共产主义小组的性质。成员起了一些变化。"③

6 月，陈独秀同李汉俊、俞秀松、施存统、陈公培 5 人开会商

①《毛泽东早期文稿（1912.6—1920.11）》，湖南出版社 1990 年版，第 507—508 页。
②《建党以来重要文献选编（1921—1949）》第一册，中央文献出版社 2011 年版，第 117 页。
③《"一大"前后》（二），人民出版社 1980 年版，第 61—62 页。

议，决定成立共产党组织，选举陈独秀为书记，并初步定名为社会共产党，还起草了党的纲领。这时，以陈独秀为代表的早期共产党人所要坚持的革命理想和被维经斯基纳入联合对象的一些无政府主义代表人物不愿放弃自己原来理想的矛盾便不可调和地反映出来。围绕是坚持建党的标准还是降低共产党员的条件，陈独秀和维经斯基最后达成了一致。经过充分讨论形成的党纲草案共有 10 条，其中包括运用劳工专政、生产合作等手段达到社会革命的目的。

8 月，中国的第一个共产党组织在上海法租界老渔阳里 2 号《新青年》编辑部正式成立，取名"中国共产党"，陈独秀为书记，成员主要是马克思主义研究会的骨干。在党的一大召开前先后参加上海共产党早期组织的有陈独秀、俞秀松、李汉俊、陈公培、陈望道、沈玄庐、杨明斋、施存统（后改名施复亮）、李达、邵力子、沈雁冰、林祖涵、李启汉、袁振英、李中、沈泽民、周佛海等。他们是中国共产党最早一批党员。

8 月底，北京大学学生张国焘由沪返京。离沪前，陈独秀与其谈话，指示他将上海的建党意见转告李大钊，即"上海小组将担负苏、皖、浙等省的组织和发展"，希望李大钊"从速在北方发动，先组织北京小组，再向山东、山西、河南等省和天津、唐山等城市发展"。李大钊对于这些意见，"略经考虑，即无保留的表示赞成"，"认为上海所拟议的要点都是切实可行的，在北京可以依照着发动起来"。[①]很快，北方地区的建党工作在李大钊的领导下也取得进展。10 月，北京的共产党早期组织在北京大学图书馆李大钊的办公室正式成立，取名为"共产党小组"，最初成员有李大钊、张申府、张国焘 3 人，后又发展一批新成员。年底，在"共产党小组"的基础

---

① 任建树著：《陈独秀大传》，上海人民出版社 1999 年版，第 219 页。

上成立了"共产党北京支部",由李大钊任书记,张国焘负责组织
工作,罗章龙负责宣传工作。到 1921 年 7 月,北京党组织的成员
分别是:李大钊、张国焘、邓中夏、罗章龙、刘仁静、高君宇、缪
伯英、何孟雄、范鸿劼、张太雷、宋介、李梅羹、陈德荣等。

陈独秀在上海建立了中国的第一个共产党组织之后,马上来到
广州,推动广东地区党组织的建立。到 1921 年 3—4 月间,在陈独
秀的主持下,广东共产党组织成立,取名"广东共产党",先由陈
独秀任书记,后谭平山继任,谭植棠任宣传委员,陈公博任组织委
员。确定以《广东群报》为党的机关报,并着手重建广东社会主义
青年团,通过青年团作外围组织,吸收了刘尔崧、阮啸山、杨匏安
等人入团、入党。

与此同时,陈独秀以极大的精力指导各地建立党组织。他函约
五四时期济南地区著名进步人士王乐平在济南组织,张申府在法国
组织,施存统在日本组织,毛泽东在长沙组织,派刘伯垂回武汉组
织。"这样,上海的组织事实上成为一个总部,而各地的组织是支
部了。"①

武汉的共产党早期组织,是在上海的共产党早期组织直接指导
下建立起来的。1920 年夏,李汉俊从上海写信给董必武和张国恩,
告诉他们上海建党的情况,希望他们也建立共产党组织。于是,董
必武立即联系陈潭秋、赵子健等酝酿建党工作。对李汉俊指导武汉
建党的过程,十几年后董必武仍然记忆犹新,他回忆说:"1920 年,
李汉俊这个从日本归国的学生、我的马克思主义老师,计划在上海
帮助建立中国共产党,并到武汉来同我商量。我决定参加,并负责

---

① 任建树著:《陈独秀大传》,上海人民出版社 1999 年版,第 219 页。

组建党的湖北支部的基础。"① 正在董必武等筹备建党的过程中，陈
独秀从上海派来了筹建武汉共产党组织的使者——刘伯垂。刘伯垂
带回了一份手抄的中国共产党党纲和一些新青年社出版的丛书。他
按照陈独秀的指示，分别找董必武、陈潭秋、包惠僧等人联系。这
些人对建立中国共产党取得共识。于是，8 月的一天，在武昌抚院
街董必武寓所，由刘伯垂主持召开了成立武汉共产党早期组织的大
会。当时定名为"共产党武汉支部"。参加成立会议的有董必武、
张国恩、陈潭秋、郑凯卿、包惠僧、赵子健等。刘伯垂在会上介绍
了上海的共产党早期组织成立的有关情况，与会者传阅了上海党组
织党纲草案，研究武汉党组织日后的工作安排。由刘伯垂提议，会
议推选包惠僧任书记。

长沙的共产党早期组织是在毛泽东的筹划下建立的。1920 年 7
月毛泽东回到长沙后，从传播马克思主义和寻找志同道合的"真同
志"入手，先后成立文化书社、俄罗斯研究会等团体，并与新民学
会的中坚分子讨论建党的问题。1920 年秋，新民学会已经拥有 100
多名会员，是一个有相当社会影响的进步团体。其中，一些先进分
子已接受马克思主义，主张走十月革命的道路。在毛泽东、何叔衡
等人的积极活动下，长沙的共产党早期组织于 1920 年初冬在新民
学会的先进分子中秘密诞生。

在上海、北京的早期党组织成立后入党的赵世炎、陈公培不久
先后赴法国留学，张申府也到法国里昂大学任教。张申府到法国后
即在旅法学生中发展党员，周恩来和刘清扬就是这时在法国加入了
党组织。到 1921 年初，陈独秀了解上述情况后，分别致函赵世炎、
陈公培，要求他们与张申府接上联系，于是上述 5 人即组成中国共

---

① 《"一大"前后》（二），人民出版社 1980 年版，第 292 页。

产党巴黎小组。

这样，经过半年多的努力，到1921年春，中国国内先后有6个城市建立起共产党早期组织，其成员也在逐步增加。据1921年的一份重要档案文献记载："中国的共产主义组织是从去年年中成立的，起初，在上海该组织一共只有5个人。领导人是享有威望的《新青年》的主编陈同志。这个组织逐渐扩大其活动范围，现在已有6个小组，有53个成员。"[1]在国外，也成立了2个共产党早期组织。

成立中国共产党，首先回答要建立一个什么样的党。

关于党的名称。最早由李汉俊着手起草党章。李达记得，党章草案"由李汉俊用两张八行信纸写成，有七八条，其中最主要的一条是'中国共产党用下列的手段，达到社会革命的目的：一、劳工专政。二、生产合作。我对于'生产合作'一项表示异议，陈独秀说'等起草党纲时再改'"。党纲有了，那么这个党叫什么名字呢？当时的方案有两个：一是叫中国社会党，二是叫中国共产党。围绕叫什么名字争论很激烈。于是，写信跟李大钊、张申府商量。据张申府回忆："信写得很长，主要讲创党的事……当时建党究竟叫什么名字，这没有确定，征求我们的意见，我和守常研究，就叫共产党。这才是第三国际的意思，我们回了信。"[2]这样，党的名称定了下来，就是"中国共产党"。

关于党的性质。陈独秀指出："实行无产阶级革命与专政，无产阶级非有强大的组织力和战斗力不可，在造成这样强大的组织力和战斗力，都非有一个强大的共产党做无产阶级底先锋队与指导者不

---

[1]《中国共产党历史第一卷（1921—1949）》（上），中共党史出版社2011年版，第80页。

[2] 叶永烈著：《红色的起点》，广西人民出版社2005年版，第96页。

可。"[①] 1921年3月，李大钊发表《团体的训练与革新的事业》一文，进一步强调建立共产国际指导下的工人阶级政党的性质，指出："我们现在还要急急组织一个团体。这个团体不是政客组织的政党，也不是中产阶级的民主党，乃是平民的劳动者的政党。"[②]

关于党的指导思想。1920年11月25日，毛泽东在给罗章龙的信中指出："不可徒然做人的聚集，感情的结合，要变为主义的结合才好。主义譬如一面镜子，旗子立起了，大家才有所指望，才知所趋赴。"[③] 后来，在讨论建党问题时，毛泽东更明确指出："唯物史观是吾党哲学的根据。"[④]

关于党的纲领。1920年11月，上海的中共早期组织制定的《中国共产党宣言》指出："共产主义者的目的是要按照共产主义者的理想，创造一个新的社会。但是要使我们的理想社会有实现之可能，第一步就得铲除现在的资本制度。要铲除资本制度，只有用强力打倒资本家的国家。""将生产工具——机器，工厂，原料，土地，交通机关等——收归社会公有，社会公用。"[⑤]

关于党的组织原则。1920年9月16日，蔡和森在给毛泽东的信中指出："党的组织为极集权的组织，党的纪律为铁的纪律，必如此才能养成少数极觉悟极有组织的分子，适应战争时期及担负偌大的改造事业。"[⑥]

经过全党的集体努力和悉心探索，中共早期组织已经形成了符

---

① 陈独秀:《答黄凌霜》,《新青年》第 9 卷第 6 号。

②《李大钊文集》(下),人民出版社 1984 年版, 第 444 页。

③《共产主义小组》(下),中共党史资料出版社 1987 年版, 第 534 页。

④ 同上书, 第 544 页。

⑤《建党以来重要文献选编（1921—1949）》第一册, 中央文献出版社 2011 年版, 第 486 页。

⑥《"一大"前后》(一), 人民出版社 1980 年版, 第 141 页。

合马克思主义原理的建党思想，为在中国建设一个以马克思列宁主义为行动指南的、以共产主义为奋斗目标的、高度集中统一的无产阶级新型政党提供了理论依据。在这种情况下，中国共产党上海发起组担负起了中国共产党第一次全国代表大会的筹备工作。作为上海发起组书记的陈独秀肩负着更大的责任。1920 年 12 月 16 日，陈独秀接受广东省省长兼粤军总司令陈炯明邀请，出任广东省教育委员会委员长，离开了上海。李汉俊接替陈独秀担任上海发起组代理书记，负责党的一大的筹备工作。1921 年 2 月，陈独秀在广州起草了一份中国共产党党章草案，主张中国共产党的组织采取中央集权制。李汉俊看了后，认为这是陈独秀在党内搞个人独裁，于是，他也起草了一份党章草案，提出党的组织要实行地方分权。这显然不符合列宁主义的建党学说，按照这种主张建立起来的党也不可能担负起领导工人阶级和劳动群众改造社会的任务。李汉俊起草的党章草案寄到广州后，陈独秀看了也不满意。两人就这样决裂了。李汉俊一气之下，辞去代理书记一职，把党的工作交给了李达。从此到1921 年 7 月，李达主持完成了中共一大的筹备工作。

　　1921 年 7 月 23 日晚，中国共产党第一次全国代表大会在上海法租界望志路 106 号（今兴业路 76 号）李汉俊之兄李书城的住宅内举行。国内各地的党组织和旅日的党组织共派出 13 名代表出席了这次大会。他们是上海的李达、李汉俊，武汉的董必武、陈潭秋，长沙的毛泽东、何叔衡，济南的王尽美、邓恩铭，北京的张国焘、刘仁静，广州的陈公博，旅日的周佛海，陈独秀指定的代表包惠僧。张国焘主持了大会，毛泽东、周佛海为大会秘书。

　　共产国际代表马林首先致辞，对中国共产党成立表示祝贺。他介绍了共产国际的概况，并建议把会议的进程及时报告共产国际。

随后，代表们具体商讨了大会的任务和议程。7月24日，各地代表向大会报告本地区党、团组织的情况。25日、26日休会，由张国焘、李达、董必武起草供会议讨论的党纲和今后实际工作计划。他们以酝酿建党过程中形成的党纲草案和上海、广州小组起草的党章为基础，参考共产国际一大纲领与俄共（布）纲领，起草了将党纲、党章合在一起的党纲，以及当前工作决议。7月27日、28日、29日，连续三天举行三次会议，主要讨论4个方面的问题。陈潭秋后来回忆说，大会集中讨论的问题是：一、目前政治状况；二、党的基本任务；三、党章；四、组织问题。

7月30日晚，代表们正在开会时，一名陌生男子突然闯入会场，环视四周后又匆忙离去。具有长期秘密工作经验的共产国际代表马林立即断定此人是侦探，建议马上中止会议。大部分代表迅速转移。十几分钟后，法租界巡捕包围和搜查会场，结果一无所获。由于代表们的活动已受到监视，会议无法继续在上海举行。于是，会议代表分批转移到浙江嘉兴南湖，在一艘游船上完成了最后一天的会议内容。

这是党的一大最重要的一天，它把此前为建党所做的一切准备工作变成党的意志。在这天的大会上的一项最重要的议程是审议通过了《中国共产党第一个纲领》。在这个共有15条的纲领中，第一条即确定了党的名称，规定："本党定名为'中国共产党'。"第二条规定了党的基本纲领："（1）革命军队必须与无产阶级一起推翻资本家阶级的政权，必须支援工人阶级，直到社会的阶级区分消除为止；（2）承认无产阶级专政，直到阶级斗争结束，即直到消灭社会的阶级区分；（3）消灭资本家私有制，没收机器、土地、厂房和半成品等生产资料，归社会公有；（4）联合第三国际。"第三条规定：

"承认党的根本政治目的是实行社会革命；中国共产党彻底断绝同黄色知识分子阶层及其他类似党派的一切联系。"① 这些规定都是马克思主义的语言，虽然没有使用"共产主义"的概念，但指向目标毫无疑问是共产主义，如"直到阶级斗争结束，即直到消灭社会的阶级区分""直到社会的阶级区分消除为止"讲的就是共产主义社会。《中国共产党历史》第一卷指出："党的一大通过的纲领，表明中国共产党从建党开始就旗帜鲜明地把实现社会主义、共产主义作为自己的奋斗目标。中国的先进分子经过长时期的艰苦探索，找到马克思主义这个正确的革命理论，认识到只有社会主义、共产主义才能救中国。这是他们对中国革命问题认识的一次具有划时代意义的飞跃。"②

共产主义是人类最美好的社会，消灭了生产资料私有制，没有阶级制度，没有剥削，没有压迫，各尽所能、各取所需，它是小康社会的最高境界，我们所说的小康社会只是走向共产主义路上的一个小驿站。从这个意义上讲，建成小康社会，不是邓小平正式使用"小康社会"概念的20世纪80年代才开始，而是肇始于党的一大。

①《中共中央文件选集》第一册，中共中央党校出版社1989年版，第3页。
②《中国共产党历史第一卷（1921—1949）》，中共党史出版社2011年版，第68页。

第二章 民族独立

小康社会的制度前提

所谓"小康",《应用汉语词典》解释主要有两点：一是"指中等生活水平的（家庭经济状况）"；二是"指中等发达国家的（社会经济状况）"。中国共产党提出的建设"小康社会"的目标，强调两个方面：其一，"小康"，它是一个中等社会经济状态的社会，这在不同的国家、一个国家的不同发展阶段，有不同的指标体系。如，1984年3月25日，邓小平在会见日本首相中曾根康弘时说："翻两番，国民生产总值人均达到800美元，就是到本世纪末在中国建立一个小康社会。"[①] 而中国到2019年，国民生产总值已达到人均10000美元，尚未宣布全面建成小康社会。从800美元到10000美元，相差十多倍。其二，"社会"，我们讲的"小康"，是小康社会，不是一家一户、一个人的小康，是整个社会达到小康状态。这样，小康社会的实现，就需要一个社会环境——民族的独立、社会的稳定、强有力的执政团队、先进的国家制度等，这是实现小康社会的政治前提和制度基础。

---

① 《邓小平文选》第三卷，人民出版社1993年版，第54页。

一、小康社会发生的时代环境

为什么民族的独立、社会的稳定、强有力的执政团队、先进的国家制度等，是实现小康社会的政治前提和制度基础呢？让我们回顾一下中国历史上曾经出现的盛世以及当今世界已经达到中等发达国家社会经济状况的国家或地区，是在怎样的政治、经济、文化、社会环境下实现发展目标的，也就回答了这个问题。

（一）在中华民族的历史上，曾经出现过文景之治、贞观之治、康乾盛世等鼎盛的局面

1. 中国历史上的第一次繁荣发生在西汉

汉朝是在秦末陈胜、吴广领导的农民起义战争局面下建立的。汉高祖刘邦，从一个管理十里地方的亭长起兵造反开始，因重用智士贤达、爱惜将士民众，深受百姓拥戴。最终灭亡秦国，建立汉朝。史书记载，那时，社会经济凋敝，老百姓无法在田地上生产，到处是饥荒，甚至发生人吃人的现象。面对这种形势，刘邦以文治天下，征用儒生，诏令天下，广泛求贤。他接承秦朝的中央集权和郡县制，取消秦朝"严刑峻罚"的做法，废除"连坐法"和"夷三族"，提出"德主刑辅"的治国理念，以教化为主，刑罚为辅，宽柔相济，稳定了封建统治秩序。刘邦死后，汉廷经过一段动荡，爆发了内乱，刘恒被拥立为帝，史称汉文帝。其后汉景帝刘启即位。汉文帝、汉景帝吸取秦灭的教训，采取了轻徭薄赋、与民休息的措施，减轻农民的徭役和劳役等负担，稳定封建统治秩序，注重发展农业生产。文景时期，社会比较安定，经济得到发展。到汉武帝时达到了鼎盛的局面。尤其是在对外关系上，派张骞出使西域，沟通

了汉与西域的关系。从此，中亚与西亚乃至北非，渐次交流，中国的丝和丝织品得以从长安西运西亚，甚至直达地中海、埃及亚历山大城。这条长达 7000 多千米著名的"丝绸之路"把中国和欧亚联系起来。

2. 中国历史上的第二次繁荣发生在唐朝，史称"贞观之治"

"贞观"为唐太宗李世民的年号。唐初，由于隋炀帝造成的大乱，留下了破坏严重、民生凋敝的局面。唐太宗即位后，因目睹农民战争瓦解隋朝的过程，认识到了农民阶级对君主专制统治稳定的重要性，所以常用隋炀帝作为反面教材，来警诫自己及下属。

在政治上，唐太宗励精图治，既往不咎，知人善任，从谏如流，整饬吏治，令隋末动荡之局得以稳定下来。唐太宗十分注重人才的选拔，他认为只有选用大批具有真才实学的人，才能达到天下大治。因此，他求贤若渴，曾先后 5 次颁布求贤诏令，并增加科举考试的科目，扩大应试的范围和人数，以便使更多的人才显露出来。由于唐太宗重视人才，贞观年间涌现出了大量的优秀人才，可谓是"人才济济，文武兼备"。唐太宗的名言："以铜为镜，可以正衣冠；以古为镜，可以知兴替；以人为镜，可以明得失"就是纪念国之重臣魏征而说的。一大批栋梁之材为"贞观之治"的出现做出巨大贡献。

在行政管理上，唐太宗实行分权原则。具体是由中书省发布命令，门下省审查命令，尚书省执行命令。一个政令的形成，先由诸宰相在设于中书省的政事堂举行会议，形成决议后报皇帝批准，再由中书省以皇帝名义发布诏书。诏书发布之前，必须送门下省审查，门下省认为不合适的，可以拒绝"副署"。只有门下省"副署"后的诏书才成为国家正式法令。唐太宗规定自己的诏书也必须由门下省"副署"后才能生效，从而有效地防止了他在心血来潮和心情不好时做出有损国事的决定。

在经济上，唐太宗从波澜壮阔的农民战争中认识到人民群众的巨大力量，非常重视改善老百姓的生活。他强调以民为本，常说："民，水也；君，舟也。水能载舟，亦能覆舟。"唐初关中连年灾荒，太宗既开仓赈济灾民，又准百姓就食他州；且拿出御府金帛，为灾民赎回卖出子女，使灾民得以度过荒年。他还压缩政府机构，以节省政府开支，减轻人民负担，并通过"互市"换取大批牲畜，用以农耕。

中国古代君主专制王朝的经济特征是"重农抑商"，商业在国民经济中所占的比重相当低，商人的地位也因之比种田人要低好几个等次。这也是中国古代经济一直得不到实质性发展的主要原因。贞观年间不但不歧视商业，还给商业发展提供了许多便利条件，使新兴的商业城市像雨后春笋般兴起。当时世界闻名的商业城市，有一半以上集中在中国。除了沿海的交州、广州、明州、福州外，还有内陆的洪州（江西南昌）、扬州、益州（成都）和西北的沙州（甘肃敦煌）、凉州（甘肃武威）。

唐朝国力的强盛给统治者在对外关系上带来了无比的自信，因而唐朝开放程度很高，陆上、海上的丝绸之路贸易兴盛。举世闻名的"丝绸之路"是联系东西方文明的纽带，可这条商业通道在唐朝时才达到它的最高使用价值。唐帝国的疆域空前辽阔，在西域设立了四个军事重镇（安西四镇），西部边界直达中亚的石国（今属乌兹别克斯坦），为东西方来往的商旅提供了安定的社会秩序和有效的安全保障，丝绸之路上的商旅不绝于途，品种繁多的大宗货物在东西方世界往来传递，使丝绸之路成了整个世界的黄金走廊。

由于唐太宗励精图治，贞观年间，中国成为当时世界最为文明强盛的国家，首都长安是世界性的大都会。唐朝也是中国历史上少有的开放王朝，外国人入境和中国人出境并没有太严格的限制，外国人在中国就像中国人在自己家里一样，不但可以发财致富，还可以从政当官。来自中亚和东亚其他国家的侨民就有不少在中国担任官职，有的还担任高级官员。唐帝国除了接收大批的外国移民外，还接收一批又一批的外国留学生来中国学习先进文化，仅日本的官派公费留学生就接收了 7 批，每批都有几百人。民间自费留学生则远远超过此数。这些日本留学生学成归国后，在日本进行了第一次政治改革运动——"大化改新"，也就是中国化运动，上至典章制度，下至服饰风俗，全部仿效当时的唐王朝。这一时期，唐朝的科技、天文历法、医学、哲学、建筑、绘画、音乐、舞蹈乃至服饰、礼仪，都引领世界风尚，为许多地区特别是东亚各国所仿效，甚至流行至今。

3.清朝的"康乾盛世"是中国历史上的又一次繁荣

该时期经历了康熙、雍正、乾隆三代皇帝，持续时间长达 134 年，是清朝统治的最高峰。在此期间，中国社会的各个方面在原有的体系框架下达到极致，改革最多，国力最强，社会稳定，经济快速发展，人口增长迅速，疆域辽阔。

清朝初年，由于经过数十年的战争，生产遭到严重的破坏，为了缓和日益激化的民族矛盾，清朝统治者不得不实行一些恢复经济的措施。1667 年康熙亲政。他宣布停止圈地，放宽垦荒地的免税年限。康熙先后任用靳辅和于成龙治理黄河与大运河。在六次南巡期间，康熙考察民情习俗，亲自监督河工。因战乱而遭到严重破坏的手工业也逐步得到恢复和发展。为安定社会秩序，他颁行十六条圣谕，要地方人士循循告诫乡民。1722 年，康熙临终时传位于胤禛，即雍正帝。雍正即位后针对康熙时期的弊端采取补救措施。经济上实施摊丁入亩，减轻无地贫民的负担。为解决地方贪腐问题提倡火耗归公，耗羡费用改由中央政府计算，设置养廉银以提高地方官员的薪水。为加强吏治，他任用张廷玉、鄂尔泰、田文镜与李卫等并派人监控地方事务，掌握官员们的一言一行。1735 年，雍正帝去世后其子弘历继位，即乾隆帝。乾隆时，清朝的文治武功走向极盛。乾隆帝继位后介于康熙帝的仁厚与雍正帝的严苛，他以"宽猛相济"施政。

康乾时期的君主专制达到历史顶峰。康熙时着手整顿吏治，恢复京察、大计等考核制度，派心腹包衣打探地方物价、人民收入与官绅不轨之事，并以密折奏报。三代帝王都充分利用秘密访查、密折上奏等方式以秘治秘、秘密治理，力求最大限度地加强社会控制。康乾时期的政治制度一直保持着高效的办事效率，且没有出现地方督抚叛乱的情况，即便是遭受列强侵略，国家也无分裂，可以看出康乾时期确立的政治制度是有成效的。康乾盛世时期，整个清帝国版图达 1300 余万平方千米，形成了空前"大一统"的多民族国家，史称"汉、唐以来未之有也"。康乾时期国库财政储备充足，最高的年份达到 8000 万两，常年保持在 6000 万~7000 万两。中国的国内生产总值恢复到占世界的 1/3，当时中国的工业产量，占世界的 32%。

纵观中国古代出现的几次盛世局面，可以看出，一个盛世或者小康社会局面的出现，必须具备这样的条件：

一是国家统一。这是出现盛世的基本前提。从文景之治、贞观之治到康乾盛世都具有这样的特征。文景之治是在刘邦起兵反秦、推翻秦王朝的统治，又经过内乱，朝政逐步稳定下来之后才实现的。特别是到汉武帝时，与不断侵犯北部边境的匈奴进行了三次大战，巩固和发展了多民族国家。康乾盛世的出现也是如此。对危害大清统一的蒙古准噶尔汗国，康熙帝时期首先派萨布素于雅克萨战役驱除入侵黑龙江流域的沙俄军队，与沙俄签订尼布楚条约确立东北疆界并获得沙俄的中立。接着于1690年至1697年间通过乌兰布通之战等征讨，打败噶尔丹，创立多伦会盟以保护喀尔喀蒙古，将喀尔喀蒙古并入清朝。到乾隆时期西北准噶尔诸子争位。乾隆帝乘机于1755年派降将阿睦尔撒纳为引导，以定北将军班第率军平定准噶尔，攻下伊犁。然而在天山南路，脱离准噶尔统治的回部领袖大小和卓兄弟起兵反清，史称大小和卓之乱。其领袖布拉尼敦与霍集占据喀什噶尔与叶尔羌，意图自立。1758年，乾隆帝再命兆惠西征，兆惠率轻军渡沙漠围攻叶尔羌（今新疆莎车），反被包围于黑水营。隔年清将富德率军解围，兆惠与富德最终攻灭大小和卓，并让帕米尔高原以西的中亚各国成为藩属国。

二是社会稳定。中国历史上出现社会不稳定的主要隐患，是皇室内争引发的动乱。而出现盛世的朝代则注意平衡各方势力之间的关系。文景时期以及汉武帝时进一步削弱诸侯王，打击地方割据势力，使秦王朝开始的中央集权制国家制度真正巩固下来。贞观时期，唐太宗重视平衡皇室的关系，更加重视容易引发社会动荡的民族关系。唐王朝建立之初，东有稽胡的扰边，西有吐谷浑的威胁，北有突厥的侵袭，尤以奴隶主贵族统治的突厥武装曾直逼长安的近郊，成为当时的主要威胁。李世民一方面对突厥的骚扰进行反击，一方面对周边的少数民族采取怀柔政策，尊重他们的生活方式和民族习俗，任命各族首领以统辖本部，还通过"和亲"进一步融合民族关系。李世民被各族首领推为"天可汗"，成为各族的共主和最高首领。

三是强大的统治者。这是出现盛世的组织原因。在中国长达2000多年的封建社会里，国家政权掌握在皇帝和皇帝家族手里，皇帝具有至高无上的权力，这对皇帝的统治智慧提出更高要求，往往皇帝强则国家强，皇帝弱则国家弱。文景之治的基础在刘邦手下奠定，他是汉朝开国皇帝，汉民族和汉文化的伟大开拓者之一、中国历史上杰出的政治家、卓越的战略家和指挥家。他说："论运筹帷幄之中，决胜于千里之外，我不如张良；论抚慰百姓供应粮草，我又不如萧何；论领兵百万，决战沙场，百战百胜，我不如韩信。可是，我能做到知人善用，发挥他们的才干，这才是我们取胜的真正原因。至于项羽，他只有范增一个人可用，但又对他猜疑，这是他最后失败的原因。"可见刘邦具有高超的领导能力。清朝的康乾盛世是在康熙皇帝手中实现的，康熙也是一代明君。他8岁登基，14岁亲政，在位61年，是中国历史上在位时间最长的皇帝。少年时就挫败了权臣鳌拜，成年后先后平定三藩、收复台湾、保卫雅克萨（驱逐沙俄侵略军）、亲征噶尔丹，以尼布楚条约确保清王朝在黑龙江流域的领土控制，创立"多伦会盟"，联络蒙古各部。他是中国统一的多民族国家的捍卫者，奠定了清朝兴盛的根基，开创出康乾盛世的局面，被后世学者尊为"千古一帝"。

（二）当今世界中等发达国家的发展历程

中等发达国家，是指介于发达国家和发展中国家之间的"过渡型国家"。一般地讲，当今世界的发达国家主要是指美国、加拿大、英国、法国、芬兰、西班牙、德国、爱尔兰、瑞典、荷兰、瑞士、奥地利、比利时、挪威、卢森堡、丹麦、葡萄牙、新西兰、澳大利亚、韩国、日本 21 个国家。而中等发达国家主要有巴西、墨西哥、智利、阿根廷、马来西亚、土耳其等国家。

1. 巴西联邦共和国

巴西是南美洲最大的国家，国土总面积 851.49 万平方千米，居世界第五。总人口 2.11 亿。2019 年国内生产总值 1.84 万亿美元，人均国内生产总值 8717 美元。

历史上巴西曾为葡萄牙的殖民地，1822 年 9 月 7 日宣布独立。它拥有丰富的自然资源和完整的工业基础，国内生产总值位居南美洲第一，为世界第九大经济体，金砖国家之一，也是南美洲国家联盟成员，里约集团创始国之一，南方共同市场、20 国集团成员国，不结盟运动观察员。全球发展最快的国家之一，是重要的发展中国家之一。

2. 墨西哥合众国

墨西哥位于北美洲，北部与美国接壤，东南与危地马拉和伯利兹相邻，西部是太平洋和加利福尼亚湾，东部是墨西哥湾与加勒比海。

墨西哥是一个自由市场经济体。它拥有现代化的工业与农业，经济实力排名美洲第 4 位，世界第 13 位。2019 年国内生产总值 1.26 万亿美元，人均国内生产总值 10385 美元，政治体制为总统制共和制。主要宗教为天主教。基尼系数为 0.516，贫困人口约占总人口的一半，是一个贫富差距较大的国家。

墨西哥是美洲大陆印第安人古老文明中心之一。闻名于世的玛雅文化、托尔特克文化和阿兹特克文化均为墨西哥古印第安人创造。公元前兴建于墨西哥城北的太阳金字塔和月亮金字塔是这一灿烂古老文化的代表。太阳金字塔和月亮金字塔所在的特奥蒂瓦坎古城被联合国教科文组织宣布为人类共同遗产。

1519 年，西班牙殖民者入侵墨西哥。墨西哥的独立战争从 1810 年开始，由米格尔·伊达尔戈·伊·科斯蒂利亚发起，直到 1821 年才推翻西班牙统治，获得独立。1824 年成立了第一共和国，瓜达卢佩·维多利亚为其首任总统。之后共和与专制交替统治墨西哥。

在经过波菲里奥·迪亚斯长时期的独裁统治后，墨西哥革命在 1910 年爆发。革命武装击败了联邦军队，但又发生内斗，墨西哥在长达 20 年的时间里陷入内战。革命结束后，墨西哥革命制度党获得了政权，直到 2000 年实现首次政党轮替。

3. 智利共和国

智利位于南美洲西南部，是世界上地形最狭长的国家，国土面积 756626 平方千米。为南美洲国家联盟的成员国，在南美洲与阿根廷、巴西并列为 ABC 强国。政治体制为总统制共和制。基尼系数 0.494。2014 年人类发展指数为 0.822，世界排名第 41 位。2019 年，国内生产总值总计 2823.13 亿美元，人均国内生产总值 1.49 万美元。

智利拥有非常丰富的矿产资源、森林资源和渔业资源，是世界上铜矿资源最丰富的国家，又是世界上产铜和出口铜最多的国家，享有"铜矿王国"的美誉，境内的阿塔卡马沙漠是世界旱极。它还是世界上唯一生产硝石的国家。智利在新闻自由、人类发展指数、民主发展等方面也获得了很高的排名。智利教育高度发达，其教育在发达国家普遍得到承认。

智利拥有较高的竞争力和生活质量，具有稳定的政治环境，全球化的、自由的经济环境，以及较低的腐败感知和相对较低的贫困率，被世界银行集团视为高收入经济体。按照部分评判标准（例如人类发展指数）它又可以算作发达国家。2010 年，智利成为南美洲第一个经济合作与发展组织（OECD）成员国。

智利原住居民是印第安人。16 世纪 30 年代，西班牙殖民者弗朗西斯科·皮萨罗征服秘鲁以后，派他的同伙阿尔马格罗于 1535 年侵入智利。因遭印第安人袭击，1538 年逃回秘鲁。1540 年，皮萨罗又派巴尔迪维亚再次侵入智利，陆续建立圣地亚哥、康塞昔西翁和瓦尔迪维亚等城镇，智利遂沦为西班牙殖民地。1778 年，西班牙王室设置智利都督府和检审庭，作为智利的最高统治机构。殖民统治时期，智利经济以农业为主，生产小麦、玉米，畜牧业也占有重要地位。西班牙殖民者侵占大片土地，推行委托监护制，强迫印第安人从事农业劳动或采掘贵重金属。他们使用各种手段搜刮财富，给当地人民造成严重灾难。智利人民曾在 1651 年、1655 年、1723 年、1766 年、1780 年多次举行起义。

1810 年 9 月 18 日，圣地亚哥的土生白人推翻了殖民政权，成立独立政府。1814 年 10 月秘鲁总督派兵前来恢复殖民统治。智利民族志士在奥希金斯领导下越过安第斯山，与圣马丁的军队会合。1817 年，这支军队在圣马丁指挥下进军智利，2 月 12 日在查卡布科大败西班牙殖民军，奥希金斯被推举为智利最高执政官。1818 年 2 月 12 日，奥希金斯正式宣布智利独立，成立共和国。

智利独立后，政权为土生白人地主所掌握。1831 年保守党上台执政。1833 年制定宪法，赋予总统极大权力，以天主教为国教，巩固了大地主阶级的统治，开始了此后 30 年比较稳定的政治局面。在这期间，保守党政府鼓励来自欧洲各国的移民，侵占印第安人的土地，开发阿塔卡马和科金博铜矿，使智利成为世界重要的产铜国。矿产和粮食的出口增加，教育也有所发展。

1922 年，智利社会劳工党改名为共产党，并加入共产国际。1936 年，激进党、共产党、社会党、民主党和劳工联盟组成人民阵线。激进党在人民阵线支持下执政，塞尔达、里奥斯·莫拉莱斯和冈萨雷斯·魏地拉相继任总统。前两届政府曾大力兴办学校，成立"生产开发公司"，发展民族工业，向农民贷款，发展对外贸易，与此同时，无产阶级更加壮大。1941 年国会选举时，有 18 名工人代表被选入国会。

2010 年 1 月 17 日，智利反对派联盟"争取变革联盟"候选人塞瓦斯蒂安·皮涅拉以 52% 的得票率当选智利总统，成为智利 52 年来首位通过投票当选总统的右翼党派总统。2017 年 12 月 17 日，塞瓦斯蒂安·皮涅拉获得 54.57% 的选票，当选新一任智利总统。

4. 阿根廷共和国

阿根廷是南美洲国家联盟、二十国集团成员和拉美第三大经济体，是世界上综合国力较强的发展中国家之一，也是世界粮食和肉类的主要生产和出口国之一。国土面积 2780400 平方千米。2019 年，全国总人口约 4449 万人。国内生产总值总计 4496.63 亿美元。人均国内生产总值约 1 万美元。2014 年，人类发展指数 0.808，世界排名第 49 位。

早在旧石器时代，阿根廷就有了人类活动痕迹。1502 年，航海家亚美利哥·韦斯普奇一行成为首次抵达此地的欧洲人。1536 年，佩德罗·德门多萨在布宜诺斯艾利斯一带建立了小型定居点，后于 1541 年在土著居民的抵抗中放弃。在布宜诺斯艾利斯于 1806 年和 1807 年击退两次英国入侵之时，拿破仑对西班牙的入侵使阿根廷乃至整个西属美洲的独立派看到了机会。在 1810 年的五月革命中，第一届国民大会取代了西斯内罗斯总督。在独立战争期间的第一场冲突中，它粉碎了忠君者在科尔多瓦的反革命行动，这些地方后来成为独立国家。革命者分裂为敌对的集权派和联邦派，它们的争斗成了阿根廷独立初期的主题。1813 年，议会任命格瓦西奥·安东尼奥·德·波萨达斯为阿根廷首任最高指挥。1816 年，图库曼议会通过了《独立宣言》。1820 年，集权派与联邦派之间的西佩达之战以最高指挥结束统治告终。占了上风的联邦派于 1831 年建立了阿根廷邦联，由胡安·曼努埃尔·德·罗萨斯领导。他的政权先后抵挡了法国封锁、邦联战争和英法联合封锁，避免了版图的进一步缩小。但在 1852 年，另一位强大的军事领袖胡斯托·何塞·德·乌尔基萨推翻他成为总统，并以 1853 年宪法确立了自由主义和联邦制。1864 年，阿根廷参加了三国同盟战争，获得原巴拉圭领土的一部分。第二次荒漠远征将原住民当作发展的障碍予以清除，使阿根廷抢先征服了巴塔哥尼亚。

从 1880 年胡利奥·阿根蒂诺·罗卡上任开始，经济自由政策得到连续十届联邦政府的加强，政策激励下的欧洲入境移民潮重塑了阿根廷的政治、经济和文化的面貌。从 1870 年到 1910 年，移民潮和死亡率的降低使人口翻了五番；铁路里程从 503 千米陡增至 31104 千米；小麦年出口从 10 万吨增至 250 万吨，海上冷冻船的应用促使牛肉年出口从 2.5 万吨增至 36.5 万吨，令阿根廷跻身于世界出口五强之列；归功于世俗的免费公共义务教育系统，识字率从 22% 激增至 65%，比大多数拉美国家 50 年后的水平还高。1908 年，阿根廷成为世界第七经济大国，人均收入与德国比肩。布宜诺斯艾利斯也从"大农村"转身成为国际化的"南美巴黎"。

5. 马来西亚联邦

马来西亚国土面积 30257 平方千米。政治体制为议会制君主立宪制。截至 2015 年，马来西亚总人口 30638600 人。其中马来人占 56%，华人占 23%，印度人占 7.3%，其他种族占 0.7%。它是一个新兴的多元化经济国家，是东南亚国家联盟的创始国之一，环印度洋区域合作联盟、亚洲太平洋经济合作组织、英联邦、不结盟运动和伊斯兰会议组织的成员国。它的经济在 20 世纪 90 年代突飞猛进，为"亚洲四小虎"国家之一。2019 年国内生产总值总计 3647 亿美元，人均国内生产总值 1.14 万美元。人类发展指数 0.773，世界排名第 62 位，处于高水平。2014 年进入中高等收入国家行列。

历史上，1942 年至 1945 年马来亚被日本占领。虽然日本占领的时期相当短，但是它激起了马来亚和其他地区的反殖民民族主义。许多华人因此参加马来亚共产党。在英国军方的强烈镇压，以及马来人和华人政治领袖的协商退让下，共产党暴动被扑灭，1957 年多民族的马来亚联邦宣告独立。

1963 年 8 月 31 日，英属的新加坡和北婆罗洲（今沙巴州）宣告独立。1963 年 7 月 22 日，沙捞越宣告独立。马来亚联同新加坡、沙巴及沙捞越组成了马来西亚联邦。随着以华人为主导的新加坡的加盟，整个马来西亚华人人口数量也持续增长，当时华人约占马来西亚人口的 42%，与马来人口的比例不相上下。1965 年 8 月 8 日，以巫统为首的国阵执政联盟利用其在国会的优势通过决议，将新加坡驱逐出马来西亚。8 月 9 日，新加坡宣布退出马来西亚独立建国。

6. 土耳其共和国

土耳其是一个横跨欧亚两洲的国家，北临黑海，南临地中海，西临爱琴海，东南与叙利亚、伊拉克接壤，东部与格鲁吉亚、亚美尼亚、阿塞拜疆和伊朗接壤。土耳其地理位置和地缘政治战略意义极为重要，是连接欧亚的十字路口。它的政治体制为议会共和制。

土耳其虽为亚洲国家但在政治、经济、文化等领域均实行欧洲模式，是欧盟的候选国，还是北约成员国，又为经济合作与发展组织创始会员国及二十国集团的成员。土耳其拥有雄厚的工业基础，是发展中的新兴经济体，亦是全球发展较快的国家之一。该国国土面积为783562平方千米，截至2019年，全国总人口8340万人。国内生产总值总计7544亿美元，人均国内生产总值9042美元。

土耳其人是突厥人与属于欧洲人种的地中海原始居民的混血后裔，奥斯曼一世在1299年建立奥斯曼帝国。到1453年5月29日，穆罕默德二世攻陷君士坦丁堡（今伊斯坦布尔），灭亡拜占庭帝国，至16世纪和17世纪，尤其是苏莱曼一世时期达到鼎盛，统治区域地跨欧、亚、非三大洲。1914年8月，奥斯曼帝国在第一次世界大战中加入同盟国作战，1918年战败，丧失了大片领土，帝国土崩瓦解。1919年，土耳其击退外国侵略者，1923年10月29日建立土耳其共和国。

当今世界的中等以上发达国家的发展经历，展示的共同的特征是都经历了一个民族独立的过程，多数国家政局比较稳定、执政团队能力较强，重视发展经济，人均国内生产总值在10000美元左右，普遍参加了重要国际组织。

从中国历史上出现的盛世和当今世界的中等以上发达国家的发展历程不难看到，民族独立、社会稳定、强大的中央领导核心，较少发生大规模战争，是其发展的前提条件。

二、中国共产党成立时的国际国内形势

中国共产党成立时的中国，尚不具备民族独立、国家统一、社会稳定这些条件。也就是说，那时中国还不能直接进行建设小康社

会的进程。此时的中国是一个怎样的状态呢？

其一，中华民族尚未独立。

自 1840 年鸦片战争以后，帝国主义列强用坚船利炮打开古老中国的大门，通过一个个不平等条约，强占了香港、澳门、台湾等中国领土，取得了在山东青岛和东北的特殊权益。

香港，在 1840 年之前还是一个小渔村。

秦始皇三十三年（前 214 年），秦朝派军平定百越，置南海郡，把香港一带纳入其领土，属番禺县管辖。由此开始，香港便置于中国中央政权的管辖之下，明确成为那时的中原王朝领土（狭义的中原，指今河南一带。广义的中原，指黄河中下游地区），从此时起直至清朝，随着中原文明向南播迁，香港地区得以逐渐发展起来。

1840 年鸦片战争后，香港全境的三个部分（香港岛、九龙、新界），通过三个不平等条约成为英国殖民地。分别是：1841 年 1 月 26 日，英国强占香港岛，事后清朝政府曾试图用武力予以收复，道光皇帝为此发下多道谕旨，但清朝最终没能捍卫领土完整。1842 年 8 月 29 日，清政府与英国签订不平等的《南京条约》，割让香港岛给英国。1860 年 10 月 24 日，清政府与英国签订不平等的《北京条约》，割让九龙司地方一区给英国。1898 年 6 月 9 日，英国强迫清政府签订《展拓香港界址条例》，租借九龙半岛界限街以北地区及附近 262 个岛屿，租期 99 年，1997 年 6 月 30 日租期结束。1997 年 7 月 1 日，中国正式恢复对香港行使主权，香港成为中国的特别行政区之一。

澳门，早在新石器时代，中华民族的祖先已在这一带地区劳动、生息。澳门、路环、黑沙等地，早已是中国原始居民足迹所到之处。从秦朝起澳门就成为中国领土，属南海郡。澳门古称濠镜澳。1553 年，葡萄牙人取得澳门居住权，但明朝政府仍在此设有官府，由广东省直接管辖。直至 1887 年葡萄牙政府与清朝政府签订了有效期为 40 年的《中葡和好通商条约》，至 1928 年期满后，澳门成为葡萄牙殖民地。1974 年 4 月 25 日，葡萄牙革命成功，对澳门实行非殖民地化政策，承认澳门是被葡萄牙非法侵占的，并首次提出把澳门交还中国。由于当时不具备适当的交接条件，周恩来提出暂时维持澳门当时的状况。进入改革开放新时期后，根据邓小平提出的"一国两制"构想，1999 年 12 月 20 日中国政府恢复对澳门行使主权。

台湾历来就是中国的领土。早在明末清初，就有大量福建南部和广东东部的人民移垦台湾，最终形成以汉族为主体的社会。明末，台湾被西班牙和荷兰侵占，1662 年郑成功收复，1684 年清廷收回台湾，置台湾府，属福建省，1885 年台湾建省。1895 年，中日甲午战争后，清廷被迫把台湾和澎湖列岛割让给日本。1945 年中国人民抗日战争胜利后，根据开罗宣言，中国政府重新恢复了台湾省的行政管理机构。1949 年国民党当局在大陆失败后退据台湾，1954 年美国同台湾当局签订《共同防御条约》，造成台湾同祖国大陆分离的状况。

青岛，地处山东半岛东南部沿海，胶东半岛东部，濒临黄海，隔海与朝鲜半岛相望，地处中日韩自贸区的前沿地带。青岛因地理位置优越，1891 年 6 月 14 日，清政府在胶澳（今胶州湾）设防，青岛由此建置。1897 年 11 月 14 日，德国以"巨野教案"为借口侵占青岛，青岛沦为德国殖民地。在第一次世界大战后，德国因战败丧失对中国青岛的权益。但是，在 1919 年 1 月召开的巴黎和会上，中国代表提出的恢复中国对青岛主权的正当要求被拒绝，而主导和会的美、英、法、日、意等国却无理地将中国青岛的权益让予日本。以收回青岛主权为导火索，爆发了反帝爱国的五四运动，这是中国近现代历史的分水岭。

除此之外，帝国主义列强在中国还形成了自己的势力范围，在中国拥有驻军，设置巡警，在中国建立了租界、工厂，并拥有领事裁判权……

这时，中国作为一个半殖民地、半封建社会的悲惨命运还在恶化。就在中国共产党成立后不久，1921年11月12日至1922年2月6日，以美国为首的九国召开了华盛顿会议。会议在讨论中国问题时，中国政府首席代表提出了维护中国主权的正当要求，但帝国主义不愿意放弃已经到手的在华利益。在美国主导下，会议签署了《九国关于中国事件应适用各原则及政策之条约》，其核心是肯定美国提出的"各国在华机会均等""中国门户开放"的原则。意思是每一个帝国主义国家在中国都应得到同样的好处，每一个帝国主义国家都不能关闭它在中国所控制地区的门户，而不让其他国家进来。其实质是在确认美国所占优势的基础上，由帝国主义列强对中国进行联合统治和共同控制，限制日本独占中国的企图，防止英、日两国结盟的可能性。华盛顿会议后，帝国主义列强进一步扩大了各自在华的势力范围，从经济上、政治上加强对中国的掠夺和控制。各国输入中国商品的净值指数，以1913年为100，1921年增至158.9，到1922年又增至165.8。中国对外贸易的入超金额，1918年至1922年增加了3倍以上。日、英、美等帝国主义国家在中国新设立的工厂、银行，也迅速增加。

其二，中国领土尚未统一。

除了台湾、香港、澳门等中国领土和山东青岛及东北等地还被帝国主义列强强占之外，中国国内也处于四分五裂的军阀混战之中。

1917 年 5 月，黎元洪免去段祺瑞国务总理职务，皖系便煽动 10 余省区的军阀通电"独立"，发兵进逼北京。7 月，张勋乘机拥清废帝溥仪复辟。段祺瑞率兵讨伐，迅速打败张勋，重新控制政权。皖系不惜出卖国家利权，向日本大借外债，扩充皖系实力，鼓吹以武力统一全国。同年秋，皖系发动内战，企图消灭以孙中山为首的南方政府。

1918 年，皖系利用安福国会选举徐世昌取代冯国璋任总统，压制直系军阀。皖系武力统一政策激起全国人民的公愤，也为直系将领所反对。直系在英、美支持下，同以段祺瑞为首的皖系为争夺中央政府的权力展开了激烈的斗争。

1920 年 7 月，直皖战争爆发。皖系被直系和奉军击败。北京政府由直系控制，皖系军阀逐步被消灭。

直皖战争后，直系与奉系军阀之间在分配地盘和权力上发生矛盾。遂于 1922 年 4 月爆发首次直奉战争，结果奉军战败，退出关外。直系军阀控制北京政权后，仍推行武力统一的政策，驱逐徐世昌，扶出黎元洪复任总统，策动广东的陈炯明发动军事政变，驱逐孙中山出广东。同时派杨森督川，孙传芳督闽，沈鸿英督粤。

1923 年，吴佩孚制造了二七惨案。6 月，曹锟在京驱逐黎元洪，10 月，经贿选窃踞总统职位，直系由此而声名狼藉。

1924 年 9 月，第二次直奉战争爆发。10 月，冯玉祥发动"北京政变"，囚禁曹锟。吴佩孚腹背受敌，主力被歼灭，率残部仓皇南逃。北京政权实际上被奉系首领张作霖控制。

原属直系的浙江督军孙传芳，跃为直系后期最有实力的首领。10 月，孙传芳组织浙、闽、苏、皖、赣五省联军，自任总司令，以东南五省首领自居。吴佩孚则乘机到汉口，自称苏、浙、鄂、赣、川等 14 省讨贼联军总司令，重新纠集直系势力。

1926 年 6 月北伐战争前夕，吴佩孚拥有兵力约 20 万人，占据湖南、湖北、河南和陕西东部、河北南部，控制着京汉铁路。孙传芳拥有兵力约 20 万人，占据着江苏、安徽、浙江、福建、江西等省。国民革命军北伐后，先在湖南、湖北消灭吴佩孚的主力，接着在江西、福建击溃孙传芳军队。不久，直系军队的残部也分别被消灭。

中国共产党成立前后的 10 年间，以军阀混战为特征，各派势力争斗不休，军阀拥兵自重，中央政府软弱涣散，无法控制全局。

其三，当政者软弱无能、钩心斗角。

辛亥革命后建立的政权因革命阵营一盘散沙而功亏一篑。

对此次因妥协而失败的教训，孙中山抱憾终身。他认为其中教训很多。

首先，有头无尾，有始无终。1924 年 1 月，在中国国民党第一次全国代表大会上，孙中山回顾几十年来的奋斗经历感慨万千，他告诉国民党同事："大抵我们革命，在起初的时候，奋斗均极猛烈，到后结果，无一次不是妥协。即举'排满''倒袁''护法'三役而言，我们做革命都是有头无尾，都是有始无终，所以终归失败。"[①]

其次，"革命军起，革命党消"。在梧州面对国民党员时，孙中山提出："当初革命目的本欲将国家政治改良，现在民国已经成立 10 年，试问 10 年来革命事业曾做了几件？"孙中山回答说："实则革命主义未行，革命目的亦未达到。"到底是何缘故造成的？孙中山认为是"因中国人思想幼稚，见革命初次成功之时，轰轰烈烈，

---

① 《孙中山研究论文集（1949—1984）》，四川人民出版社 1986 年版，第 306 页。

咸以为革命宗旨甚易达到",把革命任务之达成视为轻而易举的事。实则"早有一班满清官僚及武人投诚入党,入党之后将活动于政治的少数革命党尽数倾陷"。更有甚者,"那班官僚又乘势造成一种假舆论,谓'革命军起,革命党消'……'革命军起,革命党消'实系官僚所假造的"。从孙中山的分析来看,要对付反革命就必须使自己强大起来,要建造新国家就必须有具有革命精神的党和军队。而要使国民党和革命军奋斗的目标一致,党自己必须牢牢地掌握军队,"党之基础何在?在于军队"。孙中山还以俄国为例:"设无此庞大之党军,苏俄之势力必无今日之盛。"正是由于当时的革命党并未完全驾驭军队,民国建造这一问题还有待继续解决,所以以前主张"以党治国"在当时"还是太早。此刻的国家还是大乱,社会还是退步,所以革命党的责任还是要先建国,尚未到治国"。要完成建国这个任务,他认为必须着手进行两件事:"第一件是改组国民党,要把国民党再来组织成一个有力量、有具体的政党;第二件就是用政党的力量去改造国家。"

第三,各自为战,没有纪律。在 1924 年 1 月召开的中国国民党第一次全国代表大会的开会词中,孙中山分析了辛亥革命后革命受挫之最大的原因。他认为革命没有成功的最大的原因,"不知道革命何时可以成功,并不想到成功以后究竟用一个什么通盘计划去建设国家,只由各人的良心所驱使,不管成败,各凭各的力量去为国奋斗,推翻满清。这种奋斗,所谓各自为战,没有集合,没有纪律"。

第四,偏于军队奋斗,疏于主义宣传。孙中山在广州大本营进行国民党改组的动员演说中,回顾并分析党的奋斗史时指出:"吾党革命未成功以前,党人多肯奋斗,及成功后则遽行停止,转而全靠军队来奋斗。"根据俄国革命的经验，"党人奋斗始能为最后成功"。所谓"党人奋斗"，是指"党员能为主义的奋斗"。再看中国，"今日有民国之名而仍然失败者，何以故？则由于党人不为主义奋斗之故"。孙中山之所以认为单靠军队奋斗不能使革命完全成功，是因为他明确认识到："建国方法有二，一曰军队之力量，二曰主义之力量。"两者的效力是不一样的："枪炮能有效力者，因其能杀人，故大军一到，敌人即服。三民主义、五权宪法则与之相反，其效力为生人。"既如此，革命为何要用军队呢？他如是解释说："革命是救人的事，战争则为杀人的事；军队奋斗是出而杀人，党员奋斗是出而救人。然革命须用军队之故，乃以之为手段，以杀人为救人。"由此可见，党员奋斗是居于主导地位的。

事实说明，民族的独立、国家的统一、社会的稳定、统治集团领导者的素质，是中国救亡图存、国家发展昌盛、创造人民幸福生活的先决条件。在半殖民地半封建的旧中国，中国人民之所以生活在水深火热之中，根源也在于此。要解救人民于水火，为人民创造幸福美好的生活，实现后来被称之为"小康社会"的理想，必须先解决民族独立的问题。

三、为建设小康社会提供先决条件

从后来历史发展的进程看，中国共产党成立后的前28年集中力量进行了新民主主义革命。集中力量进行社会主义革命和社会主义建设，特别是集中力量建设小康社会，是新中国成立以后特别是进入改革开放和社会主义现代化建设新时期以后。为什么采取这样的战略步骤？

先完成民族独立、国家统一的历史使命，再进行和平建设，实现"两个一百年"奋斗目标，实现中华民族伟大复兴的中国梦，包括实现小康社会的奋斗目标，是中国共产党人根据列宁主义理论确定的。

1920 年 7 月 19 日至 8 月 7 日，共产国际第二次代表大会在莫斯科举行。列宁为这次大会草拟了《民族和殖民地问题提纲初稿》。这一文献系统阐述了民族和殖民地问题的理论。他指出："共产国际在民族和殖民地问题上的全部政策，主要应该是使各民族和各国的无产者和劳动群众为共同进行革命斗争、打倒地主和资产阶级而彼此接近起来。这是因为只有这种接近，才能保证战胜资本主义，如果没有这一胜利，便不能消灭民族压迫和不平等的现象。"[1] 这一著名论断，是列宁对马克思主义关于在高度发达的资本主义基础上建设社会主义论断的新发展。马克思曾说："由资本主义社会和共产主义社会之间，有一个从前者变为后者的革命转变时期。同这个时期相适应的也有一个政治上的过渡时期，这个时期的国家只能是无产阶级的革命专政。"[2] 因此，列宁认为："在先进国家无产阶级的帮助下，落后国家可以不经过资本主义发展阶段而过渡到苏维埃制度，然后经过一定的发展阶段过渡到共产主义。"[3]

那么，怎样才能实现这一目标呢？这又回到前面说的问题：在革命发展的第一阶段，应当是通过与资产阶级建立联盟，推翻外国资本主义，完成资产阶级民主革命。"先完成资产阶级民主革命"的途径，就是"各民族和各国的无产者和劳动群众为共同进行革命斗争、打倒地主和资产阶级"政党，建立民主联盟。至于采取什么

①《列宁选集》第四卷，人民出版社 2012 年版，第 217 页。
②《马克思恩格斯选集》第三卷，人民出版社 2012 年版，第 373 页。
③《列宁选集》第四卷，人民出版社 2012 年版，第 279 页。

形式建立这样的联盟，列宁指出：要"根据各国无产阶级中共产主义运动发展的程度，或根据落后国家或落后民族中工人和农民的资产阶级民主解放运动发展的程度，来确定这个联盟的形式"。[①] 为了保证无产阶级政党在同资产阶级政党结盟后保持其独立性，列宁又指出："共产国际应当同殖民地和落后国家的资产阶级民主派结成临时联盟，但是不要同他们融合，要绝对保持无产阶级运动独立性，即使这一运动还处在最初的萌芽状态也应如此。"[②] 1922 年 1 月 20 日至 2 月 2 日，远东各国共产党及民族革命团体第一次代表大会在莫斯科举行。列宁抱病接见了中国代表团 3 名成员。他明确指出，中国现阶段的革命是资产阶级民主革命，它的任务是反对帝国主义和封建势力。

列宁的民族和殖民地理论，促使年幼的中国共产党人进一步加深对一大确立的把实现共产主义作为自己最终奋斗目标的理解。中央局书记陈独秀从列宁的民族和殖民地问题理论看到，中国共产党与中国资产阶级战斗、建立无产阶级专政还是很遥远的事情，现在要进行的是反帝反封建的民主革命。中国共产党人要实现自己的奋斗目标，摆在面前的有两条路可供选择：一是与孙中山领导的国民党合作，共同完成民主革命，这样做的好处是可以较快地完成民主革命的任务，但对保持党的独立性和党的发展可能会有一定风险；二是在黑暗势力的重压下孤军奋战，这样做解决了保持党的独立性的问题，但更大的困难将会摆在面前。面对这两种结局，中国共产党人选择了前者。中共二大通过的《宣言》是这样表述的："无产阶级去帮助民主主义革命，不是无产阶级降服资产阶级的意义，这

---

① 《列宁选集》第四卷，人民出版社 2012 年版，第 218 页。
② 同上书，第 221 页。

是不使封建制度延长生命和养成无产阶级真实力量的必要步骤。我们无产阶级有我们自己阶级的利益，民主主义革命成功了，无产阶级不过得着一些自由与权利，还是不能完全解放。而且民主主义成功，幼稚的资产阶级便会迅速发展，与无产阶级处于对抗地位。因此无产阶级便须对付资产阶级，实行'与贫苦农民联合的无产阶级专政'的第二步奋斗。如果无产阶级的组织力和战斗力强固，这第二步奋斗是能跟着民主主义革命胜利以后即刻成功的。"①

鉴于这些认识，中国共产党人开始考虑在共产主义远大理想的指引下，当前首要的任务是实现民族独立和国家统一的问题。他们很快发现，在半殖民地半封建的条件下，中国人民迫切需要的并不是立即进行社会主义革命。由于外国资本控制着中国大部分近代工业，无论是上海、长沙、香港日益高涨的罢工斗争，还是其他城市的工人运动，都不可避免地同帝国主义发生冲突，都有不同程度的反对帝国主义的意义。即使工人要求改善生活条件的经济斗争，也很容易转变为反对帝国主义、反对军阀政府的政治斗争。帝国主义势力和封建军阀总是互相勾结，千方百计地破坏以至武力镇压群众斗争。中国共产党人在现实的斗争中认识到，中国革命不首先进行反对帝国主义侵略、反对封建军阀统治的斗争，国家就不能独立，人民就不能解放，也就谈不到实现社会主义、共产主义的理想。

1922年上半年，中国共产党人对反帝反军阀问题展开了广泛讨论。蔡和森发表一系列文章，对中国是不是半殖民地社会进行研究。早在1921年2月11日，蔡和森在给陈独秀的信中就明确提出了"殖民地"的概念，指出："资本主义如水银泻地，无孔不入，故

---

①《建党以来重要文献选编（1921—1949）》第一册，中央文献出版社2011年版，第132-133页。

东方久已隶属于西方，农业国久已隶属于工业国，野蛮国久已隶属于文明国，而为其经济的或政治的殖民地。"① 1922 年 5 月 1 日，蔡和森在团中央机关报《先驱》上发表了《中国工人运动应取的方针》一文，明确指出："在中国现在半封建的武人政治之下，无论哪派军阀财阀得势所形成的资本主义，总不外是'恐怖的资本主义'。"② 同年 9 月发表《统一、借债与国民党》一文，又明确使用了"半殖民地"的概念，指出："中国在国际地位上已处于半殖民地位。"③ 蔡和森分别提出近代中国的性质为"半封建"和"半殖民地"，是深刻分析当时的国际国内形势的结果。

1939 年 12 月，毛泽东在《中国革命和中国共产党》一文中，把"半封建"和"半殖民地"两个概念整合在一起，并全面系统地分析了中国半封建半殖民地社会的性质，指出："帝国主义列强侵入中国的目的，并不是要把封建的中国变成资本主义的中国。帝国主义列强的目的和这相反，它们是要把中国变成它们的半殖民地和殖民地。""帝国主义侵略中国，在一方面促使中国封建社会解体，促使中国发生了资本主义因素，把一个封建社会变成了一个半封建社会；但是在另一方面，它们又残酷地统治了中国，把一个独立的中国变成了一个半殖民地和殖民地的中国。"④ 可见，蔡和森对我国所处半殖民地半封建社会性质的正确分析，为毛泽东正确把握中国国情，形成关于中国革命的对象、任务、动力、性质、前途等民主革命理论，做出了重要贡献。

① 《蔡和森文集》，人民出版社 1980 年版，第 75 页。
② 《建党以来重要文献选编（1921—1949）》第一册，中央文献出版社 2011 年版，第 63 页。
③ 《蔡和森文集》，人民出版社 1980 年版，第 99 页。
④ 《毛泽东选集》第二卷，人民出版社 1991 年版，第 628、630 页。

　　那么，在半殖民地半封建社会的中国，为什么要先推翻国际资本主义，实现民族独立呢？

　　蔡和森在《中国工人运动应取的方针》一文中明确指出："资本主义在中国，无论如何，是不能充分发达而解决中国经济问题的。"主要有两个原因："第一，就是因为国际资本主义始终是要以中国为原料地和销场，而不容许中国为完全的大工业国。假使中国完全变成为工业生产国，不但根本杜绝英、美、法、日的销路，而且中国加倍的价廉物美的商品反将输出于国外的市场，而占国际贸易的优势，那么国际资本主义无异是养成杀他自己的刽子手了。这是国际资本主义断不容许中国如此的。中国的工业一天发达一天，人口的商品就要一天减少一天，同时英、美、日、法内部的失业问题便将一天扩大一天。这是英、美、日、法的资本家会容许的吗？决不会的。所以希望充分的外资来开发中国的实业，这不过是一种梦想罢了。第二，然则中国的资本家，可不仰仗外资，而专靠集中'国内资本'来振兴实业吗？集中国内资本，可以办得几个工厂，可以修得几条铁路？这乃是完全不明国际情形和近世产业性质的稚想。自近世资本主义国际化以来，业已把东方隶属于西方了，农业国隶属于工业国了，野蛮国隶属于文明国了，还能成立锁国自立的'本国资本主义'吗？"蔡和森由此得出结论："国际资本主义既不容许生产事业大大发展，而国家资本又如此微弱不能独立经营什么大产业，然则资本主义在中国的命运就可想而知了。资本主义在中国之必然要倒霉，要短命。"[①]

　　为什么要在反帝的同时反军阀呢？

_____

①《建党以来重要文献选编（1921—1949）》第一册，中央文献出版社2011年版，第63-64页。

1920 年 1 月 20 日，周恩来在《觉悟》创刊号的《宣言》中说：
"凡是不合于现代进化的军国主义、资产阶级、党阀、官僚、男女
不平等界限、顽固思想、旧道德、旧伦常……全认他为应该铲除应
该改革的。"①他在《评胡适的"努力"》一文中，强调帝国主义和军
阀的支配地位，批判了"好人政府"的主张，明确指出了军阀与帝
国主义的关系。针对胡适提出的用"公开的南北和会"的办法解决
时局，实现国家统一的论调，周恩来一针见血地指出："试问如何
能有满足各方欲望的结果？不满足便争。如果人民像胡先生所说，
'用手枪炸弹罢工罢市'对付分赃会议的办法对付他们，他们竟不
争了，然而各大军阀又肯容忍么？不容忍，还不是一样地要用手枪
炸弹罢工罢市的办法么？与其这样弯曲……何如不直说'打倒军阀
呢'？这不又是胡先生缺乏革命精神的明证么？况且手枪炸弹罢工
罢市只能做革命的导火线，真正革命非要有极坚强极有组织的革命
军不可，没有革命军，军阀是打不倒的。若徒以手枪炸弹罢工罢市
来恐吓，则手枪炸弹，他有躲避之法，罢工罢市他更可以军队来压
迫。"②

这里，周恩来提出了打倒军阀的具体途径，即成立革命军，这
就使周恩来的革命军队思想应运而生。1923 年 4 月，周恩来在给邓
颖超的信中进一步说明武装革命的重要性。信中写道："资本主义一
天不打倒，他的最后保证者帝国主义的混战永不会消灭。"③同年 7
月，为反对帝国主义提出的共管中国铁路的阴谋，周恩来受旅法各
团体联合会委托，起草《旅法各团体敬告国人书》，并于全体会议

①《周恩来早期文集（1912.10—1924.6）》上卷，南开大学出版社 1998 年版，第 331 页。
②《周恩来早期文集（1912.10—1924.6）》下卷，南开大学出版社 1998 年版，第 402 页。
③ 同上书，第 421 页。

做报告。报告和《敬告国人书》分析形势指出："国事败坏至今，纯由吾人受二重之压迫，即内有冥顽不灵之军阀，外有资本主义之列强。"文章号召"凡是具有革命新思想而不甘为列强奴隶、军阀鹰犬的人"，团结起来"打倒军阀""打翻国际资本帝国主义"。

王尽美在《山东反帝国主义大同盟宣言》中也指出："自鸦片战争至今，这八十余年的期间，我中华民族之受列强欺辱压迫，无所不至其极……试看世界任何独立的国家，可容许多外人如此横行霸道？嗟夫同胞，吾国早已不是独立国家，早已被帝国主义夷沦为半殖民地了！"[①]王尽美还在《中国的兵患与匪患》一文中指出："中国各省哪省不遭兵匪之祸？本来像中国军阀这样搜刮地皮，人民为穷所累，哪得不铤而走险，为匪作盗？他们这样克扣军饷，兵士为生活所逼，哪得不叛变劫掠？唯我们一般劳苦兄弟们，天天牛马般卖气力，挣出钱来纳税纳粮地供给这伙军阀们争权夺利，互相残杀。不但不能保护人民，反成了人民的蟊贼，真不值啊！老实说罢，我们人民想过安乐生活，只有联合起来打倒军阀！"[②]

张太雷也深刻地认识到："如果没有反对外国帝国主义进攻而反示好于帝国主义，那就完全失掉国民革命的意义了。"在张太雷看来，"什么是中国的国民革命？中国的国民革命就是中国民众对于外国帝国主义之经济的政治的剥削之反抗运动，其目的在推倒帝国主义在华的一切势力和其走狗——本国的军阀，而建设一个合乎民众利益的独立政府。中国的国民革命已不是如十八九世纪中欧洲各国的国民革命，是本国资产阶级对于封建阶级之一种革命运动，而是中国的一般被压迫的民众反对外国帝国主义的运动。因为以前欧

---

① 《王尽美文集》，人民出版社 2011 年版，第 83-84 页。
② 《王尽美遗著与研究文集》，中共党史出版社 2009 年版，第 46 页。

洲的国民革命之对象是本国的封建阶级而现在的中国的国民革命之
对象，如各殖民地一样，是外国帝国主义而不单是本国的军阀，本
国的军阀不过是帝国主义的雇佣者（你们看哪一个军阀没有外国帝
国主义能存在的）。所以我们说要打倒军阀是要间接打倒其背后之
主人翁——外国帝国主义。而且打倒外国资本主义是建设独立人民
政府之一个先决条件。如果外国帝国主义在华的势力不推倒，在政
治上面是永远帮助军阀和买办阶级组织卖国政府，在经济上面是握
住中国经济生命，经济生命被握住永无成立独立政府之可能。所以
中国国民革命之最要职务是打倒外国帝国主义。"① 在这里，张太雷
深刻地论述了自鸦片战争以来中国人民的救国努力为什么屡遭挫折
的历史原因，揭示了帝国主义才是阻挠中国实现民族独立的主要根
源，得出了只有打倒军阀和外国列强，才能实现民族独立的历史结
论。

　　基于党内逐渐形成的共识，中共中央开始形成反帝反封建的政
治主张。最早宣传这一主张的是 1922 年 5 月召开的第一次全国劳
动大会和中国社会主义青年团第一次全国代表大会。

　　1922 年 5 月 1 日至 6 日在广州召开了由中国共产党领导的、中
国劳动组合书记部发起的第一次全国劳动大会。大会接受中国共产
党提出的"打倒帝国主义""打倒封建军阀"的政治口号，通过《八
小时工作制》《罢工援助》等决议案。蔡和森为大会召开而写的《中
国劳动应取的方针》一文明确指出，对付中国各派军阀，对付"恐
怖的资本主义"，"唯一的办法，只有无产阶级起来夺取政权，组织
工、兵、农的国家机关，没收一切生产手段——土地、大工厂、资
本和交通工具为国有，以社会主义的生产方法，发展中国的大生产

_____
① 《张太雷文集》，人民出版社 1981 年版，第 77-78 页。

事业，以建筑共产社会的经济基础"。①

5月5日，中国社会主义青年团第一次全国代表大会在广州举行，会议通过的《中国社会主义青年团纲领》指出："中国最足为资本帝国主义在世界上贪婪掠夺的写照。各资本主义的国家，都以中国有广大的肥美土地，多量的贱价原料和多数的消费人口是一块肥美之肉，各想夺取比较他国更优越的权利，遂至互相争夺，而造成中国现今在国际上的特殊状况。资本主义的列强欲达到其侵略的目的，自然要努力破坏中国的独立和自强，扶植督军武人使之互相争斗，以收渔人之利；同时又因为列强间的互相竞争，各自特别扶植其势力所及的督军武人使之互相争斗，以获得特别的权利。在这种国际资本的支配及竞争之下，遂使中国四分五裂，内政无从整理，于是列强更借为口实而谋瓜分中国或共管中国。所以中国国内的特殊状况，也是国际资本势力造成的。中国的分裂和内乱既是由于国际资本的扶植，加之又有一班由国际资本养成的外国资本家走狗、汉奸、卖国党，在现在及最近将来更能把中国一切的经济生命尽量卖给外国资本家，例如种种权利之割让，最廉价的原料之付出，最廉价的劳动力之供给等都是。"②

1922年7月16日至23日，中国共产党第二次全国代表大会在上海举行。大会通过的由陈独秀、张国焘、蔡和森起草的《中国共产党第二次全国代表大会宣言》，分析资本主义、帝国主义列强侵略中国和中国社会演变为半殖民地半封建社会的历史，着重指出："加给中国人民（无论是资产阶级、工人或农人）最大的痛苦的是

①《建党以来重要文献选编（1921—1949）》第一册，中央文献出版社2011年版，第63页。
② 同上书，第72-73页。

资本帝国主义和军阀官僚的封建势力，因此反对这两种势力的民主主义的革命是极有意义的：即因民主主义革命成功，便可得到独立和比较的自由。"① 这是对以反帝反封建为主要任务的民主主义革命重大意义的具体表述。大会最主要的贡献在于：在重申党的一大提出的以共产主义为最终奋斗目标，即"目的是要组织无产阶级，用阶级斗争的手段，建立劳农专政的政治，铲除私有财产制度，渐次达到一个共产主义的社会"的基础上，提出了党的民主革命纲领，即：一、消除内乱，打倒军阀，建设国内和平；二、推翻国际帝国主义的压迫，达到中华民族完全独立；三、统一中国本部（东三省在内）为真正民主共和国；四、蒙古、西藏、回疆三部实行自治，成为民主自治邦；五、用自由联邦制，统一中国本部、蒙古、西藏、回疆，建立中华联邦共和国；六、工人和农民，无论男女，在各级议会、市议会有无限制的选举权，言论、出版、集会、结社、罢工绝对自由；七、制定关于工人和农人以及妇女的法律：A.改良工人待遇：（甲）废除包工制，（乙）八小时工作制，（丙）工厂设立工人医院及其他卫生设备，（丁）工厂保险，（戊）保护女工和童工，（己）保护失业工人……；B.废除丁漕等重税，规定全国——城市及乡村——土地税则；C.废除厘金及一切额外税则，规定累进率所得税；D.规定限制田租率的法律；E.废除一切束缚女子的法律，女子在政治上、经济上、社会上、教育上一律享受平等权利；F.改良教育制度，实行教育普及。② 这七条概括起来就是：

打倒军阀！

打倒国际帝国主义！

---

① 《建党以来重要文献选编（1921—1949）》第一册，中央文献出版社 2011 年版，第132 页。

② 同上书，第133—134 页。

为和平而战！

为自由而战！

为独立而战！

民主革命纲领的提出，是中国共产党人不断深化对马克思主义关于科学社会主义理论认识的结果，这一认识过程是在列宁主义的指导下、在共产国际的帮助下完成的。它是把马克思主义普遍原理与中国革命具体实践相结合的典范，从此，中国共产党人懂得只有坚持以马克思主义为指导，只有一切从中国的实际情况出发，才能推进革命事业不断前进。民主革命纲领的提出，表明中国共产党已经找到一条进行社会革命的道路，这就是先进行民主革命，实现民族独立和国家统一，再过渡到社会主义。还表明中国共产党人已经找到在半殖民地半封建社会的状态下，如何维护广大人民的利益，推动"小康社会"的进程，即先实现民族独立、国家统一、人民解放、社会稳定，为全面小康社会提供政治前提，进行理论准备，奠定物质基础。

中共二大后，为推进民主革命纲领的实现，中国共产党人采取了一系列重大举措：

（一）进行第一次国共合作

中共二大确立的国共合作模式是组织左派联盟，即"党外合作"。而在此之前，共产国际代表马林已经与国民党领袖孙中山进行了商谈。孙中山"只表示愿与苏联建立非官方的联系，不愿再前进一步"，但表示允许共产党在国民党内"进行共产主义宣传"。[①]按照孙中山可以接受的最低限度，提出了中共党员加入国民党，实

[①] 马林：《给共产国际执委会的报告》，见朱文华著：《终身的反对派——陈独秀评传》，青岛出版社 1997 年版，第 198 页。

行国共两党党内合作的设想。为了统一全党的认识，1922 年 8 月 29 日至 30 日，中国共产党中央执行委员会在杭州西湖举行会议，讨论共产党员加入国民党的问题。陈独秀、李大钊、蔡和森、张国焘、高君宇及共产国际代表马林、翻译张太雷出席了会议。马林首先给大家宣读了共产国际的指示信，然后讲了共产党员加入国民党的主要理由：1. 中国在一个很长的时间内，只能有一个民主的和民族的革命，决不能有社会主义的革命，而且现在无产阶级的力量和其所能起的作用都还很小。2. 不能说孙中山的国民党是资产阶级的政党，它是中国现在一个有力量的民主和民族革命政党，而且是一个各阶层革命分子的联盟。3. 孙中山可以而且只能容许共产党员加入国民党，决不会与中共建立一个平行的联合战线。4. 中共必须学习共产国际在西欧工会运动中所推行的各国共产党加入社会主义民主党工会的联合战线的经验，中共须尊重共产国际的意向。5. 共产党加入国民党"既可以谋革命势力的团结，又可以使国民党革命化，尤其可以影响国民党所领导的大量工人群众，将他们从国民党手中夺取过来"。[1]

尽管马林作了引导式发言，但在接下来的讨论中，大家的意见仍未能与他的方案保持一致。张国焘认为：国民党是一个资产阶级政党，中共加入进去无异与资产阶级相混合，会失去党的独立性。李大钊说："共产党是个独立的政治组织，加入国民党，怎么做到不放弃党的独立性，这是一个很重要的问题。"[2] 李大钊提出的问题和思路使陈独秀受到启发。他起身发言：我作为中共中央执行委员会委员长，表示服从共产国际的指示。但是，我是有条件的服从。孙

① 李颖著：《陈独秀与共产国际》，湖南人民出版社 2005 年版，第 65 页。
② 朱洪著：《陈独秀传》，安徽人民出版社 2003 年版，第 212 页。

先生的国民党有一套封建式的加入方法，如打手模、宣誓服从他个人，我是不会接受这些封建方法的，只有孙先生用民主主义方法改造了国民党，我才同意中国共产党加入国民党……①

陈独秀这一表示，总体上接受了"党内合作"的方案，剩下的是具体细节问题。马林已经达到目的，在当天的会议即将结束时说："陈独秀同志的意见是对的，我们加入国民党，可以取消国民党的烦琐方式。"后来，由马林提议孙中山采纳了中共的这一意见。此后，中共几位主要领导人陈独秀、李大钊、蔡和森、张太雷由国民党元老张继介绍，孙中山主盟，正式加入了国民党，成为中国共产党的第一批跨党党员。

标志着第一次国共合作局面正式形成的，是 1924 年 1 月 10 日至 30 日在广州召开的中国国民党第一次全国代表大会。大会由孙中山主持，在出席开幕式的 165 名代表中，李大钊、谭平山、林祖涵、张国焘、瞿秋白、毛泽东、李立三等共产党员达 26 人。其中，李大钊被孙中山指派为大会主席团成员，谭平山任共产党党团书记，并代表国民党临时中央执行委员会在大会上做工作报告。在大会选举中，李大钊、谭平山、于树德、毛泽东、林祖涵、瞿秋白、张国焘、于方舟、韩麟符、沈定一当选为中央执行委员或中央候补执行委员，约占委员总数的 1/4。接着召开的国民党一届一中全会，推举廖仲恺、谭平山、戴季陶为中央常务委员。在国民党中央党部担任重要职务的共产党员有：组织部部长谭平山、农民部部长林祖涵、宣传部代理部长毛泽东、工人部秘书冯菊坡、农民部秘书彭湃、组织部秘书杨匏安。

这次大会通过了著名的《中国国民党第一次全国代表大会宣

① 朱洪著：《陈独秀传》，安徽人民出版社 2003 年版，第 212 页。

言》，它分析了中国社会的现状，采纳了中共提出的反对帝国主义、反对封建主义的政纲，重新解释了三民主义，确定了联俄、联共、扶助农工的三大政策，为国共两党合作奠定了政治基础。

国共合作正式建立以后，大多数共产党员和青年团员加入了国民党。这时，党的工作重点之一是在全国各地积极创立和发展国民党的组织。为此，党专门做出《同志们在国民党工作及态度决议案》，对如何在国民党内开展工作、如何处理与国民党各级党部之间的关系等提出了要求。这一时期，共产党员和社会主义青年团员中许多人在国民党从中央到地方的岗位上担任重要的职务。

加入到国民党中的共产党员和社会主义青年团员对国民党的发展，做出了巨大贡献。到1926年1月，国民党已在广东、湖南、湖北、河北、山东、河南、察哈尔、绥远、内蒙古、江西等11个省区成立了省区党部，在广州、北京、汉口、哈尔滨成立了4个特别市党部，全国国民党党员猛增到40万人。回忆这一时期中共对国民党的帮助，周恩来后来曾说："当时，国民党不但思想上依靠我们，复活和发展它的三民主义，而且组织上也依靠我们，在各省普遍建立党部，发展组织。""当时各省国民党的主要负责人大都是我们的同志"，"是我们党把革命青年吸引到国民党中，是我们党使国民党与工农发生关系。国民党左派在各地的国民党组织中都占优势。国民党组织得到最大发展的地方，就是左派最占优势的地方，也是共产党员最多的地方"。①

（二）与国民党共同领导进行了北伐战争

北伐战争是在中国共产党提出的"反对帝国主义，反对军阀"的口号下进行的。"反对帝国主义，反对军阀"，实现国家的统一，

---

① 《周恩来选集》上卷，人民出版社1980年版，第112–113页。

必须建立革命军队。为建立革命军队，1921 年 12 月，共产国际代表马林在广西桂林会见孙中山时，就提出"创办军官学校，建立革命军"的建议，得到孙中山的响应。在筹建黄埔军校时，中共中央就指派沈定一、张太雷参加以蒋介石为团长的孙逸仙私人代表团，赴苏联学习军事，争取援助，获得苏联政府派军事顾问，给予经费、枪支弹药、通信器材等援助。1924 年 1 月，中国国民党第一次全国代表大会决议建立军官学校，选址于广州黄埔。5 月，黄埔军校（当时称国民党陆军军官学校）开学，中共委派共产党员张申府担任军校政治部副主任。11 月，挑选中共广东区委委员长周恩来担任黄埔军校政治部主任，建立军校政治工作制度，加强对军校学生的政治教育，指导军校教导团的政治工作。这套政治工作制度，以后逐渐被推广到广州革命政府统辖的其他军队中。那时，一批共产党员在这所军校各级岗位上担任骨干。如，胡公冕任卫队长，茅廷桢、金佛庄、徐成章、严凤仪等先后任学员队长、教导团党代表。与此同时成立的"大元帅府铁甲车队"，以徐成章为队长，廖乾五为党代表，周士弟为副队长，实际上共产党员掌握着这支部队。中共还从各地选送大批党团员和革命青年到黄埔军校学习，在第一期学生中，共产党员和共青团员就占学生总数的 1/10。从黄埔军校毕业的学生，逐渐成为国民革命军的骨干力量，从而为北伐战争的胜利奠定了组织基础。

1926 年 2 月 21 日至 24 日，中共中央在北京举行特别会议。会议认为，在英、日帝国主义的支持下，吴佩孚、张作霖已建立"反赤"联合战线向国民军进攻，所以，"现在的时局，实在是中国革命的生死存亡的关头。固然应该在北方努力集中一切革命势力来抵御帝国主义的反攻，然而根本的解决，始终在于广州国民政府北伐的胜利"。"党在现时政治上主要的职任"是从各方面准备北伐,"而北伐的政纲是以解决农民问题作主干"。[①]

1926年7月9日,广州国民政府领导的国民革命军10万人正式出师北伐。北伐战争的目的是推翻帝国主义支持的北洋军阀的反动统治,实现中华民族的独立、自由、民主和统一。这时直系吴佩孚控制着湖北、湖南、河南三省及直隶的保定一带,约有兵力20万人。直系孙传芳割据着江苏、浙江、安徽、江西、福建五省,有兵力20万人左右。奉系张作霖占据着东北三省、热河、察哈尔和北京、天津地区,连同受他节制、统治山东的张宗昌的军队在内,有兵力30多万人。其他各省还有许多小军阀。而国民革命军只有八个军,兵力仅10万人左右。从双方总兵力的数量来看,北洋军阀占有很大的优势。但是,北洋军阀的统治已失尽人心,内部又存在深刻的矛盾,这就为北伐军提供了利用矛盾、各个击破的机会。

早在1925年9月,苏联军事顾问加伦就提出了集中兵力、各个歼敌的北伐军事战略方针。首先向军阀吴佩孚部队盘踞的湖南、湖北进军。共产党人叶挺领导的、以共产党员为骨干组成的第四军独立团是北伐先锋。在各界民众的支持下,北伐军高歌猛进。进入湖北后,军阀吴佩孚企图凭借汀泗桥、贺胜桥的险要地势阻止北伐军的进攻。经过浴血奋战,北伐军终于在8月下旬攻下汀泗桥、咸宁和贺胜桥,击溃吴佩孚主力,并在10月10日攻占武昌。在战斗中,叶挺独立团战功卓著,所在的第四军被誉为"铁军",叶挺更是被誉为北伐名将。曹渊等一批共产党员在战斗中壮烈牺牲。与此同时,北伐军向江西进军。经过艰苦战斗,11月占领九江、南昌,

---

① 《中国共产党历史第一卷(1921—1949)》(上),中共党史出版社2011年版,第167页。

并一举歼灭了军阀孙传芳的主力。同时，福建、浙江等省的军阀也纷纷倒向北伐军。国民革命军誓师北伐仅半年，就取得了惊人的进展，控制了南方大部分省区。国民革命军冯玉祥部也控制了西北地区，并准备东出潼关，响应北伐军。北伐战争的胜利大局已定。北伐途中，中国共产党各级组织在广东、湖南、湖北等省领导工农群众积极参与运输、救护、宣传、联络等工作，为北伐胜利进军提供了有力保障。就在全国革命形势不断高涨、北伐胜利进军之时，蒋介石"反共反人民"的面目暴露出来。1927年4月和7月，蒋介石和汪精卫先后在上海和武汉发动反革命政变。北伐战争的胜利果实被窃取。

北伐战争沉重地打击了帝国主义和北洋军阀在中国的统治，基本消灭了北洋军阀，为以后中国新民主主义革命的发展开辟了道路。

（三）和平处理西安事变，形成第二次国共合作的新局面

自蒋介石发动四一二反革命政变之后，中国国民党走上了一条与中国共产党长期为敌的道路。此后近十年，坐上国民党、政府和军队"第一把椅"的蒋介石，凭借其强大的军事和经济力量，不断对以"朱、毛红军"为主力的中共军队围追堵截，曾多次使红军面临灭顶之灾。

这期间，发生了震惊中外的九一八事变。九一八事变是日本在中国东北蓄意制造并发动的侵华战争的开端。中国的抗日战争由此开始。

抗日战争的爆发，使中国的民族矛盾上升为主要矛盾，而国共两党之间的矛盾退居为第二位。标志中国共产党反蒋政策开始重大转变的，是1935年8月1日草拟的《为抗日救国告全体同胞书》（即著名的"八一宣言"）。这一著名宣言，是中国共产党驻共产国

际代表团团长王明在参加筹备共产国际七大工作期间，根据共产国际的精神和中共代表团多次讨论的意见，执笔起草的。经斯大林、季米特洛夫审阅同意，10 月 1 日，中共代表团以中华苏维埃共和国中央政府、中国共产党中央委员会的名义，在中共代表团主办的巴黎《救国报》上正式发表了"八一宣言"。宣言的主要内容：第一，强调抗日救国是中国人民面临的最重要的任务，明确提出："抗日则生，不抗日则死，抗日救国，已成为每个同胞的神圣天职！"公开号召全国"工农军政商学各界男女同胞"，"为民族生存而战"，"为祖国独立而战"。第二，要求国民党蒋介石立即停止内战，集中一切国力去为抗日救国的神圣事业而奋斗。它向全体同胞呼吁："无论各党派间在过去和现在有任何政见和利害的不同，无论各界同胞间有任何意见上或利益的差异，无论各军队间过去和现在有任何敌对行动，大家都应当有'兄弟阋于墙，外御其侮'的真诚觉悟，大家都应当停止内战，以便集中一切国力（人力、物力、财力、武力等）去为抗日救国的神圣事业而奋斗。"第三，提出了中国共产党当时的政治主张：组织全中国统一的国防政府，组织全中国统一的抗日联军。宣言建议一切愿意参加抗日救国的党派、团体、名流学者、政治家和地方军政机关进行谈判，共同成立国防政府；在国防政府领导下，一切抗日军队组成统一的抗日联军。[①]

1936 年 12 月 12 日，东北军少帅、国民党西北"剿总"副司令并代行总司令职权的张学良，西安绥靖公署主任、第 17 路军总指挥杨虎城，在西安发动兵谏，扣留蒋介石，要求蒋介石停止内战，联共抗日。史称"西安事变"。

西安事变发生后，张学良、杨虎城在第一时间内致电毛泽东、

① 中共在巴黎出版的中文《救国报》，1935 年 10 月 1 日，第 10 期。

周恩来和中共中央通报情况，希望中共派人协助处理事变，并将"红军全部速集于环县，以便共同行动"。为了和平处理西安事变，中共中央先后派出周恩来、博古、叶剑英到西安协助处理事变。12月23日，由张学良、杨虎城为一方，蒋介石的代表宋子文为一方，中国共产党的代表周恩来为第三方，开始正式谈判。

经过几天的多次谈判，终于达成协议。周恩来在《关于西安事变的三个电报》中，把经各方认定的和平放蒋协议概括为10项成果："子、孔、宋组行政院，宋负绝对责任保证组织满人意政府，肃清亲日派。丑、撤兵及调胡宗南等中央军离西北，两宋负绝对责任。蒋鼎文已携蒋手令停战撤兵（现前线已退）。寅、蒋允许归后释放爱国领袖，我们可先发表，宋负责释放。卯、目前苏维埃、红军仍旧。两宋担保蒋确停止剿共，并可经张手接济（宋担保我与张商定多少即给多少）。三个月后抗战发动，红军再改番号，统一指挥，联合行动。辰、宋表示不开国民代表大会，先开国民党会，开放政权，然后再召集各党各派救国会议。蒋表示三个月后改组国民党。巳、宋答应一切政治犯分批释放，与孙夫人商办法。午、抗战发动，共产党公开。未、外交政策：联俄，与英、美、法联络。申、蒋回后发表通电自责，辞行政院长。酉、宋表示要我们为他抗日反亲日派后盾，并派专人驻沪与他秘密接洽。"①

这10项成果被概括为"六项承诺"：（一）改组国民党与国民政府，驱逐亲日派，容纳抗日分子；（二）释放上海爱国领袖，释放一切政治犯，保障人民的自由权利；（三）停止"剿共"政策，联合红军抗日；（四）召集各党各派各界各军的救国会议，决定抗日救亡方针；（五）与同情中国抗日的国家建立合作关系；（六）其他具体的

---

① 《周恩来选集》上卷，人民出版社1980年版，第72-73页。

救国办法。①

为了确保上述协议的落实，24 日晚 10 点，周恩来在张学良、宋子文的陪同下会见蒋介石。对于刚刚达成的六项协议，蒋介石表示完全接受。除此之外，蒋介石又作了三点承诺："（子）停止剿共，联红抗日，统一中国，受他指挥。（丑）由宋、宋、张全权代表他与我解决一切（所谈如前）。（寅）他回南京后，我可直接去谈判。"②

西安事变获得和平解决，从而基本结束了十年内战的局面，为促成以国共合作为基础的抗日民族统一战线和全面抗战创造了重要历史条件。

西安事变和平解决后，就如何落实协定，周恩来继续与国民党方面进行谈判。1937 年 2 月 15 日至 22 日，国民党五届三中全会在南京召开。蒋介石在会上作了西安事变经过的报告。会议通过的决议案基本上接受了中共的意见，还提出了 4 条对中共的要求，即：取消红军，取消苏维埃政府，停止赤化宣传，停止阶级斗争。这 4 条与中共承诺的 4 项保证基本吻合。

当时国民党确实停止"剿共"，准备抗日了。会议期间，国民党当局还悄悄通知报界，不再用"赤匪"的字样。国民党五届三中全会宣言没有再提"剿共"问题，"抗战"一词首度见之于国民党宣言。实际上表明它接受了中共致国民党三中全会电中提出的五项要求的基本精神，这次会议标志着国民党"安内攘外"政策的转变，标志着国共合作的抗日民族统一战线初步形成。

1937 年 7 月 7 日夜，驻卢沟桥的日本军队在未通知中国地方当局的情况下，径自在中国驻军阵地附近举行所谓军事演习，并称有

---

① 毛泽东：《关于蒋介石声明的声明》，1936 年 12 月 28 日。
②《周恩来选集》上卷，人民出版社 1980 年版，第 73 页。

一名日军士兵于演习时失踪（实际上那名士兵是去上厕所了并在随后不久归队），要求进入北平西南的宛平县城搜查。中国守军拒绝了这一要求。日军向卢沟桥一带开火，向城内的中国守军进攻。中国守军第 29 军 37 师 219 团予以还击。这便掀开了全面抗日战争的序幕。七七事变是日本全面侵华开始的标志，是中华民族进行全面抗战的起点，也象征第二次世界大战亚洲区域战事的起始。

日军挑起七七事变后，在全国引起强烈反响。1937 年 7 月 17 日，蒋介石在庐山发表谈话指出："卢沟桥事变的推演，是关系中国国家整个的问题。""如果卢沟桥可以受人压迫强占，那末，我们百年故都，北方政治文化的中心与军事重镇的北平，就要变成沈阳第二；今日的冀察，亦将成为昔日的东北四省。北平若可变成昔日的沈阳，南京又何尝不可变成北平！"蒋介石表示："我们固然是一个弱国，但不能不保持我们民族的生命，不能不负起祖宗先民所遗留给我们历史上的责任，所以到不得已时，我们不能不应战……如果放弃寸尺土地与主权，便是中华民族的千古罪人！"蒋介石宣布："我们希望和平，而不求苟安，准备应战，而决不求战。政府对卢沟桥事件，已确定始终一贯的方针与立场。我们知道全国应战以后之局势，就只有牺牲到底，无丝毫侥幸求免之理。如果战端一开，那就地无分南北，年无分老幼，无论何人，皆有守土抗战之责任，皆有抱定牺牲一切之决心。"[①]

为了使中共领导的红军部队尽快开赴前线，投入抗日战斗，国民党加快了谈判速度。至 8 月 3 日，蒋介石已同意中共提出的有关条件。6 日，在国民党政府军事会议上蒋介石公开讲：中央已承认中共控制的陕甘宁边区，并将陕北红军改编为国民革命军第八路

① 民国《中央日报》，1937 年 7 月 19 日。

军。现在举国团结对外的形势已经形成，亟应奋起抗战，一致御侮。19日，蒋介石正式同意中国共产党提出的关于红军改编的主张。9月22日，国共两党对外公开宣布了所达成的合作协议。当日国民党中央通讯社公布《中共中央为公布国共合作宣言》。23日，蒋介石发表谈话，公开表示："余以为吾人革命，所争者不在个人之意气与私见，而为三民主义之实行。在存亡危急之秋，更不应计较过去之一切，而当使全国国民彻底更始，力谋团结，以共保国家之生命与生存……对于国内任何党派，只要诚意救国，愿在国民革命抗敌御侮之旗帜下共同奋斗者，政府自无不开诚接纳，咸使集中于本党领导之下，而一致努力。中国共产党人既捐弃成见，确认国家独立与民族利益之重要，吾人唯望其真诚一致，实践其宣言所举起之诸点，更望其在御侮救亡统一指挥之下，以贡献能力于国家，与全国同胞一致奋斗，以完成革命之使命。"[1]

经过半年多艰难曲折的谈判，在客观形势发展的推动下，第二次国共合作终于实现，开始了全民族抗战的新局面。

根据国共两党达成的协议，以毛泽东为主席的中共中央军委于1937年8月25日宣布命令，红军主力改名为国民革命军第八路军（简称八路军），设立八路军总指挥部，总指挥朱德、副总指挥彭德怀，参谋长叶剑英、副参谋长左权，政治部主任任弼时、副主任邓小平。全军共4.6万人。

10月12日，国民政府军事委员会宣布将湘、赣、闽、粤、浙、鄂、豫、皖八省边界地区（不包括海南岛）的中国工农红军游击队和红军第28军改编为国民革命军陆军新编第四军（简称新四军）。

① 杨奎松著：《中国国民党史——国民党的"联共"与"反共"》，社会科学文献出版社2008年版，第385页。

任命叶挺为军长，项英任政治委员兼副军长，张云逸为参谋长，袁国平为政治部主任，全军共 1 万余人。

1937 年 8 月 7 日，南京国民政府最高国防会议研讨并确立了以"持久消耗战"为中国抗战的最高战略方针。8 月 20 日，南京国民政府以大本营的训令颁发了战争指导方案和作战指导计划，要求："国军部队之运用，以达成'持久战'为作战指导之基本主旨，各战区应本此主旨，酌定攻守计划，以完成任务。"①抗战之初的前 10 个月，蒋介石按照自己理解的持久战思想进行战争指导，在正面战场与日军进行了淞沪会战、南京会战、徐州会战、武汉会战等多次重大会战。只有徐州会战中的台儿庄战役获得大捷。

毛泽东也主张打持久战，但他所主张的持久战与蒋介石实行的持久消耗战是不同的。1936 年 7 月 16 日，在与美国记者埃德加·斯诺的谈话中，毛泽东明确指出，抗日战争是一场持久的战争。在回答"在什么条件下，中国能战胜并消灭日本帝国主义的实力呢"的问题时，毛泽东指出："如果中国抗日统一战线有力地发展起来，横的方面和纵的方面都有效地组织起来，如果认清日本帝国主义威胁他们自己利益的各国政府和各国人民能给中国以必要的援助，如果日本的革命起来得快，则这次战争将迅速结束，中国将迅速胜利。如果这些条件不能很快实现，战争就要延长。但结果还是一样，日本必败，中国必胜。只是牺牲会大，要经过一个很痛苦的时期。"在回答"从政治上和军事上来看，你以为这个战争的前途会要如何发展"时，毛泽东说："在抗日战争中，中国所占的优势，比内战时红军的地位强得多。中国是一个庞大的国家，就是日本能占领中国一万万至二万万人口的区域，我们离战败还很远呢。我们仍然有

---

① 《中国抗日战争史》(中)，解放军出版社 1994 年版，第 74—75 页。

很大的力量同日本作战，而日本在整个战争中须得时时在其后方作防御战。中国经济的不统一、不平衡，对于抗日战争反为有利。例如，将上海和中国其他地方割断，对于中国的损害，绝没有将纽约和美国其他地方割断对于美国的损害那样严重。日本就是把中国沿海封锁，中国的西北、西南和西部，它是无法封锁的。所以问题的中心点还是中国全体人民团结起来，树立举国一致的抗日阵线。这是我们早就提出了的。"

毛泽东还说："我们的战略方针，应该是使用我们的主力在很长的变动不定的战线上作战。中国军队要胜利，必须在广阔的战场上进行高度的运动战，迅速地前进和迅速地后退，迅速地集中和迅速地分散。这就是大规模的运动战，而不是深沟高垒、层层设防、专靠防御工事的阵地战。这并不是说要放弃一切重要的军事地点，对于这些地点，只要有利，就应配置阵地战。但是转换全局的战略方针，必然要是运动战。阵地战虽也必需，但是属于辅助性质的第二种的方针。在地理上，战场这样广大，我们作最有效的运动战，是可能的。日军遇到我军的猛烈活动，必得谨慎。他们的战争机构很笨重，行动很慢，效力有限。如果我们集中兵力在一个狭小的阵地上作消耗战的抵抗，将使我军失掉地理上和经济组织上的有利条件，犯阿比西尼亚的错误。战争的前期，我们要避免一切大的决战，要先用运动战逐渐地破坏敌人军队的精神和战斗力。除了调动有训练的军队进行运动战之外，还要在农民中组织很多的游击队。中国农民有很大的潜伏力，只要组织和指挥得当，能使日本军队一天忙碌24小时，使之疲于奔命。必须记住这个战争是在中国打的，这就是说，日军要完全被敌对的中国人所包围；日军要被迫运来他们所需的军用品，而且要自己看守；他们要用重兵去保护交通线，时时谨防袭击；另外，还要有一大部力量驻扎满洲和日本内地。在战争的过程中，中国能俘虏许多的日本兵，夺取许多的武器弹药来武装自己；同时，争取外国的援助，使中国军队的装备逐渐加强起来。因此，中国能够在战争的后期从事阵地战，对于日本的占领地进行阵地的攻击。这样，日本在中国抗战的长期消耗下，它的经济行将崩溃；在无数战争的消磨中，它的士气行将颓靡。中国方面，则抗战的潜伏力一天一天地奔腾高涨，大批的革命民众不断地倾注到前线去，为自由而战争。所有这些因素和其他的因素配合起来，就使我们能够对日本占领地的堡垒和根据地，作最后的致命的攻击，驱逐日本侵略军出中国。"①

在全面抗战爆发后不久，毛泽东就科学预见到战争的形态、中国应该采取的战争策略和战争的最终结局。抗日战争的进程证明毛泽东是正确的。

在 1937 年 8 月 22 日至 25 日召开的中共中央政治局扩大会议（即洛川会议）上，毛泽东作了军事问题和国共两党关系的报告。毛泽东在报告中主张实行全面持久抗战的方针，并提出了红军必须坚持的战略战术原则。他指出，根据中日战争中敌强我弱的形势和敌人用兵的战略方向，抗日战争是一场艰苦的持久战。红军在国内革命战争中，已经发展为能够进行运动战的正规军，但在新的形势下，在兵力使用和作战原则方面，必须有所改变。他认为，红军的基本任务是创造根据地，牵制消灭敌人，配合友军作战（主要是战略配合），保存和扩大红军，争取共产党对民族革命战争的领导权。红军的作战原则是独立自主的山地游击战争，包括在有利条件下集中兵力消灭敌人兵团，以及向平原发展游击战争，但着重山地。游

①《毛泽东选集》第二卷，人民出版社 1991 年版，第 443-444 页。

击战的作战原则是游与击结合，打得赢就打，打不赢就走，分散发动群众，集中消灭敌人；着重于山地，是考虑便于创造根据地，建立起支持长期作战的战略支点。

毛泽东还向会议提交了他为中共中央宣传部起草的《关于形势与任务的宣传鼓动提纲》。在这份提纲中，提出了著名的"抗日救国十大纲领"：一、打倒日本帝国主义。二、全国军事总动员。动员全国陆海空军，实行全国抗战；反对单纯防御的消极的作战方针，采取独立自主的积极的作战方针；武装人民，发展抗日的游击战争，配合主力军作战；实现一切抗战军队的平等待遇。三、全国人民的总动员。实行有力出力，有钱出钱，有枪出枪，有知识出知识。四、改革政治机构。选举国防政府，驱逐亲日分子，实行地方自治。五、抗日的外交政策。在不丧失领土主权的范围内，和一切反对日本侵略主义的国家订立反侵略的同盟及抗日的军事互助协定；拥护国际和平路线，反对德日意侵略路线。六、战时的财政经济政策。七、改善人民生活。八、抗日的教育政策。九、肃清汉奸卖国贼亲日派，巩固后方。十、抗日的民族团结。建立全国各党各派各界各军的抗日民族统一战线，领导抗日战争，精诚团结，共赴国难。

会议通过的《中央关于目前形势和党的任务的决定》，接受了毛泽东的主张，指出：中国的抗战是一场艰苦的持久战。争取抗战胜利的关键，在于使已经发动的抗战发展为全面的全民族的抗战。而国民党实行的是片面的抗战路线，即坚持国民党一党专政，只实行单纯政府和军队的抗战，并拒绝一切有利于抗日的根本改革，防止人民力量在抗日中发展，反对抗日战争成为人民大众的抗战。

从 1938 年 1 月起，毛泽东开始用很大精力研究军事理论问题，主要是研究抗日战争的战略问题。到这年 5 月，《论持久战》和《抗日游击战争的战略问题》两篇光辉军事著作问世，从理论和实践上回答了关于抗日战争的基本问题。对于抗日战争为什么是持久战的问题，毛泽东对中日双方国力、军力、战争性质、国际国内的态度等进行了综合分析。深刻指出，日本是一个帝国主义的强国，中国是一个半殖民地半封建的弱国，这个特点决定日本侵略中国的不可避免性，也是决定中国抗战不能速胜的基本依据；日本所进行的战争是退步的、野蛮的侵略战争，中国所进行的战争是进步的、正义的反侵略战争，这就决定日本侵略战争必然失败，中国的反侵略战争一定取得最后的胜利；日本是一个小国，中国是一个大国，这就意味着日本经不住长期战争的消耗，而中国则能够进行持久抗战。因此，依据全部敌我对比的基本因素，我们得出抗日战争是持久战不是速决战，中国必胜、日本必败的结论。例如，单说敌人是帝国主义的强国，我们是半殖民地半封建的弱国，就有陷入亡国论的危险。因为单纯地以弱敌强，无论在理论上，在实际上，都不能产生持久的结果。单是大小或单是进步退步、多助寡助，也是一样。大并小、小并大的事都是常有的。进步的国家或事物，如果力量不强，常有被大而退步的国家或事物所灭亡者。

对于怎样进行持久战，毛泽东科学预见到，持久的抗日战争将经过三个阶段，并对每个阶段如何与敌交锋提出了具体战略方针。按照毛泽东的见解，第一阶段为战略防御阶段，是敌之战略进攻、我之战略防御时期。在这一阶段，敌人欲速战速决灭亡中国，势必将投入大量兵力，气势汹汹扑来。面对强敌，"我所采取的战争方式，主要的是运动战，而以游击战和阵地战辅助之。阵地战虽在此阶段之第一期，由于国民党军事当局的主观错误把它放在主要地位，但从全阶段看，仍然是辅助的"。①第二个阶段为战略相持阶段，是敌之战略保守、我之准备反攻的时期。在第一阶段，由于中国军队的顽强抵抗，日军兵力日显不足，无法迅速灭亡中国，不得不停止战略进攻，转入保守占领地的阶段。毛泽东说："此阶段中我之作战形式主要的是游击战，而以运动战辅助之。此时中国尚能保有大量的正规军，不过一方面因敌在其占领的大城市和大道中取战略守势，一方面因中国技术条件一时未能完备，尚难迅即举行战略反攻。除正面防御部队外，我军将大量地转入敌后，比较地分散配置，依托一切敌人未占区域，配合民众武装，向敌人占领地作广泛的和猛烈的游击战争，并尽可能地调动敌人于运动战中消灭之……这个阶段的时间的长短，依敌我力量增减变化的程度如何及国际形势变动如何而定，大体上我们要准备付给较长的时间，要熬得过这段艰难的路程。这将是中国很痛苦的时期，经济困难和汉奸捣乱将是两个很大的问题。"②第三个阶段为收复失地的反攻阶段，是我之战略反攻、敌之战略退却的时期。"这个阶段我所采取的主要的战争形式仍将是运动战，但是阵地战将提到重要地位。如果说，第一阶段的阵地防御，由于当时的条件，不能看作重要的，那末，第三阶段的阵地攻击，由于条件的改变和任务的需要，将变成颇为重要的。此阶段内的游击战，仍将辅助运动战和阵地战而起其战略配合的作用。"③走完战略反攻的全程，才能彻底战胜日本帝国主义。

针对一些人对运动战、阵地战、游击战及消耗战的认识误区，毛泽东鲜明地指出，在抗日战争的作战形式中，主要的是运动战，

①《毛泽东选集》第二卷，人民出版社 1991 年版，第 463 页。
② 同上书，第 464 页。
③ 同上书，第 466 页。

其次是游击战。解决战争的命运，主要是依靠正规战，尤其是其中的运动战。要完成抗日战争的历史使命，没有战役和战斗的歼灭战、消耗战是不可能的。可以说，运动战是执行歼灭任务的，阵地战是执行消耗任务的，游击战是执行消耗任务同时又执行歼灭任务的。毛泽东认为："中国在防御阶段中，应该利用运动战之主要的歼灭性，游击战之部分的歼灭性，加上辅助性质的阵地战之主要的消耗性和游击战之部分的消耗性，用以达到大量消耗敌人的战略目的。在相持阶段中，继续利用游击战和运动战的歼灭性和消耗性，再行大量地消耗敌人。所有这些，都是为了使战局持久，逐渐地转变敌我形势，准备反攻的条件。战略反攻时，继续用歼灭达到消耗，以便最后地驱逐敌人。"[1]

在战略防御的一年多时间中，中国共产党领导的八路军、新四军和革命武装取得了多次胜利。平型关大捷，井坪、平鲁、宁武的夺回，涞源、广灵的克复，紫荆关的占领，大同雁门关间、蔚县平型关间、朔县宁武间日军的三条主要运输道路的截断，对雁门关以南日军后方的攻击，以及对曲阳、唐县的克复等，都记录着毛泽东高超的战争指导艺术。

为了打破日伪军对敌后抗日根据地的封锁和"扫荡"，争取华北乃至全国战局的好转，克服国民党的投降危险，八路军前方指挥部在华北敌后发动了规模浩大、震动中外的百团大战。1940年8月20日战役打响。在历时3个半月中，参战部队和民兵共进行大小战斗1800多次，毙伤日军2万多人、伪军5000多人，俘虏日军280多人、伪军1.8万多人，破坏铁路450多千米、公路1500多千米，破坏桥梁、车站258处，缴获了大批武器和军用物资。这次战役先

---

[1]《毛泽东选集》第二卷，人民出版社1991年版，第502页。

后进行了三个阶段：第一阶段，八路军在正太、同蒲、平汉、津浦等主要交通线发动总攻击，重点破坏了正太铁路，使华北各交通线陷于瘫痪。第二阶段，主要进行了涞灵战役、榆辽战役和破袭同蒲路，给敌人以沉重打击。第三阶段，粉碎了日伪军对太行、太岳、平西、北岳、晋西北等抗日根据地的大规模"扫荡"。

百团大战是抗日战争中八路军在华北地区发动的一次规模最大、持续时间最长的带战略性的进攻战役。这次战役在战略上具有重要意义，它严重地破坏了日军在华北的主要交通线，收复了被日军占领的部分地区，粉碎了日军的"囚笼政策"，给了侵华日军强有力的打击，推迟了日军的南进步伐。对坚持抗战、遏制当时国民党内的妥协投降暗流、争取时局好转起了积极作用，用事实验斥了国民党顽固派对共产党所谓"游而不击"的诬蔑，极大地提高了中国共产党及其领导的八路军的声威。

在整个相持阶段，中共领导的革命武装，在敌后战场上抗击了60%以上的侵华日军和95%的伪军，而正面战场所牵制的侵华日军在40%以内。

经过5年多艰苦卓绝的战略相持，中国人民终于迎来了抗日战争的战略反攻阶段。这时，国际反法西斯盟国对日战略反攻已进行数月。在中国战场，国民党军队继续奉行保存实力的政策，这使迎接抗日战争最后胜利的战略反攻任务又历史地落在了中国共产党人肩上。

从1944年初开始，毛泽东指挥敌后战场开始了局部反攻。4月12日，在延安高级干部会议上的演讲中，毛泽东分析进入战略相持阶段5年来的抗战形势，认为最后打败日本侵略者的战略阶段已经到来。他明确指出："现在的任务是要准备担负比过去更为重大的责任。我们要准备不论何种情况下把日寇打出中国去。为使我党能够担负这种责任，就要使我党我军和我们的根据地更加发展和更加巩固起来，就要注意大城市和交通要道的工作，要把城市工作和根据地工作提到同等重要的地位。"①敌后战场经过一年的局部战略反攻，奠定了对日全面反攻的胜利基础。1945 年 9 月 2 日，日本外相重光葵和日军参谋总长梅津美治郎分别代表日本天皇、日本政府和日本帝国大本营在投降书上签字。

漫漫长夜后，中国人民取得了抗日战争的彻底胜利。

（四）进行全国解放战争，夺取新民主主义革命的伟大胜利

抗日战争胜利后，中国共产党人本来已经做好和平建国的准备，并接受蒋介石三次电邀，毛泽东、周恩来等前往重庆商讨国内和平问题。以毛泽东为首的中国共产党代表团与国民党政府代表在重庆经过 43 天的谈判，在 10 月 10 日签署《政府与中共代表会谈纪要》，即《双十协定》。该会谈纪要列入关于和平建国的基本方针、政治民主化、国民大会、人民自由、党派合法化、特务机关、释放政治犯、地方自治、军队国家化、解放区地方政府、奸伪、受降 12 个问题。这 12 个问题中仅少数几条达成协议，在军队、解放区政权两个根本问题上没有达成协议。双方承认和平建国的基本方针，同意以对话方式解决一切争端。双方同意长期合作，坚决避免内战，建设独立、自由和富强的新中国，彻底实行三民主义。双方同意迅速结束训政，实施宪政；迅速召开政治协商会议，对国民大会及其他问题进行商讨后再作决定，制定新宪法。中国共产党承认蒋介石及南京国民政府对中国的合法领导地位。

《双十协定》公布不久，就被蒋介石公开撕毁，悍然发动全面内战。中国共产党人被迫进行武装自卫。到 1947 年初，国民党投

①《毛泽东选集》第三卷，人民出版社 1991 年版，第 945 页。

入战争的兵力由开战时的 193 个旅增至 219 个旅，而用于一线作战的兵力反由 117 个旅降为 85 个旅。这种状况使国民党在军事上出现被动局面，已经无力对中共进行全面进攻。国民党不得不调整战略，将全面进攻改为重点进攻。至此，蒋介石所采取的全面进攻战略宣告失败。从 1947 年 3 月起，国民党军对中共解放区的进攻改以陕北和山东解放区为重点、被称为"双矛攻势"的重点进攻。其计划是：首先，攻占延安，摧毁中国共产党的党、政、军指挥中心，以"动摇其军心，瓦解其意志，削弱其国际地位"；其次，攻占胶东，切断中国共产党由关外到关内的海陆补给线；然后，集中力量攻占沂蒙山区；接着，北渡黄河，"肃清"华北的人民解放军；随后，再集中兵力转战东北。在 1947 年 3 月至 6 月实施重点进攻的 4 个月中，国民党军新占解放区城市 95 座，失去 153 座，得失相较，丢了 58 座，同时损失兵力 40 余万人。而从国民党军发动全面内战以后的一年间战绩来看，中共部队伤亡近 36 万人，国民党军占领城市 335 座，付出的代价是损失兵力 112 万人，其中正规军 97 个半旅 78 万人，平均每月损失 8 个旅。实行重点进攻的结果，造成了国民党军力部署上难以改变的哑铃状态势，重点被拖在东西两翼，中原及江南空虚，国统区后方 13 个省中，兵力仅有 21 个旅，第二线部队极缺。这一情况不仅迫使国民党重新评估其重点进攻战略，也使美国人对国民党的战争前景愈加担忧。事后美国军事专家评论说："共军胜利地击退政府向山东共区的大进攻"，"标志着战争转折点"的到来，"战略上的主动权已由政府手中转入共军手中"。①

国民党军事颓势开始出现。此时，国民党军的总兵力由 430 万

---

① 郭贵儒著：《从繁盛到衰败——大陆时期的中国国民党》，华文出版社 1999 年版，第 348 页。

减少为 370 万，正规军由 200 万降到 150 万。在 248 个旅中能够用于机动作战的仅有 40 个旅。而人民解放军的总兵力已由开战时的 127 万人增加到 195 万人，其中野战军由 61 万人发展到 100 万人以上。力量对比的变化，尤其是一年来连续粉碎国民党军全面进攻和重点进攻，使形势急速朝着有利于中共的方向发展。鉴于此，中共中央于 1947 年 7 月 21 日至 23 日，在陕北靖边县小河村召开扩大会议，着重讨论了战略进攻的部署等问题。毛泽东在会上提出计划用 5 年时间（从 1946 年 7 月算起）解决同蒋介石斗争的问题，同时指出："现在不公开讲出来，还是要准备长期斗争，5 年到 10 年甚至 15 年。"会议决定：不等完全粉碎国民党军队的重点进攻和人民解放军的总兵力超过敌军，就"以主力打到外线去，将战争引向国民党区域"，调动敌人回援后方，迫使敌人转入战略防御，改变敌我攻防形势。此后，人民解放军各路大军按照中共中央的部署，开始由内线作战转入外线作战，由战略防御转入战略进攻。6 月 30 日夜，刘邓大军 4 个纵队 12 万人，在山东临濮集至张秋镇 150 千米的地面上，一举突破黄河天险，挺进鲁西南，发起鲁西南战役。此后一个月，歼敌 4 个整编师师部、9 个半旅共 6 万人，由此揭开人民解放军战略进攻的序幕。

从 1948 年 9 月开始，人民解放军先后在东北、华东、中原、华北和西北战场上，发起规模空前的秋季攻势。秋季攻势的一个重要战役是夺取济南。济南是华东战场的战略要地，攻占了济南，就腰折了津浦路，切断了国民党军华东与华北两大战略集团的陆上联系。而人民解放军两大解放区就可以连成一片，对人民解放军在华东、华北和东北歼灭敌人具有重要政治意义。1948 年 9 月 16 日夜，由华东野战军 7 个纵队组成的攻城兵团分东西两个集团，在南北东西百余里的广阔战线上，向国民党守军外围部队发起进攻。战至 24 日，取得了济南战役的胜利。解放济南，是人民解放军攻克敌人重兵设防的大城市的开始，是蒋介石以大城市为主的"重点防御"体系总崩溃的开始，它动摇了国民党军固守大城市进行顽抗的信心，从而揭开了人民解放军战略决战的序幕。此后，战略决战的辽沈战役、淮海战役、平津战役都以国民党的失败而告终。至此，国民党军队在长江以北的力量已经全线崩溃。蒋介石被迫宣布下野，让副总统李宗仁代行总统职权，主持与中共和谈。但是，蒋介石主导的南京政府拒绝在《国内和平协定》上签字。于是，毛泽东、朱德发布人民解放军向全国进军的命令，渡江战役于 4 月 20 日 20 时打响。千里江面，人民解放军万船齐发，锐不可当。蒋介石苦心经营的长江防线旋即崩溃，南京守敌仓皇撤离，统治中国 22 年的国民党政权宣告崩溃。1949 年 10 月 1 日，中华人民共和国宣告成立，标志着中国新民主主义革命的彻底胜利。

对这段历史，在人民解放战争开始前，毛泽东在中共七大《论联合政府》的报告中曾作过一个精辟的阐述，他指出："就整个来说，没有一个独立、自由、民主和统一的中国，不可能发展工业。消灭日本侵略者，这是谋独立。废止国民党一党专政，成立民主的统一的联合政府，使全国军队成为人民的武力，实现土地改革，解放农民，这是谋自由、民主和统一。没有独立、自由、民主和统一，不可能建设真正大规模的工业。没有工业，便没有巩固的国防，便没有人民的福利，便没有国家的富强。"这一论断说明，推翻压在中国人民头上的帝国主义、封建主义、官僚资本主义三座大山，实现民族独立、人民解放、国家统一、社会稳定，是建设小康社会的根本制度前提。

第二章 最初尝试

『打土豪分田地』

习近平总书记曾经指出："新中国成立前，我们党领导广大农民'打土豪、分田地'，就是要让广大农民翻身得解放。现在，我们党领导广大农民'脱贫困、奔小康'，就是要让广大农民过上好日子。"① 这段话生动概括了实现小康社会的全过程。在新民主主义革命时期，它表现为领导广大农民"打土豪、分田地"；在中国共产党全面执政后，表现为领导人民建设小康社会。中国共产党清醒地认识到，实现小康梦想，是一个渐进的过程，不可能一蹴而就。在中国革命、建设、改革、复兴的不同历史阶段，有不同的目标要求。在中国新民主主义革命时期，小康目标就是中共二大提出的党的民主革命最低纲领。党的民主革命最低纲领所规定的党在新民主主义革命时期的奋斗目标，如果要用"小康"这个概念来形容那时广大人民的幸福企盼的话，就是：第一，为土地而战！第二，为生存而战！第三，为自由而战！第四，为民主而战！第五，为和平而战！

①《十八大以来重要文献选编》（下），中央文献出版社 2018 年版，第 31 页。

一、开展土地革命

1927 年 7 月，第一次国共合作全面破裂，此后到 1937 年 7 月全面抗日战争爆发，国共两党进行了长达 10 年的内战，这段历史称为"土地革命战争"时期。为什么叫"土地革命战争"呢？土地问题为什么会进入新民主主义革命时期建设小康的目标体系呢？

大革命失败后，中国革命处在一个严重的历史转折关头，面临着由革命高潮进入低潮的严重形势，摆在中国共产党人面前的关键问题是，如何根据当时的形势，制定正确的斗争方针，走出革命的低谷，把革命事业继续推向前进。这时，以国民党为代表的大资产阶级，已经转到了帝国主义和封建势力的反革命营垒，逐步建立起以帝国主义为靠山、以地主阶级和大资产阶级联盟为社会基础的新军阀统治。民族资产阶级也暂时依附了大资产阶级。革命营垒中只有无产阶级、农民阶级和其他小资产阶级包括革命知识分子。这时，能够领导中国革命继续前进并取得胜利的政党，只有中国共产党。

但此时的中国共产党，在国民党蒋介石的反动屠杀政策下，力量已大为削弱。据不完全统计，仅 1927 年，共产党人和革命群众就牺牲 10 万人以上，共产党员由 6 万余人减至 1 万余人。党的许多组织被破坏，党的活动被迫转为地下，曾经蓬勃发展的工农运动惨遭摧残。全国处在白色恐怖之中。到 1927 年 7 月，中共能够掌握的武装主要有：以叶挺独立团为基础扩编的第 4 军第 25 师大部、第 11 军第 24 师，第 11 军第 10 师中的一个团，第二方面军总指挥部警卫团，武汉军事政治学校，第三军官教育团和其他一些武装，还有以贺龙任军长的第 20 军。

早在 1927 年 3 月，毛泽东就写下《湖南农民运动考察报告》的著名文献。在这篇报告中明确提出了"打倒土豪劣绅，一切权力归农会"等政治主张。围绕实现打倒土豪劣绅的目标，提出要办"14 件大事"：第一件：将农民组织在农会里；第二件：采取清算、罚款、捐款、小质问、大示威、戴高帽子游乡、关进县监狱、驱逐、枪毙等措施，在政治上打击地主；第三件：在经济上打击地主，不准地主谷米出境、高抬谷价、囤积居奇、加租加押和退佃，实行减息；第四件：推翻土豪劣绅的封建统治——打倒都团；第五件：推翻地主武装，建立农民武装；第六件：推翻县官老爷衙门差役的政权；第七件：推翻祠堂族长的族权和城隍土地菩萨的神权以至丈夫的男权；第八件：普及政治宣传，让打倒帝国主义、打倒军阀、打倒贪官污吏、打倒土豪劣绅等政治口号在广大农村深入人心；第九件：农民诸禁，把牌、赌、鸦片等农民所不喜欢的现象禁止或限止起来，建立良好的村风乡俗；第十件：清匪，把横行乡里的土匪、小偷等清剿干净；第十一件：废苛捐；第十二件：文化运动，办农民学校，普及教育，提高农民的文化水平；第十三件：合作社运动，办好消费、贩卖、信用三种合作社，为农民生活提供便利；第十四件：修道路，修塘坝。这篇《湖南农民运动考察报告》，实际上提出了"打土豪、分田地"的主张，明确了基本任务和政策。

中国共产党第五次全国代表大会于 1927 年 4 月 27 日至 5 月 9 日在武汉召开。大会通过的《政治形势与党的任务议决案》明确指出："第五次大会坚决地认为：封建分子资产阶级的叛离，不足以削弱革命。现在的时期不是革命低落的时期，而是紧张剧烈的革命斗争时期。在这时期里无产阶级成为争斗的原动力，应该以土地革命及民主政权之政纲去号召农民和小资产阶级。当封建分子及资产阶级留在民族运动中的时候，他们阻碍土地革命及民主政权政纲的实现，因此，群众的革命力量是被遏制的。现在革命的民权派力量之自由发展的障碍已经减轻，所以土地革命及民主政权的运动可以加强起来。"① 这个议决案不承认大革命失败后革命处于低潮，这个估计是错误的。刘少奇后来在白区工作会议上把它概括为"是一贯的犯了'左'倾冒险主义与宗派主义的错误"。但议决案坚决地认为，这一时期可以开展土地革命是一个正确的决断。

对于为什么要实行土地革命，中共五大通过的《土地问题议决案》，作了深刻阐述。议决案认为：（1）中国农村的经济生活，大半尚建筑在封建的关系之上。大部分的田地（约66%）为收租的大地主所占有。佃农及半佃农耕种田地，而没有享有田地的权利。除此而外，农民对于地主阶级以及握有政权的军阀统治者，还要缴纳种种苛捐杂税。地主阶级所提取的田租特别高，田租大抵要占农民全部收入的50%，从而使耕者反而没有剩余的收获，他们所得的，不能满足日常的生活需要。在这种剥削制度下，农民改善生产方法的积极性受到遏阻，结果使中国农业依然保持其原始状态。农民只为消费而生产，其剩余都为地主所占有。这就使农民陷入永久的饥饿之中。（2）帝国主义的统治，阻止中国经济的进展，造成中国的产业特别落后，形成农村人口的过剩；而农村人口过剩的现象，又延长了军阀封建式的剥削制度的生存。帝国主义因欲为其本国的产业找到贱价的原料，为其商品找到市场，于是力求殖民地的扩张。劳动力是最可宝贵的材料，殖民地半殖民地充满了贱价的劳动后备

---

① 《建党以来重要文献选编（1921—1949）》第四册，中央文献出版社2011年版，第180页。

军，结果帝国主义的统治造成了殖民地产业的落后，而殖民地永久停滞于原始农业生产的状态，农村中的劳动力不能充分向城市中转移。这样的退步现象，造成农村居民过剩，维持了封建经济的生命。（3）帝国主义所引起的农村人口的过剩，延长了封建制度及其剥削。破产农民继续不断地增加军队的数量，致使劳动者的工资，落到最低限度，帝国主义的根基，因之更形巩固。因此，《土地问题议决案》指出："要消灭封建式的剥削，只有将耕地无条件地转给耕田的农民，才能实现。要破除乡村宗法社会的政权，必须取消绅士对于所谓公有的祠堂、寺庙之田产的管理权。为保证农村急剧改革的实行，农民必须握得乡村中的政权，乡村中之武装势力，必须由绅士手里，夺回来交给农民。失业的农民既然得到土地或能从事于生产工作之后，军阀的祸患，将不复存在于中国。"所以，"中国共产党第五次大会以为必须要在平均享用地权的原则之下，彻底将土地再行分配，方能使土地问题解决，欲实现此步骤必须土地国有。共产党将领导农民从事于平均地权的斗争，向着土地国有、取消土地私有制度的方向，而努力进行。土地国有确系共产党对于农民问题的党纲上的基本原则"。[①]

基于以上认识，中共五大通过的《政治形势与党的任务议决案》特别指出："这个时期里革命的主要任务，是除去反动根基，以巩固革命。要做这件事，必需执行急进的土地改良政纲和创造乡村的革命民主政权。""如果认为要先完成北伐而后始执行急进的土地改良与民主政权之创造，那么，这正可以使资产阶级在他所占领的沿海诸省，戴着民族主义者的假面具而在极短时期内巩固他们的势

①《建党以来重要文献选编（1921—1949）》第四册，中央文献出版社2011年版，第190—191页。

力，以帮助帝国主义。"① 因此，1927 年 7 月 20 日，中共中央发出
《中央通告农字第九号——目前农民运动总策略》，开宗明义指出：
"近年农民运动的进展，已表明中国革命进到一个新阶段——土地
革命的阶段。土地革命只是一个过程，这一过程的进展，需要一个
无产阶级领导的工农小资产阶级的民主政权和工农武装，这一革命
在中国目前已经受了一个挫折，其原因：（1）无产阶级的领导尚不
强健，换言之，即无产阶级主观上的组织力尚不能领导工农小资产
阶级这一革命联盟；（2）工农武装没有建设；（3）我们党动摇不定
政策的错误；（4）武汉的国民党中央、国民政府以及所谓革命军的
阶级性是地主阶级的代表，不能担任一新的历史的使命——土地革
命，……我们党的责任只有坚决的与这种新的反革命奋斗，积聚一
切革命势力，开展这一革命的新阶段——土地革命。"②

　　把土地革命看作中国革命发展的一个新阶段，这是一个崭新
的政治判断，是在对蒋介石发动四一二反革命大屠杀、汪精卫发动
七一五反革命政变这一严重事件进行深刻反思的基础上形成的，它
对于一扫大革命失败在党内产生的悲观情绪、鼓舞全党和革命群众
的士气，具有重要的积极作用。中共中央认为，蒋介石背叛革命，
恰恰说明工农运动的快速发展，说明广大农民已经觉悟起来，说明
中国共产党在第一个阶段的斗争中取得了主动、占据了优势。也使
被生活压迫、走投无路的穷苦农民不得已拿起锄头镰刀同帝国主义
支持的新老军阀进行斗争。因此，这时全国的革命潮流，表面上虽
似一时的低落，实际却是继续往上涨。一时出现的反动局面只是革

---

①《建党以来重要文献选编（1921—1949）》第四册，中央文献出版社 2011 年版，第
　　181 页。
② 同上书，第 357 页。

命转到解决土地问题这一阶段时阶级冲突的反映。我们的党只有坚决地站在这个土地革命的立场，才能领导这一革命潮流前进。而我们面临的困难，尤其是因帝国主义联合势力的武装干涉或他种干涉，以及中国国内动摇的社会成分叛变革命投靠敌方所产生的困难，造成了目前的困难局面。"为战胜这种困难计，必须广大劳动群众加入斗争始可。只有这些群众参加积极斗争，才能造成一种政权，打退内部的反革命及帝国主义的干涉，消灭封建制度的残余，完成资产阶级民主革命，造成中国革命转变到社会主义发展的轨道上之先决条件。"① 要想引导群众参加斗争，只有在乡村实现土地革命，在城市满足工人的政治和经济要求。土地革命——这是中国革命的新阶段中主要的社会经济内容。共产党指导农民实行土地革命，在目前是最为重要的。只有广泛地开展土地革命，才能造成真正可靠的武力。

于是，1927 年 8 月 7 日，中共中央在武汉召开紧急会议（即八七会议），确立了实行土地革命和武装起义的方针。在讨论如何实行这一方针时，毛泽东先后两次发言，在第一次发言中，他指出："1. 大中地主标准一定要定，不定则不知何为大地主中地主。我意以为可以 50 亩为限，50 亩以上不管肥田瘦田通通没收。2. 小地主问题是土地问题的中心问题。困难的是在不没收小地主土地，如此，则有许多没有大地主的地方，农协则要停止工作。所以要根本取消地主制，对小地主应有一定的办法，现在应解决小地主问题，如此方可以安民。3. 自耕农问题，富农中农的地权不同。农民要向富农进攻了，所以要确定方向。4. 土匪问题是非常大的问题。因此

---

① 《建党以来重要文献选编（1921—1949）》第四册，中央文献出版社 2011 年版，第346 页。

种会党土匪非常之多，我们应有一策略，有些同志以为只可以利用
他们，这是中山的办法，我们不应如此。只要我们实行土地革命，
那一定是能领导他们的。我们应当他们是我们自己的弟兄，不应看
作客人。"在其他同志发言时认为确定地主标准比较困难时，毛泽
东又作补充发言，指出："现在是往下去的问题。湖南三四月已达到
一个重新分配的时期，广东已将达到此时期。我们一定要对此问题
有个明确的规定。在得到政权的地方，应当全般计划此问题。我的
标准也是指这些地方说的。"①

经过充分讨论，会议通过的《最近农民斗争的议决案》提出了
组织农民暴动的口号："一、乡村政权属于农民协会。二、肃清土
豪乡绅与一切反革命分子，没收他们的财产。三、没收重利盘剥者
财产，用以改良农村中贫民的生活。四、没收大地主及中地主的土
地，分这些土地给佃农及无地的农民。五、没收一切所谓公产的祠
族庙宇等土地，分给无地的农民。六、对于小田主则减租，租金率
由农民协会规定之。七、由农民协会取消重利盘剥者的债务苛刻的
租约与苛约。八、解除民团团防等类的武装与其他地主的军队，而
武装农民。九、改良雇农生活及其劳动条件（工资待遇等等）。十、
对于乡村一般失业贫民，革命政权当尽可能的筹措基金救济之，并
予以工作（如协作社等类办法）。十一、对于一切新旧军阀政府的
税捐实行抗纳，并实行抗租。"②

这里说的"没收重利盘剥者财产，用以改良农村中贫民的生
活。没收大地主及中地主的土地，分这些土地给佃农及无地的农

①《建党以来重要文献选编（1921—1949）》第四册，中央文献出版社2011年版，第
402—403页。
② 同上书，第442页。

民。没收一切所谓公产的祠族庙宇等土地，分给无地的农民"，指的就是"打土豪、分田地"，是对这六个字内涵的解释。

为了适应中国革命进入土地革命新阶段的要求，在大革命失败后，中共相继发动南昌起义、秋收起义、广州起义等一系列起义和农民暴动。经中共中央临时政治局常委通过的《两湖暴动计划决议案》规定："目前两湖的社会经济政治情形，纯是一个暴动的局面，本党当前唯一重要责任，就是坚决地实行土地革命，领导两湖的工农群众实行暴动，推翻武汉政府与唐生智的政权，建立真正的平民革命政权，如此才能保障革命猛烈地继续进展。"[1]

1927 年 10 月，毛泽东率领秋收起义部队到达井冈山，开创了第一个农村革命根据地。从 1927 年冬开始，井冈山根据地在发动群众打倒土豪劣绅的基础上，逐步掀起分田分地热潮。从这时起到 1928 年底为时一年多的井冈山根据地的土地斗争，是中国历史上第一次无产阶级领导的伟大的土地革命运动。一年之后，毛泽东认真总结土地革命运动的实践经验，主持制定了中国共产党领导土地革命的第一部法律《井冈山土地法》。它明确规定"没收一切土地归苏维埃所有"，以乡为单位，以人口和劳动力为标准，平均分配土地给农民个别耕种，遇特别情形也可以分配给农民共同耕种或由苏维埃政府组织模范农场耕种。《井冈山土地法》的颁布，改变了几千年来地主剥削农民的封建土地关系，解决了土地的没收与分配、山林的分配和竹木的经销、土地税的征收和使用等问题，从法律上保障了农民对土地的合法权益，不仅指导了湘赣边界的土地革命斗争，而且为以后中国共产党领导进行伟大的土地革命斗争提供了宝

---

[1]《建党以来重要文献选编（1921—1949）》第四册，中央文献出版社 2011 年版，第488 页。

贵的经验。但是，这部法律还存在一些不足，正如毛泽东后来指出的那样，由于在这以前，没有任何经验，"这部土地法有几个错误：一是没收一切土地而不是只没收地主土地；二是土地所有权属政府而不是属农民，农民只有使用权；三是禁止土地买卖。这些都是原则错误，后来都更正了"。[①]

1929年4月，红四军到达兴国，在那里制定和颁发了《兴国土地法》。这个土地法是根据党的六大精神，在《井冈山土地法》的基础上修改制定的。它把《井冈山土地法》中的"没收一切土地"改为"没收公共土地及地主阶级土地"。同时规定："没收一切收租的田地山林"，"随即分配于贫农"，"自耕农的田地不没收"，"富农田地自食以外的多余部分，在贫农群众要求没收时应该没收"，"田地以乡为单位，按原耕形势，抽多补少平均分配"。后来闽西又提出"抽肥补瘦"的办法。由于正确的法律规定得到广大群众的积极拥护，闽西出现了"分田分地真忙"的大好形势。在很短的时间中，在长汀、连城、上杭、龙岩、永定纵横150多千米的地区内，解决了50多个区、500多个乡的土地问题，有60多万人得到了土地。

1930年9月，中共六届三中全会做出《没收地主土地归农民》的决议，共产国际也提出"没收地主土地归农民""暂时不要禁止土地买卖"等精神。据此，1931年3月28日，毛泽东以中央革命军事委员会政治部主任名义，致信江西省苏维埃政府，提出过去分好的田即算分定，"这田由他私有，别人不得侵犯。以后一家的田，一家定业。生的不补，死的不退，租借买卖，由他自由。田中出

---

①《毛泽东农村调查文集》，人民出版社1982年版，第37页。

产，除交土地税于政府的以外，均归农民所有"。① 不久，江西省苏
维埃政府和闽西苏维埃政府相继作出规定，并发给农民土地证，以
保证土地所有权。这样，就使一度由于所有权未定而影响农民生产
积极性的问题，得到了解决，使那些认为"这田今年是我的，明年
还不知是谁的"的农民吃了定心丸，愿意下种下肥、用地养地，发
展农业生产。

至此，土地革命中四个有争论的问题（一是没收一切地主土
地，还是没收一切土地？二是土地按人口平均分配，还是按劳动力
分配？三是土地是归农民私有，还是政府公有？四是对富农的策略
是中立，还是消灭？）全部得到了正确的解决，从而逐步形成了一
条符合中国实际情况的正确的土地革命路线，概括起来就是依靠贫
雇农、联合中农、限制富农，保护中小工商业者，消灭地主阶级，
变封建半封建的土地所有制为农民土地所有制。在土地分配方法
上，以乡为单位，按人口平分土地，在原耕的基础上，实行抽多补
少，抽肥补瘦。它的基本精神是联合占农村人口 90% 以上的劳动群
众，集中力量消灭封建剥削制度。

但是，到抗日战争时，中国共产党领导的根据地和解放区并
没有完全实现"耕者有其田"的人类理想，而是在许多地方探索实
行一种调节农民和地主富农之间利益的、革命统一战线的土地政
策——减租减息。

为什么要实行减租减息呢？

这是因为日本侵略中国，使中国的民族矛盾上升为主要的矛
盾，中国共产党人与国民党蒋介石的矛盾退居到次要地位。以前中

---

① 唐正芒等著：《中国 20 世纪全史・峥嵘岁月（1927—1937）》，中国青年出版社 2001
年版，第 231 页。

共的土地政策是消灭地主，但是在抗日战争时期，要争取地主到抗日的阵营中来，"联合地主抗日是我党的战略方针"。在这一方针下，怎样对待地主便成为一个十分重要的问题，这就需要调整有关的土地政策，减租减息政策就是在这种情况下形成的。1942年1月28日，中共中央政治局做出《关于抗日根据地土地政策的决定》。这是一个关于减租减息的纲领性文件。它提出了抗日民族统一战线的土地政策的三条基本原则：（1）承认农民是抗日与生产的基本力量，故应实行减租减息，借以改善农民的生活，提高农民抗日与生产的积极性。（2）承认地主的大多数是有抗日要求的，故于实行减租减息之后，又须实行交租交息，以便联合地主阶级一致抗日。（3）承认富农的生产方式带有现时中国比较进步的资本主义性质，故应奖励富农生产与联合富农。但对其一部分封建性质的剥削，则须照减租息，同时实行交租交息。2月4日，又发出《中共中央关于如何执行土地政策决定的指示》。《指示》指出：之所以"作出《关于抗日根据地土地政策的决定》，是综合五年来各地经验而得的结论。它的基本精神是先要能够把广大农民群众发动起来，如果群众不能起来，则一切无从说起。在群众真正起来后，又要让地主能够生存下去。所以在经济上只是削弱（但一定要削弱）封建势力，而不是消灭封建势力，对富农则是削弱其封建部分而奖励其资本主义部分。在经济上，目前我党的政策，以奖励资本主义生产为主，但同时保存地主的若干权利，可以说是一个七分资本、三分封建的政策。在政权上则实行'三三制'，使地主、资产阶级觉得还有前途。所以这些都是为着拆散地主、资产阶级与敌人及顽固派的联合，争取地主、资产阶级的大多数站在抗日民主政权方面，而不跑到敌人与顽固派方面去"。①

据此,《中共中央关于抗日根据地土地政策决定的附件》规定:
"一切尚未实行减租减息的地区,其租额以减租低原租额 25%(二五
减租)为原则,即照抗战前租额减低 25%,不论公地、私地、佃租
地、合伙地,也不论钱租制、物租制、定租制,均适用之。"对于
减息,附件规定:"应以一分半为计息标准。如付息超过原本一倍
者,停利还本,超过原来 2 倍者,本利停付。"② 这个政策的实行,
既减轻了农民的负担,改善了农民的生活,调动了广大农民的抗日
积极性,又有利于争取地主资产阶级的大多数站在抗日民族统一战
线一边。

抗日战争胜利后,蒋介石先是邀请毛泽东赴重庆谈判,签订
《双十协定》,后又撕毁协定,悍然发动全面内战。1946 年 3 月 15 日,
中共中央政治局召开会议,着重讨论时局和对策,并讨论了减租
运动和解决土地问题,毛泽东指出:国民党不能解决土地问题,所
以民不聊生。这方面正是我们的长处,现在有了解决的可能,这是
"我们一切工作的根本"。之后,刘少奇、任弼时召集到延安参加
全军整编会议的各解放区负责同志进行座谈,形成了中共中央《关
于清算减租及土地问题的指示(草案)》。5 月 4 日,刘少奇主持召
开中共中央会议,讨论关于土地问题的指示。毛泽东在会上讲话指
出:"解决土地问题的方针,七大讲的是减租减息,寻找适当方法实
现耕者有其田。当时七大代表多数在延安时间太久,各地新的经验
没有能够充分反映。现在中央的这个指示,就是群众所创造的适当
方法,为中央所批准的。"毛泽东说:"解决土地问题,是一个最根

---

① 中国延安干部学院编:《延安时期资料选编(经济建设卷)》,第 243 页。
② 同上书,第 238-240 页。

本的问题，是一切工作的基本环节，全党必须认识这一点。"会议讨论通过了《关于土地问题的指示》。由于是在 5 月 4 日的会议通过的，史称"五四指示"。它的主要内容是：

（一）在广大群众要求下，我党应坚决拥护群众在反奸、清算、减租、减息、退租、退息等斗争中，从地主手中获得土地，实现"耕者有其田"。（二）坚决用一切方法吸收中农参加运动，并使其获得利益，决不可侵犯中农土地。凡中农土地被侵犯者，应设法退还或赔偿。整个运动必须取得全体中农的真正同情或满意，包括富裕中农在内。（三）一般不变动富农的土地。如在清算、退租、土地改革时期，由于广大群众的要求，不能不有所侵犯时，亦不要打击得太重。应使富农和地主有所区别，对富农应着重减租而保存其自耕部分。如果打击富农太重，将影响中农发生动摇，并将影响解放区的生产。（四）对于抗日军人及抗日干部的家属之属于豪绅地主成分，对于在抗日期间，无论在解放区或在国民党区与我们合作而不反共的开明绅士及其他人等，在运动中应谨慎照顾，一般应采取调解仲裁方式……（五）对于中小地主的生活应给以相当照顾，对待中小地主的态度应与对待大地主、豪绅、恶霸的态度有所区别，应多采取调解仲裁方式解决他们与农民的纠纷。（六）集中注意于向汉奸、豪绅、恶霸作坚决的斗争，使他们完全孤立，并拿出土地来。但仍应给他们留下维持生活所必需的土地，即给他们饭吃……（七）除罪大恶极的汉奸分子的矿山、工厂、商店应当没收外，凡富农及地主开设的商店、作坊、工厂、矿山，不要侵犯，应予以保全，以免影响工商业的发展。不可将农村中解决土地问题、反对封建地主阶级的办法，同样地用来反对工商业资产阶级……（八）除罪大恶极的汉奸分子及人民公敌为当地广大人民群众要求处死者，应当赞成群众要求，经过法庭审判，正式判处死刑外，一般应施行宽大政策，不要杀人或打死人，也不要多捉人，以减少反动派方面的借口，不使群众陷于孤立……（九）对一切可能团结的知识分子，必须极力争取，给以学习与工作机会。（十）群众尚未发动起来解决土地问题的地区，应迅速发动，务必在今年年底以前全部或大部获得解决，不要拖到明年……①

1947 年 8 月 20 日，刘少奇在全国土地会议上讲到了"五四指示"产生的历史背景。他说："当时是和平要破坏，内战要爆发，和平似乎还可能争取，我们没有放弃争取暂时和平的企图，但同时用极大的力量，甚至用全力准备战争。所以当时的方针是争取和平，准备战争"，"为了既不脱离全国广大群众，又能满足解放区群众要求，二者都照顾，使和平与土地改革结合起来，结果就产生了'五四指示'"。

"五四指示"发出后，各解放区根据指示精神，迅速开展了土地改革运动。到 1947 年 2 月，各解放区已经有 2/3 的地区，解决了土地问题，极大地巩固了解放区和加强了对人民解放战争的支援。历史的发展证明，没有亿万获得了土地的农民的支援，解放战争要取得胜利是不可能的。

1947 年 9 月 13 日，刘少奇在《在全国土地会议上的结论》中回顾建党以来解决土地问题几十年的历史时指出："经过十年内战，我们对土地革命有了经验。抗日战争开始后，将没收地主土地改为减租减息。这个改变，在领导机关讲是完全自觉的，是在一贯坚定的土改政策之下自觉地让步。到情况发生变化，让步的条件和原因发生变化时，又由减租减息转变为'耕者有其田'。这就是去年的

---

①《刘少奇选集》上卷，人民出版社 1981 年版，第 378–380 页。

'五四指示'。'五四指示'是很大的一个转变，这个转变是正确的，但是转变得还不彻底。由减租减息到现在这次会议决定平分土地，中间经过一个'五四指示'。从'五四指示'以来，时间是一年零三个月。一年多的经验证明，一定要像今天这样的彻底平分土地政策，才能彻底解决农民土地问题。"[1]

中共在新民主主义革命时期，通过土地革命，成功地实现了农民拥有土地，解决了广大农民生产生活这一最大的问题。农民拥有土地，减轻了生活困苦，实现了最低生活保障。这样的生活保障，虽然在今天看来谈不上小康，但在半殖民地半封建的社会里、在炮火连天的战争环境下，能够满足这样最低的生活需要，是一种很大的进步，是迈向那个时代小康生活的铿锵步伐，因而赢得了广大人民群众的拥护和支持。

二、为生存而战

在以小康为标志的人民幸福生活中，最低标准的幸福是生存。如果一个人、一个社会生存都发生了危机，那就没有幸福可言，更谈不上小康。所以，建设小康社会，最需要优先保障的是生存的需要。保障人民的生存权是新民主主义革命时期中国共产党要完成的第一位的任务。

（一）新民主主义革命时期中国人民的生存威胁

翻开中国近代历史，可以清晰地看到，新民主主义革命时期中国人民的生存安全受到的威胁和挑战，主要来自三个方面：

一是帝国主义列强的侵略。

自 1840 年鸦片战争以来，至少有 20 多个国家曾经侵略中国。

①《刘少奇选集》上卷，人民出版社 1981 年版，第 385–386 页。

如，英、美、法、日、意、德、俄、奥匈帝国、荷兰、葡萄牙等。

1840 年至 1842 年，英国对中国发动第一次鸦片战争，这是中国近代史的开端。鸦片战争的结局是中国失败并赔款割地，中英双方签订了中国历史上第一个不平等条约《南京条约》。由此开始中国逐渐变为半殖民地半封建社会，国家丧失独立自主的地位，人民深受帝国主义的奴役。

1856 年至 1860 年，英、法在俄、美支持下联合发动第二次鸦片战争。英、法联军闯入北京后，在北京城郊抢掠烧杀近 50 天，皇家园林圆明园被抢劫一空，并被付之一炬。这场由侵略者点燃的大火烧了三天三夜，园内 300 多名太监和宫女葬身火海。法国作家雨果曾对联军的暴行予以谴责，称之为"两个强盗的胜利"。战争中沙俄出兵后以"调停有功"自居，并胁迫清政府割让 150 多万平方千米的领土。

1894 年，中日甲午战争爆发。这场战争以中国战败、北洋水师全军覆没告终。中国清朝政府迫于日本的军事压力，1895 年 4 月 17 日与日本签订了《马关条约》，把台湾岛及其附属岛屿、澎湖列岛和辽东半岛割让给日本。甲午战争的结果给中华民族带来空前严重的民族危机，大大加深了中国社会半殖民地化的程度。

1900 年，英、美、法、德、俄、日、意、奥组成八国联军，以中国义和团运动威胁北京为借口，发动战争，瓜分和掠夺中国资源。8 月 14 日，八国联军侵入北京，所到之处，杀人放火、奸淫抢掠。法国媒体曾刊登回国士兵的陈述："从北堂我们开向皇宫，修士们跟着我们去……他们怂恿我们屠杀、抢劫……我们行抢都是替教士干的。我们奉命在城中为所欲为 3 天，爱杀就杀，爱拿就拿，实际抢了 8 天。教士们做我们的向导。我们进一家就随便拿东西，我们把店掌柜抓了当仆役，教士们把抢来的东西，让他们背着运到北堂去了……"据美国作家马克·吐温撰文揭露，仅在河北任丘县一处，美国基督传教士梅子明就以"用人头抵人头"为口号杀害了中国无辜农民 680 人。1901 年 9 月 7 日，清政府被迫签订丧权辱国的《辛丑条约》，中国自此彻底沦为半殖民地半封建社会，给当时的国家和人民带来了空前沉痛的灾难。

1931 年，日本发动九一八事变，侵占中国东北，并成立伪满洲国。随后，在华北、上海等地制造事端、扩大侵华战争。1937 年 7 月 7 日，日军在北平附近挑起卢沟桥事变，中日战争全面爆发。

1937 年 12 月 13 日，日军占领南京，开始大肆屠杀中国人民。当日，日军第 6 师团从光华门、雨花门进入南京城后，立即以各种火器对马路上的难民进行疯狂射击，一时间血肉横飞、尸体遍街。此后，日军分别占领浦口和下关，切断中国守军的退路，并向江面上正在乘舰艇撤退的渡船、木排疯狂扫射，中国军队被枪炮击毙及因舰艇撞翻而淹死者达 3000 余人。一名日军随军记者这样记述："我随同攻陷南京的日军一同进城，在城内待了 4 天，目睹了日军无数暴行……12 月 13 日，在中山门附近城墙见到极其恐怖的大屠杀。俘虏们在 25 公尺宽的城墙上排成一列，许多日本兵端着插上刺刀的步枪，齐声大吼，冲向俘虏的前胸和腹部刺去，一个接着一个刺落城外去了。"① 12 月 14 日，日军大部进入南京城，迅即开始烧杀淫掠，有组织有计划地制造更大规模的屠杀事件。在中山码头、下关车站等地，日军对聚集江边的难民疯狂扫射，枪杀数万人。15 日，日军又将平民及已经解除武装的中国军人 9000 余人押

---

① 中国第二历史档案馆等：《侵华日军南京大屠杀档案》，江苏古籍出版社 1997 年版，第 18 页。

往鱼雷营屠杀。16日傍晚，日军从难民区内搜捕青壮难民5000余人在中山码头集体枪杀，随后将尸体推入江中。据《远东国际军事法庭判决书》确认："在南京城外，有大批的中国士兵放下武器并投降。在他们投降后的72小时内，被用机枪屠杀于长江岸边。大约3万多名战俘被这样杀戮。"① 12月17日，日本华中方面军司令官松井石根进入南京城，大加奖励纵兵作恶最甚的第6师团师团长谷寿夫。当日，日军从各处搜捕中国士兵俘虏及平民3000余人赴煤炭港下游江边集体射杀。此后，日军在南京城内的屠杀暴行愈演愈烈。12月18日，日军将城郊大批难民及解除武装之士兵俘虏5.7万余人悉数捆绑，押至草鞋峡，用机枪集体射杀，少数未死者，复用刺刀戳毙，后又纵火焚尸，将残骸弃于江中。日本士兵在大街小巷见人便杀，南京城内血流成河。

在抗战期间中国军民伤亡3500万人，直接经济损失620亿美元，间接经济损失5000亿美元。国民党军令部统计自七七事变以来陆军阵亡1319958人、负伤1761135人、失踪130126人，空军阵亡4321人、负伤347人。中华民国行政院发布的《关于抗战损失和日本赔偿问题报告》中公布，全国军人作战伤亡3227926人（其中死亡1328501人、负伤1769299人、失踪130126人），军人因病死亡422479人，总计损失3650405人。《中共抗日部队发展史略》记载：中共抗日部队人员损失共计584267人，其中伤290467人、亡160603人、被俘45989人、失踪87208人。《抗日战争8年敌我兵力损失统计》载："中共军队负伤29万人，阵亡16万人，被俘4.6万人，失踪8.7万人，合计58.3万人。"

帝国主义列强的侵略，给中国人民带来了一系列深重灾难。列

① 张宪文主编：《南京大屠杀史料集》第七册，凤凰出版社2005年版，第607页。

强的侵略使独立的中国，变成半殖民地半封建的中国，一系列不平等条约的签订，使侵略者在中国的领土上为所欲为，使无数中国人民丧生在殖民主义者屠刀之下。列强的侵略，不但使中国政治上不能独立，而且在经济上也不能独立，并逐步形成了对列强的依附状态，帝国主义列强对中国商品倾销和资本输出，对中国资源进行掠夺和榨取，导致中国近代经济的落后和人民的贫困。

二是军阀混战、滥杀无辜。

辛亥革命后，特别是袁世凯死后，中国逐步进入军阀割据时期，到1928年东北易帜，共持续了13年的时间。军阀统治的一个重要特征，是对外勾结帝国主义，甘当帝国主义走狗；对内争权夺利，战事不断，大量贫民在战火中丧生。许多共产党人在反动军阀的屠刀下流尽最后一滴血。中国共产党的主要创始人之一李大钊，中共一大代表何叔衡、陈潭秋、李汉俊，曾任中共临时中央政治局主席的瞿秋白，中共中央政治局常委蔡和森、张太雷等都牺牲在敌人的屠刀下。

三是政治动荡、民不聊生。

自辛亥革命到1928年东北易帜，国民党在形式上实现中国统一，其间中国的中央政府像走马灯一样频繁更替。

1911年12月29日，孙中山以16票的绝对多数在南京当选为中华民国第一任临时大总统。1912年元旦，孙中山在南京宣誓就职，宣告中华民国成立。

1912年2月12日，清朝的最后一位皇帝溥仪退位。3月10日，袁世凯在北京宣誓就职中华民国第二任临时大总统。中华民国政府开始被以袁世凯为首的北洋军阀所掌控。

1916年6月6日袁世凯去世，次日，黎元洪继任总统，袁世凯亲信段祺瑞出任国务总理。二人由于政见不合，争执不断，史称府院之争。1917年5月14日，段祺瑞未经国会和总统的许可，便宣布中国对德国宣战；黎元洪不满于段祺瑞的做法，解除了段祺瑞的总理职务。段祺瑞离开北京，拥兵对抗黎政府，使得众多省份宣布独立，并决定向北京进军。这使得黎元洪不得不求助于安徽督军张勋。

1917年6月7日，张勋从徐州率5000名辫子兵入京拥立清朝末代皇帝溥仪即位，宣布复辟。黎元洪拒绝接受，协请段祺瑞主持讨伐。张勋拥立的溥仪复辟仅持续12天便被段祺瑞讨平。黎元洪宣告辞职，由副总统冯国璋继任总统，段祺瑞续任国务总理。

1918年8月12日，重新选举国会。段祺瑞控制的安福派系通过贿选等手段获得330多席，成功控制了国会，被称为安福国会。8月14日，国会通过了对德宣战的决议。

冯国璋结束总统任期后，与段祺瑞相约共同下野，由徐世昌接任总统。

此后皖系、直系、奉系和晋系四系军阀明争暗斗，中央政权频频易手，仅段祺瑞本人就三次组阁，更有曹锟贿选总统丑闻，奉系军阀张作霖也两次进入北京执掌政权，中央政府的混乱局面不断加剧。北洋派内部分裂为直皖两大系，同时奉系在东北崛起。

1920年7月，直皖战争直系的胜利导致皖系军阀统治结束。

直奉双方最初共同控制着北京政府，但因胜利果实分配不均，在组阁等问题上互相指责，矛盾愈演愈烈。1922年4月，第一次直奉战争爆发，结果直系击败奉系，徐世昌下台，黎元洪复任大总统。

1923年10月，曹锟当上大总统。此后形成孙中山和皖系、奉系"反直三角同盟"。直系内部则因争权夺利而四分五裂，冯玉祥

"打土豪分田地"

部自成一派，且与反直一方暗通款曲。1924 年 9 月，以江浙战争为前奏，第二次直奉战争爆发，奉军大举进攻，直军作战不利。10 月，冯玉祥发动北京政变，囚禁曹锟，直系腹背受敌，吴佩孚失败南下，直系军阀统治告终。

此后，奉系控制了北京政权，皖系首领段祺瑞为临时执政。各派军阀之间争权夺利，纵横捭阖，北方的奉系与冯玉祥国民军系首先发生矛盾，这一矛盾又使奉系与吴佩孚重新携手，共同反冯，1926 年初将冯部挤出华北。东南的孙传芳与奉军激战，一跃而为五省霸主。

1926 年 4 月，段祺瑞下台，直系和奉系军阀势力联合组成北京政府。

1927 年 6 月，张作霖在北京组织安国军政府，自任大元帅。国民党各派再度联合继续进行北伐后，张作霖见大势已去，于 1928 年 6 月下令退出京津一带，向东北收缩。他本人在回沈阳途中，行至皇姑屯被日本关东军预埋的炸弹炸死，史称"皇姑屯事件"。1928 年 6 月 8 日，国民革命军进入北京，同年 12 月 29 日，张学良宣布"东北易帜"，中国进入国民党统治的时期。

这一时期，中国政局动荡的显著特征是，军阀混战，争权夺利。数不尽的战争，浪费了大量的国家资源，造成大量的贫民伤亡。据 1919 年北京政府财政情况所做的统计：经常岁入 40984 万元，临时岁入 8058 万元，合计 49042 万元，其中岁入最多的三项为（经常与临时合计，下同），盐税 9882 万元（占总岁入的 20%，下同），关税 9396 万元（19%），田赋 9055 万元（18%）；经常岁出 27129 万元，临时岁出 22447 万元，合计 49576 万元，其中岁出最多的三项为，陆军经费 20783 万元（占总岁出的 42%，下同），债款支出

12796万元（26%），内务经费4817万元（10%）。① 根据这个预算，在所有政府支出中，军费高居首位。财政预算中的军费开支为预算数的39%，实际支出远远超过这个预算之数。1918年中央财政每月支出1195万余元，其中普通军费570余万元，特别军费302万余元，边防及协款16万余元，合计888万余元，占总支出的3/4左右。即使如此，仍欠军费940万元，其中仅欠曹锟所部的军费即高达241万元。这只是中央政府的支出，至于各地军阀的军费开支就更难于计数了。北京政府时期，兵连祸结，战争连年皆有，大小军阀们的军队需要成千上万的金钱去养着，财政部实际成了军阀们的后勤部。

与庞大的支出相对应的，是北京政府有限的收入。作为农业大国，田赋是北京政府稳定而又最为重要的收入，但农业的税款收入年均3000余万元大都到不了中央手里。北京政府能够掌握的收入主要是关税和盐税。而这两项收入已落入帝国主义列强的控制下。1917—1926年，关税总收入为66503万关平两，关余总数7225万关平两，约占总收入的11%。盐税大约年收入八九千万元，最多的1922年为9680万元。这些收入远远不及军阀的需要。如1918年，北京政府每月收入422万元，仅占支出的35%。北京政府填补财政亏空的唯一办法就是借债。据统计，1912—1926年，北京政府借外债总数为133700万元，其中用于发放军饷、购买军械的费用占22.8%（1918年最高近40%），而用于航运、电信、工矿等用途的费用只占7.8%。②

---

① 《中华民国史档案资料汇编》第三辑《财政》（一），江苏古籍出版社1991年版，第598—606页。
② 《中华民国史》第四卷（1920—1924），中华书局2011年版，第521—522页。

"打土豪分田地"

　　大量举债，最终转嫁到老百姓身上，导致人民群众生活苦不堪言。

（二）中国共产党团结带领人民为生存而战

　　面对帝国主义列强、封建军阀和腐败无能的北洋政府给中国人民带来的不尽的灾难，人们最初把希望寄托于孙中山领导的国民党，尽管它在辛亥革命后走了弯路，把胜利果实拱手让于窃国大盗袁世凯，导致此后十多年军阀混战，使中国人民已经十分苦难的生活雪上加霜。但是，它在共产国际帮助下实现第一次国共合作，发动北伐战争，掀起资产阶级民主革命风暴，终使苦难深重的中国人民在漫漫的长夜中似乎看到了一丝光亮。但是，军阀尚未铲除，蒋介石又成为新军阀。以蒋介石为代表的国民党右派，发动四一二反革命政变，大肆屠杀共产党人和革命群众。

　　1927 年 4 月 11 日，蒋介石在南京下达反革命政变密令："已克复的各省，一致实行清党。"[①]当日下午，大批军队布防上海街市。晚上，上海青洪帮头子杜月笙以"上海工界联合会""中华共进会"的名义，请上海总工会委员长汪寿华赴宴，汪被骗至杜宅后惨遭杀害。12 日凌晨，隐藏在租界内的青洪帮打手，打着工人的旗号，携带枪械，倾巢出动，在闸北、南市、沪西、浦东、吴淞等地袭击中共的工人纠察队。刚刚倒戈参加国民革命军的第 26 军第 2 师开来，声言调解"工人内讧"，并先行收缴了青洪帮武装分子的枪械。一部分工人纠察员信以为真，停止抵抗，却被强行缴械，另一部分工人纠察队员拼死抵抗，但寡不敌众，死于国民党军队之手。截至 4 月 15 日，上海共有 300 名工人被杀，500 多人被捕，5000 多人失

---

① 苗建寅主编：《中国国民党史（1894—1988）》，西安交通大学出版社 1990 年版，第 197 页。

踪。此间，江苏、浙江、安徽、福建、广东、广西、四川等地国民党军警相继展开对共产党员和革命群众的搜捕和屠杀。包括著名共产党人李启汉、萧楚女、熊雄等在内的大批共产党员和革命者遭到杀害。

1927 年 7 月 14 日，汪精卫步蒋介石后尘。当晚，他召集国民党要人在寓所秘密开会，布置分共和大屠杀的计划。15 日下午，汪精卫主持召开国民党中央第二届第二十次扩大会议，对"分共"做出一系列决定。这次会议之后，在武汉国民政府控制的区域内开始了大规模的搜捕和屠杀共产党人的反革命行动。汪精卫甚至咬牙切齿地说，对共产党"要用对付敌人的手段对付，捉一个杀一个……把他们一个个抓来枪毙，现在还要说是容共的，就算不得是人"①。从此，武汉革命中心成为汪精卫反革命集团残杀革命群众的屠场。

到 1927 年 11 月，共产党员数量由大革命高潮时期的近 6 万人骤减到 1 万多人，共产党领导下的工会会员也由 280 多万人减到几万人。中国共产党能否度过自成立以来的这一重大危机，摆到了全党面前。它不仅要为劳苦大众和革命群众的生存而战，也要为自己的生存而战。

1927 年 7 月 12 日夜，根据联共（布）中央政治局的决议和共产国际执行委员会的训令，中共中央在汉口秘密召开政治局会议，改组中共中央领导层。刚刚诞生的临时中央政治局常委会，连夜举行会议讨论挽救时局的办法。从此日到 7 月 26 日，临时中央政治局常委会连续举行会议，批判陈独秀右倾错误，总结大革命失败的教训，讨论通过了挽救革命的三项重大决策：一、依靠党掌握的在北伐军第二方面军的一些部队发动军事暴动。二、独立领导农民进

---

① 林阔编著：《汪精卫全传》（上），中国文史出版社 2001 年版，第 124 页。

行土地革命，在中国共产党力量较强，工农运动基础较好的湖南、湖北、江西、广东四省举行秋收暴动。三、召开中央紧急会议，总结大革命失败的经验教训，纠正陈独秀右倾机会主义的错误，确定党在新的历史时期领导革命运动的方针和政策。

这三项决策的做出，标志着中共中央应对蒋、汪反革命政变开始摒弃陈独秀的右倾退让政策，并迈出了正确的步伐。

1.举行南昌起义。中共临时中央政治局常委会组成后，即把组织武装暴动、建立人民军队列入重要议程。为此，着手做出两个计划：一是制定湘鄂粤赣四省农民秋收暴动计划。二是决定以中央所掌握和影响的部分北伐军为基本力量，联合武汉国民政府第二方面军总指挥张发奎，重回广东，号召农民暴动，实行土地革命，建立新的革命根据地。由于形势的急剧变化，军事暴动计划提前实现了。

最初，中央并没有举行南昌起义的计划，而是根据鲍罗廷的提议，想利用张发奎同唐生智的矛盾，联合张发奎，把中国共产党所掌握和影响的叶挺、贺龙部队从南昌、九江地区带回广东，以图再举。为实现这一意图，7月中旬，中共中央委派李立三和邓中夏前往九江活动。

但李立三、邓中夏到达九江后，情况已经发生变化。汪精卫公开叛变革命后，唐生智、朱培德调动第3、第6、第9军对南昌地区取包围态势，张发奎也有"在第二方面军之高级军官中的共产党分子如叶挺等须退出军队或脱离共产党"的表示。7月20日，李立三、邓中夏、谭平山、恽代英与叶挺、聂荣臻在九江召开第一次会议，分析了当时的政治军事形势，一致认为张发奎的联共态度已发生变化，正在日益右倾，叶挺、贺龙在南昌、九江间的部队已处于反动军队的包围之下，依靠张发奎回粤已很少有成功的可能，甚至有被包围、消灭的危险。改变原来依靠张发奎的策略，转而实行一个以中国共产党为主的独立的军事行动，不失为明智之举。根据这一判断，这次会议决定举行南昌起义。

21日，李立三、邓中夏上庐山面见鲍罗廷和瞿秋白，进一步商议举行南昌起义问题，鲍罗廷、瞿秋白均赞成这一建议，并决定由瞿秋白向中共中央报告。24日，中共临时中央政治局常委会正式决定：在南昌举行起义。起义后部队的行动方向是：立即南下，占领广东，取得海口，求得共产国际的援助，再举行第二次北伐。同时成立以周恩来为书记，由周恩来、李立三、彭湃、恽代英组成的中共前敌委员会，具体组织领导这次起义。

7月27日，肩负组织领导起义的中共前敌委员会成员及吴玉章、林伯渠、徐特立、陈赓等到南昌。周恩来立即召开前敌委员会会议，决定：一、将起义日期由7月28日推迟到30日；二、由贺龙任第二方面军代总指挥，叶挺任前敌代总指挥；三、成立由国民党左派参加的国民党特别委员会，以商讨起义中出现的有关事宜。这时，叶挺、贺龙的部队已到达南昌。

8月1日凌晨2时，一声枪响划破了长夜的静寂，由周恩来亲自领导的南昌起义正式爆发。贺龙指挥第21军第1、第2团向朱培德第五方面军总指挥部发起进攻，驻守那里的是号称滇军"精锐"的警卫团。起义军战士经过激战，消灭了该部敌军，占领了朱培德的总指挥部和省政府。叶挺指挥第24师第71团堵住敌第6军第57团的退路。敌人关上大门，依靠坚固的掩蔽物进行抵抗，起义军将敌包围在教堂内，一面用火力猛攻，一面喊话劝降。敌人支持不住，终于吹起"敬礼号"，缴械投降。第24师第72团负责歼灭敌第 3 军第 23 团、第 24 团。由于敌人的两个团长被朱德用计扣押，失去指挥官的第 24 团几乎没作抵抗就被歼灭；敌第 23 团遭到起义军攻击后，夺路突围，亦被歼灭。经过 4 个小时激烈战斗，共歼敌 3000 多人，缴获枪支 5000 多支、子弹 70 多万发，还有大炮数门，南昌起义取得了完全胜利。南昌起义，向国民党反动派打响了第一枪，它的胜利标志着中国共产党从此有了独立领导的人民武装。

2.举行秋收起义。中共中央筹划和组织实施南昌起义，是与组织湘鄂粤赣四省农民秋收暴动一起考虑的，并希望夺取广东和湖南两省政权。在八七会议上，又把发动农民举行秋收起义作为当时党的最主要任务提了出来。为加强对起义工作的领导，中央委派毛泽东指导湖南省的工作，重点研究湖南政治军事形势和农民运动状况，筹划秋收起义。后来，又成立了以毛泽东为书记的中共湘南特别委员会。

八七会议后，毛泽东以中央特派员的身份，带着传达八七会议精神、改组省委、领导秋收起义的使命回到湖南。此时，由于唐生智部队南下，长沙事实上已被隔绝，实现中央要求湖南举行"全省暴动"的目标已经没有可能。同时，原定参加南昌起义的武昌警卫团和平浏工农义勇队没有赶上起义，退驻在赣西北修水、铜鼓地区；罗荣桓从鄂南带来的一部分农军在修水，王兴亚从赣西带来的一部分农军在安源。因此，毛泽东力主缩小起义范围，只在湘中四周各县举行暴动，而放弃其他几个原定的中心地区的起义。这样，湖南省委将秋收起义计划修改为：以毛泽东为省委前敌委员会书记，到湘赣边将武昌警卫团、平浏工农义勇队和罗荣桓、王兴亚带来的部队编为工农革命军第一军第一师，会攻长沙；由易礼容为省委行动委员会书记，发动长沙周围 7 县镇农民起义，配合工农革命军夺取长沙。

8月下旬，上述部队负责人在湘赣边界的江西修水山口镇举行会议，实现了合编：由共产党员卢德铭任团长的国民革命军第二方面军总指挥部警卫团，编为第一团，驻修水；浏阳工农义勇队编为第三团，驻铜鼓；平江工农义勇队分别补入第一、第三团；安源铁路煤矿工人纠察队、矿警队和萍乡、醴陵等地农民自卫军编为第二团。以这3个团部队约5000人组成工农革命军第一军第一师，由原警卫团团长卢德铭任总指挥，副团长余洒度为师长。

9月初，毛泽东来到安源，传达八七会议精神和湖南省秋收暴动计划。决定兵分三路，从赣西修水、铜鼓和安源三地分别起义，进击湘东，会攻长沙。中路第三团为主力军，准备会合驻修水的第一团合击浏阳；以第二团进攻萍乡、醴陵，对长沙取包围之势。行动时间确定为：9月9日开始破坏铁路，11日各县暴动，15日长沙暴动。

但暴动计划执行却不顺利。当起义军师部和第一团在11日到达平江东郊金坪时，起义前收编的黔军邱国轩团突然叛变并从背后袭击，使部队受到巨大损失；第三团进攻浏阳东门市也出师不利；毛泽东随军行动的第二团最初发展顺利，先后攻克醴陵、浏阳县城，但在国民党正规军优势兵力反攻中，几乎全部溃散。这时工农革命军第一师已由5000人锐减到1500余人。毛泽东看到这种情况，当机立断，改变原有部署，令各路起义部队停止进攻，并放弃原来准备在第二天发动的长沙暴动。

此后，毛泽东率领这支部队来到湘赣边界的井冈山地区，后来又与朱德率领的南昌起义保存下来的部队会师，创建了井冈山革命根据地。

3. 建立工农武装割据。1927 年 2 月 20 日至 23 日，毛泽东写《湖南农民运动考察报告》时，曾来到湖南衡山县城，访问过当地的妇女会干部张琼。张琼说起她有个表兄，受国民党追捕，无处可逃，逃进了井冈山。那儿山高皇帝远，国民党鞭长莫及。她的表兄在井冈山上躲了几个月，知道山上的详细情形，知道山上有"山大王"——土匪盘踞。毛泽东很注意张琼提供的信息……这就是日后他建立工农武装割据的思想源头。

1928 年 5 月，毛泽东已经产生了武装割据的想法。在以中共中央名义颁布的《军事工作大纲》中明确提出："在割据区域所建立之军队，可正式定名为红军，取消以前工农革命军的名义。"[1] 10 月 5 日，在中共湘赣边界第二次代表大会上，毛泽东总结井冈山根据地及其他地区建立小块红色政权的经验教训，第一次提出了"工农武装割据"的重要思想。他指出："工农武装割据的思想，是共产党和割据地方的工农群众必须充分具备的一个重要的思想。"[2]

什么是"工农武装割据"呢？毛泽东指出，"工农武装割据"就是"一国之内，在四围白色政权的包围中，有一小块或若干小块红色政权的区域长期地存在"[3]。即是说，仅仅打下一块地盘是远远不够的，在这块根据地里，必须建立人民政权，实现农民拥有土地等最大权益。而建立能够"长期地存在"的红色政权，没有革命武装作坚强后盾更是万万不行的。因此，在中共湘赣边界第一次代表大会上，毛泽东就提出了深入开展土地革命，加强根据地政权建

①《毛泽东年谱（1893—1949）》上卷，人民出版社、中央文献出版社 1993 年版，第 243 页。
②《毛泽东选集》第一卷，人民出版社 1991 年版，第 50 页。
③ 同上书，第 48 页。

设、军队建设和党组织建设的任务。①

对于"工农武装割据"的重大意义，1929 年 2 月 25 日，中共湖南省委派往湘赣边界巡视的杨克敏向省委提交《杨克敏关于湘赣边苏区情况的综合报告》说："鉴于过去军队没有一个根据地，流寇似的东闯西窜，得不到一个休养的机会，军队十分感觉疲劳，而甚难解决的，就是伤兵的安置问题，要找一个军事根据地，必须用力量去建立一割据区域。罗霄山脉中段的井冈山是很好的军事根据地，于是创造罗霄山脉中段的割据，建立罗霄山脉中段的政权，为朱毛部当时唯一的工作和企图。"② 杨克敏的报告指出了当年毛泽东设计建立"工农武装割据"的考虑之一，为"工农红军的安全计"；其实还有一个重要考虑，就是为"工农群众的生存计"，建立红军割据之后，在割据内的工农群众安全是有保障的。由此，毛泽东看到了从工农武装割据到统一全国的中国革命希望。后来，他借用中国的一句老话——"星星之火，可以燎原"来形容建立武装割据的光明前景。毛泽东说：我们"现在虽只有一点小小的力量，但是它的发展会是很快的。它在中国的环境里不仅是具备了发展的可能性，简直是具备了发展的必然性，这在五卅运动及其以后的大革命运动已经得了充分的证明。我们看事情必须要看它的实质，而把它的现象只看作入门的向导，一进了门就要抓住它的实质，这才是可靠的科学的分析方法"。③ 1928 年 10 月 5 日，在为中共湘赣边界第二次代表大会起草的决议——《政治问题和边界党的任务》中，毛泽东从理论上分析和回答了中国的红色政权为什么能够存在的问题。

①《毛泽东年谱（1893—1949）》上卷，人民出版社、中央文献出版社 1993 年版，第 242 页。
②《杨克敏关于湘赣边苏区情况的综合报告》（1929 年 2 月 25 日），转引自《朱德传》。
③《毛泽东选集》第一卷，人民出版社 1991 年版，第 99 页。

他指出："农村割据之所以能够长期地存在，第一……长期的分裂和战争，便给了一种条件，使一小块或若干小块的共产党领导的红色区域，能够在四围白色政权包围的中间发生和坚持下来……第二，中国红色政权首先发生和能够长期地存在的地方，不是那种并未经过民主革命影响的地方……第三，小地方民众政权之能否长期地存在，则决定于全国革命形势是否向前发展这一个条件。全国革命形势是向前发展的，则小块红色区域的长期存在，不但没有疑义，而且必然地要作为取得全国政权的许多力量中间的一个力量。全国革命形势若不是继续地向前发展，而有一个比较长期的停顿，则小块红色区域的长期存在是不可能的。现在中国革命形势是跟着国内买办豪绅阶级和国际资产阶级的继续的分裂和战争，而继续地向前发展的。所以，不但小块红色区域的长期存在没有疑义，而且这些红色区域将继续发展，日渐接近于全国政权的取得。第四，相当力量的正式红军的存在，是红色政权存在的必要条件。若只有地方性质的赤卫队而没有正式的红军，则只能对付挨户团，而不能对付正式的白色军队。所以虽有很好的工农群众，若没有相当力量的正式武装，便决然不能造成割据局面，更不能造成长期的和日益发展的割据局面……第五，……共产党组织的有力量和它的政策的不错误。"[①]

1929 年，中共中央发出著名的"九月来信"明确提出了"先有农村红军，后有城市政权，这是中国革命的特征"的重要论断。1930 年 5 月，中共中央派周恩来赴莫斯科，向共产国际汇报中国革命的若干重大理论、政策和实际工作问题。在关于中国共产党的中心策略问题上，周恩来说，建立巩固的根据地，决不是放弃一省数省首先胜利的策略方针，而是更适应实际的策略，可求得更大的发

①《毛泽东选集》第一卷，人民出版社 1991 年版，第 49-50 页。

展。在中国什么地方更适合作苏维埃根据地呢？是赣西南、闽粤边界等地方。这些地方不仅有广大的苏维埃区域，而且有党的基础，有广大群众。在巩固这些根据地之后，再向工业城市中心发展。斯大林接受了中国同志的观点，在听取汇报后的讲话中指出，中国情形与西欧不同，如西欧德国在柏林暴动即可得到全国胜利，但在中国是一相反的形势，有一省数省首先胜利的可能。他要求中共中央特别注意红军问题，建议把红军问题放在中国革命问题的第一位。[①]

来自各方面对武装割据认识的深化，使毛泽东更加坚定了不断前进的信心。沿着"武装割据"这条思路，毛泽东进行了深入的理论思考，形成了新的认识。这期间，他先后发表了《中国的红色政权为什么能够存在？》《井冈山的斗争》《星星之火，可以燎原》等一系列光辉著作，初步地描绘出农村包围城市、武装夺取政权的道路。这就是：通过党去领导军队，又用军队去打土豪分田地发动农民建立政权，再把农民武装起来，用一部分武装了的农民去保护和解放另一部分农民。革命就这样滚雪球般地发展，而在这个过程中，逐步形成一种党、政、军、民四位一体的社会结构，形成党、政、军三位一体的权力系统，一句话，形成一种国家模式。这种模式从南方的根据地带到北方的解放区，最后，水到渠成般地发展成全国政权。1930 年 1 月，毛泽东致信林彪（即《星星之火，可以燎原》一文），对这样一条走农村包围城市，最后武装夺取政权的道路进行了理论阐述。《星星之火，可以燎原》一文的发表，标志着毛泽东创立的以农村包围城市武装夺取政权的道路正式确立。

4. 进行长征。1933 年秋，蒋介石调集 70 万军队对中央根据地

[①] 陈亚联著：《道路：中国特色革命道路的开辟》，江西高校出版社 2009 年版，第 144 页。

发动了第五次"围剿"。蒋介石改变战法，采取的是"步步为营，节节推进，碉堡公路，连绵不断，经济封锁，滴水不漏"的战术。这时，中央根据地的红军主力有 8 万多人，力量对比为 1：6，尽管形势严峻，但比第三次反"围剿"时的 1：10、第四次反"围剿"时的一比十几要好许多。如果形势估计和采取战法正确的话，打破"围剿"仍然是有希望的。

但以博古为总负责的临时中央采取以冒险主义的进攻路线来打破这次"围剿"。6 月 13 日，临时中央提出将中央红军主力分离作战的方针，实行"两个拳头打人"。这种面对 6 倍于己的敌人，不收缩力量而"两面开花"的战法，显然不是高明之举。结果开战即在黎川陷入被动。

黎川失守后，博古、李德由军事冒险主义转变为军事保守主义，采取消极防御的方针，提出"御敌于国门之外"，实行所谓"不让敌人蹂躏一寸苏区土地"的方针。这种与敌人硬拼的消耗战，正中敌人下怀。从 1934 年 1 月至 3 月，在不断的阵地防御战、阵地反击战中，红军不仅没能打破敌人的进攻计划，还遭受重大伤亡。伤亡最为惨重的是 1934 年 4 月 10 日至 28 日历时 18 天的广昌保卫战，红军毙伤俘敌 2600 余人，自身却付出伤亡 5000 多人的惨重代价。

到 1934 年 9 月，瑞金中央根据地已由 1931 年底毛泽东担任苏区中央局代理书记时发展到包括瑞金、会昌、安远、寻乌、信丰、雩都、广昌、石城、黎川、建宁、泰宁、宁化、清流、归化、龙岩、长汀、连城、上杭、永定等 20 多个县的广大地区，减少到仅存瑞金、会昌、雩都、兴国、宁都、石城、宁化、长汀 8 个县的狭小地区。在这种情况下，红军只能被迫撤离中央根据地，开始长征。

长征是一次理想信念的伟大远征。"长征途中，英雄的红军，血战湘江，四渡赤水，巧渡金沙江，强渡大渡河，飞夺泸定桥，鏖战独树镇，勇克包座，转战乌蒙山，击退上百万穷凶极恶的追兵阻敌，征服空气稀薄的冰山雪岭，穿越渺无人烟的沼泽草地，纵横十余省，长驱二万五千里。主力红军长征后，留在根据地的红军队伍和游击队，在极端困难的条件下，紧紧依靠人民群众，坚持游击战争。西北地区红军创建陕甘革命根据地，同先期到达陕北的红二十五军一起打破了敌人的重兵'围剿'，为党中央把中国革命的大本营安置在西北创造了条件。东北抗日联军、坚持在国民党统治区工作的党组织以及党领导的各方面力量都进行了艰苦卓绝的斗争，都为长征胜利作出了不可磨灭的贡献。"①

长征是一次检验真理的伟大远征。长征途中，党中央召开遵义会议，确立了毛泽东在红军和党中央的领导地位，开始形成以毛泽东为核心的党的第一代中央领导集体，这是我们党和革命事业转危为安、不断打开新局面最重要的保证。在党中央的正确领导下，党和红军恪守为人民打江山的人民情怀，为了给中国人民创造幸福生活，不惜牺牲自己的一切，以自己的模范行动，赢得人民群众的真心拥护和支持。习近平总书记在谈及长征时指出："同人民风雨同舟、血脉相通、生死与共，是中国共产党和红军取得长征胜利的根本保证，也是我们战胜一切困难和风险的根本保证。中国共产党之所以能够发展壮大，中国特色社会主义之所以能够不断前进，正是因为依靠了人民。中国共产党之所以能够得到人民拥护，中国特色

---

① 《在纪念红军长征胜利80周年大会上的讲话》，人民出版社2016年版，第3页。

社会主义之所以能够得到人民支持，也正是因为造福了人民。"①这段话是从"半条被子的故事"中引申出来的。1934年11月6日，参加长征的中央红军先头部队抵达湖南省汝城县文明司（即现文明瑶族乡），红军卫生部干部团驻到沙洲村。据当事人徐解秀老人回忆，当年红军来到沙洲村，由于国民党的反动宣传，许多人都上山躲起来了。她由于生孩子坐月子，又是小脚，就留下来带着婴儿在家。有3位女红军来到她家，跟她拉家常，宣传红军是穷人的队伍，叫老乡们不要害怕。晚上，3位女红军借宿徐解秀家中。她们看到徐解秀的床上只有一块烂棉絮和一件破蓑衣，就打开她们的被包，拿出被子，和徐解秀母子挤在一张床上睡。三天后，她们临走时，便要将被子留给徐解秀。徐解秀不忍心，也不敢要，推来推去，争执不下。这时，一位女红军找来一把剪刀，把被子剪成两半，留下半条给徐解秀。3位女红军对徐解秀说：红军同其他当兵的不一样，红军是共产党领导的，是人民的军队，打敌人就是为老百姓过上好生活。这时，红军大部队已经开始出发，徐解秀就和丈夫朱兰芳一起送3位女红军追赶大部队。快到山边时，天快黑了，徐解秀不放心，想再送一程，因为是小脚，走不快，就让丈夫送她们翻山。谁知她们这一走，就没了音讯。因此，每年这几天，徐解秀总要在当年她们分别的地方等好久。因为她坚信红军会回来的。1984年11月7日，《经济日报》记者罗开富采访了徐解秀老人。徐解秀说："虽然那辰光为了红军留下的半条被子吃了点儿苦，不过也让我明白了一个道理：什么是共产党？共产党就是自己有一条被子，也要剪下半条给老百姓的人。"②

---

① 《在纪念红军长征胜利80周年大会上的讲话》，人民出版社2016年版，第15页。
② 《半条被子的温暖——红军长征与汝城》，中共党史出版社2017年版，第3页。

为中国人民的生存而战，这是实现小康社会的底线。生存权是人生的基本权利，只有生存有保障，才能谈如何生活得好。保证中国人民的生存权，是中国共产党一成立就肩负的历史使命，经过28年的浴血奋战，中国人民终于赢得了民族的独立和解放，为逐步实现共同富裕、建成小康社会，奠定了政治前提。

三、争取民主自由权利

小康社会对于个人来讲，不仅是物质财富的满足，还包括精神生活的富足，也就是马克思所说的"实现人的全面自由的发展"。早在1922年6月，中共中央在第一次公开表明自己政治态度的《中国共产党对于时局的主张》一文中，就用自己已有的马克思主义的认识水平，阐发了对于民主政治的见解。文章指出："民主政治必然由民主派掌握政权，但所谓民主派掌握政权，决不是在封建的军阀势力之下选一个民主派人物做总统或是选几个民主派的人物组织内阁的意思，乃是由一个能建设新的政治组织应付世界的新环境之民主党或宗旨相近的数个党派之联合，用革命的手段完全打倒非民主的反动派官僚军阀，来掌握政权的意思。"[1]文章进一步指出："映在我们眼中的民主派掌握政权，乃是一个阶级推翻一个阶级一个制度代替一个制度的意思，不是一个人代替一个人或是那几个人代替那几个人的意思。"文章还提出了建设民主政治的11项目标，包括：改正协定关税制，取消列强在华各种治外特权，清偿铁路借款、完全收回管理权，肃清军阀、没收军阀官僚的财产、将他们的田地分给贫苦农民，保障人民的基本权利，废止压迫人民的法律、法规，改变税制等。中国共产党为争取人民自由权利而形成的上述成果，

---

[1]《1921—1933：中共中央在上海》，中共党史出版社2006年版，第39页。

成为中共二大制定民主革命纲领的主要依据，在最低纲领中它被表述为：建立"真正民主共和国"，"工人和农民，无论男女，在各级议会、市议会有无限制的选举权，言论、出版、集会、结社、罢工绝对自由"。"废除一切束缚女子的法律，女子在政治上、经济上、社会上、教育上一律享受平等权利。"[1] 这些规定，表达了中国共产党人对争取劳动人民民主自由权利的追求。从此，它团结带领人民武装和革命群众，为争取民主自由权利而不懈奋斗。

（一）发动罢工斗争

马克思主义告诉我们，工人阶级在社会革命中处在领导阶级的地位，巴黎公社革命、俄国十月革命都是从工人运动入手、通过工人运动取得政权的。"走俄国的路"而诞生的中国共产党，在马克思主义的传播过程中就着手开展工人运动，而开展工人运动的主要形式就是罢工斗争。在中共一大上，北京代表向大会所做的《北京共产主义小组的报告》，一个重要内容就是报告了"在工人中的宣传工作"。报告说，北京是中国北方的政治中心，近500年来，又是中国的首都，所以北京的工业并不发达，没有可以把工人联合起来的大工厂，革命初期面临的主要问题是：第一，怎样使工人和贫民阶级对政治感兴趣，怎样用暴动精神教育他们，怎样组织他们和促使群众从事革命工作；第二，怎样打消他们想成为学者并进入知识界的念头，促使他们参加无产阶级的革命运动，怎样使他们成为工人阶级的一员。在这种情况下，北京的中共早期组织就决定把工作转到铁路员工方面来，在长辛店创办了劳动补习学校。报告指出："这所学校看来是我们接近工人的一个途径，我们和工人之间逐

---

[1]《建党以来重要文献选编（1921—1949）》第一册，中央文献出版社2011年版，第133—134页。

渐产生了亲密友好的感情；我们不止一次地向工人提出鼓舞他们的重要建议，结果，我们看到，认为必须提出各种阶级要求，像增加工资、缩短工时、成立工会等思想，在工人中间不断增长起来。后来，他们成立了拥有340—350人的铁路工人工会。"①报告还举例证实工人举行公开示威游行的重要性，指出："我们在长辛店播下了宣传工作的第一批种子，去年5月1日，那里举行了示威游行。应该称赞同志们举行的这次示威游行，这一天召开了有千百个工人参加的群众大会，工人亲自在会上发表了鼓动性的演说，会议持续了3个多小时，可是仍有一些工人没有来得及发言。群众大会以后，开始游行，由1500名工人组成的游行队伍，高举着写有重要标语的旗帜，唱着革命歌曲，喊着'增加工资、缩短工时'的口号沿街行进。这个事件过后，在不到一个星期之内，工厂车间里发生了10起使管理人员感到极大不安的小型活动。同志们，请注意，我们不得不同尚且没有纪律的工人一起活动，而帮助他们的最好方法，据我看来就是帮助他们组织罢工和游行。我们要积极采取一切能够加速这一运动的措施。"②这次大会通过的《中国共产党第一个决议》，从工人组织、工人学校、工会组织的研究机构等方面，对如何加强党对工人运动的领导，如何开展工人运动等作出规定，指出："本党的基本任务是成立产业工会"，"党应在工会里灌输阶级斗争的精神。党应警惕，不要使工会成为其他党派的傀儡"，"工人学校应逐渐变成工人政党的中心机构"，"学校的基本方针是提高工人的觉悟，使他们认识到成立工会的必要"。成立工会组织的研究"机构的主要

---

① 《建党以来重要文献选编（1921—1949）》第一册，中央文献出版社2011年版，第11页。
② 同上书，第13-14页。

目的，是教育工人，使他们在实践中去实现共产党的思想。应特别注意组织工人工会，援助其他部门的工人运动"①。从此开启了党领导下的工人运动的光辉历程。

最初，党领导工人运动的机构是中国劳动组合书记部，成立于1921年8月16日。它是把"一个产业底下的劳动者，不分地域，不分男女老少，都组织起来，做成一个产业组合。因为这样一个团体才能算是一个有力的团体，要这样的组成法，劳动者才能用他们的组织力，做奋斗的事业，谋改良他们的地位呢"。它"是一个要把各个劳动团体都联合起来的总机关"，它的任务是"向劳动者宣传组合之必要，要联合或改组已成的劳动团体，使劳动者有阶级的自觉，并要建立中国工人们与外国工人们的密切关系"②。中国劳动组合书记部总部在中国共产党领导下，负责推动全国工人运动，而推动全国工人运动，最主要的是开展罢工斗争。

1. 中国共产党领导的第一次大罢工——上海英美烟厂工人的罢工

1921年7—8月，上海英美烟厂工人举行大罢工。引起这次罢工的主要原因是，洋监工亨白耳克扣工人工资和殴辱工人，引起工人不满。英美烟厂老厂机车间100多名工人群起要求撤换洋监工，因厂方不予理睬，工人遂于7月20日愤而罢工。罢工由老厂发展到新厂，有8000多人参加的大罢工最终爆发了。由于罢工前期是工人自发行动，缺乏组织领导，大罢工爆发后群龙无首，效果不够理想。此时，中共一大正在上海召开，从报纸上得知英美烟厂罢工的消息后，大会立即决定支援工人罢工，并选派中共最早一批

① 《建党以来重要文献选编（1921—1949）》第一册，中央文献出版社2011年版，第4—5页。
② 《中国劳动组合书记部宣言》，《中国工人运动史》第二卷，广东人民出版社1998年版，第254—255页。

团员、最早一批党员的李启汉等前去领导。李启汉去了以后，首先从维护工人自身权益的角度启发工人认识洋监工克扣工人工资和殴辱工人侵犯了工人的正当权益，"最彻底的办法，就是像俄国工人那样起来革命，没收地主、资本家的财产！眼前，我们工人要不分帮派，不分地区，不分男女，不分车间，大家团结起来，叫英美资本家给我们增加工资，不许他再欺侮我们。我们团结起来的人越多，就越有力量，就一定能够达到目的"。① 经过李启汉的启发，工人们相信只有依靠自己的力量，团结起来，进行斗争，才能改善自己的处境。李启汉帮助工人组织成立罢工的领导机构——工人代表会议，向工厂当局提出了 8 项条件。罢工进行到第 16 天，厂方无计可施，开始同工人谈判，工人们坚持以 8 项条件为基础。英美烟厂公司总经理毛利斯表示：除了第 4 条"罢工期间的工资一律照发"外，其他各条均可圆满答复。工人代表坚持对第 4 条要求不妥协，毛利斯又提出把第 4 条修改为"罢工期内工厂助米 100 担，以资助工人罢工的损失"。工人代表仍不让步，最后把第 4 条修改为"罢工期内赔偿损失 1800 元"，终于达成复工协议，历时 3 个星期的大罢工取得了胜利。

2. 中国工人阶级第一次直接和帝国主义进行针锋相对的斗争，也是中国共产党成立后全国第一次罢工高潮的起点——1922 年 1 月 12 日至 3 月 8 日爆发的香港海员大罢工

香港海员大罢工，是一次中国工人争民主、争自由、争利益的罢工。生活在香港的中国海员，长期遭受英帝国主义的殖民统治和种族歧视，他们和白人海员做同样的工作，工资待遇却不及白人海员的 1/5。早就在心中积压着对英国殖民者的满腔怒火的中国海员，

---

① 《中国工人运动史》第二卷，广东人民出版社 1998 年版，第 285 页。

从共产党领导香港机器工人和广州机器工人两次罢工的胜利受到启发，尤其是海员积极分子苏兆征、林伟民在十月革命和共产党的影响下，开始在群众中做共产主义的宣传，并于1921年3月成立了"中华海员工业联合工会"，后来两人都加入了中国共产党。

1921年9月，香港海员工会就海员的工资待遇问题正式向轮船资本家提出3项条件：（1）增加工资。要求工资10元以下的加5成，10元至20元的加4成，20元至30元的加3成，30元至40元的加2成，40元以上的加1成。（2）工会有介绍职业权。（3）雇工合同签订时，工会有派代表权。在轮船资本家拒不答应这一合理要求的情况下，香港海员工会再次据理力争，到1922年1月12日，他们已经第三次向轮船资本家提出增加工资的要求，但要求依然石沉大海。忍无可忍的香港海员终于发动了大罢工。

中共中央对香港海员此次罢工十分重视，在罢工实现后，即指示中国劳动组合书记部全力支持香港海员的罢工斗争。中国劳动组合书记部随即发动上海工人成立了"香港海员后援会"。在得知港英当局招募新海员的图谋后，委派中国劳动组合书记部负责人李启汉等担任谈判代表，与敌进行针锋相对的斗争，并向群众揭露他们招募新海员的真实目的，劝阻被招募新海员拒绝入港，又一次粉碎了港英当局破坏罢工的阴谋。

罢工海员的正当要求得不到回应和解决，迫使罢工进一步升级。2月底，全港爆发了总同盟罢工。到3月初，罢工人数增至10万人以上，罢工浪潮席卷整个香港，造成交通运输中断，出现生产停顿、商店关门、物价暴涨、市场大量抢购的现象。港英当局仍无解决问题的诚意，反而实行戒严，派出大批军警沿路巡查。3月4日，罢工工人在返回广州的途中，遭遇到大批英国武装军警拦阻，英勇的罢工工人毫不畏惧，企图冲破军警阻拦，哪知持枪英国军警竟疯狂扫射，当场打死4人，打伤几百人，骇人听闻的沙田惨案就这样发生了。

英帝国主义的暴行，激起广大工人和各阶层群众的强烈义愤，全国上下一片声讨之声。中国共产党更是站在声援罢工海员的最前列。陈独秀数次发表文章和演讲支持海员的罢工行动，批驳港英当局无视海员的正当利益，导致罢工运动发生及罢工发生后的错误做法，动员各界群众声援香港海员的正义行动。2月6日，他在《民国日报》发表时评，强调香港海员罢工的胜败，是全中国工人胜败的问题。他盛赞长辛店铁路工人及武汉等地工人支持海员罢工，"是中国劳动阶级觉悟第一声"，抨击上海几个招牌工会不敢支援海员罢工，"在工界便没有出头说话的资格了"。2月10日，他又在《民国日报》发表《"宁波水手"》一文，提醒宁波水手勿为资本家所利用——"被雇到香港代替那罢工的广东水手"而破坏罢工。除此之外，他还指示中国劳动组合书记部指导各级工会采取各种措施声援香港海员罢工。对这些情况，陈独秀在给共产国际的报告中曾作过这样的描述："因香港海员罢工，书记部通知各省工界发起后援会，并运动上海水手应援，李启汉同志及水手两人被捕拘留数日"；上海方面，在"香港海员罢工时，发布传单5000张"；北京方面，在"香港海员罢工时，全部党员及青年团团员参加游行及演讲，以共产党员名义散发传单"。①

在各方面的强大压力下，港英当局被迫做出让步，在兑现海员工会提出的9项条件之后，达成了复工协议，至此，持续56天的

---

① 《中共中央执行委员会书记陈独秀给共产国际的报告》（1922年6月30日），《中共中央文件选集》第一册，中共中央党校出版社1989年版，第50—52页。

香港海员罢工宣告结束。

香港海员罢工胜利的消息，鼓舞了全国工人阶级的斗志，此后，以中国劳动组合书记部总部和各分部所在地为中心的罢工运动普遍展开。在北方区，先后爆发了长辛店工人罢工、京奉铁路唐山制造厂工人罢工、京奉铁路山海关铁工厂工人罢工、京绥铁路车务工人罢工、正太铁路工人罢工、开滦五矿工人大罢工；在武汉区，相继爆发了汉阳钢铁厂工人罢工、粤汉路武长段工人罢工、汉口扬子江机器厂工人罢工、汉口英美烟厂工人两次罢工、汉口洋花伞厂工人罢工；在湖南区，爆发了安源路矿工人大罢工、水口山铅锌矿工人罢工、长沙泥木工人罢工；在上海区，爆发了日华纱厂和邮务工人罢工、上海海员大罢工、全市丝厂女工罢工、金银业工人罢工和日华纱厂、英美烟厂工人同盟罢工；在广东区，爆发了盐业工人罢工、澳门华工总罢工等。

通过组织罢工运动，不仅维护了工人阶级的利益，进一步密切了中国共产党与工人阶级的联系，增强了工人阶级对党的认识，而且锻炼了党的队伍，培养了党的干部，充实了党的新鲜血液。

3. 中国共产党领导的第一次武装起义——上海工人三次起义

上海工人第一次武装起义发生在1926年10月24日。这次起义的目标是"要自由"。北伐之初，直系军阀首领孙传芳标榜中立，鼓吹"保境安民"。北伐军攻克长沙后，他露出真面目，1926年8月23日，孙传芳公开致书蒋介石，反苏、反共。中共上海区委认为，工人的组织和战斗力还不强，在全国目前政治环境下，还不能猛烈进到资产阶级面前，不宜单独行动。一方面要组织工人起义，夺取政权；另一方面，又不涉及工人参政，只要求工会组织能够事实上存在，市民有集会、结社、言论、出版、罢工的相当自由，华界能够成为反抗租界帝国主义的根据地。此后的事态发展证明，国民党新右派和老右派都是靠不住的，只能依靠自己。所以，9月7日，上海区委军事特别委员会成员汪寿华即提出要着手建立2000人的工人纠察队。9月23日，决定加强上海总工会的组织和领导。10月17日，上海区委发出《上海自治市的运动计划》，规定参与起义的力量是码头工人、电灯工人、电车工人罢工，300—500名武装工人暴动；南北市商人罢市和2000—3000游民武装暴动，保卫团响应，部分水警响应。10月18日，中共上海区委召开特别活动分子会议，进行暴动动员。中共旅法早期组织的创建人之一、上海总工会党团书记赵世炎在会上报告行动大纲，明确提出这次行动的意义是：第一，我们是无产阶级初步暴动的尝试，不拿政权，得到自由；第二，对于统治权只是一个警告，不是要政权；第三，取得自己的自由，工会等都公开。10月24日，起义按预定计划行动。但是，由于事先走漏风声，警方早有准备，起义的计划被打乱。又因为准备仓促，在浦东计划组织纠察队10人、运输队20人，结果纠察队只到7人，运输队只到9人。整个起义计划投入工人武装300人，实际参加行动的只有80人，寡不敌众，第一次起义就这样失败了。

第一次武装起义失败后，很快又组织了第二次武装起义。1927年2月21日，中共上海区委发出特别通讯第1号，指出："目前我们唯一的重大责任，在于指示上海的市民及工人阶级创造民主的革命的市政府，只有这个革命的政府实现，才能解决上海市民的一切压迫。这一革命政府之实现，是要人民共同的血战出来的。"[1]次日，由共产党人与钮永建、王晓籁等组成的上海市民临时革命委员会宣告成立。中共上海区委发出特别紧急通告，宣告于当晚6时，实

①《中国工人运动史》第三卷，广东人民出版社1998年版，第464页。

行全上海暴动，开展第二次武装起义。晚6时，停泊在黄浦江上的"建威"号、"建康"号军舰，以轰隆的炮声向高昌庙发起攻击，宣告了第二次武装起义的开始。炮声过后，兵工厂挂出白旗。军舰炮口转向督办公署和司令部。这两个机关接近法租界，几颗炮弹落入法租界，帝国主义乘机加以干涉。起义军舰在炮击2个小时后停止了开火。按计划，浦东地区应组织200名纠察队员在码头集中，然后占领兵工厂。但只有五六十人按时到达指定地点，这使获得武器的计划流产。2月23日，中共中央与上海区委举行联席会议，决定停止暴动。实际上宣布了第二次起义的失败。

在吸取第一次、第二次起义失败教训的基础上，中共中央决定成立党的特别委员会，统一领导和指挥第三次武装起义。特别委员会由中共中央总书记陈独秀、中共上海区委书记罗亦农、中共上海区委职工运动委员会主任赵世炎、上海总工会代理委员长汪寿华、中共上海区委宣传部部长尹宽、中共中央局委员彭述之、中共中央军委委员兼上海区委军事委员会书记周恩来等组成。陈独秀亲自参加武装起义最高指挥机构，表明中共中央对于实行武装起义、夺取政权，实现非资本主义的前途，有了新的认识。第三次武装起义接受了共产国际执委会第七次扩大会议关于中国问题的决议，确认中国革命不必走资产阶级革命的老路，应当争取非资本主义前途，特别委员会把扩大武装、夺取政权，作为第三次武装起义的指导方针。根据这个方针，成立了特别军委，在周恩来主持下，大力扩充武装力量，加强军事训练，购置武器，开展敌军工作和策反工作。

1927年3月21日上午，上海市民代表会议执行委员会召开紧急常务会议，通过《发布总同盟罢工罢课罢市命令案》，宣布："3月21日正午12时起，各界市民一起动作，宣布总同盟罢工、罢市、罢课。"上午10时，沪东部委发出罢工令。1小时后，罢工即陆续实现。至下午3时，参加罢工者85300人，合计无统计者约10万人，全部实行罢工。在沪西，12时30分，各厂一律关车，下午1时，整队出发，罢工者达10万人以上。《申报》报道："工人千万成群，巡行于闸北宝山路宝兴路一带，高呼打倒直鲁军阀、欢迎北伐军、实现民选市政府，满街贴壁，俱贴总工会布告及红色标语。"[①] 按照预定计划，全市实现总同盟罢工后，立即转入武装起义。第三次武装起义的副指挥赵世炎记载了这个情景："最少数的武装纠察队，立即按照目的地，对各警署、各兵营与军队驻在所开始行动。""最少数的武装在前，广大的群众在后。巷战开始了。陆续不断的枪炮声，与群众的口号声，立刻震动于遍城各地。""徒手无武装的群众，逐渐夺得武装到手中来。革命的武装力量增加了。敌人在包围中，或在逃散中。从敌人的军队蛇动蠕行中发现以竹竿系手巾的白旗，这是敌人投降了。素习凶恶压迫人民的警察，自剥其黑色的制服而逃散。大小警署的门前推出了枪械，并悬白旗，这是警察投降了。"[②] 到下午6时，起义取得了完全的胜利。

4. 中国共产党领导的第二条战线——伟大的正义的学生运动和蒋介石反动政府之间的尖锐斗争

1947年7月以后，人民解放战争由防御转入进攻，人民解放军由内线作战转到外线作战，进入国民党的统治区。此时，国统区经济崩溃，物价暴涨达到高峰，1948年1月，上海白米每担价格上涨到150万元，到5月更上涨到每担580万元。国统区的工商业经济陷于瘫痪状态，工人和其他阶层人民的生活朝不保夕，在饥饿和死

---

① 《申报》，1927年3月22日。
② 《中国工人运动史》第三卷，广东人民出版社1998年版，第481页。

亡线上挣扎。国民党为维持其摇摇欲坠的统治，疯狂推行法西斯暴政，先后颁布《戡乱总动员令》《戡乱时期紧急治罪法》《动员戡乱期间劳资纠纷处理办法》《戒严法》等一系列镇压民众的法令。这些法令的颁布实施，使国统区一切逮捕、监禁和屠杀的法西斯暴行"合法化"。为此，中共中央提出在国统区开展群众运动的总方针："长期打算，积累力量，发动斗争，推动高潮，配合反攻形势，发动第二战场，准备里应外合，争取全国胜利。"开展工人运动的方针是"用一切方法来保障工人不致饿死和用一切方法来推翻反动政府"。[①]所谓"用一切方法来保障工人不致饿死"，公开的口号是"反饥饿"；所谓"用一切方法来推翻反动政府"，公开的口号是"反迫害"。中共中央明确指出，反饥饿、反迫害，为救死求生而斗争是国统区工人运动的基本特点，党应通过领导这种斗争，保护群众日常利益，更多地聚集力量，扩大队伍，并力求巩固，以便时机到来时，有力地迎接人民解放军。但在战略上应采取谨慎态度，避免过早与敌人决战，应把直进与迂回、集中与分散、公开与秘密、合法与非法等手段结合起来，"使之此起彼伏，不同形态，车轮战式（即学生运动暂时休息，职工斗争又起，职工休息学生又起）"[②]。这样，人民争取生存权的斗争，逐渐提高到推翻反动政权、消灭现存社会制度的革命运动的水平。这一时期，影响较大的是五二〇学生运动。

　　1947年4—5月间，上海、南京等许多城市的学生发出"抢救教育危机""向炮口要饭吃"的呼声。5月4日，上海学生走上街头进行反内战宣传，遭到国民党特务、警察的殴打和逮捕。5月15日，

---

① 《中国工人运动史》第六卷，广东人民出版社1998年版，第178页。
② 同上。

南京中央大学等学校的学生 3000 人，为要求增加教育经费到国民党政府行政院和教育部请愿。在北京，5 月 18 日，北京大学、清华大学等学校的学生也纷纷上街进行反饥饿、反内战宣传。国民党政府为了镇压日益高涨的人民运动，于 1947 年 5 月 18 日发布《维持社会秩序临时办法》，禁止 10 人以上的请愿和一切罢工、罢课、游行示威。5 月 20 日，宁（南京）、沪（上海）、苏（苏州）、杭（杭州） 16 个专科以上学校的 5000 余名学生在南京中央大学会合后，冲破宪警的阻拦，举行"挽救教育危机联合大游行"。在珠江路口，游行队伍遭到宪警的水龙喷射和棍棒、皮鞭的殴打，重伤 19 人，轻伤 90 余人，被捕 20 余人，这就是五二〇血案。五二〇血案后，在中共组织的引导和推动下，学生斗争进一步发展为"反饥饿、反内战、反迫害"运动。这一运动席卷上海、南京、北平、天津、青岛、武汉、广州、南昌等 60 多个大中城市，直接或间接卷入运动的职工包括纺织、毛织、丝织、染织、针织、时装、西装、被服、百货、罐头、搪瓷、电筒、化学、西药、火柴、卷烟、金融、银行、广播、印刷、水电交通、煤矿、机械、造船、船闸、轮船、海关、领港、水手等 40 余个行业。社会各界以及上层爱国民主人士，以各种形式支持和援助学生运动。在社会舆论的压力下，国民党政府不得不释放全体被捕学生。学生运动的高涨，推动了国民党统治区工人、农民、市民斗争的发展。这些斗争构成第二条战线的重要组成部分。对国统区内人民"反饥饿、反内战、反迫害"斗争的重要作用，毛泽东曾给予高度评价，他在 1947 年 5 月 30 日为新华社写的评论中指出："中国境内已有了两条战线。蒋介石进犯军和人民解放军的战争，这是第一条战线。现在又出现了第二条战线，这就是伟大的正义的学生运动和蒋介石反动政府之间的尖锐斗争。""中国事变的发展，比人们预料的要快些。一方面是人民解放军的胜利，一方面是蒋管区人民斗争的前进，其速度都是很快的。为了建立一个和平的、民主的、独立的新中国，中国人民应当迅速地准备一切必要的条件。"①

总之，开展以罢工、罢课、罢市为重点的工运、学运，是新民主主义革命时期中国共产党领导劳苦大众为自己争取民主自由权利和其他权益的重要形式，其目的在于维护工人群众的利益，争取工人阶级的解放。这是小康社会在新民主主义革命时期的起码要求。它需要把工人群众为日常经济利益而进行的经济斗争，同为改变工人群众受压迫、受剥削的阶级地位而进行的政治斗争和革命运动结合起来，通过工人群众的日常经济和政治斗争，动员组织广大工人群众参加反帝反封建的民族民主革命。改变工人阶级受压迫、受剥削的命运，靠封建统治阶级、国民党蒋介石都不行，只有中国共产党能够以维护最广大人民群众的最根本利益为己任，能够提出正确的革命纲领，把工人群众日常的经济斗争同反帝反封建的政治斗争和革命运动结合起来，引导广大工人群众走上革命道路。这是中国工人运动必须在中国共产党的领导下，才能胜利发展的根本原因。

（二）开展谈判斗争

中国共产党章程明确规定："党除了工人阶级和最广大人民群众的利益，没有自己特殊的利益。"② 中国共产党作为一个全心全意为人民服务的无产阶级政党，为了维护工人阶级和最广大人民群众的利益，不惜牺牲自己的一切。其中一个重要策略就是同敌人进行谈

①《中国共产党历史第一卷（1921—1949）》下册，中共党史出版社2011年版，第748页。
②《中国共产党章程汇编——从一大到十七大》，中共党史出版社2007年版，第107页。

判斗争。

1. 在安源路矿罢工斗争中帮助工人与路矿当局的谈判

1921年冬，安源路矿一些工人曾写信给中国劳动组合书记部，请求派人到安源帮助并指导一切。为推动安源路矿罢工形势的形成，中共湘区委员会书记毛泽东曾5次到安源，并于1922年上半年，建立了中共安源党支部，成立了安源路矿工人俱乐部。9月初，在部署粤汉铁路工人罢工任务后，又指示中共安源党支部：迅速发动工人罢工，与粤汉工人罢工相呼应，推动长沙各行各业手工业工人罢工。这时，刘少奇受党中央派遣到湖南。毛泽东委派他到安源路矿领导罢工运动。9月11日，刘少奇星夜赶到安源。这时，粤汉铁路武长段已经爆发工人大罢工。安源路矿两局（铁路局和矿务局）深恐受到波及，主动找李立三联系，表示愿意前往官厅疏通保护俱乐部。俱乐部趁此机会向路矿当局提出了三项要求。12日，路矿当局的答复未能达到俱乐部的要求。李立三、刘少奇决定召开紧急会议，做出最后决策。在当晚召开的紧急会议上，认真分析了形势，会议决定立即举行罢工。

14日凌晨，按照预先号令，从安源车站爆发出一阵震耳欲聋的汽笛声。随后，各处汽笛长鸣5分钟之久。这响彻云霄的笛声宣告：安源路矿大罢工开始了！天亮之后，人们发现，往常繁华热闹的街道一片沉寂：工厂关门，矿井封闭，列车停驶，工人全部在宿舍待命。臂戴袖章的纠察队员把守着要道路口和厂、矿出入口，墙壁、电线杆上到处张贴着罢工的标语、布告和宣言。《安源路矿工人罢工宣言》发出后，迅速得到全国各地工会的声援和社会舆论的支持。中国劳动组合书记部率先发表声援电指出：我们接阅你们的罢工宣言，知道你们已经鼓着阶级斗争的勇气和惨无人道的资本家、官僚、军阀宣战了。我们非常佩服你们的奋斗精神与作战的力量。我们诚诚恳恳地愿你们坚持到底而获得最后的胜利。《大公报》《申报》《民国日报》《时事新报》《晨报》等报刊接连报道安源路矿工人罢工的消息或评论，极大地增强了安源路矿工人斗争到底的决心和信心。

路矿当局在收买、恐吓、组织戒严均无效果的情况下，开始与工人代表进行谈判，刘少奇以全权代表的身份参与了谈判的主要过程。

第一次谈判于 14 日上午进行，刘少奇在俱乐部接待了充当调停人的商会代表和地方绅士谢岚航、陈盛芳等，提出谈判必须以 17 条复工条件为基础进行协商。当晚，路矿当局回应刘少奇提出的条件，说："对于工人所要求各条，皆可承认；但现时做不到，请先邀工人开工，再慢慢磋商条件。"这个承诺实际上等于没有承诺。刘少奇识破敌人的缓兵之计，立即回绝。

次日，举行了第二次谈判。由李立三与路矿当局全权代表在商会进行。路矿当局仍坚持先开工，后商量条件。李立三予以拒绝。谈判因此陷入僵局。

16 日午刻，路矿当局直接派人到俱乐部，通知"请代表至戒严司令部商量解决办法"。确定在此场合谈判，透露出鸿门宴的气息，意在威吓工人代表作出让步。刘少奇决定亲自前往。《刘少奇传》对这次谈判作了如下记述：刘少奇一到戒严司令部，就向戒严司令李鸿程斩钉截铁地声明，如果谈判不从磋商工人的条件入手，事情就没有解决的希望。李鸿程威吓道："如果坚持作乱，就把代表先行正法！"刘少奇毫不畏惧，回击说："万余工人如此要求，虽把代表砍成肉泥，仍是不能解决！"这位戒严司令又说："我对万余人也有法子制裁，我有万余军队在这儿！"刘少奇愤怒地说："就请你下令制裁去！"①

这次谈判虽然充满火药味道，但刘少奇临危不惧、大智大勇的表现，却给反动势力以震慑。刘少奇回到俱乐部后，李鸿程很快派人送来一封信，信中代表驻军向俱乐部表示道歉，并声称他愿意充当调解人，从速解决问题。17日晚，进行第四次谈判，尽管谈判十分艰苦，谈至18日，终于达成13条协议。工人俱乐部提出的条件几乎全部实现，坚持5天的大罢工取得完全的胜利。

这次成功实践，使刘少奇进一步认识到工人阶级力量的强大，促使他把安源路矿工人俱乐部的工作作为他从事工人运动的基地，进一步探索经验，以推动全国的工人运动。

2. 为营救抗日"七君子"同国民党的谈判斗争

抗日"七君子"，即沈钧儒、邹韬奋、李公朴、章乃器、王造时、史良、沙千里。他们都是主张抗日的著名爱国民主人士。1936年5月31日，马相伯、宋庆龄、何香凝、沈钧儒、章乃器等人在上海宣布成立中华全国各界救国联合会，通过《抗日救国初步政治纲领》，向全国各党各派建议：立即停止军事冲突，释放政治犯，各党各派立即派遣正式代表进行谈判，制定共同救国纲领，建立一个统一的抗日政权等。马相伯、宋庆龄、何香凝、沈钧儒、邹韬奋、章乃器、史良、王造时、李公朴、沙千里、陶行知等当选为执行委员。1936年11月22日深夜，沈钧儒、李公朴、沙千里、史良、王造时、章乃器、邹韬奋被国民党当局逮捕。

消息传出，全国哗然。北平文化教育界进步人士107人，天津文化界、泰国华侨文化界200余人，新加坡全体华侨纷纷致电国

①《刘少奇传》（上），中央文献出版社1998年版，第50页。

民党政府，要求立即释放他们。在中国共产党影响下，张学良、杨虎城发动西安事变，扣留蒋介石，要求举国抗日，提出"八项主张"，其中第三条即明确提出"立即释放上海被捕的爱国领袖"，指的就是"七君子"被捕一事。之后，应张、杨两将军的邀请，中共中央先后派出周恩来、博古、叶剑英到西安协助他们同蒋介石的代表谈判。12 月 18 日，中共中央发出关于西安事变致国民党中央电，呼吁国民党放弃"武力的讨伐"，实行和平处变的政策，并把释放"七君子"作为谈判的条件之一。12 月 23 日，张学良、杨虎城、周恩来在同宋子文的谈判中，周恩来提出六项条件：（1）停战，南京方面撤军至潼关外；（2）改组南京政府，排逐亲日派，加入抗日分子；（3）释放政治犯，保障民主权利；（4）停止"剿共"，联合红军抗日，允许中共公开活动；（5）召开各党各派各界各军救国会议；（6）与同情抗日的国家合作。张、杨同意以此为基础谈判。宋子文表示个人同意，答应转告蒋介石。在这个关于放蒋的条件中，也包含释放爱国七领袖。

12 月 24 日下午，在周恩来同宋子文的继续谈判中，如何释放爱国"七君子"成为一个重要议题。宋子文表示，要中共做他抗日反亲日派的后盾，并派专人驻沪与他秘密接洽；提出暂不开国民代表大会，先开国民党的会议，改组国民党，开放政权；说回去后与孙夫人商量释放政治犯的办法。这里说的"与孙夫人商量释放政治犯的办法"，也是指解决爱国"七君子"的问题。早在"七君子"被捕之后，宋庆龄即向新闻界发表声明：关于全国各界救国联合会七位领袖的被捕，我以这个组织执行委员会的名义，特提出抗议，反对这种违法的逮捕，反对以毫无根据的罪名横加在他们身上。当时，中共中央派冯雪峰到上海恢复党的地下组织。冯雪峰抵沪仅数日，就拜访宋庆龄，转达了中共中央关于建立抗日民族统一战线的精神。随后，应宋庆龄的要求，专门为她安排了一位地下党员做交通联络工作。

在此后中共中央同国民党进行的国共合作谈判中，都把释放"七君子"列为议题之一。1937年2月12日，周恩来同顾祝同会谈，会谈结果如下："（一）中共承认国民党在全国的领导，停止武装暴动及没收地主土地，实行御侮救亡的统一纲领。国民政府分期释放政治犯，对中共党员、中共党组织不再逮捕、破坏，允许中共适时公开……"①这里的"国民政府分期释放政治犯"，即包括释放"七君子"。

然而，国民党当局仍决定并授权苏州法院以"危害民国罪"对"七君子"提起公诉。4月11日，周恩来致电张冲，指出国民党此种做法"大失国人之望"。希望张"进言当局，断然改变此对内苛求政策"。4月12日，周恩来致电叶剑英，告以沈等七人被捕及通缉陶行知等事，毛泽东已电潘汉年赴南京谈判，并准备发动援救沈钧儒、陶行知等的运动。要叶通知中共西安地下党组织准备响应。同日，中共中央发表《对沈、章诸氏被起诉宣言》，赞扬沈钧儒等"以坦白之襟怀，热烈之情感，光明磊落之态度，提倡全国团结、共赴国难、停止内战、一致抗日，此实为我中华男女之应尽责任与光荣模范，而为中国及全世界人民所敬仰"，谴责国民党当局制造"爱国有罪之冤狱"，要求释放"七君子"等全体政治犯。4月15日，周恩来致电蒋介石，指出沈钧儒等七人"其心纯在救国"，"银铛入狱已极冤"，苏州法院的做法"不特群情难平，抑大有碍于政府开放民主之旨"，要求释放。5月23日，周恩来致电中共中央：

---

① 《周恩来年谱（1898—1949）》，中央文献出版社、人民出版社1989年版，第351页。

准备赴庐山见蒋介石。在他向党中央报告的与蒋介石谈判的计划中提出：商议共同纲领、联盟或改组国民党、释放政治犯、停止全国"剿共"、派人到南方苏区联络、发表边区政府委员会名单、改编红军、修改国民大会选举法、召开国防会议、释放"七君子"等问题。再次将释放"七君子"作为议题之一。

在国民党准备重新审查"七君子"案的关键时刻，7月3日，毛泽东、周恩来致电潘汉年，要潘立即通过"七君子"的家属和律师同"七君子"磋商，设法与CC①方面出面调解的人谈判，以"不判罪只到庐山谈话则为上策，只判轻罪而宣告满期释放此为中策，释放而请到南京做事或出洋此为下策"。经过中国共产党人的艰苦谈判，在全国人民共同声援下，国民党当局最终不得不承认"救国会以救国为目的，当然无罪"，于1937年7月31日释放"七君子"。

中国共产党为营救"七君子"同国民党进行的艰苦谈判斗争，不仅因为"七君子"的救国举动是正义，不应被治罪；也因为"七君子"是具有重要影响的文化名流，是优秀的中国知识分子，作为一名中国公民，他们的民主权利、自由发表意见的权利，应该得到尊重和保护。

3. 营救叶挺的艰苦谈判

叶挺，1924年加入中国共产党，北伐战争时曾任国民革命军第四军独立团团长，因骁勇善战，赢得"北伐名将"美誉。大革命失败后，任八一南昌起义总指挥，广州起义后因受党内错误清算一度旅欧脱党。抗日战争爆发后，任新四军军长。1941年1月，在皖南事变中，叶挺赴敌营谈判时被国民党军扣押。中共中央非常关注

---

① CC，即民国时期的中央俱乐部，是一个政治派系，实力主要分布在国民党中央党务部门，尤其是组织部、中统局、地方各级党部和教育系统（尤其是大学）。

他的个人安危，利用一切可能的机会同国民党谈判，积极设法予以营救。

叶挺被扣之后，随即被解往江西宁国关押。1941 年 1 月 17 日，国民政府军事委员会发布通令，诬蔑新四军为"叛军"，宣布取消新四军番号，将叶挺军长交付军法审判，并通缉副军长项英。为反击国民党制造的骇人听闻的皖南事变，中共中央代表、中共中央南方局书记周恩来立即为《新华日报》题写"为江南死国难者志哀"和诗"千古奇冤，江南一叶，同室操戈，相煎何急!?"要报馆加快编排和制版印刷，抢在次日各大报发出之前，送到广大读者手中。1 月 18 日，中共中央发出关于皖南事变的指示，指出国民党这一政治步骤，表明"已在准备着与我党破裂，这是七七抗战以来国民党第一次重大政治变化的表现"①。1 月 20 日，中共中央革命军事委员会发布命令，重建新四军军部。1 月 25 日，中共中央书记处致电周恩来：必须采取尖锐对立的步骤回答蒋介石 1 月 17 日的步骤，政治上取全面攻势，军事上取守势。收到中共中央电示后，周恩来立即将中共中央解决皖南事变、挽救时局危机的十二条办法面交张冲转国民党中央。十二条办法是：第一，悬崖勒马，停止挑衅；第二，取消 1 月 17 日的反动命令；第三，惩办皖南事变的祸首何应钦、顾祝同、上官云相三人；第四，恢复叶挺自由，继续充当军长；第五，交还皖南新四军全部人、枪；第六，抚恤皖南新四军全部伤亡将士；第七，撤退华中的反共军；第八，平毁西北的封锁线；第九，释放全国一切被捕的爱国政治犯；第十，废止一党专政，实行民主政治；第十一，实行三民主义，服从总理遗嘱；第十二，逮捕各亲日派首

---

①《周恩来年谱（1898—1949）》，中央文献出版社、人民出版社 1989 年版，第 487 页。

领，交付国法审判。① 这是中共中央就营救叶挺首次同国民党进行交涉。

1 月下旬，周恩来就释放叶挺一事，专门找国民党谈判代表张冲进行交涉。蒋介石得到张冲的报告后，通过张冲找周恩来、叶剑英，希望恢复两党谈判，并以允许中共在江南部队集中展期北移，新四军归入八路军扩大其编制等为条件。周恩来等答复：不实行十二条，无谈判可能。

2 月 10 日，黄炎培、周士观、沈钧儒、邹韬奋、章伯钧、张申府、左舜生、张君劢来到玉皇观，同周恩来商讨对国民参政会的态度。座谈中他们建议：以中共七名参政员名义将中共提出的十二条善后办法提到参政会要求讨论，以此作为出席参政会的条件，否则不能出席；成立各党派委员会，讨论国共关系和民主问题，在此会上提出"十二条"。周恩来将爱国民主人士的建议致电中央后，14日，中共中央书记处致电表示同意此建议，并同意在参政会外成立各党派委员会讨论政治问题。此后，中共中央把释放叶挺与参加由国民党主导的国民参政会捆在一起，同国民党进行了一系列谈判。

2 月 15 日，周恩来致电毛泽东并中共中央书记处，反映国民党当局政治压迫仍然日益加紧，提议以书面向国民参政会声明，如不答复"十二条"，中共参政员便不出席参政会。2 月 18 日，周恩来接见张冲，在谈话中批评国民党"近月来政治压迫事件频仍，如逮捕报贩、恐吓读者、扣压邮件、封闭报馆、撕毁广告等"。同日，周恩来将中共七名参政员致国民参政会的公函送国民参政会秘书长王世杰。公函声明在中共中央所提处理皖南事变的"十二条""未得政府裁夺"以前，中共参政员"碍难出席"。同时，还将中共七

① 《周恩来年谱（1898—1949）》，中央文献出版社、人民出版社 1989 年版，第 489 页。

名参政员公函抄送国共两党以外的各党派和国民参政员 20 余人。2
月 19 日和 20 日，国民党方面在研议中共的公函之后，由张冲出面，
提请暂行收回中共七参政员致国民参政会公函，改由蒋介石约周恩
来谈话的方式，解决这一僵局。周恩来严词拒绝了张冲的主张，指
出现在政治压迫严重，无理已极，实属忍无可忍，见蒋不会有结
果。此后，周恩来致电中共中央书记处，将答复张冲的意见报告中
央。23 日，中共中央书记处复电周恩来：同意来电根本立场，致参
政会公函不撤回，"但不拒绝谈判"。并应告张冲：致参政会公函是
我党企图挽救破裂的行动，"十二条"转蒋后，国民党不理，故要
求参政会解决；如国民党认为可以谈判十二条，参政会自可暂时不
讨论，而由两党在会外谈判，但在无满意结果前，我们不能出席参
政会；国民党如无破裂决心，应即停止政治压迫和军事进攻。25 日，
就出席参政会问题，周恩来再次会见张冲。张冲提出三个条件，力
主中共撤回公函。周恩来表示不拒绝谈判，但不撤回公函，也不见
蒋。并说明：在新四军问题后，政治压迫，军事进攻，我们确无让
步可能。此后，中共坚持只在"十二条"办法有满意解决的确实保
证后，才能出席参政会。最终，1941 年 3 月 1 日，国民参政会第二
届第一次会议在重庆开幕。国民党拒绝接受中共提出的皖南事变善
后办法十二条，中共参政员拒绝出席会议。由于中国共产党的坚决
斗争，蒋介石于 6 日被迫在参政会上表示：以后亦决无"剿共"之
军事。

　　1941 年 10 月 2 日，国民参政会准备召开第二次会议。周恩来
就应否正式提出出席下一届参政会的条件和董必武应否出席蒋介石
按惯例举行的宴会问题，同董必武联名致电中共中央。中共中央电
复：采取积极态度，要求国民党解决新四军问题，否则仍不出席，

其他党派出席，不予阻止；董可应邀赴宴。于是，11月上中旬，周恩来就中共方面参政员出席参政会问题同王世杰谈话。王世杰建议周恩来直接同蒋介石谈。毛泽东就如何同蒋介石谈判提出方针："放叶，发饷，必作一件，方能出席，否则请假。"[①] 11月12日，周恩来会见了蒋介石。在中共的强烈坚持下，蒋介石希望中共自动出席参政会。说过些时候可以给叶挺自由，但现在不能放。这是国民党首次表示"给叶挺自由"，也是中国共产党长期努力、反复谈判的结果。

1946年1月10日，蒋介石在政治协商会议开幕会的致辞中宣布四项诺言：保证人民自由、承认政党合法地位、实行普选、释放政治犯。会议期间，中共代表再一次呼吁立即释放叶挺、廖承志等，得到了与会代表的响应。1月14日，国民党国防最高委员会做出决定："政治犯于七日内调查明确，除汉奸及确有危害民国之行为者外，分别予以释放。"经过中共代表团争取，蒋介石再次应允释放叶挺、廖承志。1月22日，廖承志首先获释。1月27日，中共代表团又联名提出《关于请政府报告四项诺言实现情形之提案》，继续督促释放叶挺。1月31日，政协会议闭幕，叶挺仍在重庆狱中。中共中央抓紧时机，一再向国民党政府交涉释放叶挺，并提出以释放1945年秋邯郸战役中俘获的国民党第十一战区副司令长官兼40军军长马法五为条件，换取释放叶挺，获得蒋介石首肯。1946年3月4日，叶挺获释出狱。当天，在国民参政会秘书长邵力子的陪同下，叶挺回到重庆曾家岩50号中共中央南方局驻地。历经5年岁月，中共中央终于为叶挺赢得自由。

[①]《毛泽东年谱（1893—1949）》（修订本）中卷，中央文献出版社2013年版，第341页。

4. 胜利大营救

1941 年 12 月 7 日清晨，日本海军的航空母舰舰载飞机和微型潜艇突然袭击美国海军太平洋舰队在夏威夷的基地珍珠港以及美国陆军和海军在瓦胡岛上的飞机场，太平洋战争由此爆发。次日凌晨，日军突然向香港九龙发起进攻。这支由 15000 人组成的日军第 38 师团主力，仅用 3 天时间就突破了英国经营了两年多的防线，于 25 日攻占了香港。这时有几百名在全国有重要影响的著名抗日爱国民主人士滞留在香港。营救这一大批民主人士的战斗在日军进攻香港时就展开了。

12 月 8 日凌晨，中共中央书记处致电周恩来，指出：我对英美政府应建立广泛和真诚的反日反德的统一战线，香港文化界人士和党的工作人员应向南洋及东江撤退。[①] 12 月 9 日，周恩来致电中共驻港八路军、新四军办事处负责人廖承志，指出菲律宾"将不保"，新加坡"或可守一时"。估计香港工作人员的退路只有广州湾、东江和马来亚。提出对这部分人，能留港或将来可去马来亚和上海的，尽量留下；能出琼崖、东江游击队则更好；不能留也不能南去或打游击的，转入内地。要求尽速争取与英参谋部谈判合作事宜。[②]

当时，中共南方工作委员会副书记张文彬和粤南省委书记梁广、东江游击队政委尹林平、香港市委书记杨康华及中央驻港代表李少石、潘汉年、刘少文等正在香港开会。港战一结束，廖承志立即与他们恢复联系，分别向他们传达党中央的指示，研究部署营救办法。据中共驻港八路军、新四军办事处另一负责人连贯回忆："这些文化人和民主人士，大多是在 1941 年因国民党顽固派掀起第二

---

① 《周恩来年谱（1898—1949）》，中央文献出版社 1989 年版，第 521 页。
② 同上书，第 522 页。

次反共高潮时来到香港的。他们原来在重庆、桂林等地结社办报，通过各种途径揭露和抨击蒋介石当局消极抗日、积极反共的方针，因而遭到了国民党顽固派的迫害，在'国统区'无法立足。为了他们的人身安全，我党安排他们撤到香港，并利用香港的特殊地位，便于他们进行抗日反蒋的爱国民主活动。"①

要把这几百名的文化和民主人士转移到大后方，当时在九龙半岛，东江游击队开辟了两条路线：一条是从青山道经荃湾、元朗进入宝安游击区的陆上交通线，另一条是九龙至西贡经沙鱼涌进入惠阳游击区的水上交通线。为使营救工作顺利进行，中共中央南方局设法筹集了20万元营救费，分别汇给东江和桂林方面。1942年1月上旬，东江游击队政委尹林平从香港赶回宝安。不久，梁广、连贯、曾生、杨康华等先后到达宝安，开会研究营救转移工作。会议决定："对那些在国内外有影响的民主人士、国民党左派元老等，从西贡村坐船到上洞，由彭沃大队接应送到坪山，然后到淡水坐船往惠州。其他绝大部分的进步文化界人士，为免受国民党迫害，则走宝安这条交通线，即从荃湾到元朗，与难民一起通过沦陷区的日军封锁线到白石龙根据地来，然后再设法分散送到大后方去。"② 为落实营救、转移方案，廖承志从1942年元旦起就同连贯、乔冠华等一起离港北上，向沿途的党组织和东江游击队部署接应、护送爱国民主人士的工作。廖承志亲自检查了各地的准备情况。他试走了一段水上交通线——由九龙至西贡，经沙鱼涌进入惠阳游击区的路线。廖承志、连贯、乔冠华打扮成难民，混在难民队伍里。一个穿

---

① 连贯：《党中央的重大决策——香港沦陷后我党营救文化人和民主人士脱险》，《胜利大营救》，解放军出版社1999年版，第12—13页。
② 王作尧：《紧急抢救》，《胜利大营救》，解放军出版社1999年版，第46页。

着黑上衣，头戴鸭舌帽；一个穿着中式棉袄；一个戴着眼镜，斯文的知识分子模样。担负此次护送任务的是港九大队队长黄冠芳。他从容地把事先准备好的香烛、供品等上香用的物品交给他们每人一份，领着他们出九龙城上了观音山。在难民队伍从观音山转到牛池湾时，手枪队中队长江水率领的一支武工队员已在这里接应了。他们作了精心的部署，安排一个短枪队员在前面侦察开路，其余最后警戒，如发生意外，前后火力交替掩护，边打边撤，无论如何也要保证护送对象的安全。与廖承志等走着同一条路线的中共南方委员会副书记张文彬和东江游击队政委尹林平也先后顺利到达惠阳的田心村。通过这一行，廖承志对营救、转移的准备工作表示满意。

第一批民主人士的营救、转移工作，从 1942 年 1 月 9 日下午展开。香港地下党组织帮助他们化装成客商、海员、医生、太太、工人、小贩等，反复转移住地，避开敌人的耳目，摆脱敌人的监视追踪，离开香港，安全转移。

对具有特殊身份的著名民主人士，如国民党元老何香凝和柳亚子、邹韬奋等营救、转移工作，根据周恩来的指示，为了他们的安全，先安排在附近的农村隐蔽下来，然后再伺机护送出去。何香凝名声大，对她的护送任务由廖安祥和共产党员谢一超负责。由于敌人在海上的严密封锁，他们在船上躲了好几天，后来漂到长洲岛，换了一条机帆船，又在海上漂流了六七天，才在海丰靠岸。柳亚子和女儿同船到达，幸好没人认识他们，地下党组织便悄悄地把柳亚子父女送到老隆，之后又隐蔽在兴宁水口地下党员钟娘永的家里。钟娘永经常用南方的米酒款待柳亚子父女，使他们愉快地度过了劫后一个多月的日子。柳亚子对此念念不忘，还为此写过"感谢钟郎情谊重"等句相赠。在地下党的安排下，柳亚子父女又辗转隐蔽于五华和兴宁的乡下。到4月才把柳亚子父女送到韶关。

营救和掩护著名的文化先锋战士邹韬奋，并把他安全护送出国民党统治区，是一个比较艰巨复杂的任务，也是廖承志、连贯特别要求给予关照的。当时党组织已经获悉，国民党反动当局已密令各地特务机关，严密侦察邹韬奋的行踪，指令"一经发现，就地惩办"。为此，周恩来电示："一定要让邹韬奋就地隐蔽，并保证他的安全。"连贯同地下党组织及郑展、胡一声等再三研究，决定将邹韬奋送往梅县畲坑乡江头村陈启昌的家里隐蔽，经过一番周密的准备，邹韬奋在胡一声、郑展和陈启昌护送下来到梅县江头村。到了9月，党组织得到情报：国民党特务在沿途各地没能查出邹韬奋的行踪，断定他仍在广东，加强了对兴、梅一带的侦察，扬言务必将邹韬奋捕获。于是，党组织决定将邹韬奋立即转移。经过周密的准备，由冯舒之、郑展等护送，经韶关乘火车到湖南渌口，再由当地党组织继续转送长沙、汉口和上海，终于安全送抵苏北解放区。

在党中央的号令和周恩来的周密部署下，参加营救、转移的广大党员和游击队员，把生死置之度外，将困难踏于足下，奋不顾身地与日、伪、顽、匪斗智斗勇，履险蹈危，出奇制胜地将大批的爱国民主人士、文化界人士抢救、护送到抗日大后方。这场秘密大营救，历时近200天，行程万里，遍及10余省市，共营救出抗日爱国民主人士、文化界人士及其家属800余人。其中，著名人士有何香凝、柳亚子、邹韬奋、茅盾、夏衍、沈志远、张友渔、胡绳、范长江、乔冠华、于毅夫、刘清扬、张铁生、张明养、羊枣、千家驹、黎澍、戈宝权、胡仲持、韩幽桐、吴全衡、叶籁士、恽逸群、廖沫沙、金仲华、杨刚、徐伯昕、胡耐秋、梁若尘、黄药眠、胡风、沙千里、周钢鸣、高士其、叶以群、袁水拍、华嘉、端木蕻良、蔡楚生、司徒慧敏、司马文森、杨东蓴、张文、沙蒙、金山、王莹、章泯、宋之的、于伶、许幸之、赵树泰、李枫、蓝马、凤子、盛家伦、郁风、叶浅予、特伟、胡考、丁聪、成庆生、叶方、梁漱溟、孔德沚、沈粹缜、殷国秀、俞颂华、胡蝶、李伯球、萨空了、邓文田、邓文钊、陈汝棠等。

这场闻名中外的秘密大营救，取得完全的成功，是中国共产党人创造的历史奇迹，充分体现了中国共产党同爱国民主人士、文化界革命知识分子肝胆相照、血肉相连的亲密关系。

中国共产党为中国人民争取民主自由所进行的艰苦谈判和营救斗争，历尽艰辛，虽然付出牺牲甚至生命的代价，但这是作为一个无产阶级政党应当承担的历史责任，它充分展示了中国共产党人为中国人民谋幸福的高尚情怀，也是在那个时代带领人民"奔小康"的实际行动。

（三）在中共局部执政地区推行民主、保障人民的权益

在马克思主义看来，实现人的全面自由的发展必须具备5个要素：一是消灭私有制，二是对异化劳动的积极扬弃，三是依靠人本身来实现，四是必须实现真正的人的复归，五是人与人、人与社会、人与自然的和谐统一。

新民主主义革命时期，中国共产党先后在瑞金中央苏区、陕甘宁边区和华北人民政府时期，进行局部执政探索。在局部执政探索中，中国共产党人按照马克思主义民主理论，根据苏联建立苏维埃政权的经验，开始对建设中国式的人民民主政权进行试验。

1. 中华苏维埃政府时期的民主建设

1931年11月7日至20日，中华苏维埃第一次全国代表大会在叶坪召开。大会发表了《中华苏维埃共和国临时中央政府对外宣

言》，向全国和全世界庄严宣告：中华苏维埃共和国临时中央政府正式成立，定都瑞金。这是按照苏联的模式建立的国家机构，中央执行委员会为最高国家领导机关，下设人民委员会。在人民委员会内，设立外交、军事、劳动、财政、土地、教育、内务、司法、工农、检察等人民委员会和国家政治保卫局（前身为中央特科）。大会选举毛泽东为中央执行委员会主席（相当于国家主席）、人民委员会（相当于国务院）主席，选举项英、张国焘为人民委员会副主席。由此开始了中国共产党的第一次局部执政时期。

当时中华苏维埃临时中央政府管辖地域包括约15省、300多个县的10多个根据地，包括瑞金中央苏区、湘赣苏区、湘鄂赣苏区、闽浙赣（赣东北）苏区、鄂豫皖苏区、川陕苏区、湘鄂西苏区、湘鄂川黔苏区、琼崖苏区、广西左右江苏区、闽东苏区、西北苏区、鄂豫陕苏区等。成立初期，面积约16万平方千米，人口1000多万，后来发展到面积40多万平方千米，人口约3000万。其中，瑞金中央苏区范围包括江西的瑞金、会昌、寻乌、安远、信丰、于都、兴国、宁都、广昌、石城、黎川和福建的建宁、泰宁、宁化、清流、归化、龙岩、长汀、连城、上杭、永定21个县，约5万平方千米，人口250万，后来发展到8.45万平方千米，人口453万。这一时期毛泽东出色地领导了中华苏维埃临时中央政府的工作，对建设苏维埃政权、维护工农群众民主权利进行了积极的探索和实践。这些探索和实践包括以下几个方面。

一是在苏维埃政权建设中树立群众观点。

1931年11月7日至20日举行中华苏维埃第一次全国代表大会，大会主席台两侧贴的标语是："学习过去苏维埃运动的经验"，"建立布尔什维克的群众工作"。在大会主席台前沿放着一块横匾，书写着"工农堡垒，民主专政"8个大字。反映了中华苏维埃临时中央政府的人民特色、民主特色。中华苏维埃共和国的成立，标志着中国共产党领导的政权首次以国家形态登上了中国的政治舞台，它是中国共产党人把马克思主义国家学说与中国革命具体实践相结合，打碎旧的国家机器、重建新的国家机器的首次尝试；它是中国历史上第一个代表最大多数人利益的国家政权；它第一次以新型的工农民主专政的国家形态展现在世人面前，在局部范围内彻底改变了帝国主义、封建主义剥削和奴役人民的历史，劳动者阶级获得了新生，人民当家做了主人，人民享有参与、管理和监督国家政权的权利。[1] 1931年11月通过的《中华苏维埃共和国宪法大纲》开宗明义指出："中华苏维埃政权所建立的是工人和农民的民主专政的国家。苏维埃全部政权属于工人、农民、红军兵士及一切劳苦民众。"[2]这是就国体而言的。就政体而言，《中华苏维埃共和国宪法大纲》规定："中华苏维埃共和国之最高政权为全国工农兵会议（苏维埃）的大会。在大会闭幕的期间，全国苏维埃中央执行委员会为最高政权机关，中央执行委员会下组织人民委员会，处理日常政务，发布一切法令和决议案。"[3]因此，《中华苏维埃共和国执行委员会布告》第一号指出："它的旗帜是打倒帝国主义，消灭地主阶级，推翻国民党军阀政府，建立苏维埃政府于全中国，为数万万被压迫剥削工农兵士及其他被压迫群众的利益而奋斗，为全国真正的和平统一而奋斗。它的基础，是建筑在苏区几万万被压迫被剥削的工农兵士贫民群众的愿望和拥护之上的，它具有绝大的权威。"这充分表明，

[1]《1927—1937：中共中央机关在江西》，江西出版集团、江西人民出版社2008年版，第69页。
[2]《中华苏维埃共和国法律文件选编》，江西人民出版社1984年版，第6页。
[3]同上书，第7页。

中国共产党和中华苏维埃共和国的一切权力归于人民，使人民立场、人民观点早早确立起来。

二是保障人民的文化权益。

中华苏维埃共和国的成立，第一次实现了新民主主义文化和新民主主义工农政权的结合，使之成为苏维埃共和国的主导文化，成为新的社会形态的有机组成部分。它通过国家各级文化教育机构及党员干部的自上而下的领导、推动、宣传和苏维埃公民自下而上的参与、学习和创造相结合的方式，卓有成效地开展了文化建设。中央苏区的文学艺术包括文学创作和戏剧、音乐、舞蹈、美术等领域。

苏区的文学创作，主要以散文、报告文学、革命故事和诗歌为主，其题材主要是反映红军战斗生活和英雄事迹。苏区的诗歌创作十分活跃，各级各类报刊以及遍布城乡的墙报、板报，都成为发表诗歌作品的园地。

苏区的戏剧是在红军初创时期的小型活报剧的基础上发展起来的。1931年底，我党我军第一个戏剧组织——八一剧团在红军中央军事政治学校宣告成立。1932年以八一剧团为基础成立的工农剧社诞生，它的社歌是："我们是工农革命战士，艺术是我们的武器，为苏维埃而斗争，暴露旧社会的黑暗面，歌颂新社会的光明……"此后红军各军团相继成立了业余戏剧组织。1934年2月，瞿秋白来到瑞金，就任中央教育部部长。根据他的提议，红军的戏剧组织改名为"苏维埃剧团"，培养戏剧人才的学校改名为"高尔基戏剧学校"。瞿秋白领导制定了苏维埃戏剧运动的方针、政策和制度，使苏维埃戏剧运动走上群众化、组织化、革命化的道路。戏剧运动的广泛开展，促进和推动了戏剧创作的繁荣，活跃了群众的文化生活。这一时期创作了近百出艺术感染力强的现代革命戏剧。其中有现代剧《我——红军》、多幕剧《假充老婆》、独幕剧《残忍》、滑稽剧《松鼠》、趣剧《阶级》《鞭痕》《战斗的夏天》等。据不完全统计，中央苏区和湘赣、湘鄂赣、赣东北等苏区文艺工作者和宣传工作者创作并演出的话剧、歌剧、舞剧、活报剧、木偶剧等剧目，总计达270余个。各级各地的剧团，本着为红军服务、为苏区工农大众服务的宗旨，经常带着背包和干粮，深入前线和农村，热情地为红军部队和苏区群众演出。

苏区的音乐歌舞，以革命歌曲为主。苏区军民广为传唱的革命歌曲主要有《国际歌》《工农兵联合起来》《土地革命歌》《还我地来还我田》《过新年》《红军纪律歌》《共产儿童团歌》等数百首。这些歌曲，有些是从国外传播过来的，有些是大革命时期流传下来的，有些是根据当地小曲填词改编的，也有些是苏区音乐工作者自己谱曲创作的。苏区的文化宣传部门曾多次编辑出版过《革命歌曲集》，供广大军民学唱。苏区的舞蹈，大致分为三类：第一类为赣南、闽西当地流传的茶篮灯、花灯、龙灯、高跷等民间舞蹈。中华苏维埃共和国成立时举行的万人提灯晚会，就是这类群众性民间舞蹈晚会。第二类学习苏联等外国舞蹈，如《海军舞》《空军舞》等。第三类是苏区艺术家们学习外国舞蹈并挖掘苏区民间舞蹈素材创作出来的，如《农民舞》《工人舞》《红军舞》《团结舞》《战斗舞》《军事演习舞》等。这些舞蹈，形象生动地表现了苏区军民火热的斗争生活和高尚的革命情怀。

苏区的美术，以宣传画、漫画创作为主。苏区的美术紧密配合各项斗争，内容丰富，表现形式多样，宣传画、漫画不断出现在报纸、杂志、墙报、传单和村里村外房屋的墙壁上。1932年12月，中革军委总政治部红星报社专门编辑出版《红星画报》。1933年10

月，中央苏区出版了第一本画集《革命画集》，共收集发表漫画50余幅。1934年10月，中央红军主力开始长征，红军画家黄镇在长征路上创作的反映红军长征艰苦战斗生活的数十幅速写作品，将苏维埃共和国的美术事业推向高潮。

苏区的新闻出版，在中华苏维埃时期得到很大发展，当时仅在瑞金成立的出版发行单位就有十几个。如中央出版局、中共中央党报委员会、中革军委出版局、中央教育部编审委员会、马克思共产主义学校编审处、红军学校出版科、红军卫生学校编审出版科、中央总发行部、中央局发行部、工农红军书局、《青年实话》总发行所，还有报纸杂志130余种，如《红色中华》《青年实话》《红星》《苏区工人》《斗争》等。

苏区的图书馆、博物馆，是苏区文化教育事业的重要组成部分。其中，公共图书馆是在1932年毛泽东指挥东路军攻占漳州缴获的一大批图书报刊的基础上建立的中央图书馆。中央图书馆对苏区全体军民开放。毛泽东、周恩来等中央领导人经常到图书馆借阅图书。中央红军主力长征后，中央图书馆的全部图书报刊装箱隐藏于瑞金西部的高陵村，后被国民党军发现，掠走33箱，有1429册图书、303件报纸幸存。

在党和苏维埃政府的努力下，中央苏区作为国家政权应有的文化教育框架，如文学艺术、新闻出版、博物馆、图书馆、教科文卫事业等设施基本具备。

三是保障人民的民主权益。

在保障公民政治权利方面，体现在法律法规的制定上，对公民的民主平等权利、政治自由权利、选举与被选举的权利、直接参与基层管理的权利，以及监督、控告、建议与申诉等各项权利给予充分的体现和尊重。着重加强了"五大监督"建设：（1）法制监督。苏维埃政府制定了一系列惩治腐败行为训令、条例等法律，规范各级党员、干部和政府工作人员的廉政行为，明确惩治腐败的标准。（2）党政监督。党内监督主要从两个方面进行：第一，发挥基层党组织的作用，通过召开民主生活会等方式，在党内开展积极的批评与自我批评，使各种消极腐败的思想和行为一露头，就受到党内批评，使之消灭在萌芽状态。第二，加强党的纪律建设，充分发挥党的纪律对党员干部腐败行为的遏止抨击作用。政府监督，也是从两个方面展开：第一，中央成立工农检察部。省、县、区苏维埃政府均设立工农检察部，乡设立工农检察委员会，城市苏维埃政府设立工农检察科。苏区各级检察机构成立后，在监督政府工作和检举揭发违法乱纪现象方面，发挥了积极作用。先后组织了4次集中检察，查处了一批违法乱纪、贪污腐败和消极怠工分子，并做出了严肃处理。第二，上级机关不定期地派出巡视员或检查团，对下级政府机关实行工作指导和检查。这对于加强各级苏维埃政府的工作和工作人员思想作风建设，起到很好的推动作用。（3）审计监督。这是一项专门在经济领域对各级党政机关及国家企事业单位及其工作人员进行的监督检查，以堵塞贪污浪费漏洞。（4）舆论监督。党和苏维埃政府十分重视并充分发挥大众传播媒体的舆论监督作用。苏维埃中央政府机关报《红色中华》，专门开辟了"突击队"专栏，刊登揭露批评各级党政机关中的工作人员官僚主义、贪污浪费等消极腐败现象的文章。总政治部主办的《红星》报，辟有"铁锤"专栏，专门刊登批评红军部队和军事机关存在的各种不良现象和作风的文章。中国共产党青年团苏区中央局主办的机关刊物《青年实话》，辟有"轻骑队"专栏，全总苏区执行局主办的《苏区工人》，辟有

"反对贪污腐化"专栏等。这样，就使苏区存在的各种消极腐败现象，处在强大的舆论监督之下。（5）群众监督。为了加强对群众检举揭发的指导，采取了这样一些措施：成立控告局，建立突击队，建立轻骑队，组织临时检举委员会。由于中央苏区持续不断地开展反腐肃贪斗争，并建立起了一整套行之有效的监督机制，苏区共产党人自觉地保持了无产阶级政党先进性和共产党人先锋模范作用，从而使这块红色土地上，逐步形成了独特的、闪耀着光芒的苏区干部好作风，使苏维埃政府成为中国历史上最廉洁的政府。

在保障公民的教育权方面，《中华苏维埃共和国宪法大纲》明确规定："中国苏维埃政权以保证工农劳苦民众有受教育的权利为目的。在进行国内革命战争所能做到的范围内，应开始实施完全免费的普及教育，首先应在青年劳动群众中施行并保障青年劳动群众的一切权利，积极地引导他们参加政治和文化的革命生活，以发展新的社会力量。"[1] 1932年，临时中央政府下令："各级的文化部应设立妇女半日学校，组织妇女识字班，可办家庭临时训练班、田间流动识字班，教员由政府及各地学校教员及群众团体的干部来担任。"[2] 江西省工农兵第一次代表大会通过的文化教育工作决议指出："今后的文化教育工作，各级政府应协同群众团体，以十二万分的努力，发展群众的和儿童的文化教育，扫除文盲，使文化教育与目前革命斗争联系起来，简单说来，就是要使文化教育社会化政治化实际化劳动化。"[3] 苏区的儿童团也提出了学习文化的任务，规定其主要任务是："组织儿童学习文化知识；用儿童喜爱的方式教育儿童拥护苏

---

[1]《中华苏维埃共和国法律文件选编》，江西人民出版社1984年版，第8页。
[2]《江西苏区妇女运动史料选编》，江西人民出版社1982年版，第63页。
[3]《中央革命根据地史料选编》下册，江西人民出版社1982年版，第584页。

维埃和红军，拥护革命；宣传新思想、新风尚，反对封建迷信、吸鸦片、赌博等旧风俗、旧习惯；学习简单的军事知识，担负一定的站岗放哨任务。"①

为了发展苏区的教育事业，党和苏维埃政府高度重视和关心教师队伍建设，1933 年 5 月 29 日，苏区中央局做出《关于纠正发展和巩固党的组织中错误倾向的决议》，要求各地注意吸收那些经过革命斗争考验的知识分子加入共产党组织。10 月在苏区教育大会上，苏维埃政府宣布："苏维埃政府是工人和农民的政府。他吸引一切愿意为苏维埃服务的'人才'，旧的教员、专家们、旧的知识分子以及各种自由职业家来工作。"② 1934 年 2 月 16 日，苏维埃临时中央政府人民委员会发布《小学教员优待条例》，规定：小学教员享受与苏维埃工作人员的同等待遇；乡苏维埃政府要组织群众为小学教员代耕土地；小学教员可以减免土地税，享受免费医疗；对工作积极成绩显著的教员，每半年给予一次奖励。为解决经费、师资、校舍等困难，苏区还实行国家办学与群众办学相结合，以国家办学为主，同时鼓励和支持民办乃至私办；国家的教育经费不足，就动员群众集资办学；师资缺乏，就动员识字的苏维埃工作人员和工农群众充当教师。在发展教育的过程中，苏维埃政府十分强调教材和教学方法的改革，使教育内容能更好地适应革命战争和为苏维埃建设服务。各级各类学校，都使用由中央教育部统一编写或审定的教材。这些教材大都将科学文化知识与苏区斗争和建设实际紧密结合，使少年儿童从小既学习文化科学知识，又受到革命思想的熏陶。在党和苏维埃政府的努力下，中华苏维埃共和国建立了一整套

① 舒龙、凌步机主编：《中华苏维埃共和国史》，江西人民出版社 1999 年版，第 195 页。
② 同上书，第 423 页。

从中央到地方的文化教育行政管理机构，并初步形成了独具特色的儿童义务免费教育、成人扫盲识字教育、社会职业培训教育和干部培训教育等比较完善的体系。中央苏区的儿童免费义务教育蔚然成风，成人识字扫盲运动波澜壮阔，师范教育与职业教育方兴未艾。

在保障妇女的权益方面，苏维埃临时中央政府成立后，为使劳动妇女能在政治上、经济上得到切实的解放，1932年4月，苏维埃中央执行委员会作出决议，在各级苏维埃政府成立妇女生活改善委员会，其任务是："调查妇女的生活，具体计划改善妇女生活的办法，向人民委员会或各级政府的主席团会议提议，得各项会议通过后才发生效力。"[①] 1932年6月20日，苏维埃中央人民委员会发出第六号训令——"关于保护妇女权利与建立妇女生活改善委员会的组织和工作"。明确要求：各级苏维埃政府应吸收妇女参加政权机关的一切工作，首先纠正各级政府工作人员轻视妇女、忽视妇女权利保护的不正确倾向，对不执行关于妇女方面的各种法令作坚决斗争；要努力提高妇女的觉悟和对苏维埃政府与革命的认识，提高妇女的政治文化水平；要做好妇女利益的保护工作，贯彻执行妇女条例；各级妇女生活改善委员会每月都要向上级报告妇女工作和妇女生活改善状况，提出妇女生活改善的建议和具体办法。为了保障妇女的政治权益，苏维埃法律规定，苏区妇女与男子一样具有选举权和被选举权，有参政议政的权利。各级召开党和苏维埃代表大会时，妇女代表都占有充分的比例。在1933年下半年的选举中，市、乡苏维埃妇女代表占25%以上。苏区妇女参加教育培训的机会与男子也是平等的。1933年8月，江西省苏维埃政府在制定省苏维埃干部学校招生计划时，特别规定应有1/3的女性。在第二次全苏大

---

① 《江西苏区妇女运动史料选编》，江西人民出版社1982年版，第55页。

会上，中央苏区有 17 名妇女当选为中央执行委员会委员和候补中央执行委员，其中包括童养媳出身的中共中央妇女部部长李坚贞、福建省苏维埃政府土地部部长范乐春、闽赣省委妇女部部长吴富莲、江西省委妇女部部长李美群等。在婚姻问题上，1931 年 11 月 28 日，苏维埃中央执行委员会通过《中华苏维埃共和国婚姻条例》，明确宣布：婚姻，以自由为原则，废除一切封建的包办强迫和买卖的婚姻制度，禁止童养媳。实行一夫一妻，禁止一夫多妻。结婚的年龄，男子须满 20 岁，女子须满 18 岁；男女结婚须双方同意，不许任何一方或第三者加以强迫；禁止男女在五服内亲族血统的结婚；禁止花柳病、麻风、肺病等危险性病症的人结婚。规定男女结婚须举行登记，领取结婚证，废除聘金、聘礼及嫁妆；确定离婚自由，凡男女双方同意离婚的，即行离婚，男女一方坚决要求离婚的，即行离婚。

四是惩治损害人民利益的行为。

中华苏维埃临时中央政府成立初期，在新政权中出现了铺张浪费、贪污腐化、以权谋私、官僚主义等腐败现象。主要是浪费惊人，贪污腐化，任用私人，干部投机做生意。据统计，于都县苏维埃政府各级机关工作人员中参与贩卖谷、盐的，党委系统有 9 人，政府机关有 18 人，群众团体有 5 人，合作社工作人员有 11 人，其他 18 人，共计 61 人。为此，1932 年 3 月 2 日，中华苏维埃共和国临时中央政府召开第八次会议，决定"严惩政府工作人员中的贪污分子"，"号召群众监督各级政府经济，并驱逐贪污分子"。[①] 从 1932 年 4 月至 1934 年 3 月，苏维埃中央政府和江西省苏维埃政府在中央苏区开了"杀戒"。查处了谢步升贪污腐败案、左祥云贪污案、

[①]《红色中华》，1932 年 3 月 2 日。

钟圣谅钟铁青贪污腐败案等贪污腐败大案要案。当时在中央苏区影响最大的是查处左祥云贪污案。在负责兴建苏维埃中央政府大礼堂、红军烈士纪念塔、红军检阅台、红军烈士纪念亭和博生堡、公略亭时称中央苏区"六大建筑"过程中，左祥云勾结反动分子，盗窃机密，私偷公章，贪污公款，犯下了严重罪行。法庭判决左祥云处以枪决，还对在此案中负有领导责任的中央总务厅原厅长赵宝成判处"罚苦工一年"，故意放走左祥云的中央总务厅管理处原处长徐毅"处以六年监禁，剥夺公民权六年"。

1934 年 1 月，在第二次全国苏维埃代表大会上，中央政府正式发布训令：在红色革命根据地的区、县、省及中央苏维埃政权机关内，开展一次反贪污、反浪费、反官僚主义的惩腐肃贪运动。毛泽东在大会的报告中指出："应该使一切政府工作人员明白，贪污和浪费是极大的犯罪。"此次反贪风暴坚持用重典严肃处理腐败分子。在此之前，中央执行委员会第一次全体会议通过的《工农检察部的组织条例》，授权工农检察机关"如发觉各机关内的官僚主义者的腐化分子，有必要时，可以组织群众法庭，以审理不涉及犯罪行为的案件，该项法庭有权判决开除工作人员，登报宣布其官僚腐化的罪状等"。[①] 事实上，因犯官僚主义而受到惩处的，有下至县、区、乡的苏维埃政府主席、各部部长，上至省、中央苏维埃政府的领导干部。如中革军委动员武装部部长、中央邮政总局局长、福建省苏维埃政府代理财政部部长等，均因官僚主义被撤职。

2. 延安时期的民主建设

延安时期，指 1935 年 10 月 19 日中共中央随中央红军长征到达陕北吴起镇（今吴起县），落户"陕北"，到 1948 年 3 月 23 日，

---

① 王关兴等著：《中国共产党反腐倡廉史》，上海人民出版社 2001 年版，第 40 页。

毛泽东、周恩来、任弼时在陕北吴堡县东渡黄河，迎接革命胜利的曙光，前往河北省平山县西柏坡村这近13年时间。在这里建立了陕甘宁边区政府。延安和陕甘宁边区成为中国人民抗日战争的领导中心、解放战争的总后方、万众瞩目的革命圣地。这是中国共产党在新民主主义革命时期的第二个局部执政阶段。这个阶段，是中国共产党及其领导的新民主主义革命由小变大、不断走向胜利的重要时期。在这里，中国共产党得到全面的发展壮大，成功地推动了中国革命实现了两次重大的历史性转折，实现了马克思主义中国化的第一次历史性飞跃，形成了以毛泽东为核心的第一代中央领导集体，成功地实施了党的建设"伟大工程"，培育出伟大的"延安精神"，造就了一大批德才兼备的优秀革命人才，开始了新民主主义政治、经济、文化和社会建设，在推进边区政府民主建设方面，积累了宝贵的治党理政经验。

一是建设"廉洁政府"，创建"三三制"的抗日民主政权。

抗日民族统一战线建立后，一方面，国民党迫于形势放弃了对共产党人的屠杀政策，转而实行限制和削弱政策，甚至采取金钱美女和高官厚禄等手段，拉拢、腐蚀共产党的干部。另一方面，中国共产党为了调动各界人士参加抗日的积极性，在抗日根据地实行了新民主主义的经济政策，保护私有经济，允许自由资本主义发展。这样的经济环境，必然会使资产阶级思想对共产党人产生消极影响。为此，全面抗战爆发仅仅一个月后，在中共中央政治局扩大会议（即洛川会议）上，就提出了建立"廉洁政府"的目标任务。在会议通过的由毛泽东为中共中央宣传部起草的关于形势和任务的宣传鼓动提纲中，明确提出"十大救国纲领"，要求"改革政治机构：召集真正人民代表的国民大会，通过真正的民主宪法，决定抗日救国方针，选举国防政府。国防政府必须吸收各党各派和人民团体中的革命分子，驱逐亲日分子。国防政府采取民主集中制，它是民主的，又是集中的。国防政府执行抗日救国的革命政策。实行地方自治，铲除贪官污吏，建立廉洁政府"。[①]毛泽东清楚地知道，当时的中国政府还是国民党一党专政的政府，不是民族民主的统一战线的政府，在那种情况下，要把国民党政府改造成为抗日民主廉洁的政府是不现实的。因此，必须首先在共产党领导下的抗日根据地内建设廉洁政府。1938年9月，在中共六届六中全会上毛泽东指出："共产党员在政府工作中，应该是十分廉洁、不用私人、多做工作、少取报酬的模范。共产党员在民众运动中应该是民众的朋友而不是民众的上司，是诲人不倦的教师，而不是官僚主义的政客。共产党员无论何时何地都不应以个人利益放在第一位，而应以个人利益服从于民族的和人民群众的利益。因此，自私自利，消极怠工，贪污腐化，风头主义等等，是最可鄙的，而大公无私，积极努力，克己奉公，埋头苦干的精神，才是最可敬的。"[②]作为中共中央所在地的陕甘宁边区政府，责无旁贷地承担起为建设廉洁政府探索经验、示范表率的使命。

（1）配置"两权半"的政权结构。边区政权由参议会、政府和法院三部分组成。参议会是边区的最高权力机关，是边区的权力机关、立法机关和民意机关，它分区、县、乡三级参议会。边区参议会有创制边区单行法规之权。各级参议会有选举产生各级政府，监察、弹劾各级政府工作人员，创制和复决重大事项之权。边区政府是边区的最高行政机关，隶属于参议会。政府的机构设置、编制由

---

① 《毛泽东选集》第二卷，人民出版社1991年版，第355页。
② 同上书，第522页。

参议会决定，政府的组成人员由参议会选举。政府对参议会也有一定的制约权，如政府委员会对参议会的决议案认为不当时，应详细陈述理由，送回原参议会复议；下级参议会的议案有不当时，同级政府受上级政府或上级参议会之指示，可以停止执行。法院是边区的司法机关，一切有关司法工作均由高等法院负责。同时它受中央最高法院的管辖，边区参议会的监督，边区政府的领导。院长由边区参议会选举。这种状况被称为"半独立"。所以，边区政权结构叫"两权半"。这种"两权半"的政权结构模式，既不同于资本主义国家的"三权分立"，也不同于国民党政府的"五权分立"（立法、行政、司法、监察、考试）。

（2）实行"三三制"的抗日民主政权体制。就是边区政权在"席位"分配上，共产党员占1/3，非党左派进步分子占1/3，不左不右的中间派占1/3。共产党员代表无产阶级和贫农，左派进步分子代表小资产阶级，中间分子代表中等资产阶级和开明绅士。这就是"三三制"。"三三制"政权体制的建立，与国民党一党独裁专政体制形成了鲜明对比。正如毛泽东所说："在政权问题上，我们主张统一战线政权，既不赞成别的党派的一党专政，也不主张共产党的一党专政，而主张各党、各派、各界、各军的联合专政，这即是统一战线政权。"[1]实行"三三制"，有效地调动了各党各派、无党无派、各界人士建设边区的积极性，扩大了政治民主，使边区各级政权具有了广泛的代表性，加强了各级政权的民主决策和科学决策。在"三三制"政权体制下，共产党员只占1/3，是少数，共产党员在政权中积极发挥作用，为赢得其他人士的尊重，他们必须更加努力工作。因此，有利于加强党和干部队伍建设，形成一种激励机

---

① 毛泽东：《团结到底》，见《新中华报》1940年7月5日。

制，从而大大提高了工作效率。

（3）精兵简政，均衡政权成本与社会负担。陕甘宁边区在抗战初期面积共 13.9 万平方千米，200 万人口，辖陕西 18 个县、甘肃 6 个县、宁夏 2 个县。此外，宁夏的花马池（盐池）、陕西的神府区、关中的部分地区为八路军的募补区，归边区政府直接管辖。到 1944 年 12 月，面积减为 9.896 万平方千米，近 150 万人口，共辖 1 市 33 县，划分为 5 个分区。在这块狭小的地带里，涌进了大批为保卫延安而调入的军队、从四面八方慕名而来寻找中国革命未来的青年学生和知识分子等。加之华北地区连续几年的自然灾害，粮食和财政收入减少，国民党又掀起第二次反共高潮，从 1940 年秋天起停发八路军军饷，并对抗日根据地实行经济封锁，边区的外援完全断绝。如何克服经济困难，减轻人民群众的负担，是对边区政府的考验。1941 年 11 月 6 日，在陕甘宁边区第二届参议会上，米脂县参议会议长李鼎铭先生等 11 位参议员联名提出了"精兵简政"的方案，强调"政府应彻底计划经济，实行精兵简政主义，避免入不敷出、经济紊乱之现象"。中共中央采纳这个建议，随之向各抗日根据地发出"精兵简政、发展经济"的指示，规定各根据地脱离生产的人员只占总人口的 3%，其中军队系统人员占 2%，党政民系统人员占 1%。毛泽东提出精兵简政要达到 5 项目标：即"精简、统一、效能、节约和反对官僚主义"。到 1944 年，陕甘宁边区和华北、华中等抗日根据地先后进行了 3 次精简，仅陕甘宁边区政府的内部机构就裁并了 1/4，直属机关由 35 个减至 22 个，税务系统由 95 个减至 65 个，政府工作人员精减了 40% 以上，达 4000 多人。

二是探索跳出"历史周期率"的新路。

延安时期，中国共产党在陕甘宁边区虽然只是局部执政，但对执政规律的探索卓有成效。党的性质决定党必须勇敢担当起领导中国人民实现民族独立、人民解放和国家富强、人民富裕，进而实现中华民族伟大复兴并最终实现共产主义的历史使命；党不仅注重通过革命夺取政权，而且早就开始对夺取政权后如何执政进行研究和探索。

（1）坚持全心全意为人民服务的宗旨。毛泽东在《为人民服务》的著名演讲中第一次提出"为人民服务"的科学概念，从而把党的根本任务和价值观与最广大人民群众联系起来。在党的七大，毛泽东再一次纵论为人民服务，并以"紧紧地和中国人民站在一起，全心全意为中国人民服务，就是这个军队的唯一宗旨"，对为人民服务的重大意义做出更加深刻的概括。为了打牢各级干部为人民服务的思想基础，中共中央要求在政府中工作的党员"以艰苦奋斗接近民众，保护民众利益的模范作用，改造过去时代腐败的政治机构，实行政府的民选，澄清中国几千年来的政民对立的官僚制度，肃清贪赃枉法无恶不作的衙门恶习……使边区各级政府真正成为民众自己的政府，真正成为全民族需要的、抗日的、民主的、廉洁的政府"①。

（2）实行民主政治。在政权结构上，实行"三三制"的政权体制，执政的共产党与其他民主党派一样，不能超过政府组成人员总数的1/3，这与实行一党独裁专政的国民党政府形成鲜明对比。在工作机制上，坚持人民参与管理政府的制度。边区县以上的政府，由人民选出的代表组成各级参议会进行管理；乡、村政府由人民直接选举政府负责人，进行管理。政府的一切工作都要让群众了解，经过人民群众去做，并受群众监督。边区政府的干部，必须真正以

---

① 王关兴等著：《中国共产党反腐倡廉史》，上海人民出版社2001年版，第97页。

公仆的身份，倾听人民的意见，向人民代表报告工作，接受人民的检查和监督，随时克服缺点和错误。

（3）高级干部廉洁自律。在极其困难的日子里，从党的领袖到一般公务员都过着极其艰苦的生活。毛泽东接见外国记者时穿一件本地纺织的粗糙衣服和一条臃肿肥大的裤子，一支一支地吸着延安制造的劣质香烟。年过花甲的边区政府主席林伯渠，外出视察时，轻装简从，骑着毛驴，所到之处，深入农家庭院，同住破窑洞，同吃小米饭。当时"上自总司令下至伙夫，待遇相同，人人平等"。党的领导人都是艰苦奋斗、廉洁奉公的模范，而对人民群众的衣食饱暖却十分关心。为了减轻群众负担，党中央提出了"发展经济，保障供给"的方针，号召解放区军民自力更生，克服困难，开展大生产运动。中共中央军委向全军发出《关于开展生产运动的指示》，要求各部队"一面战斗，一面生产，一面学习"。边区政府先后公布了《陕甘宁边区人民生产奖励条例》和《督导民众生产勉励条例》，具体规定了对群众生产加强组织领导的有力措施。号召边区人民，"继续发展边区经济，使边区全体人民丰衣足食，使边区能在抗战建国的艰苦过程中奠定克服困难与自给自足的基础"。为了推动大生产运动深入开展，边区党政军举办了农业展览会、工业展览会，开展了生产竞赛、劳模运动，以及改造"二流子"运动等。年近花甲的朱德从抗日前线回到延安后，成了大生产运动的杰出领导人之一和生产劳动的模范；在中央直属机关和中央警卫团举行的纺线比赛中，任弼时获得纺线第一名，周恩来被评为纺线能手。延安市政府还开展了"十一运动"，即（一）每户有一年余粮；（二）每村有一架织布机；（三）每区有一处铁匠铺，每乡有一个铁匠炉；（四）每乡有一处民办学校或夜校；（五）每人识1000字；（六）每区有一处卫生合作社，每乡有一个医生，每村有一个接生员；（七）每乡有一处义仓；（八）每乡有一副货郎担；（九）每户有一头牛，一头猪；（十）每户种 100 棵树；（十一）每村有一眼水井，每户有一处厕所。村与村、户与户之间，掀起竞赛热潮，推动了边区的经济建设和文化建设。经过短短几年的努力，把一个昔日的"烂泥湾"变成了"到处是庄稼，遍地是牛羊"的陕北好江南。毛泽东高兴地宣布：延安实现了"10 个没有"，即：（一）没有贪官污吏；（二）没有土豪劣绅；（三）没有赌博；（四）没有娼妓；（五）没有小老婆；（六）没有叫花子；（七）没有结党营私之徒；（八）没有萎靡不振之气；（九）没有吃摩擦饭；（十）没有人发国难财。[①]

中国共产党在延安的局部执政中，找到了一条领导国家建设、实现人民生活幸福的正确道路。1945 年 7 月，近代教育家、实业家、政治家，中国民主同盟主要发起人之一黄炎培在延安参观之后，深受这条道路所吸引。他不知道毛泽东创立的这条新路能否破解以往朝代的"历史周期率"。黄炎培对毛泽东说："我生六十多年，耳闻的不说，所亲眼看到的，真所谓'其兴也勃焉'，'其亡也忽焉'，一人，一家，一团体，一地方，乃至一国，不少单位都没有能跳出这周期率的支配力。大凡初时聚精会神，没有一事不用心，没有一人不卖力，也许那时艰难困苦，只有从万死中觅取一生。既而环境渐渐好转了，精神也就渐渐放下了。有的因为历时长久，自然地惰性发作，由少数演为多数，到风气养成，虽有大力，无法扭转，并且无法补救。也有为了区域一步步扩大了，它的扩大，有的出于自然发展，有的为功业欲所驱使，强求发展，到干部人才渐见竭蹶、艰于应付的时候，环境倒越加复杂起来了，控制力不免趋于薄弱

[①] 毛泽东在延安民众讨汪大会上的讲话（1940 年 2 月 1 日）。

了。一部历史，'政怠宦成'的也有，'人亡政息'的也有，'求荣取辱'的也有。总之没有能跳出这周期率。"①毛泽东表示："我们已经找到新路，我们能跳出这周期率。这条新路，就是民主。只有让人民来监督政府，政府才不敢松懈。只有人人起来负责，才不会人亡政息。"对这个回答，黄炎培事后在书中写道："我想：这话是对的。只有大政方针决之于公众，个人功业欲才不会发生。只有把每一地方的事，公之于每一地方的人，才能使地地得人，人人得事。把民主来打破这周期率，怕是有效的。"毛泽东提出的用"民主新路"打破历史周期率的办法，实际上是对中国共产党成立以来特别是延安局部执政中反腐倡廉工作的经验总结，是对反腐倡廉工作的理论升华。

3. 华北人民政府时期的民主建设

华北人民政府成立于 1948 年 9 月，止于 1949 年 10 月。它是在筹划中华人民共和国的过程中诞生的。1947 年在"十二月会议"期间，中共中央曾就成立全国政权问题交换了意见，明确了新政权的性质，确定国家的权力机关是各级人民代表大会及其选出的各级政府。但此后分析解放战争发展形势，认为在 1948 年内成立中央人民政府的时机尚不成熟，而华北解放区业已大部连成一片，加上财经已初步统一，因此，决定首先将晋察冀区、晋冀鲁豫区和山东的渤海区统一在一个党委（华北局）、一个政府、一个军事机构的指挥下。1948 年 3 月 20 日，中共中央将此决定通报全党，并于 5 月正式成立华北局、华北联合行政委员会和华北军区，董必武被任命为华北联合行政委员会主任、华北局常委，负责筹备华北临时人民代表大会，组建华北人民政府。关于中共中央做出这个重大决

---

① 黄炎培：《八十年来》，文史资料出版社 1982 年版，第 156–157 页。

策的意义，直接主持华北人民政府筹备和建立工作的刘少奇在中共中央工委会议上指出：成立华北局不是临时的，而是一直达到全国胜利。中央要吸收这种太平区域管理国家的经验，以便将来管理全国。晋察冀、晋冀鲁豫两区合并后，必须一切统一，一直统一到村，为将来中央的全部统一打下基础。要在组织上、政策上、干部上、机构上、具体办法上来为新中国的建立作准备。要依靠华北探索建政、人民法庭、人民代表大会等一套办法和经验，以便统一、管理全中国。5月20日，华北局一成立，刘少奇便指出：我们现在建设的各种制度，将来要为全国所取法，华北工作带有全国意义。经过南北两区政府实行联合办公、召开两边区参议会驻会参议员联席会议、召开临时华北人民代表大会三个步骤，华北人民政府宣告成立，董必武当选为主席，薄一波、蓝公武、杨秀峰为副主席。这是中国共产党夺取全国政权之前最后一次局部执政。这次执政实践虽然在管辖范围上是局部的——成立初期管辖北岳、冀中、冀鲁豫、冀南、太岳、太行和晋中七个行署及石家庄、阳泉两市，1949年8月建省以后管辖河北、山西、察哈尔、绥远、平原五个省和北平、天津两市，人口5600万人。但其执政实践却是全局性的——为新中国成立中央人民政府提供经验。所以，华北人民政府被称为中央人民政府的前身，华北临时人民代表大会是全国人民代表大会的前奏。在这次局部执政实践中，再一次创造了反腐倡廉的典范。

（1）为新中国开创了一整套重大的政治制度。一是人民代表大会制度。选择人民代表大会制度作为新中国政权的政体，是根据列宁主义原则和共产党的性质决定的。列宁指出："对于我们来说，重要的就是普遍吸取所有的劳动者来管理国家。这是艰巨的任务。社会主义不是少数人——一个党所能实现的。只有千百万人学会亲自做这件事的时候，社会主义才能实现。"①毛泽东也指出："中华人民共和国的权力机关是各级人民代表大会及其选出的各级政府。"②但是，如何实行这个制度，需要我们去探索。在建立华北人民政府过程中，初步确立了新中国由各级人民代表大会选举各级人民政府的基本政治体制。通过召开华北临时人民代表大会，形成了人民代表的界别比例选举制、召开预备会和选举主席团制度、代表资格审查制度、政府工作报告和各项法律条例草案的说明制度、代表提案制度、各报告及建议和草案的审查委员会和提案审查委员会制度、政府委员选举制等一系列新型体制。对这套新型制度，不仅在华北人民政府而且到县、村进行了实践。到 1949 年 12 月，华北地区已有 40 多个大、中、小城镇，90 多个县召开了人民代表会议。在人民代表大会的议事方面，推广了华北人民政府民政部在河北省安国县试建村人民代表大会的经验："第一，上级交办的重大任务，与本村应兴应革的大事，代表大会首先讨论，提出初步意见，分片传达下去，经群众酝酿讨论以后，把意见汇集起来，做成决议，由代表带动群众执行；第二，群众提出的问题，反映给代表，代表建议议长召开代表大会讨论，发现疑问时再问群众，然后再讨论，把问题弄清楚，大家无异议时才做成决议，同时并讨论处理步骤与方法；第三，人民代表大会中有争论不能统一时即休会，交群众酝酿和片会讨论，而后由代表带回意见，开代表会再讨论，直至多数同意，制成决议为止。"③这些新型体制，奠定了新中国人民代表大会各项具体制度的基础。董必武指出：华北临时人民代表大会"是一个临时

---

① 《列宁选集》第三卷，人民出版社 2012 年版，第 483 页。
② 《毛泽东选集》第四卷，人民出版社 1991 年版，第 1272 页。
③ 中央档案馆编：《共和国雏形——华北人民政府》，西苑出版社 2000 年版，第 24 页。

性的，而且，也是一个地区的。但是，它将成为全国人民代表大会的前奏和雏形"。二是确立了新中国各级机构基本的组织模式。《华北人民政府组织大纲》《华北区村县（市）人民政权组织条例》规定：设立政府委员会，由本届华北临时人民代表大会及其后举行之华北人民代表大会选举产生；政府主席、副主席，由政府委员会互选产生；各部委负责人由主席提交政府委员会任命；设立华北人民监察院，为行政监察机关；设立华北人民法院，为华北区司法终审机关；设政务会议，执行政府委员会决议，解决各部门有关问题。村、县人民代表会议代表由选民直接选举产生；村、县政府委员会由村、县人民代表会议选举产生；村、县政府委员会对上级政府及村、县人民代表会议负责。后来，中国人民政治协商会议第一届全体会议通过的《中国人民政治协商会议共同纲领》政权机关部分和《中华人民共和国中央人民政府组织法》，采用了《华北人民政府组织大纲》和《华北区村县（市）人民政权组织条例》所规定的诸多重要原则。华北人民政府确立的各级政权组织模式，成为新中国成立初期各级政府的基本组织构架，其中有些部分成为我国长期采用的基本政权体制，对新中国政权体制有着深远影响。三是华北人民政府成立过程中形成的民主党派和民主人士参政制度，初步形成了新中国多党派合作的政治协商制度。在出席华北临时人民代表大会的 542 位代表中，其中民主人士 166 人，占近 1/3。大会主席团成员 33 人中，民主人士有 14 人。在 27 名政府委员中，民主人士有 8 名，有的还担任了政府副主席、部长、主任、院长等重要职务。冀中的党外人士说："在共产党的领导下，真正实现了民主，在这个大会上，无论大小事没有不民主的，这是空前的第一次。"[1] 在执政的

---

[1] 中央档案馆编：《共和国雏形——华北人民政府》，西苑出版社 2000 年版，第 148 页。

一年多时间里，他们有职有权，积极参政，发挥了很好的作用，充分证明了建立共产党领导的多党合作政权的方针政策是完全必要和切实可行的。

（2）进行了建设廉洁高效政府的试验。毛泽东曾对国共两党进行过一个比较，他说："利用抗战发国难财，官吏即商人，贪污成风，廉耻扫地，这是国民党区域的特色之一。艰苦奋斗，以身作则，工作之外，还要生产，奖励廉洁，禁绝贪污，这是中国解放区的特色之一。国民党区域剥夺人民的一切自由。中国解放区则给予人民以充分的自由。"[①]因此，面对即将诞生的新中国，毛泽东特别重视在建设廉洁的政府方面取得经验。1948年8月11日，在华北临时人民代表大会上，薄一波代表中共中央华北局提出的华北人民政府施政方针专门就建设廉洁高效政府提出六点建议："第一，整顿区、村级组织。"针对区、村干部中普遍存在的"强迫命令的作风和多占人民土地改革果实的现象……甚至有少数干部蜕化变节，违犯法纪，欺压人民"，"特别是贪污蜕化"，提出"整顿区、村级组织的基本方针，应该是开展批评与自我批评，采取治病救人的态度，加以争取、改造、教育、团结……但是，对作恶多端、群众所痛恨而又坚持错误、不改正错误或口头改正错误而实际上不改正错误的分子，则必须坚决给以惩处"。同时，"建立每年旧历正月初旬村政大检查的制度，实行批评自我批评、奖励模范，批评或处罚失职贪污及其他不法分子"。[②]第二，规范政府施政行为。"华北人民政府，是华北解放区行政的统一领导机构，应提高行政效率，加强

[①]《毛泽东选集》第三卷，人民出版社1991年版，第1048—1049页。

[②] 中央档案馆编：《共和国雏形——华北人民政府》，西苑出版社2000年版，第119—120页。

行政能力，严格执行纪律，肃清某些机构中所存在的若干无纪律、无政府的状态；反对地方主义和山头主义。"为加强对廉政建设工作的领导和监督，"在华北人民政府内，设立人民监察机关，以监督、检查、检举并处分政府机关和公务人员的贪污腐化、违法失职，并经常防止脱离群众的官僚主义作风"。① 第三，"厉行简政便民政策。农忙季节，应全力领导组织群众生产，停开对于生产无益的群众会议；停止对于生产无益的各种'运动'。农闲季节，也必须照顾群众副业生产，不可无限制地开'运动'"。第四，"保障人民的合法的民主自由权利。保障人民的言论、集会、结社、迁徙、旅行等自由，不得侵犯；保障人民的身体自由和安全，除司法机关和公安机关可依法执行其职务外，任何机关、部队、团体、个人，不得加以逮捕、监禁、审问或处罚；判处死刑的执行，除边缘区、游击区应由行政公署核准外，巩固地区一律须经华北人民政府核准；保障人民的政治权利，凡年满十八岁的华北解放区人民，除精神病患者和依法判决被夺公民权者外，不分性别、种族、阶级、职业、信仰、教育程度等，一律享有选举权和被选举权。第五，依据男女平等原则，从政治、经济、文化上提高妇女在社会上、政治上的地位，发挥妇女在经济建设上的积极性"②。对此种现象，华北人民政府在开展整饬政风的思想检查的同时，进一步加强制度建设，颁发了《华北人民政府办事通则》，对有关办事程序、权限和个人的责任、义务做出了具体规范，建立了报告制度、会议制度、办公制度、工作日记制度、保密制度、请假制度等，并派出几个监察小组先后在阳泉、长治等地巡视，对违法失职的案件进行检查，从而使各部门工

① 中央档案馆编：《共和国雏形——华北人民政府》，西苑出版社 2000 年版，第 120 页。
② 同上书，第 171 页。

作渐渐走上正轨。

（3）严防接管城市过程中产生腐败。随着解放战争的节节胜利，党的工作重心逐步由农村转向城市。成功地接收和管理城市，对于从落后艰苦的农村走进相对繁华的城市的大批干部来说是一个巨大的诱惑和廉政的考验。1949 年 3 月 5 日到 13 日，党的七届二中全会在河北省平山县西柏坡召开。全会批准了由中国共产党发起的关于召开新的政治协商会议及成立民主联合政府的建议，批准了毛泽东主席关于以八项条件作为与南京政府进行和平谈判的基础的声明，并通过了相应的决议。全会着重地讨论了党的工作重心由乡村转移到城市的问题，强调必须用极大的努力去学会管理城市和建设城市。党要立即开始着手建设事业，一步一步地学会管理城市，并将恢复和发展城市中的生产作为中心任务。毛泽东估计了中国新民主主义革命胜利以后国内外阶级斗争的新形势，及时地向全党预警，资产阶级"糖衣炮弹"将成为无产阶级面临的主要危险。他告诫全党："因为胜利，党内的骄傲情绪，以功臣自居的情绪，停顿起来不求进步的情绪，贪图享乐不愿再过艰苦生活的情绪，可能生长。因为胜利，人民感谢我们，资产阶级也会出来捧场。敌人的武力是不能征服我们的，这一点已经得到证明了。资产阶级的捧场则可能征服我们队伍中的意志薄弱者。可能一些共产党人，他们是不曾被拿枪的敌人征服过的，他们在这些敌人面前不愧英雄的称号；但是经不起人们用糖衣裹着的炮弹的攻击，他们在糖衣炮弹面前要打败仗。我们必须预防这种情况。夺取全国胜利，这只是万里长征走完了第一步。如果这一步也值得骄傲，那是比较渺小的，更值得骄傲的还在后头。在过了几十年之后来看中国人民民主革命的胜利，就会感觉那好像只是一出长剧的一个短小的序幕……这一点现在就必须向党内讲明白，务必使同志们继续地保持谦虚、谨慎、不骄、不躁的作风，务必使同志们继续地保持艰苦奋斗的作风。"① 毛泽东提出这"两个务必"的著名论述，鞭策和激励全党艰苦奋斗，廉洁自律，成为中国共产党反腐倡廉建设的一笔宝贵精神财富。为了防止资产阶级腐蚀、反对突出个人，全会还通过六条规定：第一，不给党的领导祝寿。第二，不送礼。第三，少敬酒。第四，少拍掌。第五，不用党的领导者的名字作地名、街名和企业的名字。第六，不要把中国同志和马、恩、列、斯平列。这些规定成为党的重要纪律。华北人民政府管辖地域大城市多，也是较早经受接管考验的地区之一。

1947 年 11 月，晋察冀军区部队攻占华北重镇石家庄。接管之初的一些违反纪律的现象，使那些本来对共产党持怀疑、观望的石家庄市民感到失望。为了打消老百姓的顾虑和怀疑，中央工委明确规定了严格的城市工作纪律。宣布：一切到石家庄工作的干部和士兵，不准私人拿取一点东西，不准制新衣、大吃大喝，必须保持纯洁与艰苦的作风，如有人违犯立即送出石家庄。通过接管石家庄，党在城市工作实践中进行了大胆的探索，逐步摸索出了管理大中城市的成功经验。中共中央又推广石家庄的做法，要求全党切实注意做好城市工作，规定各地、各部队攻占城市后的接管工作都应学习石家庄的经验。华北人民政府成立后，特别重视做好城市接管工作。部队在进入天津市之前，天津市军管会专门培训入津军管会高级干部，对入津的所有同志提出四条原则："（1）言行谨慎，不准乱说乱做，按报纸发表文件宣传，不应加油添醋；艰苦朴素，不准腐化贪污。（2）进城人员要保持在农村的艰苦朴素的优良传统，短期

①《毛泽东选集》第四卷，人民出版社 1991 年版，第 1438-1439 页。

内任何人不准换衣服，抓物资；紧张工作，不准游荡玩耍。（3）要牢记李自成进城后因蜕化而失败的历史教训，每个同志应学习郭沫若先生著作之《甲申三百年祭》，以警惕自己。（4）深入群众，不准官僚习气，不要进城后忘记了接近群众，要深入到工人、劳动市民中去。"①北平解放前夕，中共北平市委颁布《关于如何进行接管北平工作的通告》，强调：必须坚持无产阶级的优良作风，防止一部分干部和党员被其他阶级的坏作风所腐化。而"应该用朴素的作风，来对抗旧社会堕落腐化的恶习，用勤劳生产来对抗游手好闲的寄生阶级的思想"。《通告》明确规定，入城后"生活一切照旧，保持原来朴素整洁的习惯，如需要加以改变或物资补充时，应经批准，并按制度"，"缴获接收的一切物资，全部归公，不得私用一草一木。任何人不得寄送东西回后方"。这期间，中共中央华北局发出《关于检查官僚主义作风及堕落腐化思想的指示》，针对"一部分立场不坚定的同志在进入大城市之后，不去全心全意依靠工人阶级恢复与发展生产，克勤克俭，艰苦工作，反而沾染腐朽的剥削阶级寄生生活与反动的国民党官僚作风的影响，产生了闹排场，讲享受，脱离人民，不关心人民疾苦甚至对工人及其他劳动人民摆架子的恶劣现象"②，要求县团以上党委必须对此问题作深入检讨，克服与改正一部分同志官僚主义作风及堕落腐化思想的错误。

华北人民政府所进行的有益探索，是建立中国共产党领导下的多党合作的联合政府的尝试，为建立新民主主义的政治、经济、文化事业提供了宝贵的实践经验，为中华人民共和国中央人民政府塑造了雏形。

①《黄克诚军事文选》，解放军出版社 2002 年版，第 481 页。
② 中央档案馆编：《共和国雏形——华北人民政府》，西苑出版社 2000 年版，第 219 页。

　　总之，通过在局部执政地区进行保障人民民主权益的探索和实践，中国共产党积累了保障人民民主权益的经验，为中华人民共和国成立后全面展开建设小康社会的进程，提供了有益借鉴和成功范例。

第四章 人民万岁

共产党的执政理念

中国共产党第一个百年梦想——全面建成小康社会的发展历程反复证明，实现民族独立、完成新民主主义革命、建立无产阶级政权，为实现小康社会提供了政治前提。这一历史使命在 1949 年随着中华人民共和国的成立而宣告完成。那么，怎样看待在没有正式提出"小康社会"这一概念的社会主义革命和社会主义建设时期对小康社会的推进呢？

一、确立全心全意为人民服务的执政理念

"为人民服务"是马克思主义的思想精髓。按照马克思主义原理建立的中国共产党，一成立就把自己定位为全心全意为人民服务的政党，在中共二大上通过的《关于共产党的组织章程决议案》中指出："我们共产党，不是'知识者所组织的马克思学会'，也不是'少数共产主义者离开群众之空想的革命团体'，'应当是无产阶级中最有革命精神的大群众组织起来为无产阶级之利益而奋斗的政党，为无产阶级做革命运动的急先锋，我们既不是讲学的知识者，也不是空想的革命家，我们便不必到大学校到研究会到图书馆去，我们既然是为无产群众奋斗的政党，我们便要'到群众中去'，要组成一个大的'群众党'。""我们既然要组成一个做革命运动的并且一个大的群众党，我们就不能忘了两个重大的律：（一）党的一切运动都必须深入到广大的群众里面去。（二）党的内部必须有适应于革命的组织与训练。"①这里所说的"大群众"就是广大人民群众，体现了鲜明的群众性和人民性。其宗旨就是为人民服务。为此，大会提出两个重要的原则：一是党的一切活动都必须深入到广大的群众里面去。二是党的内部必须有适应于革命的组织和训练，并且要求"个个党员不应只是在言论上表示是共产主义者，重在行动上表现出来是共产主义者"。所以后来《中国共产党章程》明确指出：党除了工人阶级和最广大人民群众的利益，没有自己特殊的利益。也就是说，党所争取实现的利益，即"工人阶级和最广大人民群众的

---

① 中央档案馆：《中共中央文件选集（1921—1925）》第一册，中共中央党校出版社 1989 年版，第 90 页。

利益"，也就是全心全意为人民服务。

但"为人民服务"这个概念最早不是中国共产党提出的，而是国民党。1927 年国民党政府教育部印制的学生毕业证书，在毕业证的最上面就印着"誓为人民服务" 6 个大字。但是国民党做不到，它维护的是四大家族的利益，只有中国共产党能够做到全心全意为人民服务。

与"为人民服务"根本宗旨相适应的是党在这一时期提出的"群众路线"。"群众路线"的概念，最早出现在土地革命战争时期的 1928 年至 1929 年间。1928 年 7 月，中共六大通过的决议案指出："党的总路线是争取群众。" 10 月，李立三根据六大路线在同江浙地区负责人谈话时首先提出了"群众路线"概念。他说："在总的争取群众路线之（下），需要竭最大努力到下层群众中去。"[1] 1929 年 9 月 28 日，由陈毅起草、周恩来和李立三审议通过的《中共中央给红军第四军前委的指示信》（即《九月来信》）中，专门论述了党和群众的关系问题，再次使用"群众路线"的概念，指出："应该细心去了解群众日常生活的需要，从群众日常生活斗争引导到政治斗争以至武装斗争，这种斗争才是群众本身所需要的，才不是单纯军事力量的发动，才不是少数个人英勇的硬干，才会团结广大群众在党的周围。""肃清反革命工作要经过群众组织来执行，才有群众的意义。""筹款工作亦要经过群众路线，不要由红军单独去干。""没收地主豪绅财产是红军给养的主要来源，但一定要经过群众路线。""对于需用品可渐次做到由群众路线去找出路。"[2] 12 月，毛泽

---

[1] 许耀桐：《从群众中来 到群众中去——95 年来党的群众路线的形成和发展》，《北京日报》2016 年 6 月 27 日。

[2]《建党以来重要文献选编（1921—1949）》第六册，中央文献出版社 2011 年版，第 515、517、518、519 页。

东在《红军第四军第九次党代表大会决议》中指出："一切工作在党的讨论和决议之后，再经过群众路线去执行。"① 1933 年 6 月，毛泽东在《查田运动的群众工作》一文中指出："一切不做宣传或宣传不正确、不认真、不普遍，查阶级、通过阶级与没收分配不按阶级路线与群众路线，不得群众赞助与同意，都不能使查田运动收到成绩，反会使群众不满，阻碍查田运动的进行。"② 在延安整风运动中，毛泽东为中共中央起草的《关于领导方法的若干问题》的决定中，提出马克思主义的科学领导方法，即"领导和群众相结合""一般和个别相结合"的方法。所谓"领导和群众相结合"，就是"从群众中来，到群众中去"，即"将群众的意见（分散的无系统的意见）集中起来（经过研究，化为集中的系统的意见），又到群众中去作宣传解释，化为群众的意见，使群众坚持下去，见之于行动，并在群众行动中考验这些意见是否正确。然后再从群众中集中起来，再到群众中坚持下去。如此无限循环，一次比一次更正确、更生动、更丰富。这就是马克思主义的认识论"。"一般和个别相结合"，就是"从群众中集中起来又到群众中坚持下去，以形成正确的领导意见，这是基本的领导方法。在集中和坚持过程中，须采取一般号召和个别指导相结合的方法，这是前一个方法组成部分。从许多个别指导中形成一般意见（一般号召），这一般意见到许多个别单位中去考验（不但自己这样做，且告诉别人也这样做），然后集中新的经验（总结经验），做成新的指示去普遍地指导群众"。③ 从马克思

---

① 许耀桐:《从群众中来 到群众中去——95 年来党的群众路线的形成和发展》,《北京日报》2016 年 6 月 27 日。
②《建党以来重要文献选编（1921—1949）》第十册，中央文献出版社 2011 年版，第320 页。
③《毛泽东选集》第三卷，人民出版社 1991 年版，第 899–900 页。

主义认识论的高度对群众路线做出新的阐发，把群众路线上升为党的领导方法，上升为党的政治路线，这是毛泽东的一大发明。

在把群众路线上升为党的工作路线、政治路线之后，毛泽东又提出了"为人民服务"这个概念。1944年9月5日，中央警备团警备班长张思德在陕北安塞县执行烧炭任务时，因窑洞塌方，为保护战友光荣牺牲。在张思德的追悼大会上，毛泽东做了题为《为人民服务》的著名演讲。他引用司马迁曾经说过的"人固有一死，或重于泰山，或轻于鸿毛"一语指出："为人民利益而死，就比泰山还重；替法西斯卖力，替剥削人民和压迫人民的人去死，就比鸿毛还轻。张思德同志是为人民利益而死的，他的死是比泰山还要重的。"他号召全党"彻底地为人民的利益工作"，"为人民的利益坚持好的，为人民的利益改正错的"，"我们想到人民的利益，想到大多数人民的痛苦，我们为人民而死，就是死得其所"。① 1944年10月4日，毛泽东在秦邦宪的陪同下，到清凉山中央印刷厂礼堂看望解放日报社和新华社的全体工作人员并讲话。在讲到办党报和通讯社工作的两个方面——指导和反映时，毛泽东说："党中央对于各地工作的领导和指示，除一些日常性的指示活动外，大政方针很多是通过《解放日报》和新华社传达下去的。党中央了解国内外情况有许多来源，你们是一个重要渠道。"他勉励大家要全心全意地为人民服务，把《解放日报》和新华社办好。② 从此，"为人民服务"表述为"全心全意为人民服务"。

1945年4月24日，中共七大在延安召开，毛泽东向大会做《论联合政府》的报告。报告把"为人民服务"与"群众路线"合二为

---

① 《毛泽东选集》第三卷，人民出版社1991年版，第1004-1005页。
② 《毛泽东年谱（1893—1949）》中卷，中央文献出版社1991年版，第619页。

一，指出："我们共产党人区别于其他任何政党的又一个显著的标志，就是和最广大的人民群众取得最密切的联系。全心全意地为人民服务，一刻也不离开群众；一切从人民的利益出发，而不是从个人或小集团的利益出发；向人民负责和向党的领导机关负责的一致性；这些就是我们的出发点。"[1]从此，全心全意为人民服务成为党的根本宗旨，写在了党的旗帜上。

中共七大闭幕几个月后，日本无条件投降，中国人民终于迎来抗日战争的胜利。又经过 4 年的人民解放战争，国民党政权像秋风扫落叶一般土崩瓦解了。中国共产党人早已预见到自己必然胜利、国民党必然失败，但没有想到胜利来得这么快。于是，筹建新中国的工作快马加鞭地展开了。建设什么样的新中国，紧迫地摆在中国共产党人面前。

对未来中国作过深入研究的，是 1940 年 1 月毛泽东发表的《新民主主义论》。这篇雄文明确提出：我们要建立一个新中国。这个新中国包括：

一是国家的名称。毛泽东指出："现在所要建立的中华民主共和国，只能是在无产阶级领导下的一切反帝反封建的人们联合专政的民主共和国，这就是新民主主义的共和国，也就是真正革命的三大政策的新三民主义共和国。这种新民主主义共和国，一方面和旧形式的、欧美式的、资产阶级专政的、资本主义的共和国相区别……另一方面，也和苏联式的、无产阶级专政的、社会主义的共和国相区别。"[2]

①《毛泽东选集》第三卷，人民出版社 1991 年版，第 1094-1095 页。
②《建党以来重要文献选编（1921—1949）》第十七册，中央文献出版社 2011 年版，第 23 页。

二是迈向社会主义的发展步骤。他说:"中国革命的历史进程,必须分为两步,其第一步是民主主义的革命,其第二步是社会主义的革命,这是性质不同的两个革命过程。""第一步,改变这个殖民地、半殖民地、半封建的社会形态,使之变成一个独立的民主主义的社会。第二步,使革命向前发展,建立一个社会主义的社会。中国现时的革命,是在走第一步。"①

三是新中国的国体和政体。关于"国体"问题,毛泽东指出:"其实,它只是指的一个问题,就是社会各阶级在国家中的地位。资产阶级总是隐瞒这种阶级地位,而用'国民'的名词达到其一阶级专政的实际。这种隐瞒,对于革命的人民,毫无利益,应该为之清楚地指明。"②

关于"政体"问题,毛泽东指出:那是指的政权构成的形式问题,指的一定的社会阶级取何种形式去组织那反对敌人保护自己的政权机关。没有适当形式的政权机关,就不能代表国家。中国现在可以采取全国人民代表大会、省人民代表大会、县人民代表大会、区人民代表大会直到乡人民代表大会的系统,并由各级代表大会选举政府。但必须实行无男女、信仰、财产、教育等差别的真正普遍平等的选举制,才能适合于各革命阶级在国家中的地位,适合于表现民意和指挥革命斗争,适合于新民主主义的精神。这种制度即是民主集中制。只有民主集中制的政府,才能充分地发挥一切革命人民的意志,也才能最有力量地去反对革命的敌人。"非少数人所得而私"的精神,必须表现在政府和军队的组成中,如果没有真正的

---

① 《建党以来重要文献选编(1921—1949)》第十七册,中央文献出版社2011年版,第15页。
② 同上书,第24页。

民主制度，就不能达到这个目的，就叫作政体和国体不相适应。①

四是基本国策。毛泽东指出：在这个新社会和新国家中，不但有新政治、新经济，而且有新文化。这就是说，我们不但要把一个政治上受压迫、经济上受剥削的中国，变为一个政治上自由和经济上繁荣的中国，而且要把一个被旧文化统治因而愚昧落后的中国，变为一个被新文化统治因而文明先进的中国。文章对新民主主义的政治、新民主主义的经济、新民主主义的文化，专门进行了论述，提出一系列的政策。

把"人民"定位为新中国政权的性质，最突出地表现在解放战争中。全面内战爆发后，蒋介石把全国资源都投入到对付共产党人的战争中，搞得人民民不聊生。要想把人民从水深火热之中救出来，让人民过上好日子，必须推翻这个反动政府；我们要维护和平，最彻底的解决办法，就是消灭国民党的军队，推翻国民党的反动统治。1947 年 10 月 10 日，毛泽东在为中国人民解放军总部起草的《中国人民解放军宣言》中正式提出：要"联合工农兵学商各被压迫阶级、各人民团体、各民主党派、各少数民族、各地华侨和其他爱国分子，组成民族统一战线，打倒蒋介石独裁政府，成立民主联合政府"。②提出打倒蒋介石、解放全中国，标志着由"自卫战争"到"解放战争"的转变，由"制止内战，恢复国内和平"到"打倒蒋介石"的转变，这是中国革命发展进程中中共战略指导思想的一个根本性的转变。后来新中国成立后的各级各类组织机构都冠以"人民"，如"中华人民共和国""中央人民政府""中国人民解放军"，

①《建党以来重要文献选编（1921—1949）》第十七册，中央文献出版社 2011 年版，第25 页。
②《毛泽东思想年编（1921—1975）》，中央文献出版社 2011 年版，第 537 页。

各级"人民政府""人民公安""人民法院""人民检察院"等,就是说明我们的政权是人民的政权,人民的政权是从反对国民党一党专制、反对蒋介石的独裁统治中得来的。

1948 年底,随着三大战役的快速推进,在与国民党的决战中中国共产党的最终胜利已成定局,筹建新中国的步伐进一步加快。1949 年 3 月 5 日至 13 日,中国共产党第七届中央委员会第二次全体会议在河北省平山县西柏坡村举行。毛泽东在这次会议上所做的报告,提出了促进革命迅速取得全国胜利和组织这个胜利的各项方针,指出了中国由农业国转变为工业国、由新民主主义社会转变为社会主义社会的发展方向,规定了党在全国胜利以后,在政治、经济、外交方面应当采取的基本政策,实际上为即将诞生的新中国描绘了基本框架,其核心是建立一个人民的政权。第一,规定了新中国的性质,是"无产阶级领导的以工农联盟为基础的人民民主专政"。毛泽东指出,实行人民民主专政,"要求我们党去认真地团结全体工人阶级、全体农民阶级和广大的革命知识分子,这些是这个专政的领导力量和基础力量。没有这种团结,这个专政就不能巩固"。[1] 第二,明确人民民主专政政权中的"人民",既包括工人、农民,也包括城市小资产阶级。毛泽东指出:"从 1927 年到现在,我们的工作重点是在乡村,在乡村聚集力量,用乡村包围城市,然后取得城市。采取这样一种工作方式的时期现在已经完结。从现在起,开始了由城市到乡村并由城市领导乡村的时期。党的工作重心由乡村移到了城市。在南方各地,人民解放军将是先占城市,后占乡村。城乡必须兼顾,必须使城市工作和乡村工作,使工人和农

---

[1]《建党以来重要文献选编(1921—1949)》第二十六册,中央文献出版社 2011 年版,第 169 页。

民，使工业和农业，紧密地联系起来。决不可以丢掉乡村，仅顾城市，如果这样想，那是完全错误的。"① 第三，明确我们的依靠力量不是资产阶级而是无产阶级。毛泽东指出："我们必须全心全意地依靠工人阶级，团结其他劳动群众，争取知识分子，争取尽可能多的能够同我们合作的民族资产阶级分子及其代表人物站在我们方面，或者使他们保持中立，以便向帝国主义者、国民党、官僚资产阶级作坚决的斗争，一步一步地去战胜这些敌人。"② 毛泽东号召全党：在革命胜利以后，迅速地恢复和发展生产，对付国外的帝国主义，使中国稳步地由农业国转变为工业国，把中国建设成一个伟大的社会主义国家。第四，提出因为我们的政权是人民的政权，所以要大力发展新民主主义的政治、经济和文化，保障人民的全部权益。毛泽东指出："从我们接管城市的第一天起，我们的眼睛就要向着这个城市的生产事业的恢复和发展。务须避免盲目地乱抓乱碰，把中心任务忘记了，以至于占领一个城市好几个月，生产建设的工作还没有上轨道，甚至许多工业陷于停顿状态，引起工人失业，工人生活降低，不满意共产党。这种状态是完全不能容许的。为了这一点，我们的同志必须用极大的努力去学习生产的技术和管理生产的方法，必须去学习同生产有密切联系的商业工作、银行工作和其他工作。只有将城市的生产恢复起来和发展起来了，将消费的城市变成生产的城市了，人民政权才能巩固起来。城市中其他的工作，例如党的组织工作，政权机关的工作，工会的工作，其他各种民众团体的工作，文化教育方面的工作，肃反工作，通讯社报纸广播电台

① 《建党以来重要文献选编（1921—1949）》第二十六册，中央文献出版社 2011 年版，第 160 页。
② 同上书，第 161 页。

的工作，都是围绕着生产建设这一个中心工作并为这个中心工作服务的。"① 第五，对保持党同人民群众的血肉联系提出了警示。毛泽东指出："因为胜利，党内的骄傲情绪，以功臣自居的情绪，停顿起来不求进步的情绪，贪图享乐不愿再过艰苦生活的情绪，可能生长。因为胜利，人民感谢我们，资产阶级也会出来捧场。敌人的武力是不能征服我们的，这点已经得到证明了。资产阶级的捧场则可能征服我们队伍中的意志薄弱者。""务必使同志们继续地保持谦虚、谨慎、不骄、不躁的作风，务必使同志们继续地保持艰苦奋斗的作风。"②

正是中共七届二中全会对建立未来的人民政权运筹帷幄和充满自信，大会结束 10 天后，1949 年 3 月 23 日上午，毛泽东率领中共中央机关离开西柏坡，前往北平香山，迎接即将来临的执政"大考"。出发时，毛泽东对工作人员说："我们就要进北平了。我们进北平，可不是李自成进北平，是要继续革命，建设社会主义，直到实现共产主义。""我们是进京赶考！"周恩来说："我们应当都能考试及格，不要退回来。"毛泽东自信地说："退回来就失败了。我们决不当李自成，我们都希望考个好成绩。"毛泽东引用中国历史上科举制度下"赶考"一词，意在告诫即将走上执政之路的中国共产党人，执政全国就像历史上的赶考一样，不胜则败，没有退回的路。他警示全党以当年的李自成为殷鉴，不要被胜利冲昏头脑，而要从胜利走向更大胜利。自此，"赶考"一词逐渐演变成为一个政治术语，成为长期执政的中国共产党需要一次又一次做出回答的重

---

① 《建党以来重要文献选编（1921—1949）》第二十六册，中央文献出版社 2011 年版，第 161 页。
② 同上书，第 170 页。

大课题。

中共中央进驻香山后，进行的最重要的一项工作就是完成了筹建新中国。由于新中国的中央人民政府组成人员需要由人民选举产生，而此时地方各级人民政权尚未建立，因此召集各党派、各人民团体的推选代表，召开政治协商会议，来决定中央人民政府的组成，宣告新中国的成立，就成为必然的选择。1949 年 6 月 15 日至 19 日，新政协筹备会议第一次全体会议在北平中南海勤政殿隆重举行。毛泽东在筹委会上的讲话中指出："这个筹备会的任务，就是：完成各项必要的准备工作，迅速召开新的政治协商会议，成立民主联合政府，以便领导全国人民，以最快的速度肃清国民党反动派的残余力量，统一全中国，有系统地和有步骤地在全国范围内进行政治的、经济的、文化的和国防的建设工作。全国人民希望我们这样做，我们就应当这样做。"①

由于新中国将实行人民民主专政，"中国人民民主专政是中国工人阶级、农民阶级、小资产阶级、民族资产阶级及其他爱国民主分子的人民民主统一战线的政权，而以工农联盟为基础，以工人阶级为领导。由中国共产党、各民主党派、各人民团体、各地区、人民解放军、各少数民族、国外华侨及其他爱国民主分子的代表们所组成的中国人民政治协商会议，就是人民民主统一战线的组织形式。中国人民政治协商会议代表全国人民的意志，宣告中华人民共和国的成立，组织人民自己的中央政府。中国人民政治协商会议一致同意以新民主主义即人民民主主义为中华人民共和国建国的政治

①《建党以来重要文献选编（1921—1949）》第二十六册，中央文献出版社 2011 年版，第 463 页。

基础"①，所以需要制定一个全国人民共同遵守的建国纲领，这即是
《中国人民政治协商会议共同纲领》。在全国人民代表大会召开之
前，《中国人民政治协商会议共同纲领》将起到临时宪法作用。

　　早在 1948 年 10 月上旬，中共中央开始组织有关人员起草共
同纲领草案。这一起草工作由中共中央统战部部长李维汉具体负
责。到 10 月 27 日，写出第一稿，名称为《中国人民民主革命纲领
草稿》，第一稿的重点是在"人民民主革命"方面，除简短的序言
外，分总则、政治、军事、土地改革、经济财政、文化教育、社会
政策、少数民族、华侨、外交 10 部分，共 46 条。11 月，又形成第
二稿。第二稿分为人民解放战争的历史任务、建立人民民主共和国
的基本纲领、战时具体纲领三大部分。1949 年 2 月，周恩来对第二
稿做文字修改后，把它同其他有关新政治协商会议的文件草案一起
汇编成《新的政治协商会议有关文件》。以上两稿为《中国人民政
治协商会议共同纲领》的最终制定奠定了基础。1949 年 6 月 15 日
至 19 日，新政治协商会议筹备会议在北平召开。根据会议的决定，
制定《中国人民政治协商会议共同纲领》的工作，由新政治协商会
议筹备会第三小组负责，周恩来兼任组长，许德珩任副组长，组员
包括章伯钧、章乃器、许广平、沈志远等 20 余人。6 月下旬，周
恩来在勤政殿"关"了一个星期左右，亲自执笔，写出全文。完成
后，周恩来先后主持召开七次会议征求各方意见，经反复讨论修改
后，正式形成《中国人民政治协商会议共同纲领（草案）》，在结构
上除前面一个简短的序言外，分为一般纲领和具体纲领两大部分。
具体纲领部分，又分为解放全中国、政治法律、财政经济、文化教
育、国防、外交侨务 6 个方面，共 45 条。

---

①《建国以来重要文献选编》第一册，中央文献出版社 2011 年版，第 1 页。

　　这时，围绕建设一个什么样的中国，在党内外、国内外，形成了各种各样的意见。为了进一步阐明将要诞生的人民共和国的性质、国内各阶级的地位和相互关系、对外政策及国家的前途等基本问题，1949 年 6 月 30 日，毛泽东发表《论人民民主专政》一文，对有关问题做出了系统的回答。关于"一边倒"的问题，毛泽东指出："一边倒，是孙中山的 40 年经验和共产党的 28 年经验教给我们的，深知欲达到胜利和巩固胜利，必须一边倒。积 40 年和 28 年的经验，中国人不是倒向帝国主义一边，就是倒向社会主义一边，绝无例外。骑墙是不行的，第三条道路是没有的。我们反对倒向帝国主义一边的蒋介石反动派，我们也反对第三条道路的幻想。"[①] 关于帝国主义骂我们"独裁"的问题，毛泽东指出："中国人民在几十年中积累起来的一切经验，都叫我们实行人民民主专政，或曰人民民主独裁，总之是一样，就是剥夺反动派的发言权，只让人民有发言权。"毛泽东专门就什么叫"人民"，什么叫"人民民主专政"进行阐释，指出："人民是什么？在中国，在现阶段，是工人阶级，农民阶级，城市小资产阶级和民族资产阶级。这些阶级在工人阶级和共产党的领导之下，团结起来，组成自己的国家，选举自己的政府，向着帝国主义的走狗即地主阶级和官僚资产阶级以及代表这些阶级的国民党反动派及其帮凶们实行专政，实行独裁，压迫这些人，只许他们规规矩矩，不许他们乱说乱动。如要乱说乱动，立即取缔，予以制裁。对于人民内部，则实行民主制度，人民有言论集会结社等项的自由权。选举权，只给人民，不给反动派。这两方面，对人民内部的民主方面和对反动派的专政方面，互相结合起来，就是人

①《建党以来重要文献选编（1921—1949）》第二十六册，中央文献出版社 2011 年版，第 505 页。

民民主专政。"① 这段话深刻阐明了新中国的性质，阐明了"人民"的内涵以及"人民"在新国家中的地位，即共产党执政后的治国理念。《论人民民主专政》一文的发表，为新中国的建立和发展奠定了理论基础，也解决了制定共同纲领中的一系列问题。1949 年 9 月 30 日，中国人民政治协商会议第一届全体会议通过《中国人民政治协商会议共同纲领》《中华人民共和国中央人民政府组织法》《中国人民政治协商会议组织法》3 个被认为是为新中国奠基的历史性文件。

"为人民服务"这一执政理念以其丰富的内涵写在具有临时宪法作用的《中国人民政治协商会议共同纲领》中。其中规定："中华人民共和国为新民主主义即人民民主主义的国家，实行工人阶级领导的，以工农联盟为基础的、团结各民主阶级和国内各民族的人民民主专政，反对帝国主义、封建主义和官僚资本主义，为中国的独立、民主、和平、统一和富强而奋斗。""中华人民共和国必须取消帝国主义国家在中国的一切特权，没收官僚资本归人民的国家所有，有步骤地将封建半封建的土地所有制改变为农民的土地所有制，保护国家的公共财产和合作社的财产，保护工人、农民、小资产阶级和民族资产阶级的经济利益及其私有财产，发展新民主主义的人民经济，稳步地变农业国为工业国。""中华人民共和国人民依法有选举权和被选举权。""中华人民共和国人民有思想、言论、出版、集会、结社、通讯、人身、居住、迁徙、宗教信仰及示威游行的自由权。""中华人民共和国废除束缚妇女的封建制度。妇女在政治的、经济的、文化教育的、社会的生活各方面，均有与男子平等的权利。实行男女婚姻自由。""中华人民共和国的国家政权属于人

---

① 《建党以来重要文献选编（1921—1949）》第二十六册，中央文献出版社 2011 年版，第 507—508 页。

民。人民行使国家政权的机关为各级人民代表大会和各级人民政府。各级人民代表大会由人民用普选方法产生之。各级人民代表大会选举各级人民政府。""国家最高政权机关为全国人民代表大会。全国人民代表大会闭会期间，中央人民政府为行使国家政权的最高机关。""中国人民政治协商会议为人民民主统一战线的组织形式。其组织成分，应包含有工人阶级、农民阶级、革命军人、知识分子、小资产阶级、民族资产阶级、少数民族、国外华侨及其他爱国民主分子的代表。""中华人民共和国的一切国家机关，必须厉行廉洁的、朴素的、为人民服务的革命工作作风，严惩贪污，禁止浪费，反对脱离人民群众的官僚主义作风。"①

1949 年 10 月 1 日下午 3 时，中华人民共和国开国大典在天安门城楼隆重举行。随着第一面五星红旗在天安门广场冉冉升起，28 响礼炮惊天动地地鸣响。之后，毛泽东宣读了中央人民政府第一号公告，他指出："中华人民共和国中央人民政府委员会于本日在首都就职，一致决议：宣告中华人民共和国中央人民政府的成立，接受中国人民政治协商会议共同纲领为本政府的施政方针。"② 这一宣告表明，中国共产党领导的中华人民共和国中央人民政府，是一个人民的政府。全心全意为人民服务作为中国共产党人的根本宗旨，写入七大党章之后，作为中国共产党全面执政后的第一个执政理念写在了新中国的旗帜上。在当晚举行的群众游行大会上，当游行队伍按照工人、农民、职工组成的不同方阵，经过天安门城楼时喊出"毛主席万岁"的口号时，毛泽东高兴地回之："人民万岁！""工人同志们万岁！""农民同志万岁！"

①《建国以来重要文献选编》第一册，中央文献出版社 2011 年版，第 2—5 页。
② 同上书，第 20 页。

"人民万岁！""工人同志们万岁！""农民同志万岁！"就是对全心全意为人民服务这一根本宗旨、执政理念的生动表达。从此，为人民执政，为人民谋幸福，成为中国共产党的政治纲领，虽然在不同历史时期先后有过立党为公、执政为民、以人民为中心等各种表述，但其精神实质是一致的、一贯的，都是要为人民执政，为人民造福，一切为了人民。

二、恢复国民经济和社会秩序

如果说，中国共产党人在新民主主义革命时期，要想让人民过上好日子，主要是完成民族解放大业，推翻国民党的反动统治，为大规模地建设小康社会、进行社会主义现代化建设，创造政治前提和制度基础，在局部执政的地区为创造人民的幸福生活探索成功的道路，那么，在中国共产党全面执政后，就必须完全地肩负并兑现这样一个历史使命——改善人民生活，让人民过上好日子。这一点，在宣告中华人民共和国成立那一天，中国共产党人就开始运筹谋划了。1949 年 9 月 21 日，在中国人民政治协商会议第一届全体会议上的开幕词中，毛泽东就指出："全国规模的经济建设工作业已摆在我们面前。我们的极好条件是有四万万七千五百万的人口和九百五十九万七千平方千米的国土。我们面前的困难是有的，而且是很多的，但是我们确信：一切困难都将被全国人民的英勇奋斗所战胜。中国人民已经具有战胜困难的极其丰富的经验。如果我们的先人和我们自己能够度过长期的极端艰难的岁月，战胜了强大的内外反动派，为什么不能在胜利以后建设一个繁荣昌盛的国家呢？只要我们仍然保持艰苦奋斗的作风，只要我们团结一致，只要我们坚持人民民主专政和团结国际友人，我们就能在经济战线上迅速地获得胜利。"[1]毛泽东在这里所说的"困难"，首先是国民党统治中国22年留下的一个烂摊子。到1949年底，中国大陆人口为5.4亿，人均收入27美元，不足印度57美元的一半，处在世界贫困线以下。是什么原因导致国民党在逃离大陆时中国经济处在崩溃状态？综合分析，主要原因有：

1. 国民党治理经济的成绩单欠佳

蒋介石把他执政时期的中国经济建设分为三个时期：第一时期（1928年至1937年）为统一建设时期，第二时期（1937年至1945年）为抗战建国时期，第三时期（1946年至1949年）为内战时期。在第一时期，提出并制定了《中国经济建设方案》《关于国防经济建设》《关于建设方针案》《遵照总理实业计划应用外国技术资本以发展国民经济增进国民福利案》等十几个经济建设法律法规。这些措施的推行，使国民经济有所发展。据国民党公布的统计数据，仅1936年一年的建设成效，就超过了1931年到1935年的建设工作，"而这4年的建设成果又相当于民国以来20年的总和"[2]。其中，粮食产量全年达到2844亿斤，人均达到600斤，在当时创了历史最高纪录。从1928年到1937年，是国民党统治大陆时期经济成效最好的10年。根据美籍华人费正清所著《剑桥中华民国史》记载，在1931年至1936年间，中国工业年均增长率达到6.7%；发电量年平均增长9.4%，10年间增长了一倍；棉布增长16.5%；银行存款增长15.9%。在经济建设的第二时期、第三时期，南京政府也提出了一些政策、计划，由于抗战和"反共"战争，基本是一纸空文。就是蒋介石自认为1928年至1937年的经济发展，实际上并没有完全

---

[1]《毛泽东文集》第五卷，人民出版社1996年版，第45页。
[2] 刘健清等主编：《中国国民党史》，江苏古籍出版社1992年版，第412页。

反映当时中国经济的全部面貌。因为，国民党统治下的中国，虽然
表面上实现了统一，但从来没有实现过完全控制中国全境的目标。
在 1927 年国民党取得政权时，仅控制了江苏、浙江及安徽的一部
分；到 1931 年，中央政府的政令仍然被限制在浙江、江苏、安徽、
河南、江西、湖北及福建等华中的几省或其一部分地区。1936 年
末，在全国本土 18 个省中，南京政府对全国的政治控制能力也仅
限于 11 个省。东三省一直被奉系军阀控制，1928 年底东北易帜后
这些特权依旧被保留，九一八事变后随着日本扶持的伪满洲国的建
立，东北彻底脱离南京政府的控制直到抗战胜利。南方的福建、广
东、广西地区，是以李宗仁为首的桂系和以胡汉民为首的粤系的大
本营，蒋、胡决裂之后这里就一直处于半独立状态，为此蒋介石曾
以军事相威胁，并引发了两场反蒋事件即福建事变和两广事变，也
没能根本改变那里的局面。此外，中共领导的人民武装在广大农村
所建立起来的大大小小革命根据地，当然也不受国民党政权的控
制。加之，国民党自执政开始就奉行了一条一党专制的独裁统治和
战争路线。不管是对党内持不同政见者，还是对党外反对其错误路
线者，尤其是中国共产党，蒋介石的惯用手法是用军事解决问题。
用军事工具解决政治问题就要保留大量军队，这又使本来就十分庞
大的国民党军队更加膨胀。据统计，国民党执政后，1929 年拥有军
队 200 万人，其中，蒋介石的嫡系部队 24 万人，年需军费就达 3.6
亿元，而此时政府年财政收入仅为 3 亿元。到 1946 年全面内战爆
发时，国民党军队达到 500 万人，其军费消耗更高居南京政府年财
政支出的 80% 以上。

2. 日本侵华时期对中国资源的大肆掠夺

日本发动侵华战争后，给中国经济造成更大的灾难。首先是经

济掠夺。在东北地区，它不但垄断了整个东北的钢铁、煤炭等基础
工业，而且也垄断了轻金属和飞机、汽车制造等工业。到 1943 年，
日本在东北地区已经拥有 38 个公司，投资总额达 21.2 亿日元。到
1944 年，日本在东北地区的企业资本更高达 57.4 亿美元，比 1936
年增加了 3 倍。在华北、华中和华南地区，对于日本紧缺的国防资
源和与军事有关的交通通信事业及与日本经济有竞争关系的蚕丝事
业等，均被划为"统制事业"，所属工厂均由日本的华北开发股份
公司和华中振兴公司经营，利用中国的物力、人力、财力掠夺中国
资源。而对其他行业部门则划为"自由事业"，通过"军管理""委
任经营""租赁""收买""合办"等形式加以控制。据不完全统计，
被日本实行"军管理"的工厂有 82 家，"委任经营"的仅华中地区
就有 137 家，"中日合办"的有 70 多家。日本还在沦陷区采用"并
村"、"整理"土地、"没收"、"移民"等手段，侵占掠夺土地。到
1944 年底，日本移民在中国东北强占的土地就达 152.1 万公顷，占
东北耕地总面积的 1/10。其次是战争破坏。据近年调查研究的不完
全统计，在抗日战争中，中国军队伤亡 380 余万人，中国人民牺牲
2000 余万人，中国财产损失 600 余亿美元，战争消耗 400 多亿美元，
间接经济损失达 5000 亿美元。[①] 再次是战争费用。抗战期间，仅国
民党军队"每日平均战费需 500 余万元……截至抗战两周年，其总
支出当在 45 亿左右"。1940 年以后，南京政府每年的军费占财政支
出的 60%~70%。[②]

　　经过日本侵华战争掠夺和中国全国抗战的消耗，在 1945 年抗
战胜利前后，中国经济已经不堪重负。1944 年，南京政府收入 3350

---

① 孙景锋主编：《中国近代史通鉴·抗日战争》，红旗出版社 1998 年版，第 40 页。
② 刘健清等主编：《中国国民党史》，江苏古籍出版社 1992 年版，第 532 页。

余亿元,支出 12589 亿元,财政赤字达 9239 亿元。其支出:军费占
65.6%,中央政务支出占 14.88%,建设事业占 14.1%……1945 年,
收入 2430 余亿元,支出 12590 余亿元。财政赤字达 1 万余亿元,赤
字达 81%。[①]巨额财政赤字,导致物价飞涨。抗战第一年,物价上
涨了 40%,从 1941 年下半年起物价开始猛涨,并连续三年以 237%
的上涨速度递增;1945 年仅 1 月到 8 月,价格就上涨了 251%,流
通的法币总额增至 3 倍。1945 年 7 月,在上海市场,大米每斤价格
为法币 12 元,面粉每斤 10 元,玉米面每斤 3 元。到 1946 年 1 月
21 日,大米价格上涨为每斤 184 元,面粉上涨为每斤 196 元。后
来公布的数据显示,在 1937 年到 1945 年 8 月间,物价平均上涨了
2000 倍以上。

这个结果是灾难性的。它使整个国家,包括军队、政府、经济
和整个社会衰弱下去。尽管 1937 年中国经济已经十分困难了,但
1945 年与那时相比,又出现新的巨大的倒退。法币 100 元,在 1937
年可买两头牛,到 1938 年只买 1 头牛,至 1941 年只买 1 头猪,而
1943 年就只买 1 只鸡,到 1945 年只能买 1 条鱼,再到 1946 年只
能买到一个鸡蛋。[②]购买力的急剧下降,使人民生活更加困难。在
1940 年,官员工资的购买力已下降到战前水平的大约 1/5。到 1943
年,实际工资跌落到 1937 年的 1/10。通货膨胀也严重影响了士兵
的生活。在 1937 年,士兵的生活费用购买力指数为 100,到 1938
年降为 91,1939 年又降至 64,1940 年再降至 29,1941 年降为 22,
1942 年更降为 10,到 1943 年仅剩为 6。生活水平的急剧下降,更
加剧了军队战斗力的锐减。有报道说,国民党军队"1945 年在西南

① 王俯民著:《蒋介石详传》(下册),中国广播电视出版社 1993 年版,第 1212 页。
② 同上书,第 1206 页。

作战时，美国观察家发现第 13 军甚至不能步行一小段距离，'一大批掉队，而有许多人因极端饥饿而濒于死亡'。另外一位美国军官包瑞德上校报道说，看到国民党士兵们'行军不到一英里，就摇摇晃晃倒下来死了'。受到高度重视的《大公报》的一位记者说：'军队开过以后，在路旁能发现死亡的士兵，一个接着一个'"。① 后来，南京政府代总统李宗仁在谈及抗日战争的教训时亦说："新兵未经训练，即仓促开赴前线应战，无异驱羊以喂虎口。粮饷待遇既微，致士兵恒苦营养不良，骨瘦如柴。医生、药品均极缺乏，受伤患病官兵境遇之惨，有不忍言者。所以中日战前，日人视中国军队如无物，亦不为无因。"②

3. 全面内战加剧了经济的崩溃

1946 年，南京政府财政收入 19791 亿余元，而支出了 55672 亿元，赤字为 35881 余亿元，财政赤字高达 75%；1947 年，财政收入 13 万亿余元，而支出了 40 万亿余元，赤字为 27 万亿余元，财政赤字上升到 78%；1948 年，财政预算收入 57 万亿余元，支出 95 万亿元，实际上，到 6 月，南京政府财政赤字已高达 4345656 亿元法币，当月的财政收入只占支出的 5%。而据当时中央银行总裁张嘉璈提供的数据，"1948 年的前 7 个月，财政支出达 655.47 万亿元，竟比 1947 年增加 14.1 倍，比 1945 年增加 278 倍。财政支出的急剧增加，主要是军费猛增的结果"。③

南京政府对付无限扩张的战争开支所带来的巨额赤字，只能靠印钞机弥补。据统计，1945 年 10 月，上海两个印票厂共印钞票

---

① 费正清著：《剑桥中华民国史》下卷，中国社会科学出版社 1994 年版。
② 孙景锋主编：《中国近代史通鉴·抗日战争》，红旗出版社 1998 年版，第 635 页。
③ 刘健清等主编：《中国国民党史》，江苏古籍出版社 1992 年版，第 635 页。

2600万张，值法币560亿元，这个数字已经超过平时印钞量的7倍。到年底，则印出钞票103000余亿元，为全面抗战前的737倍。1946年前5个月的内战经费，其中85%靠印钞机来提供。而中国印钞厂的印钞能力已无法按时提供如此之巨的钞票，只得求助美英两国帮助印钞。到1947年，上海的印钞厂增至5家，以每分钟印出1600万元的速度，日夜不停地印，方能满足钞票发行的需要。

为挽救濒于崩溃的财政经济，蒋介石于1948年8月19日行使"紧急处分权"，发布《财政经济紧急处分令》，宣布实行"币制改革"，即：以金圆券代替法币及东北流通券，按法币300万元兑金圆券1元限期兑换；所有物价及劳务价格，皆冻结于1948年8月19日之水准；禁止黄金、白银、银币及外汇券流通买卖或持有，限期向国家银行兑换金圆券。南京国民政府希望借此以增进税收，提高税率，稳定金融秩序。但国内外舆论反响颇为冷淡，也招致大官僚、大富豪们的抵制。不得已，南京政府又公布《修正人民所有金银外币处理办法》，允许人民持有金、银、外币，并得以金圆券向国家银行兑换黄金。结果又引起挤兑黄金狂潮。进入1949年之后，人民开始拒用金圆券，使得南京政府财政金融完全崩溃。

由于经济严重危机，工厂相继停工、倒闭，成千上万的工人成为失业者。到1949年初，南京政府的重工业比1936年下降70%，轻工业下降30%。农业方面，南京政府把战争的军粮供应大部分摊到农民头上，如河南省，1947年3月驻军110万人，而最高军事当局只拨给38万人的军粮，其余全由农民负担，这要占农民所有口粮的60% ~ 80%。从而导致广大农民纷纷破产，农村土地荒芜。根据当时政府对全国几个主要粮食产区土地荒芜情况的统计，湖南省荒地为40%，河南省荒地占30%，广东省荒地为40%。南京政府对农民征粮数额不断增加以及农村土地荒芜面积不断扩大，使中国农民的生活水平不断恶化。在湖北省，"平均每6人中就有1人在受饥饿的威胁中"。在湖南衡阳，因饥饿而死的灾民达到9万人。1946年10月，国民党统治区的饥民已达1亿人以上，这一数字一直到1948年底国民党统治区大幅缩小后开始回落。

4. 蒋介石对新中国实施"经济拖垮"阴谋

在逃离大陆前，蒋介石鉴于国民党失败的教训，也制定了一套企图使中共重蹈国民党覆辙的"经济拖垮"阴谋。为实现这一计划，蒋介石下令采取一切手段掠夺和破坏大陆的经济基础。一是把国库大量资金运往台湾。据当时国民党监察院财政委员会秘密会议报告，国库库存金钞共值33亿5千万美元。分别为390万盎司黄金、7000万美元外汇和价值7000万美元的白银。各项总计50亿美元左右。从1948年12月1日起，国库的这些黄金白银根据蒋介石密令被分批运去台湾。第一批，也是主要的一批，当日午夜由上海装运，由海关缉私舰"海星"号装载，并由海军总部派"美盛"号护送，运至基隆登陆，数额为200.4万余两。第二批运走57.3万余两，仍由"海星"号装载，"美盛"号护送，在厦门登陆。第三批运走黄金19.8万余两、银圆120万，汤恩伯于1949年5月17日，遵照蒋介石命令亲自派人用武力从中央银行运往台湾。三批共运走黄金277.5万余两、银圆1520万。北平和平解放时，市军管会从全市全部银行里，仅发现有几百两黄金，几千元美钞，不够全城百万居民一小时的开销。二是将有价值的工厂、设备拆卸迁移运往台湾。在全国大中城市中，国民党军把大工厂里能拆卸的机器设备尽量拆卸运走，全国所有的飞机和华北的全部海轮也劫至台湾。三是不能拆卸搬走的如发电厂、水泥厂、钢铁厂等，则全部炸毁或破坏。国民党撤走时，炸毁了许多工厂和交通设施。人民政府接管的国家基础设施遭到了严重破坏，特别是全国重要港口、码头、车站、铁路、公路等遭损毁程度极其严重。

1949 年中国共产党接管国家时，旧中国几十年积累的固定资本仅剩 100 多亿元，当年全国粮食产量只有 1.08 亿吨，棉花 44.45 万吨，原煤 3243 万吨，钢 15.8 万吨，财政赤字占到总支出的 2/3。此时，工厂停工、工人失业、经济崩溃，投机商人乘机兴风作浪、囤积居奇，生产萎缩，交通瘫痪，贸易阻塞，市场萧条，物资匮乏，民生困苦。据统计，1949 年全国工农业总产值仅 466 亿元，其中农业总产值占 70%，工业总产值占 30%，而现代工业产值只占 10% 左右。与历史上最高水平相比，重工业生产下降 70%，轻工业生产下降 30%，手工业生产下降 43%，粮食、棉花生产分别下降 25% 和 48%。1949 年，国民收入 358 亿元，人均国民收入仅 66 元。

为了尽快稳定市场，恢复国家经济，使广大人民群众有饭吃、有衣穿，在新中国成立前夕，中共中央就决定组建中央财政经济委员会，统一处理全国经济问题，并任命陈云为政务院财政经济委员会主任，负责进行整饬经济环境、解决财政赤字、统一全国财经、调整工商业、确立国有企业在国民经济中的主导地位、探索经济建设道路等重大经济活动的工作。重点采取了以下措施：

1. 打赢"金融之战"和"米粮之战"

新中国成立之初，国家经济形势面临的最突出问题，是通货膨胀、物价飞涨。问题最大的是上海。上海当时是我国最大的工商业城市，也是旧中国帝国主义、官僚资本主义的重要基地和中国民族资本的重要基地。国民党政府国家垄断资本银行的总行和全国 24 个大银行的总行都设在上海，控制着全国的金融命脉。上海的工商业有 16.3 万户，职工达 100 多万人，进出口总额在 1936 年已占全国半数以上，到 1949 年，主要出口品种占全国出口总额的 80%～90%。因此，不论从哪方面说，上海都是全国的金融中心。国民党政权垮台后，不断对上海进行空中轰炸，实施海上封锁，企图使上海"电灯不亮，机器不动"。这使原本已经十分脆弱的上海工商业，困难更加严重。原料严重缺乏，资金短缺，销路呆滞，工厂商店亏损倒闭，停工歇业率高达 20%。邓小平曾向党中央报告：上海煤粮两荒，情况严重，因学校多，又接收旧人员 15 万，开支甚大，工厂原料缺乏，运输费昂贵，开工困难，提出对厂校和人员进行疏散，向各解放区求援。①

中共中央认真研究了上海的形势，决定在上海召开各区金融贸易会议，研究解决上海和全国财政经济问题。1949 年 7 月 21 日，毛泽东致电华东局指出：上海问题须从农村、精简、疏散三方面着手才能解决，用大力进行苏浙皖三省农村工作，获得农民群众的拥护，这是首先重要的，否则上海及任何城市的困难问题都不能彻底解决。其次是精兵简政，节省国家开支，这也是很重要的，你们现在即可以开始做。又其次是疏散，这需要有可行的计划，请你们与陈云商量后提出一具体方案交中央讨论。②

1949 年 7 月 27 日至 8 月 15 日，第一个全国财经会议在上海召开。会议对上海物价波动的严峻形势进行了认真讨论，形成了《关于若干问题的共同意见（草稿）》。会议的最后一周，陈云就初步形成的《共同意见》向大会讲话，并组织讨论。8 月 8 日，陈云在会上作了《克服财政经济的严重困难》的报告，详细分析研究了上海

---

① 《陈云年谱（1905—1995）》上卷，中央文献出版社 2015 年版，第 569-570 页。
② 顾龙生编著：《毛泽东经济年谱》，中共中央党校出版社 1993 年版，第 267-268 页。

当时的各种经济困难，以及解决问题的办法。[1] 陈云对当前财经工作中需要注意的问题特别是上海物价波动问题开出了"药方"：调剂通货的吞吐、公债发放的数量及黄金和美钞的收进数量，善于运用这三个手段，使金融物价保持良好状态；保证粮食和其他物资的供应，全力维持上海纱厂的生产；组织统一的花纱布公司和土产公司，该收购的要及时收购，该抛售的要尽快抛售，该抛不抛，物价涨了，又要多发票子，对全局不利；开展国内汇兑，建立统一的发行库，并使其与银行的业务库分开；统一管理税目、税率和食盐外销；实行国内贸易自由，反对地区封锁；全部接收在旧政府下工作过的人员，并予以训练、改造和使用；各地区间大宗物资的调拨，要经中央财委；运输是全国经济的杠杆，上海物资供应的关键在于有无运力，要重视水路运输，搞好内河航运的组织工作。[2]

此后两个月，全国的物价相对比较平稳。

进入10月，通货膨胀问题又死灰复燃。10月15日，新中国成立仅仅半个月，由上海、天津先导，华中、西北跟进，漫延全国的物价上涨潮又一次发生。不出一个月，天津、北京物价平均指数上涨1.8倍，上海上涨1.5倍。这是继6月上海发生"银元之战"、7月几个大中城市发生"粮米之战"以后的又一次物资供应之战。实际此次涨价风潮是7月上海物价上涨风潮的继续。物价指数不断恶性膨胀，很重要的原因是一些资产阶级投机势力利用国民党长期通货膨胀留下的后遗症，在共产党继续解放战争的形势下，猖狂进行投机倒把活动，向国营社会主义经济发动进攻。他们把较量的主战场仍然放在上海，进攻的对象是以纱布为主体。上海纱布价格的上

---

① 《陈云年谱（1905—1995）》上卷，中央文献出版社2015年版，第573页。
② 同上书，第574页。

涨导致棉纱和棉布价格的上涨，从而引起其他商品价格的上涨。投机分子之所以选择继续在上海与人民政府对抗，还因为他们对人民政府运用政治力量平息 6 月金融风潮心中不服，在看准上海纱布行情的情况下，企图以纱布为突破口，掀起物价涨风，以便浑水摸鱼。

中共中央清楚地看到，这时全国人民最迫切的要求首先是稳定物价，不把物价稳定下来，扭转通货膨胀的局面，老百姓的生活就会更加困难，就会人心惶惶，不但不利于支援前线，解放全中国，而且根本没有办法进行任何经济建设。在中共中央和中央人民政府的统一部署下，各地运用经济手段开展了打击投机资本的活动。陈云采取了首先稳定北方粮食的策略。10 月 20 日，他急电东北，要求紧急调拨一批粮食支持华北市场，做到每天发一个列车的粮食到北京，要让粮贩子看到，国家手中有粮，在粮食方面无机可乘。

在稳住北方之后，陈云集中全力打击上海的投机势力。11 月 13 日，陈云为中财委起草致各地指示电，连续发出了 12 道指令，一场全国范围稳定物价，打击投机势力的战斗打响了。

11 月 25 日，陈云命令在上海、北京、天津、武汉、沈阳、西安等大城市采取统一步骤，大量抛售纱布。上海等地的资本家和投机势力一看有纱布抛售，立即拿出全部力量争相抢购，甚至不惜借高利贷。他们盘算，纱布价格一天之内能涨好几次，"吃"进之后，当天转手，除了应付日拆，还可以获得高额利润。谁知，上海等地的国营花布公司，源源不断地抛售花布，而且一边抛售，一边降低牌价，连续抛售了 10 天。投机商们见大事不妙，赶紧抛售自己手中的纱布，但他们抛得越多，市场行情跌得越快。上海的纱布价格，一天之内下降了一半。投机分子叫苦不迭。

而此时，政府则紧缩银根，穷追不舍。一是规定所有国有企业的资金一律存入银行，不向私营银行和资本家企业贷款；二是规定私营工厂不准关门，而且要照发工人工资；三是加紧征税，规定税金不得迟交，否则，迟交一天罚税金额 3%。如此一来，投机分子撑不住了，不得不要求人民政府买回他们"吃"进的棉纱，人民政府最终以极低的价格买回了大量棉纱。

这场战役，使投机分子受到严厉打击。有的资本家血本无归，有的卷铺盖逃往香港。全国的物价迅速稳定下来。上海有名的资本家不得不承认：共产党在治理经济方面有奇才。"6 月银元风潮，中共是用政治力量压下去的，此次则用经济力量就能稳住，是上海工商界所料不到的"，它给"上海工商界一个教训"。而陈云则总结说："我们是税收、公债、货币回笼、收购四路'进兵'，一下子把通货膨胀制止了。"毛泽东更给予高度评价，指出：它的意义"不下于淮海战役"。

反对通货膨胀斗争的胜利，极大地提高了党和人民政府在广大群众中的威信，它向全世界表明共产党领导下的中国人民军事上能打 100 分，经济上同样能打 100 分；它使旧中国留下的全国经济混乱的局面就此终结，使共产党"天下大定"。

2.恢复生产、发展经济

1950 年 6 月 6 日，在中共七届三中全会的讲话中，毛泽东进一步阐明了恢复和发展生产的重大意义，他指出："我们当前总的方针是什么呢？就是肃清国民党残余、特务、土匪，推翻地主阶级，解放台湾、西藏，跟帝国主义斗争到底。为了孤立和打击当前的敌人，就要把人民中间不满意我们的人变成拥护我们。这件事虽然现在有困难，但是我们总要想各种办法来解决。我们要合理地调整工商业，使工厂开工，解决失业问题，并且拿出 20 亿斤粮食解决失业工人的吃饭问题，使失业工人拥护我们。我们实行减租减息、剿匪反霸、土地改革，广大农民就会拥护我们。我们也要给小手工业者找出路，维持他们的生活。对民族资产阶级，我们要通过合理调整工商业，调整税收，改善同他们的关系，不要搞得太紧张了。对知识分子，要办各种训练班，办军政大学、革命大学，要使用他们，同时对他们进行教育和改造。要让他们学社会发展史、历史唯物论等几门课程。就是那些唯心论者，我们也有办法使他们不反对我们。他们讲上帝造人，我们讲从猿到人。有些知识分子老了，七十几岁了，只要他们拥护党和人民政府，就把他们养起来。"[1] 从毛泽东这段讲话可以看出，新中国成立之初人民政府面对的最突出、最现实、最紧迫的问题，是解决城乡人民群众的生活困难，主要是老百姓的吃饭问题，农民要吃饭，失业工厂要吃饭，小手工业者要吃饭，民族资产阶级要吃饭，知识分子要吃饭。解决老百姓的吃饭问题，既是一个民生问题，也是一个政治问题。只有先解决人民的吃饭问题，人民才能拥护我们。解决吃饭问题，最重要的是手中有粮。"手中有粮"最管用、最能马上见效的办法是恢复和发展生产。

新中国成立前夕，接管后的天津市发生了"工厂不开工，上百万人口生活无着落"的问题。尤其是私营企业开工率不足 30%。当时天津的"6 区有 33 个铁工厂，开全工的 1 家，开半工的 3 家，其余 29 家都未开工"。这是一个非常严重的问题。中共中央委派刘少奇亲赴天津，解决尽快恢复和发展城市生产问题。1949 年 4 月 10 日晚抵达天津后，刘少奇就草拟出《天津工作问题》提纲。从第

①《建国以来重要文献选编》第一册，中央文献出版社 2011 年版，第 224-225 页。

二天开始，刘少奇深入工厂、机关、学校，同干部、工人、职员、资本家等各方面人士座谈，广泛听取意见，从而掌握了天津市一些工厂不复工的真实原因，提出了解决天津问题的一系列政策和措施。在正式宣布这些政策之前，经薄一波转报毛泽东，得到毛泽东肯定。毛泽东在他 1947 年 12 月会议提出的"发展生活，繁荣经济，公私兼顾，劳资两利"方针的基础上，吸纳刘少奇关于照顾"四面八方"的思想，概括出"公私兼顾，劳资两利，城乡互助，内外交流"的新十六字方针。[①]

4 月 24 日，天津市召开全市干部会议，刘少奇在会议讲话中就贯彻"四面八方"的方针提出了 4 条要求：（1）必须切实地组织好对外贸易。这是至关重要的工作，是人民的最大利益之一。要争取出口。为了发展必须进口的，应尽可能进口。（2）必须切实地、迅速地沟通城乡关系。使城市工业品与乡村农产品相互交换的关系发达起来，灵活起来。在这方面又要与资本家商人合作。还应组织交易市场，组织农民物资交易所。这样就活跃起来了，从而刺激了生产，东西也多起来了。（3）必须贯彻公私兼顾政策。我们党、政府、贸易局、公营工厂，必须主动地联合资本家，主动地同他们合作。（4）必须贯彻劳资两利的政策。资本主义的剥削制度今天还不能废除。在中国目前的条件下，私人资本主义经济的若干发展是进步的，对于国民经济是有利的，对于工人也是有利的。在城市里发展生产，第一是发展公营企业的生产，第二是发展私营企业的生产，第三是发展手工业生产。城乡关系、内外关系、公私关系、劳资关系都要搞好。[②]

① 黄小同等著：《刘少奇与天津讲话》，河南大学出版社 1998 年版，第 66 页。
②《刘少奇年谱（1898—1969）》，中央文献出版社 1996 年版，第 197-198 页。

4 月 25 日，刘少奇对天津市国营企业职员发表讲话，继续阐述"四面八方"的方针。他指出：现在的工厂是国家的工厂，人民的工厂，你们是国家在工厂中的组织者。职员，在马克思主义者看来，是无产阶级中的一个特殊阶层，是整个工人阶级中的一部分。国家依靠工人，同时也依靠职员，特别依靠厂长、工程师和技师。要把工厂办好，首先要你们和我们共产党的关系搞好，这就要采取老实的态度，承认真理，服从真理，拥护真理，就是实事求是。我们的最高标准，是最大多数人民的最大利益，一切要服从这个标准，小原则要服从大原则，这就是原则性。其次，必须搞好跟工人的关系。职员和工人统统是工薪劳动者，雇佣劳动者，虽然一个是脑力劳动，一个是体力劳动，但基本上都是劳动者。因此，职员和工人必须互相团结，否则就不能很好地办工厂，不能很好地为人民服务。再次，工厂组织要改变，提高效率，过高过低的工资应该适当调整，冗员和特务、坏分子应该裁汰。[①]

28 日，刘少奇出席天津市职工代表大会并发表讲话。他指出：中国工人阶级要革命，要解放自己，就要组织农民，和农民联合在一起。农民是中国工人阶级的第一个朋友、第一个同盟军。小资产阶级是中国工人阶级的第二个朋友。而民族资产阶级也是我们的朋友，是第三个朋友。这 4 个阶级联合起来进行革命，队伍就大了。我们有 3 个敌人，就是帝国主义、封建主义、官僚资产阶级，而国民党是集中的代表者。我们必须分清敌友。如果把民族资产阶级看成敌人，要打倒资本家，那是违背工人阶级利益的。对民族资产阶级有斗争的一面，有联合的一面。在政治上要联合他们，和帝国主义、封建主义、官僚资产阶级做斗争。在经济上要联合他们发展生

---

① 《刘少奇年谱（1898—1969）》，中央文献出版社 1996 年版，第 198–199 页。

产，但在联合中不能缺少斗争，而这个斗争也不能破坏联合，如果斗争到把资产阶级消灭，这样工厂减少了，生产下降，工人失业，对工人，对国家，对人民都不利。今天中国不是资本家太多，太发展了，而是太少，太不发展。在新民主主义的经济下，在劳资两利的条件下，还让资本家存在和发展几十年。这样做，对工人阶级的好处多，坏处少。①

如果说天津调查，解剖了"麻雀"，抓了一个典型，那么，通过 1949 年 6 月至 8 月的秘密访问苏联，则进一步加深了刘少奇对恢复和发展经济问题的认识。在《关于经济工作的问题的提纲》中，刘少奇开宗明义地写道："中国人民生活水平很低，很（穷）困。穷，受人欺侮。为什么？生产水平很低——个体经济、手工业、机器工业很少。弱，受帝国主义、封建主义压迫剥削。"刘少奇提出解决的思路是：（1）怎样才能提高人民生活水平？富裕。要发展生产，使个体农业和手工业变为机器生产。（2）发展工业。如何才能发展工业？推翻帝国主义与封建统治，建立人民统治。此点已做到，以后巩固人民政权，以此为杠杆去组织经济。发展工业，一切以此为中心。（3）怎样发展经济？恢复农业、工业、手工业，解决人民迫切需要，积累资本，然后发展大工业、重工业，再发展轻工业、农业。机器化，电气化，工业化，必须是社会主义，否则无出路，人民生活不能改善。（4）发展中逐步增加社会主义成分，适当时机实行工业国有化，再农业集体化。一切经济发展教（叫）帮助社会主义。（5）资本——基本投资、文化技（投）资、国防投资。（6）来资——人民节省，借款。生活改善与投资。（7）工业的作用与工人阶级的作用是决定一切的。农业的改造也要依靠他们。依靠

①《刘少奇年谱（1898—1969）》，中央文献出版社 1996 年版，第 200-201 页。

工人阶级是历史决定的，不是愿意与否。[①]

刘少奇对恢复生产、发展经济问题的研究，为全国探索了经验。1949 年 12 月 22 日、23 日，全国农业会议、钢铁会议、航务会议接连召开。政务院总理周恩来在讲话中反复强调的一个观点是"恢复生产"。他指出："国家明年的负担很大，不抓生产是不行的。毛泽东同志说，军队向前进，生产长一寸。现在不抓生产靠什么来支援战争和巩固胜利？生产是我们新中国的基本任务。当前生产任务的重心是恢复而不是发展，当然也不排斥可能而且必要的发展。抗日战争以前全国粮食的最高年产量是 2800 亿斤，今年的产量比那时大概减少了 20%。明年计划增产 100 亿斤，但距 2800 亿斤还很远。棉花生产的情况也是这样。整个说来，当前各方面首先是需要恢复，然后再在这个基础上发展。毛泽东同志说过，三年五年来恢复，十年八年便发展。如果我们能在三五年内达到或超过战前水平，那就很好了。农业的恢复是一切部门恢复的基础，没有饭吃，其他一切就都没有办法。轻工业的原料，输出的产品，现在绝大部分都要依靠农业。国家计划中的经费，除去军事开支和行政开支，主要的是用于恢复生产。只有生产恢复以后，才能使几百万人转到企业中去。"[②]

怎样才能恢复生产呢？周恩来认为，必须认真贯彻落实毛泽东提出的新的"十六字"方针。比如，正确处理城乡关系。一方面，中国革命要由工人阶级来领导；另一方面，要使革命取得胜利，必须依靠农民阶级和广大农村。党的七届二中全会决定，今后党的工作的重点应该转向城市，应该把主要力量放在城市，恢复与发展工

①《建国以来刘少奇文稿》第二册，中央文献出版社 2005 年版，第 659-660 页。
②《建国以来重要文献选编》第一册，中央文献出版社 2011 年版，第 63 页。

业以促进农业的恢复与发展。同时也要防止另一种倾向，不能因工
业领导农业、城市领导乡村，而忽视农业和乡村。中国农民占全国
人口的 80% 以上，农业和手工业在国民经济构成中占 90% 左右，
工业生产要兼顾农村的需要。如修铁路，首先要想到这段铁路在城
乡交流、工业品与农业品的交换中所能起的作用。周恩来指出："目
前的任务首先要恢复农业生产，然后再进一步发展农业生产。明年
计划增产 100 亿斤粮食，经过三五年的努力就可以恢复到年产 2800
亿斤的战前最高水平。这样就可以提高 4 亿农民的购买力，增加他
们对工业品的需要和对工业原料的供应，也就可以在恢复和发展农
业的基础上恢复和发展工业生产。今年全国棉花产量为 800 多万担，
明年计划增加到 1300 万担。如果没有这 1300 万担棉花，100 万纱
锭就得停转。如果没有粮食，城市人民就不能生活下去。京、津、
沪三地 1000 万人口的吃穿都要靠乡村来供应。城市离不开乡村而
且要依靠乡村，工业离不开农业而且要以农业为基础。"[①]这就是说，
我们必须在发展农业的基础上发展工业，在工业的领导下提高农业
生产的水平。没有农业基础，工业不能前进；没有工业领导，农业无
法发展。只有工业发挥领导作用，才能实现农业的现代化、机械化。

要搞好生产的恢复和发展，核心的问题是调动各方面的生产积
极性，而生产积极性的形成需要一系列的制度措施来保障。1950 年
2 月，中财委发出指示，指出当前的中心任务是恢复和发展生产，
为完成这一任务，必须在国营工矿企业中，对原来官僚资本统治时
期遗留下来的各种不合理的制度进行一系列的改革。改革的中心环
节是建立工厂管理委员会，实行工厂民主管理。为贯彻落实这个文
件精神，国营工矿企业经过开展生产上的民主改革，相继建立起由

---

① 《建国以来重要文献选编》第一册，中央文献出版社 2011 年版，第 67 页。

厂长、总工程师等生产负责人和同等数量的职工代表参加的工厂管理委员会，广大职工通过自己的代表，参加对厂内重大问题的讨论并参与生产管理。各工矿企业还通过民主选举，建立职工代表会议制度，听取工厂管委会的报告，检查工厂经营管理和领导作风。通过这些改革，工人阶级的领导地位在企业中得到确立，有力地调动了广大工人恢复和发展生产的积极性和主动性。

新中国成立后，恢复生产最早的是东北地区。1949 年春，在各厂矿形成恢复生产的热潮。工人群众以高涨的热情和高度的主人翁责任感，不计工时，不计报酬，献交器材，投入到抢修设备、修复厂矿的火热斗争中去，使沉寂多时的工厂矿山响起机器的轰鸣声。其中，鞍山钢铁厂率先在所属 29 个厂矿发起恢复生产和立功运动，广大职工纷纷回到工厂。尽管没有工资，每人只发给少量口粮，干部、共产党员和工人群众、技术人员不分昼夜地努力奋战，加快了厂矿设备修复的进度，仅两三个月，中板厂、焊接钢管厂、第一初轧厂等主干厂相继修复，投入生产。6 月初，鞍山炼铁厂二号高炉流出解放后第一炉铁水。其他各大城市解放后接收的官僚资本企业，很快恢复了正常生产。如天津市原中纺系统所属 7 个纺纱厂在接管后的第二天，即有 90% 以上的职工到厂报到，立即恢复开工生产。天津市被服厂在接收后的 15 天内，完成了几十万条军裤的生产，及时支援了解放大军的南下作战。北京石景山钢铁厂等国营企业的职工，在党组织的动员下，克服重重困难，不到半年时间就恢复了生产，并创造了历史上最好的生产成绩。在中国最大的工商业城市上海，中纺公司各厂在解放后 3 天内全部复工，市内公共汽车大部分恢复行驶。江南造船所被炸毁的 3 座船坞，工人和技术人员只用一个星期就修好其中的陆上设备，一个半月即把船坞全部修复。因多处毁坏而中断的沪宁线，在铁路职工的奋力抢修下，迅速恢复通车。

由于正确贯彻全心全意依靠工人阶级的方针，工业生产的恢复在短期内取得引人瞩目的成绩。据统计，1950 年全国工业总产值比 1949 年增长 36.4%。

在工业恢复的同时，党和人民政府加快对农业的恢复。这是国民经济一切部门恢复的基础。从 1949 年 10 月到 1952 年底，国家用于农业的投入逐年增加，1950 年为 2.74 亿元，1951 年增加到 4.17 亿元，1952 年增加到 9.04 亿元。为打好农业发展的基础，3 年间，国家对水利建设加大投入，总计投入经费约 7 亿元，占全国预算内基本建设总额的 10% 以上，全国直接参加水利工程建设的就有 2000 多万人。1950 年 7 月至 9 月，毛泽东连续 4 次批示周恩来：要"根治淮河"，"导淮必苏、皖、豫三省同时动手，三省党委的工作计划，均须以此为中心"。[1] 随着治理淮河、荆江分洪、官厅水库等水利工程的基本完成，新中国成立前江河堤岸严重失修、水患频繁的状况初步改观。所有这些都促进了农业生产的迅速恢复和发展。全国粮食总产量从 1949 年的 2263.6 亿斤增长到 1952 年的 3278.4 亿斤，增长 44.8%，比历史上最高年产量的 1936 年增长 9.3%。棉花总产量从 1949 年的 888 万担增长到 1952 年的 2608 万担，增长 193.7%，比历史上最高年产量的 1936 年增长 53.6%。[2]

1950 年上半年，毛泽东在中共七届三中全会上宣布："我们现在在经济战线上已经取得了一批胜利，例如财政收支接近平衡，通

---

[1]《建国以来重要文献选编》第一册，中央文献出版社 2011 年版，第 308 页。
[2]《中国共产党历史第二卷（1949—1978）》上册，中共党史出版社 2011 年版，第 176 页。

货停止膨胀和物价趋向稳定等等，表现了财政情况的开始好转。"[1]
经过 3 年的努力，整个国民经济得到全面恢复和快速发展，1952 年，
工农业总产值 810 亿元，比 1949 年增长 77.6%，平均每年增长 20%
左右。其中，工业总产值比 1949 年增长 145.1%，钢产量比 1949 年
增加 7.54 倍，比历史最高水平增加 7.2%，原油、水泥、电力、原
煤等都超过历史最高水平，棉纱、棉布、食糖等主要轻工业产品也
超过历史最高水平。1952 年中国工业生产超过旧中国历史最高水平
23%，农业总产值比 1949 年增长 48.4%。[2]

　　工农业生产的恢复和发展，使人民的生活得到初步改善。由
于农业生产得到恢复和发展，农民生活有了明显的改善。土地改革
的完成，使无地少地的农民获得了耕地和生产资料，生产有了基本
保障。全国农业人口人均社会商品零售额从 1950 的 21.7 元上升到
1952 年的 30.7 元，两年增长了 41.5%，平均每年增长 18.9%。特别
是在吃、穿、用方面，1952 年，每名农村居民消费粮食 192 千克，
食用植物油 1.7 千克，猪肉 5.5 千克，棉布 4.6 米。

　　工业的恢复和发展，有力地促进了全国职工的就业和生活福利
改善。从 1950 年 7 月到 1953 年底，以工代赈者达 280 余万人次，
生产自救者达 15 万余人，还乡生产者达 14 万余人，领取失业救济
金者达 460 余万人次。由于国民经济的快速恢复发展和人民政府实
施扩大就业的政策，城市失业率迅速下降。到 1951 年底，失业工人
重新就业者达 120 余万人，失业知识分子经过各种训练、招聘以及
个别安排参加工作者约 100 万人，凡有劳动能力并愿意工作的失业

---

[1]《建国以来重要文献选编》第一册，中央文献出版社 2011 年版，第 220 页。
[2]《中国共产党历史第二卷（1949—1978）》上册，中共党史出版社 2011 年版，第
　　177–178 页。

人员大多数都得以就业。3 年中，有 220 万人重新获得了就业机会。到 1952 年，全国职工人数达到 1603 万人，为 1949 年全国职工人数 809 万人的 198.1%。职工的工资有了较大幅度的提高。1952 年，全国国营企业职工工资比 1949 年增加 60%～120%，全国职工平均工资比 1949 年增加了 70%。这一年实行第一次工资改革，改革的工资是国营企业职工工资增加 10%～36%，国家机关工作人员工资增加 15%～31%，文化教育工作者、高等学校教师工资提高 18.6%，中等学校教师工资提高 25.5%，初等学校教师工资提高 37.4%。随着收入的增加，职工生活水平有了较大提高。1952 年，全国居民人均消费水平为 76 元（按当年价计算），其中工农业居民为 62 元，城镇居民为 148 元。1952 年底，城镇居民的储蓄存款余额为 8.8 亿元，平均每人储蓄 12 元。从 1952 年起，在党政机关和事业单位中实行公费医疗制度，到年底，享受劳动保险的职工达 330 万人，享受公费医疗的人数达到 400 万人。职工住房状况与城市环境也有所改善。1949 年到 1952 年，全国城市共维修房屋约 2000 万平方米，新建住宅面积 1462 万平方米，修理排水管沟 1037 千米，清除垃圾约 2000 万千米。北京市龙须沟整治工程就是这个时期完成的，著名作家老舍据此写了剧本《龙须沟》，歌颂这种新变化。这一时期我国卫生事业发展较快，医疗条件改善明显。1952 年，全国医院、疗养院的床位数达到 18 万张，比 1949 年增加了 114.7%；1952 年与新中国成立前的最高年份相比，全国妇产医院的床位数增加了 1.33 倍，儿童医院的床位数增加了 0.5 倍，妇幼保健所（站）260 多个，卫生技术人员比 1950 年增加 33.3%。新中国成立初期，全国卫生防疫的重点是预防烈性传染病、肺结核、寄生虫病和性病。到 1950 年底，全国已经有 88 个专业防疫队，防疫人员 1100 人，另有鼠疫防疫队 12

个，防疫人员 1400 人，还有卡介苗接种推广人员 1600 人。到 1952
年底，基本上控制了霍乱、鼠疫等传染病，有效地治疗了肺结核等
以往死亡率很高的疾病。[①]

以上数据说明，中国共产党在执政最初的 3 年中，为提高人民
的生活水平，做出巨大努力，取得了重要成果。

3. 建立正常的社会秩序

新中国成立时，中国大陆的土匪武装共有 200 多万人，大致分
为四种类型：其一是"政治土匪"。多数是国民党败退时有计划留下
来的正规军，或逃不脱的残余匪军，如广东的"反共自卫救国军"、
闽北地区的"中华民族自救军闽北总指挥部"、浙江的"国防部第
三纵队"、云南的"中国革命军滇西纵队"等。少数是新中国成立
后国民党从台湾、海南派遣回来的"匪特骨干"，如宁夏的所谓
"贺兰山剿共总部"。其二是"封建土匪"。主要是封建恶霸、地方
实力派和失意政客组成的地方反动武装。其三是"经济土匪"。主
要由一些地痞流氓、无业游民及部分在国民党统治时期无法生存被
迫为寇的贫民，专以抢劫掳掠谋生。其四是"封建会道门中的反动
分子"，如宁夏的哥老会、一贯道和四川的中和道、川儿教等。

这些土匪的共同点是仇视共产党及新生的人民政权，在政治上
都是反动的。他们到处宣传反动口号，妖言惑众，蛊惑人心；伺机
攻打新生的县、区、乡人民政府，袭击分散驻守的武装部队；有的
公然抢劫公粮、破坏交通、烧毁村庄、奸辱妇女，杀害干部群众。
广西恭城县还发生了震惊全国的反革命暴乱。在这次匪乱中，有
120 多名解放军与县大队指战员、工作队员及群众牺牲和被害，县

---

①《中华人民共和国史稿》第一卷（1949—1956），人民出版社、当代中国出版社 2012
　年版，第 148-150 页。

城被抢劫 59 家，损失折成当时人民币达 3.29 亿元，损失公粮 44.4 万斤。落在土匪手中的中共军政人员及群众，全部被残酷虐杀，有的被挖眼剖腹，有的被砍掉四肢，还有的被迫裸体游街，惨遭蹂躏。山西稷山县发生了杜启明反革命暴乱，在太杜村五区政府的 7 位中共干部被杀害，区政府的公款、代耕粮及自行车、钟表等财物都被洗劫一空。据统计，1950 年 1 月至 10 月，全国共发生妄图颠覆新生人民政权的武装暴动 816 起，西南地区曾被匪特攻打、攻陷的县城有 100 座以上。1950 年，全国有近 4 万名干部和群众积极分子惨遭匪特杀害。土匪武装的存在，造成了极大的社会危害，严重影响新生的人民政权的巩固，严重威胁人民群众的生命安全，搞得人心惶惶。

从 1949 年 5 月起，新生的人民政权就开始了剿匪斗争。先后抽调 39 个军、144 个师共 150 万兵力，在 5 大行政区所属的 22 个省展开剿匪战斗。为了使清匪反霸斗争有序开展，中共中央制定了"军事打击、政治争取与发动群众相结合"的清匪基本方针，确定了"首恶者必办，胁从者不问，立功者受奖"的"镇压与宽大相结合"的政策。在匪情严重地区，以军事打击为主，政治争取为辅；在一般情况下，以政治争取为主，军事打击为辅。在军事打击或政治争取的同时，充分发动群众，建立人民政权，加强地方武装，进行民主改革。

在华北地区，国民党有组织、有计划地潜伏了所谓"地下军""敌后游击军"等大批匪特达 3 万人。大股土匪主要在绥远、察哈尔、平原等省一些解放较晚的地区活动，小股土匪活动在天津、北京、太原附近。他们袭击人民解放军小股部队及地方党政机关，拦路抢劫，破坏交通运输及各种设施，危害社会治安。面对严峻的形势，人民解放军华北军区部队采取运动作战方式，城乡统一行动，对河北、察哈尔、山西、平原等省的大小股匪展开进剿。先后共歼匪特 5.3 万余人，缴获火炮 10 余门、各种枪 8800 余支。

在西北地区，匪患主要是国民党军胡宗南、马步芳、马鸿逵残部骨干分子纠集散兵游勇、惯匪等，组织成一支势力强大的土匪武装。甘肃境内有土匪 67 股，主要分布于临夏、河西走廊、陇东、平凉等地；青海境内有马步芳、马鸿逵残部近万人，活动于西宁西北、贵德东北等地；陕西境内有土匪 40 余股，主要分布在武功、安康和川陕边等地；宁夏的马绍武等股匪藏匿在贺兰山、同心、西吉、海原、固原等偏僻山区；新疆有乌斯满、尧乐博斯等股匪，主要活动于伊宁、库尔勒和青新边等地区。这些土匪到处袭击城镇，组织暴乱，破坏民族团结。

人民解放军西北军区自 1949 年 11 月起，先后投入 2 个兵团、11 个军、38 个师另 1 个旅 3 个团的兵力在陕、甘、宁、青、新地区进行剿匪作战。先后歼灭了陕西王凌云、甘肃马英贵、青海马成贤、宁夏马绍武、新疆乌斯满等股匪，沉重打击了匪徒的嚣张气焰。此后，西北军区针对主力部队转入生产后，被击溃的土匪又重新拉起队伍，并利用宗教、民族问题煽动暴乱等新情况，再次调集 126 个连 1.9 万多人，围剿甘青川交界地区的马良、马元祥匪部，全歼马匪 1600 多人。至大规模剿匪作战结束，西北军区剿匪部队共歼灭土匪 9.09 万人，缴获各种炮 80 余门、各种枪 3.5 万余支。

在华东地区，据 1949 年 7 月统计，全区陆上有土匪 700 余股、11.3 万多人，沿海岛屿的海匪也有万余人。为消除匪患，8 月，华东军区和第三野战军颁布剿匪作战命令，决定抽调主力部队结合地方武装，发动以浙、皖为重点的华东大陆地区秋季剿匪作战。从 8

月下旬起，各剿匪部队采用集中优势兵力、迂回包围的战术，灵活运用军事打击和政治争取相结合的方针，一举歼灭了活动于闽北地区的"中华民族自救军闽北总指挥部"、浙江的"国防部第三纵队"、苏南皖北的"苏皖军区第三纵队"等重要股匪。在清剿陆上土匪的同时，华东军区沿海边防部队、海军部队在地方武装和公安部门的配合下，还展开了清剿海匪的斗争。先后进行剿匪海战 56 次，歼灭海匪数百人，击沉、击伤、俘获艇船 52 艘。至华东地区剿匪作战取得全面胜利，共歼灭土匪 24.6 万余人，其中海匪 7800 人，缴获各种炮 400 余门、各种枪 11.2 万余支（挺）。

在中南地区，国民党正规军被逐出中南六省后，其残余武装分散退入山区，流窜为匪。国民党当局有计划地留置大批潜藏特务，收编各地惯匪、地主流氓武装，纠合封建会道门势力，建立形形色色的"反共救国军"，散布在豫西、鄂西、鄂豫皖边、赣东北、赣南、湘西、湘南、粤北、粤西、珠江三角洲、桂东南、桂西等广大地区和边缘地带。广西解放前夕，白崇禧所指挥的国民党残余部队 10 余万人退回广西老巢，企图死守广西。广西解放后，他们在蒋介石集团的策划和指挥下，以"反北佬""反征粮"为口号，逼民为匪。据不完全统计，成股的匪特武装多达 100 多万人。为此，人民解放军中南军区所属野战部队和地方武装，先后调集野战部队 46 个师，地方武装 7 个师、3 个旅、82 个独立团，运用集中兵力、重点进剿、分片包干、限期完成的战略，在豫、鄂、赣、湘、桂、粤六省区对国民党残余及国民党组织的匪特武装进行清剿作战。具体是湖南军区对湘西、常德太浮山区、邵阳龙山等几个重点区内的股匪展开进剿，广东军区对盘踞于北江、珠江三角洲南部及沿海岛屿上的股匪实施围剿，广西军区对桂南地区的匪特进驻围剿。经过人民解放军的艰苦作战，这几股匪徒最终被人民解放军剿灭。

在西南地区，匪特最为活跃。土匪们凭借险山恶水、野岭荒山，拦劫军车，抢夺钱财，杀人越货，危害四方。蒋介石企图把该地区作为"反攻复国"的游击根据地，因此大批国民党特务分子、封建恶霸、流氓和游勇散兵聚集在这里。据统计数据，反革命武装在川东区有 3 万余人，川南区约有 2 万人，在川北、川西、西康、贵州的活动也异常频繁。针对这种情况，为彻底歼灭聚集在边远地区的大股土匪和清除各地隐藏潜伏的特务匪首，中共中央西南局、西南军区要求各军区、军分区至县、区、乡、保成立剿匪委员会，作为一元化剿匪领导的组织形式，并以此进一步发动与组织群众，开展剿匪工作。西南军区政委邓小平号召全体指战员将剿匪斗争作为"第二次淮海战役"来打。由于干部群众的共同努力，形成众人合围土匪的局面，最终彻底歼灭了流窜在各边界地区的股匪。在此次剿匪斗争中，西南地区共歼匪 116 万人。

剿匪斗争一直持续到 1953 年，人民解放军共歼灭匪特武装 240 余万人，在全国范围内基本上平息了匪患，有力地保证了人民安居乐业，稳定了社会秩序。

三、建立先进的社会制度

习近平总书记在党的十九大报告中指出："我们党深刻认识到，实现中华民族伟大复兴，必须建立符合我国实际的先进社会制度。我们党团结带领人民完成社会主义革命，确立社会主义基本制度，推进社会主义建设，完成了中华民族有史以来最为广泛而深刻的社会变革，为当代中国一切发展进步奠定了根本政治前提和制度基础，实现了中华民族由近代不断衰落到根本扭转命运、持续走向繁

荣富强的伟大飞跃。"①这段话深刻揭示了以毛泽东为核心的第一代
中国共产党人在新中国成立后为从新民主主义向社会主义过渡和进
行社会主义建设所进行的艰苦探索和伟大实践。它表明，我们党在
新中国成立前后已经认识到，要让人民过上好日子，最根本的是要
有先进的社会制度作保障。正如刘少奇 1950 年在《国家的工业化
和人民生活水平的提高》一文中所指出的："中国劳动人民的生活水
平和世界许多先进国家比较起来，还是很低的。他们还很穷困，他
们迫切地需要提高生活水平，过富裕的和有文化的生活。这是全国
最大多数人民最大的要求和希望，也是中国共产党和人民政府力求
实现的最基本的任务。"②刘少奇认为，要彻底地改变劳动人民的生
活状况，需要具备的条件是："只有使中国人民从帝国主义、封建
主义和官僚资本主义的压迫之下解放出来，只有使他们从穷困、痛
苦、被奴役、被侮辱的地位翻起身来，只有使中国已有的生产力获
得解放，清除发展生产的障碍，造成继续发展生产的顺利条件，并
且使生产的继续发展获得保障，不受内部的和外来的野蛮势力的破
坏……这就是说，推翻帝国主义、国民党的统治，建立人民民主专
政，统一中国，剥夺官僚资产阶级和地主阶级的财产，还只是清除
发展生产的障碍，造成发展生产的条件。"③刘少奇当年提出的"造
成发展生产的条件"与习近平总书记讲的一样，都是要建立一套
"先进社会制度"。什么是先进的社会制度呢？在中国主要是社会主
义制度、中国共产党的领导制度、马克思主义的指导思想制度、人
民代表大会制度、中国共产党领导的多党合作和政治协商制度、民

族区域自治制度以及基层群众自治制度等。这里仅谈几个主要的根本制度和基本制度。

1. 从新民主主义过渡到社会主义

宣告中华人民共和国成立的中国人民政治协商会议第一届全体会议所制定的新中国的建国纲领，指出：国家的性质是"新民主主义即人民民主主义的国家"。国家的政权是由"中国工人阶级、农民阶级、小资产阶级、民族资产阶级及其他爱国民主分子的人民民主统一战线的政权"，"实行工人阶级领导的、以工农联盟为基础的、团结各民主阶级和国内各民族的人民民主专政"。国家的目标是"反对帝国主义、封建主义和官僚资本主义，为中国的独立、民主、和平、统一、富强而奋斗"。国家的经济政策是"以公私兼顾、劳资两利、城乡互助、内外交流的政策，达到发展生产、繁荣经济之目的"。其所有制形式是"国营经济、合作社经济、农民和手工业者的个体经济、私人资本主义经济和国家资本主义经济"5 种经济形式，"各种社会经济成分在国营经济领导之下，分工合作，各得其所，以促进整个社会经济的发展"。① 这些规定包含着许多社会主义原则，但又不是社会主义。中国共产党人把它冠名为新民主主义。

提出"新民主主义"理论的是毛泽东。1939 年 12 月，毛泽东在《中国革命和中国共产党》一文中首次提出"新民主主义革命"的概念。他指出："现时中国的资产阶级民主主义的革命，已不是旧式的一般的资产阶级民主主义的革命，这种革命已经过时了，而是新式的特殊的资产阶级民主主义的革命。这种革命正在中国和一切殖民地半殖民地国家发展起来，我们称这种革命为新民主主义的

---

① 《中国全鉴》第六卷，团结出版社 1998 年版，第 6180 页。

革命。这种新民主主义的革命是世界无产阶级社会主义革命的一部分，它是坚决地反对帝国主义即国际资本主义的。它在政治上是几个革命阶级联合起来对于帝国主义者和汉奸反动派的专政，反对把中国社会打造成资产阶级专政的社会。它在经济上是把帝国主义者和汉奸反动派的大资本大企业收归国家经营，把地主阶级的土地分配给农民所有，同时保存一般的私人资本主义的企业，并不废除富农经济。因此，这种新式的民主革命，虽然在一方面是替资本主义扫清道路，但在另一方面又是替社会主义创造前提。中国现时的革命阶段，是为了终结殖民地、半殖民地、半封建社会和建立社会主义社会之间的一个过渡的阶段，是一个新民主主义的革命过程。这个过程是从第一次世界大战和俄国十月革命之后才发生的，在中国则是从 1919 年五四运动开始的。所谓新民主主义的革命，就是在无产阶级领导之下的人民大众的反帝反封建的革命。中国的社会必须经过这个革命，才能进一步发展到社会主义的社会去，否则是不可能的。这种新民主主义的革命，和历史上欧美各国的民主革命大不相同，它不造成资产阶级专政，而造成各革命阶级在无产阶级领导之下的统一战线的专政。"[①]

按照毛泽东的理论，中国革命胜利以后，必须经过新民主主义这个阶段才能发展到社会主义，而新民主主义正是从半殖民地半封建的中国到社会主义所必须经过的过渡阶段。在这个阶段里，既有资本主义因素的发展，又有社会主义因素的发展，经过一个漫长时期的发展之后进入到社会主义。

至于需要多长时间才能过渡到社会主义，在 1948 年 9 月的中央政治局会议上，毛泽东和与会者根据俄国 1917 年二月革命后经

①《毛泽东选集》第二卷，人民出版社 1991 年版，第 647 页。

过 12 年过渡到社会主义的实践，提出新中国要用 15 年时间完成由
新民主主义向社会主义的过渡。对如何从新民主主义过渡到社会主
义，毛泽东在 1950 年 6 月中共七届三中全会上，提出了"三年五
年恢复，七年八年发展"的设想。即：用 3 年至 5 年时间恢复国民
经济，安定人民生活，稳定社会秩序；再用 8 年或 10 年时间发展新
民主主义经济，然后再一举进行社会主义革命，建设社会主义。[①]
1951 年 2 月 18 日，由毛泽东起草的《中共中央政治局扩大会议决
议要点》明确提出"三年准备，十年计划经济建设"的战略构想。
这个构想是从 1950 年 1 月至 1952 年 12 月，用 3 年时间恢复国民
经济，稳定社会秩序；再用 10 年时间，即从 1953 年至 1963 年，
进行大规模的经济建设。毛泽东的这一设想得到其他中央领导人的
赞同。

1952 年 9 月 24 日，毛泽东在中共中央书记处会议上提出："10
年到 15 年基本上完成社会主义，不是 10 年以后才过渡到社会主
义。"据薄一波给田家英的信中称，毛泽东在那次中共中央书记处
会议上指出："10 年到 15 年基本上完成社会主义，不是 10 年以后
才过渡到社会主义。二中全会提出限制和反限制，现在这个内容就
更丰富了。工业，私营占 32.7%，国营占 67.3%，是三七开；商业
零售是倒四六开。再发展 5 年比例会更小（资小我大），但绝对数
字（指资），仍会有些发展，这还不是社会主义。5 年以后如此，10
年以后会怎样，15 年以后会怎样，要想一想。"资本主义的"性
质也变了，是新式的资本主义：公私合营，加工订货，工人监督，
资本公开，技术公开，财政公开……他们已经挂在共产党的车头上
了，离不开共产党了"。"他们的子女们也将接近共产党了。""农村

① 唐振南著：《毛泽东与刘少奇》，湖南人民出版社 2003 年版，第 300 页。

也是向合作互助发展，前五年不准地主、富农参加，后五年可以让其参加。"①

促使毛泽东的认识出现这样的转变是 1952 年夏秋之交，在中国社会经济的现实生活中发生的一些超出原来预料的变化。

第一个变化是，在以巨大财力支持抗美援朝战争的情况下（1951 年军费开支占全年财政开支的 50% 以上），恢复国民经济的任务奇迹般地提前完成。在新中国建立刚刚 3 周年之际，传来了工农业主要产品的产量超过新中国成立前最高水平的喜讯，工农业总产值比新中国成立前最高水平的 1936 年增长 20%。而原先的估计是用 3 年到 5 年的时间恢复国民经济。

第二个变化是，经过 3 年经济恢复时期，国营工商业和私营工商业的产值比例发生了根本性的变化。1949 年中国工业生产总值的公私比例是，国营占 43.8%，私营占 56.2%，到 1952 年 9 月，国营上升到 67.3%，私营下降到 32.7%，国营经济已经超过私营经济。经历"五反"运动后，私营工商业已经开始纳入接受国营经济领导的轨道，出现了加工订货、经销代销、统购包销、公私合营等一系列从低级到高级的国家资本主义形式。在工业和商业流通领域中，一场深刻的社会变革实际上已经开始。

第三个变化是，在土地改革以后，农村中的互助合作事业普遍地发展起来，主要是互助组，也有一些以土地入股为主要特点的农业生产合作社，还有很少数集体农庄。继土改之后的一场更加深刻

---

① 薄一波给田家英的信，手稿，1965 年 12 月 30 日。为编辑《毛泽东选集》第五卷，田家英 1965 年请薄一波提供毛泽东提出党在过渡时期总路线的有关材料。薄一波从他的笔记本中记录的毛泽东在中共中央书记处会议和其他中央会议上讲过渡时期总路线的内容，摘要写成这封信。"文化大革命"中，薄一波的原记录本遗失，这封信是保存下来的一份记录毛泽东酝酿形成过渡时期总路线的重要材料。

的农村生产关系和生产力的变革，也在悄然兴起。

这 3 个重要社会经济现象，反映到毛泽东头脑里，使他做出新的理论思考和决策。其中最引起他注意的，是工商业公私比例的变化。这显然不是一个简单的数字问题，而是中国的社会经济形态已经和正在逐步实现转变的集中反映。[①]

对如此重大决策，毛泽东一开始表现出谨慎态度，他一方面要求不许向下传达，另一方面想征求斯大林的意见。在毛泽东提出向社会主义过渡的设想刚刚 5 天，受毛泽东委托，刘少奇即率中共中央代表团离开北京赴苏联，并于 10 月 2 日抵达莫斯科。在正式会见前，刘少奇给斯大林写了一封长信，通报了中共中央关于对农业、手工业和资本主义工商业进行社会主义改造，使中国逐步过渡到社会主义的一些设想。

斯大林收到刘少奇的信后，十分重视。他研究了信中的内容后，于 10 月 24 日在克里姆林宫会见了刘少奇和中共代表团其他成员。刘少奇对信中所谈的内容进行了补充，之后，斯大林发表了讲话。他表示赞同中共中央对逐步过渡到社会主义的设想。

关于中国怎样从现在逐步过渡到社会主义去的问题，斯大林说：我觉得你们的想法是对的。当我们掌握政权以后，过渡到社会主义去应该采取逐步的办法。你们对中国资产阶级所采取的态度是正确的。刘（少奇）问斯大林同志对中国土地国有化问题有何指示。斯（大林）说：土地国有问题在东欧各国也曾提出。我认为土地国有现在不能实行，如实行，农民不会了解，农民会认为分给他们的土地，国家又拿回去了。东欧各国也没有实行土地国有。波兰、捷克实行了禁止土地买卖，这个办法农民还是能够接受的，这就前进

---

①《毛泽东传（1949—1976）》（上），中央文献出版社 1996 年版，第 240-241 页。

了一大步。但实行这个办法也必须谨慎。东欧另一些国家还征购了富农的土地，交给农民使用，价格由国家规定并付给，但价格不高，以后这些土地的所有权即属于国家。这个办法人民也还是能够接受的。东欧各国都没有采取土地直接国有化的办法。刘（少奇）问中国将来是否也可采取这样的办法消灭富农。斯（大林）答：应分作几个步骤来进行。可先用累进税（即税率随纳税人的收入或财产价值的递增而递增的税——引者注）的办法来压富农，然后使雇农离开富农，加入集体农场，同时使富农将土地或者售给国家，或者交给国家，自己跑开等，但这要在农民反对富农的基础上才可实行，否则，不要着急。苏联过去对富农采取了剧烈的办法，把300多万富农迁移到西伯利亚，他们现在都组织了集体农场。我们采取这种办法，是因为有广大的土地，同时农民对富农极为不满。中国不必采取这种剧烈的办法。苏联情况与东欧各国和中国的情况都不同。东欧国家开始是集中力量对付地主，没有去消灭富农，在地主消灭后，当然有一个阶段要去对付富农。东欧各国现在还没有消灭富农。苏联在十月革命后经过了12年才消灭富农，而地主则在十月革命时都被消灭了。[①]

　　斯大林的上述看法，不仅从总体上肯定了中共中央关于向社会主义过渡的总体设想，而且还就土地国有化、消灭富农等重大问题提出了具体的意见。这些意见是总结苏联及东欧国家在社会主义改造问题经验教训的基础上提出来的，因此备受中共中央的重视，它鼓舞了中国共产党人实现向社会主义过渡的信心，也为中国深入研究社会主义改造的一系列重大问题提供了重要的理论指导。

　　在取得广泛共识，并得到斯大林赞同的基础上，1953 年 6 月

[①]《建国以来刘少奇文稿》第四册，中央文献出版社 2005 年版，第 533-534 页。

15 日，中共中央政治局扩大会议在北京召开。会议确定了经过国家资本主义道路对资本主义工业进行社会主义改造的方针。毛泽东在会上发表了讲话，第一次对党在过渡时期的总路线和总任务的内容做出了比较完整的表述。他说："党在过渡时期的总路线和总任务，是要在 10 年到 15 年或者更多一些时间内，基本上完成国家工业化和对农业、手工业、资本主义工商业的社会主义改造。"①

半年后，在毛泽东亲自修改审定、刘少奇主持批准向全国转发的《为动员一切力量把我国建设成为一个伟大的社会主义国家而奋斗——关于党在过渡时期总路线的学习和宣传提纲》中，将过渡时期总路线完整准确地表述为：从中华人民共和国成立，到社会主义改造基本完成，这是一个过渡时期。党在这个过渡时期的总路线和总任务，是要在一个相当长的时期内，逐步实现国家的社会主义工业化，并逐步实现国家对农业、手工业和资本主义工商业的社会主义改造。这条总路线是照耀我们各项工作的灯塔，各项工作离开它，就要犯右倾或"左"倾的错误。

此后全国掀起了学习和贯彻过渡时期总路线的高潮。

为了实现国家的社会主义工业化，中共中央决定从 1953 年起开始执行国家建设的第一个五年计划，其基本任务"概括地说来就是：集中主要力量进行以苏联帮助我国设计的 156 个建设单位为中心的、由限额以上的 694 个建设单位组成的工业建设，建立社会主义工业化的初步基础；发展部分集体所有制的农业生产合作社，并发展手工业生产合作社，建立对于农业和手工业的社会主义改造的初步基础；基本上把资本主义工商业分别地纳入各种形式的国家资

---

① 毛泽东在中共中央政治局扩大会议上的讲话记录，1953 年 6 月 15 日。

本主义的轨道，建立对于私营工商业的社会主义改造的基础"。[①] 到 1957 年底，第一个五年计划的各项指标大都大幅度地超额完成，工业、交通运输业和基本建设各条战线捷报频传。而在 1956 年，中国第一家生产载重汽车的工厂长春第一汽车制造厂建成投产，中国第一家飞机制造厂试制成功第一架喷气式飞机，大批量生产电子管的北京电子管厂正式投产，一大批旧中国没有的现代工业骨干企业开始一个个建立起来，一大批能源基地和工业化原料基地的建立使我国工业生产能力大幅度提高，"一五"期间工业建设和生产所取得的成就，远远超过了旧中国的 100 年。

1953 年，党先后做出关于农业生产互助合作的决议和关于发展农业生产合作社的决议。在这两个决议的推动下，全国 80% 以上的合作社实现了增产增收，表现出互助组优于单干，合作社优于互助组的势头。此后，广大农村掀起大办农业社的热潮，至 1955 年春，全国农业社达到 67 万个，初步奠定了农业合作化的基础。

农业互助合作运动的发展和粮食统购统销政策的实行，直接推动了资本主义工商业社会主义改造的进程。国家采取对资本主义工商业利用、限制、改造的政策，大大促进了对资本主义工商业的改造。在 1953 年底以前，着重发展以加工订货为主的初级和中级国家资本主义形式。1954 年初开始转入重点发展公私合营这种高级形式的国家资本主义，这就使这些企业具有不同程度的社会主义性质。

1955 年夏季到 1956 年底，我国加快了对农业、手工业和资本主义工商业社会主义改造的步伐，在较短的时间里，实现了生产资料所有制的深刻变革，社会主义改造取得决定性的胜利。全民所有

[①]《中华人民共和国发展国民经济的第一个五年计划 1953—1957》，人民出版社 1955 年版，第 18-19 页。

制和劳动群众集体所有制这两种社会主义公有制形式，已在整个国民经济中占据绝对优势地位。1956 年，公有制经济在国民收入中的比重已达到 92.9%，社会主义的经济基础在我国已经确立，初步建立起社会主义基本制度，从而宣告中国进入社会主义。

2. 人民代表大会制度的实行

人民代表大会制度是中华人民共和国的根本政治制度。它是巴黎公社的委员制、苏联的工农兵苏维埃制的运用和发展，是中国共产党探索国家政权应当怎么组织、如何实现国家治理的优秀成果。中国共产党自成立之日起就致力于建设人民当家做主的新社会，提出了关于未来国家制度的主张，并领导人民为之进行斗争。大革命时期的农民协会制度，是人民政权组织形式的探索。土地革命时期的工农兵苏维埃，是人民代表大会制度的雏形。1931 年在江西瑞金建立的中华苏维埃共和国，最高政权为全国工农兵代表大会，闭会期间最高政权机关是中央执行委员会，其下组建了人民委员会、最高法院和审计委员会，体现了人民代表大会制度的运行原理。抗日战争时期，中国共产党将苏维埃政权改为国民政府下的一级地方政权，边区参议会既是民意机关，也是立法机关，实行"三三制"，创造了"投豆法""画圈法""背箱法"等选举方法，被誉为"抗日民主之花"。正是在这一阶段，中国共产党对国家制度形成了较成熟的思想。1940 年，毛泽东在《新民主主义论》中讲："没有适当形式的政权机关，就不能代表国家。中国现在可以采取全国人民代表大会、省人民代表大会、县人民代表大会、区人民代表大会直到乡人民代表大会的系统，并由各级代表大会选举政府。"这是中国共产党第一次正式提出中国未来的政权组织形式是要建立人民代表大会制度。1949 年中国人民政治协商会议第一届全体会议代行全国人民代表大会的职权。《中国人民政治协商会议共同纲领》明确规定:"国家最高政权机关为全国人民代表大会。"周恩来对这一根本政治制度作了精辟的概括:"新民主主义的政权制度是民主集中制的人民代表大会的制度,它完全不同于旧民主的议会制度,而是属于以社会主义苏联为代表的代表大会制度的范畴之内的。但是也不完全同于苏联制度,苏联已经消灭了阶级,而我们则是各革命阶级的联盟。我们的这个特点,就表现在中国人民政协会议的形式上……从人民选举代表、召开人民代表大会、选举人民政府直到由人民政府在人民代表大会闭会期间行使国家政权的这一整个过程,都是行使国家政权的民主集中的过程,而行使国家政权的机关就是各级人民代表大会和各级人民政府。"[①]由于新中国成立初期在全国范围实行普选的人民代表大会的条件尚不成熟,因而采取了在中央层面通过政治协商会议全体会议、在地方层面通过逐级召开人民代表会议的方式,逐步地向人民代表大会制度过渡。按照《中国人民政治协商会议组织法》规定,政协全体会议每三年举行一次。到1952年秋,中国人民政治协商会议第一届全体会议已届期满,何时召开全国人民代表大会的问题提上了议事日程。这时,党中央和毛泽东开始考虑如何向社会主义过渡的问题。最初曾设想在过渡时期可暂不制定宪法,只对起着临时宪法作用的《共同纲领》加以修改或补充,待中国基本进入社会主义社会以后,再召开全国人民代表大会,制定出一部社会主义的宪法。但是,1952年10月,刘少奇在出访苏期间就这个问题向斯大林征求意见后,斯大林建议中国可以考虑尽早进行选举和制定宪法,不给西方敌对势力在此问题上反对新中国的借口。中共中央接受了这个建议。

---

①《周恩来选集》上卷,人民出版社1980年版,第369页。

　　1952 年 12 月 24 日，政协第一届全国委员会常务委员会举行第 43 次会议，周恩来代表中国共产党提议，由全国政协向中央人民政府委员会建议，于 1953 年召开全国人民代表大会和地方各级人民代表大会，并开始进行起草选举法和宪法草案等准备工作。1953 年 1 月 13 日，中央人民政府正式做出《关于召开全国人民代表大会及地方各级人民代表大会的决议》，"决定于 1953 年召开由人民用普选方法产生的乡、县、省（市）各级人民代表大会，并在此基础上接着召开全国人民代表大会。在这次全国人民代表大会上，将制定宪法，批准国家五年建设计划纲要和选举新的中央人民政府"。[①] 会议还决定：成立中华人民共和国宪法起草委员会，以毛泽东为主席；成立中华人民共和国选举法起草委员会，以周恩来为主席。对这次会议做出的两项决定，1953 年 9 月 18 日中央人民政府委员会又做出决定，将召开全国人民代表大会及地方各级人民代表大会的时间推迟到 1954 年。

　　召开全国人民代表大会及地方各级人民代表大会，最重要的筹备工作有两项：

　　一是制定《中华人民共和国宪法》。

　　中华人民共和国的第一部宪法，是在毛泽东的主持下制定的。1953 年 12 月 27 日，毛泽东带领宪法起草小组的几个成员抵达杭州，着手宪法起草工作。1954 年 1 月 9 日，宪法起草工作正式开始。为便于中央政治局就宪法问题作充分讨论，毛泽东要求中央政治局委员及在京中央委员抽时间阅读一些主要参考文件，包括：1936 年苏联宪法及斯大林报告；1918 年苏俄宪法；罗马尼亚、波兰、德国、捷克等国宪法；1913 年天坛宪法草案，1923 年曹锟宪法，1946 年中

---

①《建国以来重要文献选编》第四册，中央文献出版社 2011 年版，第 14 页。

华民国宪法（可代表内阁制、联省自治制、总统独裁制三型）；法国
1946年宪法（可代表较进步较完整的资产阶级内阁制宪法）。① 到
1月中旬，起草小组已完成宪法草案初稿。当日，毛泽东"先后审
阅宪法草案初稿、二稿、第一次修正稿，做多处修改，并批注一些
意见"。第一次修正稿第32条对全国人民代表大会行使罢免权的规
定中，没有罢免国家主席的内容，毛泽东批注："国家主席的罢免。"
对第一次修正稿的国务院一节，毛泽东批注："主席有交议权，最高
会议决议的性质。"②

2月，宪法草案起草工作进入关键时期。17日，毛泽东致电刘
少奇并中共中央书记处各同志："现将宪法初稿（5份）派人送上，
请加印分送政治局及在京中同志，于2月20日以后的一星期内开
会讨论几次，将修改意见交小平、维汉二同志带来这里，再行讨论
修改（约7天左右即够）。然后，再交中央讨论，作初步决定（仍
是初稿），即可提交宪法起草委员会讨论。"③ 24日，毛泽东致信刘
少奇："兹将宪草初稿第二章以下二读稿及宪草小组报告送上，请印
发各同志阅看。"同日批示胡乔木："今天所谈可作修改的地方，请
于明日加以修改，并由小组各同志商酌一次，于明夜24点以前打
清样送我，准备后天（26日）送给中央。"④ 25日，宪法起草小组改
出《中华人民共和国宪法草案（初稿）》三读稿。三读稿说明中写
道："这个修正草稿较二读稿已作了很多修改（主要是根据主席指
示）。""除内容上的若干修改外，这次修正，根据主席指示，特别

---

① 《毛泽东文集》第六卷，人民出版社1999年版，第320—321页。
② 《毛泽东年谱（1949—1976）》第二卷，中央文献出版社2013年版，第218—219页。
③ 同上书，第221—222页。
④ 同上书，第222页。

把许多可以避免应当避免的文言字句改掉，力求通顺。"[1]26日，毛泽东致信刘少奇并中共中央书记处各同志："为便于中央在这几天讨论宪法草案，这里的小组赶于两天内又作了一次修改，称为三读稿，现送上，请照此印发中央各同志阅看。"[2]2月28日、3月1日，刘少奇在北京主持召开中共中央政治局扩大会议，讨论并基本通过三读稿。会议决定，由董必武、彭真、张际春根据会议讨论的意见，对三读稿加以研究和修改。宪法草案初稿起草小组工作结束。

　　3月17日晚，毛泽东从杭州回到北京。但他对宪法草案的修改并没有结束。3月20日或21日，毛泽东继续修改《中华人民共和国宪法草案（初稿)》的3月18日、19日讨论修改稿，在修改稿封面上批注："副主席受委托得代行主席部分职权此点必须加入。除'同时'外，所有的'时'均改为'的时候'。"在"序言"部分，将"土地改革"改为"土地制度的改革"，"镇压反革命"改为"镇压反革命分子"，并批注："'土地改革'不成文，应加'制度的'。'镇压反革命'下加'分子'。"关于全国人大常委会职权部分，在"通过和发布具有法律效力的决议和条例"条款旁批："此处不写'发布'为宜，免与主席职权分歧"……关于国家主席职权部分，在"主席因故临时离开职务时"和"由中华人民共和国副主席代行主席的部分职权"之间加写"或者受主席委托时"。关于国家主席召开最高国务会议的条款，讨论中提出两个方案，其一是"在必要时召集中华人民共和国副主席、国务院总理和其他有关人员举行最高国务会议"，其二是"在必要时召集有关人员举行最高国务

①《毛泽东年谱（1949—1976)》第二卷，中央文献出版社2013年版，第222页。
② 同上书，第223页。

会议"，毛泽东在前一方案旁批："较妥。"①

3月23日下午3时，毛泽东在中南海勤政殿主持召开中华人民共和国宪法起草委员会第一次会议，代表中国共产党提出《中华人民共和国宪法草案（初稿）》。在大家发言时毛泽东多次插话，比较系统地阐述了中央对这个宪法草案有关条款的起草考虑。一是宪法草案的起草经过。毛泽东指出：宪法起草小组自1月9日开始工作，3月9日工作结束。起草小组进行一段工作后，由董老、彭真、张际春等同志组成了研究小组，还请周鲠生先生和钱端升先生为法律顾问，叶圣陶先生和吕叔湘先生为语言顾问，又搞了个把月。同时，中共中央也讨论了3次，每次都有很多修改。二是宪法要充分表达我国逐步向社会主义社会过渡的根本要求。毛泽东说：这个宪法，是以《共同纲领》为基础，加上总路线，是过渡时期的宪法，大概可以管15年左右。我们的宪法是过渡时期的宪法，我国的各种办法大部分是过渡性质的。人民的权利，如劳动权、受教育权等，是逐步保证，不能一下子保证。我们的选举也是，也是过渡性质的选举，普遍算是普遍了，但也有限制，地主没有选举权，也不能完全普遍。三是我国的人民代表大会制度。毛泽东说：我们的主席、总理，都是由全国人民代表大会产生出来的，一定要服从全国人民代表大会，不能跳出如来佛的手掌。他还说：资本主义国家的总统可以解散议会，我们的主席不能解散全国人民代表大会，相反地，全国人民代表大会可以罢免主席。为了充分发扬民主，广泛征求全国对宪法草案的意见和建议，这次会议决定，扩大征求意见的范围，在全国各大行政区、各省市的领导机关和各民主党派、各人民团体的地方组织讨论。

①《毛泽东年谱（1949—1976）》第二卷，中央文献出版社2013年版，第226—227页。

　　6月11日下午，毛泽东在中南海勤政殿主持召开宪法起草委员会第七次会议，讨论通过了《中华人民共和国宪法草案》和《中华人民共和国宪法起草委员会关于宪法起草工作经过的报告》。就宪法草案的有关条文，毛泽东同与会委员共同进行了讨论和修改，并回答了委员们的提问。毛泽东全面介绍了宪法草案的形成经过。他指出：宪法的起草，前后差不多7个月。最初第一个稿子是去年11月、12月间，那是陈伯达一个人写的。第二次稿，是在西湖两个月，那是一个小组。第三次稿是在北京，就是中共中央提出的宪法草案初稿，到现在又修改了许多。每一次稿本身都有多次修改。在西湖那一次稿，就有七八次稿子。前后总算起来，恐怕有一二十个稿子了。全国有8000多人讨论，提出了5000多条意见，采纳了百八十条。最后到今天还依靠在座各位讨论修改。总之是反复研究，不厌其详。将来公布以后，还要征求全国人民的意见。《中国共产党历史》第二卷披露，在近3个月时间里，全国有1.5亿余人参加讨论，提出118万多条修改、补充意见和问题，几乎涉及宪法草案每一个条款。从它形成的过程来看，宪法草案是充分发扬民主的，经过了反复修改。这是中国制宪史上的一个革命。1954年9月20日，一届全国人大一次会议通过并公布了《中华人民共和国宪法》。宪法序言中明确规定："中华人民共和国的人民民主制度，也就是新民主主义制度，保证我国能够通过和平的道路消灭剥削和贫困，建成繁荣幸福的社会主义社会。""中华人民共和国成立到社会主义社会建成，这是一个过渡时期。国家在过渡时期的总任务是逐步实现国家的社会主义工业化，逐步完成对农业、手工业和资本主义工商业的社会主义改造。"宪法第4条规定："中华人民共和国依靠国家机关和社会力量，通过社会主义工业化和社会主义改造，保证逐步消灭剥削制度，建立社会主义社会。"这些规定，提示了从新民主主义社会过渡到社会主义社会的历史必然性。它正确地结合了人民民主与社会主义的原则性和逐步过渡的灵活性，不仅巩固了中国人民革命胜利的历史成果和新中国成立以来政治上、经济上的新胜利，而且把实际生活中已经发生的重大社会变革用法律的形式肯定下来，反映了过渡时期国家发展的根本要求和全国人民通过实践形成的建立社会主义社会的共同意愿。《中华人民共和国宪法》的通过和颁布实施，为全国人民指明了通往社会主义的道路，调动了广大人民群众建设社会主义的积极性，有力地推动了社会主义各项事业的蓬勃发展。这是中国走向社会主义民主和法制建设的一个良好开端。

二是进行人口普查。

在全国范围内进行普选，是人民代表大会制度建立的一个重要前提。只有经过普选产生人民代表，才能召开地方各级人民代表大会，也才能召开全国人民代表大会。中国是世界上人口最多的国家，但长期以来一直没有一个准确的人口数据。为了在全国开展选举工作，需要统计出准确的人口数据。1953 年 4 月 3 日，政务院颁布了《为准备普选进行全国人口调查登记的指示》和《全国人口调查登记办法》。随后，我国开展了第一次全国人口调查工作。经过全国各地认真进行调查登记、复查核对、补登补报等大量工作，截至调查的标准时间 1953 年 6 月 30 日 24 时，全国人口总数为601938035 人。其中，直接调查的人口为 574205940 人。1953 年第一次全国人口调查登记，不仅为全国普选提供了人口依据，而且为国家的经济、文化和社会建设提供了准确的人口数字。

根据《选举法》的规定，全国建立乡、县、市、省各级选举委员会，抽调 25 万余名干部参加选举指导工作。各地选择不同类型的地区进行基层选举的典型试验，取得经验后再分批展开，经过一年多的紧张工作，在 21 万余个基层选举单位、3.23 亿名登记选民中进行了基层选举，共选出基层人民代表大会的代表 566 万余名。在完成基层选举的基础上，由省、市人民代表大会，中央直辖少数民族行政单位，以及军队单位、华侨单位分别选举产生 1226 名出席全国人民代表大会的代表。在 1226 位代表中，中共党员 668 人，占 54.48%；党外人士 558 人，占 45.52%。在一切准备工作就绪后，1954 年 9 月 15 日至 28 日，第一届全国人民代表大会第一次会议在北京隆重举行。出席大会的代表具有广泛的代表性。其中，有各民主阶级、民主党派的代表人物，有劳动模范、战斗英雄，有著名的文学、艺术、科学、教育工作者，有工商界、宗教界人士，有民族、海外华侨代表。这样的代表阵容，充分体现了全国各民族、各民主阶级、各民主党派和一切爱国力量在中国共产党领导下的大团结。大会经过充分讨论，通过了《中华人民共和国宪法》《中华人民共和国全国人民代表大会组织法》《中华人民共和国国务院组织法》以及人民法院、人民检察院、地方各级人民代表大会和地方各级人民委员会的组织法。大会依照宪法和有关组织法的规定，选举和决定了国家领导工作人员。

第一届全国人民代表大会的召开，标志着人民代表大会制度作为新中国的根本政治制度的正式确立。人民代表大会制度的确立和正式实行，是中国共产党把马克思主义基本原理同中国具体实际相结合的一个伟大创造，是深刻总结近代以后中国政治生活惨痛教训得出的基本结论，是中国社会 100 多年激越变革、激荡发展的历史结果，是中国人民翻身做主、掌握自己命运的必然选择。它不仅为国家的政治民主化进程确定了一种新型政权组织形式和总的民主程序，更重要的是确立了同中华人民共和国的国体相适应的社会主义根本政治制度。它体现了人民民主的原则，体现了人民权力的至上性和全权性，便于人民参与国家管理；它最全面、最直接反映了人民民主专政国家的本质，从根本上保证了人民当家做主权利的实现。人民代表大会制度之所以具有强大生命力和显著优越性，关键在于它深深植根于人民之中。实践充分证明，这一新型政治制度符合中国国情和实际，体现了社会主义国家性质，保证人民当家做主。

3. 中国共产党领导的多党合作和政治协商制度

中国共产党领导的多党合作和政治协商制度是我国的一项基本政治制度。它是中国共产党领导下的政治协商制度逐步发展形成的。

1954 年 9 月第一届全国人民代表大会第一次会议召开后，中国人民政治协商会议不再代行全国人民代表大会的职能。在这种情况下，尽管 1953 年第四次全国统战工作会议报经中共中央批准的《关于人民代表大会制度实行后统一战线组织问题的意见》明确指出，在实行人民代表大会制度以后，中国人民政治协商会议应当作为独立的统一战线组织而继续存在；统一战线组织对各参加单位的关系，应该是协商关系，而不是领导关系，但共产党对统一战线组织则是领导关系；统一战线组织与人民政府的关系，是协商和建议的关系。而且在《中华人民共和国宪法》中也明确规定："今后在动员和团结全国人民完成国家过渡时期总任务和反对内外敌人的斗争中，我国的人民民主统一战线将继续发挥它的作用。"[1] 但是，在筹备全国政协二届一次会议期间，政协内部在对人民政协的性质、地位、作用的认识上，对政协是否还有存在的必要，能发挥多大作用还存在一些疑虑。主要存有两种倾向：一是认为"真正的权力在人大常委会，

---

[1]《建国以来重要文献选编》第五册，中央文献出版社 2011 年版，第 449 页。

最高权力在中共中央，政协没什么权了"。二是认为政协应是"权力机关"或"半权力机关"。针对这些不同意见，1954 年 12 月 19 日，毛泽东邀请各民主党派负责人和无党派人士座谈政协工作。在座谈中，毛泽东首先明确指出：在召开全国人民代表大会以后，政协是否还需要成了问题。现在证明是需要的，通过政协能够容纳许多人来商量事情。主要的问题是政协的性质问题。

政协的性质有别于国家权力机关——全国人民代表大会，它也不是国家的行政机关。有人说，政协全国委员会的职权要相等或大体相等于国家机关，才说明它是被重视的。如果把政协全国委员会也搞成国家机关，那就会一国二公，是不行的。政协是全国各民族、各民主阶级、各民主党派、各人民团体、国外华侨和其他爱国民主人士的统一战线组织，是党派性的。

政协的任务是什么呢？（1）协商国际问题。像过去的抗美援朝，现在的台湾问题，包括将来如发生外国侵略等，都需要商量。这类事大概每年都会有。这些事国务院要办，外交部和国防部要办，但有些问题，我们需要先商量商量，取得一致方针。有些人大常委会不好做，国务院做不完，要由政协来做。（2）商量候选人名单。对全国人民代表大会代表和地方同级人民代表大会代表的候选人名单以及政协各级委员会组成人员的人选进行协商，它有这种权力。全国人民代表大会的代表是人民选举的，但各党派、团体要先进行政治协商。（3）提意见。当前主要是对社会主义改造的问题提意见。资本主义工商业、农业和手工业都要改造，这就发生各方面关系问题。社会主义改造是很纷繁的，各种工作就要协商。总之，国家各方面的关系都要协商……（4）协调各民族、各党派、各人民团体和社会民主人士领导人员之间的关系……（5）学习马列主义。^①毛泽东对人民政协重要性和性质、任务的系统论述，为人民政协的转型明确了方向，提供了理论指导。同时有力地指导了《中国人民政治协商会议章程》的制定。

在第一届全国人民代表大会第一次会议召开 1 个月后，筹备召开第二届中国人民政治协商会议列入议程。1954 年 10 月 28 日，政协第一届全国委员会常委会第 61 次会议在北京召开，周恩来出席会议，作关于中印会谈情况的报告，并代表中共中央提出关于召开第二届政协会议准备工作的建议：（1）将第二届全国政协的组织形式由原来的全体会议、全国委员会、常委会三层，改为全国委员会和常委会两层。全国委员会由各民主党派、各人民团体推出的代表为基础组成。（2）《中国人民政治协商会议共同纲领》大部分内容已纳入《中华人民共和国宪法》，第二届全国政协会议不再制定《共同纲领》。今后，各民主党派、人民团体除根据《宪法》规定的目标奋斗外，在修改的《中国人民政治协商会议组织法》中规定几条共同遵守的原则作为总纲。会议决定：以上建议由各民主党派先在内部酝酿讨论，然后在政协全国委员会工作会议上协商，拟出方案，提请全国委员会常委会批准。由此可见，当时并没有准备制定《中国人民政治协商会议章程》的计划。但是到 11 月 18 日，毛泽东在阅读政协全国委员会工作会议讨论筹备第二届全国政协会议情况的简报时批示："周总理：章程和名单数日内即宜大体确定，否则 12 月 20 日以前开会恐来不及。"19 日，周恩来致信毛泽东、刘少奇："政协章程已送到。总纲部分，我已请伯达……加以研究，北京也在修改中。"^②这说明就在 10 月 28 日之后的 20 天内，不仅决定制

①《毛泽东年谱（1949—1976）》第二卷，中央文献出版社 2013 年版，第 325-326 页。
② 同上书，第 314 页。

定《中国人民政治协商会议章程》，而且已经起草了章程草案初稿。
11 月 23 日，周恩来将《中国人民政治协商会议章程（草案）》报送
毛泽东。毛泽东当时就开始修改。

　　12 月 4 日，政协第一届全国委员会常委会第 62 次会议在北京
召开，周恩来出席会议并报告政协第二届全国委员会第一次会议筹
备情况，就《中国人民政治协商会议章程（草案）》起草情况的几个
重要问题进行说明。第一，关于政协章程的总纲。周恩来指出，上
次常委会决定在政协章程中写一个总纲代替现在的《共同纲领》。
起草小组已经把政协章程写出来了。总纲写得很扼要，把应该包括
的内容都包括进去了。在周恩来看来，这主要包括 5 个方面的内容：
一是指出政协第一届全体会议代行全国人民代表大会的职权，制
定了《共同纲领》，组织了中央人民政府，宣告了中华人民共和国
的成立，胜利地完成了它的历史任务。二是总结了政协 5 年来的工
作。三是指出全国人民代表大会已经召开，人民政协不再代行全国
人民代表大会的职权，但人民政协作为人民民主统一战线的组织仍
将存在，今后还要继续发挥统一战线的作用。四是提出了今后的任
务和奋斗目标。五是总纲根据毛泽东对政协的性质和任务的谈话精
神，规定了政协成员共同遵守的 7 条准则：（1）拥护《中华人民共
和国宪法》，全力贯彻宪法的实施。（2）巩固工人阶级领导的、以
工农联盟为基础的人民民主制度，加强社会主义经济力量在国民经
济中的领导地位。（3）协助国家机关，推动社会力量，实现国家关
于社会主义工业化和社会主义改造的建设计划。（4）密切联系群众，
向有关国家机关反映群众的意见和提出建议。（5）在全国各族人民
中加强团结工作，发扬爱国主义精神，提高革命警惕性，保卫国家
建设，坚持对国内外敌人的斗争。（6）继续巩固和发展中国同苏维

埃社会主义共和国联盟、同各人民民主国家的牢不可破的友谊，增进中国同一切爱好和平的国家的友谊，加强中国人民同全世界爱好和平的人民的友谊，反对侵略战争，保卫世界和平，维护人类的正义事业。（7）在自愿的基础上学习马克思列宁主义的理论，积极学习国家的政策，提高政治水平，开展批评和自我批评，努力进行思想改造。第二，关于人民政协的全国委员会和地方委员会。周恩来指出，经过一个月同各方面反复协商的结果，大家同意将原来的政协全体会议、全国委员会、常务委员会三层，改为全国委员会全体会议和常务委员会两层。地方委员会也是两层，即地方委员会全体会议和常务委员会。这样，减少了不必要的层次，又可以扩大全国委员会和地方委员会的名额，有利于保持广泛的代表性，扩大团结面。第三，关于政协全国委员会和地方委员会的关系。周恩来指出，人民政协上下之间有指导和被指导、指示和接受指示、报告和接受报告的关系。

经过充分准备，1954年12月21日至25日，全国政协二届一次会议在北京举行。会议由周恩来作政治报告，陈叔通作第一届全国委员会工作报告，章伯钧作关于《中国人民政治协商会议章程（草案）》的说明。政协章程明确了人民政协今后的奋斗目标，即"在中国共产党领导下，将继续通过各民主党派、各人民团体的团结，更广泛地团结全国各族人民，共同努力，克服困难，为建设一个伟大的社会主义国家而奋斗"。中国人民政治协商会议的性质是："团结全国各民族、各民主阶级、各人民团体、国外华侨和其他爱国民主人士的人民民主统一战线的组织。"① 根据《中国人民政治协商会议章程》的规定，会议推举毛泽东为政协第二届全国委员会名

---

① 《建国以来重要文献选编》第五册，中央文献出版社2011年版，第607页。

誉主席，选举周恩来为主席，宋庆龄等 16 人为副主席。

全国政协二届一次会议是人民政协发展史上具有特殊意义的一次会议，它解决了全国人民代表大会召开后人民政协的性质、地位、作用和任务的问题，解决了政协与人大、政府机关之间的关系问题，解决了加强统一战线和人民政协工作的必要性和重要性问题，为中国长期坚持共产党领导的多党合作和政治协商制度奠定了思想基础、政治基础和组织基础。

政协全国委员会以统一战线的组织形式固定下来以后，1956 年4 月，毛泽东在中央政治局扩大会议上发表《论十大关系》的讲话，在党与非党的关系方面，首次提出了"长期共存，互相监督"的方针。他说："究竟是一个党好，还是几个党好？现在看来，恐怕还是几个党好。不但过去如此，而且将来也可以如此，就是长期共存，互相监督。"[①] 9 月，中共八大政治报告着重宣布，在今后，"应当采取共产党和民主党派长期共存、互相监督的方针"。邓小平在中共八大《关于修改党的章程的报告》中对"长期共存，互相监督"的方针作了理论阐述，他说：这些党外的民主人士，能够对于我们党提供一种单靠党员所不容易提供的监督，能够发现我们工作中的一些我们所没有发现的错误和缺点，能够对于我们的工作作出有益的帮助。中国共产党提出的"长期共存，互相监督"的方针，使各民主党派和无党派人士欢欣鼓舞，他们感到是"思想上的解放"，赋予民主党派更重大的政治责任，是"民主党派新生命的开始"。"长期共存，互相监督"方针的提出，标志着中国共产党领导的多党合作的基本格局在社会主义条件下的进一步确立，为正确处理中国共产党与民主党派的关系、实行合作共事奠定了理论基础。

---

①《毛泽东年谱（1949—1976）》第二卷，中央文献出版社 2013 年版，第 568 页。

　　此后，1979 年 10 月 19 日，在全国政协和中央统战部举行的招待出席各民主党派和工商联的代表大会全体代表的会上，邓小平发表重要讲话，指出："统一战线仍然是一个重要法宝，不是可以削弱，而是应该加强，不是可以缩小，而是应该扩大……在中国共产党的领导下，实行多党派的合作，这是我国具体历史条件和现实条件所决定的，也是我国政治制度中的一个特点和优点。"[①] 在这个表述中，已经有了多党合作和协商制度的意思。到 1987 年 10 月，在中共十三大报告中明确指出："人民代表大会制度，共产党领导下的多党合作和政治协商制度，按照民主集中制的原则办事，是我们的特点和优势，决不能丢掉这些特点和优势，照搬西方的'三权分立'和多党轮流执政。"这个提法与最终形成的规范提法更进了一步。

　　1989 年 1 月 2 日，邓小平在一份民主党派成员关于共产党领导的多党合作问题的建议上批示："可组织一个专门小组（成员要有民主党派的），专门拟定民主党派成员参政和履行监督职责的方案，并在一年内完成，明年开始实行。"[②] 根据这个批示，由中共中央和各民主党派中央以及党和国家有关部门组成的完善共产党领导的多党合作制度研讨小组在 1 月底成立。在研讨小组第一次会议上，各民主党派负责人提出了许多意见和建议。其中一种意见认为，"中国共产党领导下的多党合作和政治协商制度"的提法不妥。因为中国共产党领导已经表明了共产党处于领导地位，再用"下"字就会有上下关系的含义，建议采用"中国共产党领导的多党合作和政治协商制度"提法。这一意见被当场采纳。此后形成《关于坚持和完

---

①《邓小平年谱（1975—1997）》（上），中央文献出版社 2004 年版，第 570–571 页。
②《邓小平论统一战线》，中央文献出版社 1991 年版，第 294 页。

善中国共产党领导的多党合作和政治协商制度的意见》初稿。至
1989 年 12 月 31 日，《中共中央关于坚持和完善中国共产党领导的
多党合作和政治协商制度的意见》以中共中央文件印发。以此为标
志，中国多党合作走上制度化、规范化的轨道。

第五章 建设年代

解决几亿人的吃饭问题

从 1956 年社会主义基本制度建立，宣告中国进入社会主义起，中国共产党领导全国各族人民开始了全面的大规模的社会主义建设。社会主义制度在中国建立起来之后，社会主义究竟应该怎样搞？这是一个全新的历史性课题。新中国成立之初，我国在许多方面学习苏联。而恰恰在这一年——1956 年 2 月 14 日至 25 日苏共二十大召开，苏共中央第一书记赫鲁晓夫在大会上作的题为《关于个人迷信及其后果》的报告，谴责斯大林搞"个人崇拜"以及在对内对外政策方面犯了严重错误。他还否定了列宁关于只要帝国主义存在，战争就不可避免的理论。苏共二十大的理论和实践在社会主义阵营中引起极大震动和思想混乱，更加暴露出苏联在社会主义建设中存在问题，使中国共产党更加清醒地认识到中国必须走出苏联模式的影响，探索中国自己的社会主义道路。毛泽东《论十大关系》的提出是这一探索的开始，中共八大的召开，标志着中国共产党在对社会主义道路的探索中取得初步成果。其成果之一，就是要解决好几亿人的吃饭问题，使农业更好地为实现工业化服务。

一、以农业为基础

毛泽东在《论十大关系》中谈的第一个关系，就是"重工业和轻工业、农业的关系"。他说："重工业是我国建设的重点。必须优先发展生产资料的生产，这是已经定了的。但是决不可以因此忽视生活资料尤其是粮食的生产。如果没有足够的粮食和其他生活必需品，首先就不能养活工人，还谈什么发展重工业？所以，重工业和轻工业、农业的关系，必须处理好。"①这里讲的"养活工人"就是解决吃饭问题。在讲到"国家、生产单位和生产者个人的关系"时，毛泽东大段大段地讲农民问题。他指出："我们同农民的关系历来都是好的，但是在粮食问题上曾经犯过一个错误。1954年我国部分地区因水灾减产，我们却多购了70亿斤粮食。这样一减一多，闹得去年春季许多地方几乎人人谈粮食，户户谈统销。农民有意见，党内外也有许多意见。……这就是缺点。我们发现了缺点，1955年就少购了70亿斤，又搞了一个'三定'，就是定产定购定销，加上丰收，一少一增，使农民手里多了200多亿斤粮食。这样，过去有意见的农民也说'共产党真是好'了。这个教训，全党必须记住。……你要母鸡多生蛋，又不给它米吃，又要马儿跑得好，又要马儿不吃草。世界上哪有这样的道理！"②

为什么中国共产党如此重视农业、农村、农民问题？

第一，解决"吃饭问题"是提高人民生活水平的最低要求，是中国革命、建设、改革的根本动力。中国共产党就是肩负救国救民

①《毛泽东著作选读》下册，人民出版社1986年版，第721页。
② 同上书，第727页。

的历史使命而走上政治舞台的，也是通过土地革命、领导人民翻身
求解放，赢得人民群众的信任，是人民群众把它推上执政地位的。
早在 1919 年 7 月 14 日，毛泽东在《湘江评论》创刊词中说：世界
什么问题最大？吃饭问题最大。为什么吃饭问题最大？因为它是人
类的第一需要，"仓廪实而知礼节，衣食足而知荣辱"，只有先解决
了温饱问题，才能考虑更高层次的其他方面的发展。所以，在大革
命失败后，中国共产党人抓住"土地"这个劳动人民的生存命脉，
迅速开展土地革命，领导工人阶级、农民阶级走上革命道路。特别
是到了解放战争时期，在国共大决战的关键时刻，人民选择了中国
共产党。毛泽东甚至把完成土改、实现广大农民拥有土地，看成是
取得解放战争胜利的重要前提。他曾指出："我们已经在北方约有
1.6 亿人口的地区完成了土地改革，要肯定这个伟大的成绩。我们
的解放战争，主要就是靠这 1.6 亿人民打胜的。有了土地改革这个
胜利，才有了打倒蒋介石的胜利。"①

　　第二，中国是一个农业大国，农村人口占全国人口的 80%，农
民的情况如何，关系人民政权的巩固；农业的问题关系整个经济的
发展；农村的问题对城市建设产生重大的影响。

　　第三，"吃饭问题"最重要的是粮食问题，还有棉花、油料、
糖料等经济作物及猪、马、牛、羊、鸡等畜牧业，坚持农、林、
牧、副、渔五业并举，只有以农业为主体的五业发展才能解决这些
问题。

　　第四，农业的发展对工业的发展影响极大。农业是轻工业原料
的主要来源。毛泽东指出，我们一直抓了农业，发展了农业，相当
地保证了发展工业所需要的粮食和原料。我们要更多地发展农业、

①《毛泽东著作选读》下册，人民出版社 1986 年版，第 694 页。

轻工业，对农业、轻工业投资的比例要加重一点。加重的结果怎么样？一可以更好地供给人民生活的需要，二可以更快地增加资金的积累，因而可以更多更好地发展重工业。

第五，农村是重工业的重要市场。马克思曾经说过，随着生产力的发展，农村必将成为重工业的重要市场。毛泽东举例说：比如，化学肥料，各种各样的农业机械，部分的电力、煤炭、石油，是供应农村的，铁路、公路和大型水利工程，也都为农业服务。现在，我们建立了社会主义的农业经济，无论是发展轻工业还是发展重工业，农村都是极大的市场。

正因为如此，毛泽东强调要把发展农业放在经济工作的第一位。那么，怎样才能做到呢？

1. 引导农民走合作化道路

毛泽东出身农民，对农业问题有着深刻的了解和认识。他为中国农村设计了一幅美好的发展蓝图。他认为中国农民要真正走上富裕的道路，必须经历几次伟大的社会变革。第一次是推翻封建地主阶级的统治，把农民从封建的土地剥削制度下解放出来，成为独立的个体劳动者，真正的实现耕者有其田，自己的劳动成果真正的属于自己所有。这一步，经过28年的浴血奋战，建立了新中国，劳动人民成为国家的主人，在完成土地改革后，已经实现了。第二步，通过合作化运动，走集体化道路。这一思想早在抗日战争时期就已经形成了。1943年11月29日，毛泽东在中共中央招待陕甘宁边区劳动英雄大会上发表题为《组织起来》的讲话，他说："目前我们在经济上组织群众的最重要形式，就是合作社。""几千年来都是个体经济，一家一户就是一个生产单位，这种分散的个体生产，就是封建统治的经济基础，而使农民自己陷于永远的穷苦。克服这种状况的唯一办法，就是逐渐地集体化；而达到集体化的唯一道路，依据列宁所说，就是经过合作社。在边区，我们现在已经组织了许多的农民合作社，不过这些在目前还是一种初级形式的合作社，还要经过若干发展阶段，才会在将来发展为苏联式的被称为集体农庄的那种合作社。"[①] 毛泽东认为，这条道路是"人民群众得到解放的必由之路，由穷苦变富裕的必由之路"。因此，新中国成立后，党对农业工作的方针就是引导个体农民走"组织起来"的道路，以摆脱贫穷走向富裕。1951 年 12 月 15 日，中共中央印发《关于农业生产互助合作的决议（草案）》，明确指出："党中央从来认为要克服很多农民在分散经营中所发生的困难，要使广大贫困的农民能够迅速地增加生产而走上丰衣足食的道路……就必须'组织起来'，按照自愿和互利的原则，发展农民劳动互助的积极性。这种劳动互助是建立在个体经济基础上（农民私有财产的基础上）的集体劳动，其发展前途就是农业集体化或社会主义化。"[②]《决议（草案）》还提出了检验互助合作组织的标准，即提高生产率，比单干多产粮食或多产其他作物。两年后，1953 年 12 月 16 日，中央第三次互助合作会议通过《中国共产党中央委员会关于发展农业生产合作社的决议》。《决议》重申"孤立的、分散的、守旧的、落后的个体经济限制着农业生产力的发展……这种小规模的农业生产已日益表现出不能够满足整个国民经济高涨的需要"。《决议》提出："为着进一步地提高农业生产力，党在农村中工作的最根本的任务，就是要善于用明白易懂而为农民能够接受的道理和办法去教育和促进农民群众逐

[①]《建党以来重要文献选编（1921—1949）》第二十册，中央文献出版社 2011 年版，第 641 页。

[②]《建国以来重要文献选编》第二册，中央文献出版社 2011 年版，第 451-452 页。

步联合组织起来，逐步实行农业的社会主义改造，使农业能够由落后的小规模生产的个体经济变为先进的大规模生产的合作经济，以便逐步克服工业和农业这两个经济部门发展不相适应的矛盾，并使农民能够逐步完全摆脱贫困的状况而取得共同富裕和普遍繁荣的生活。"①《决议》第一次对农业的社会主义改造道路作了明确的表述，即：经过简单的共同劳动的临时互助组和在共同劳动的基础上实行某些分工分业而有某些少量公共财产的常年互助组，到实行土地入股、统一经营而有较多公共财产的农业生产合作社，到实行完全的社会主义的集体农民公有制的更高级的农业生产合作社（也就是集体农庄）。这种由具有社会主义萌芽，到具有更多社会主义因素，到完全的社会主义的合作化的发展道路，就是我们党所指出的对农业逐步实现社会主义改造的道路。毛泽东在修改《决议》稿时加写了这样一段话："在农村中压倒一切的工作是农业生产工作，其他工作都是围绕农业生产工作而为它服务的。任何妨碍农业生产的所谓工作任务和工作方法，必须避免。"②为了增强全党对于实现农业的社会主义改造道路的信心，1955年7月31日至8月1日，中共中央在北京举行省、市、自治区党委书记会议。毛泽东在会上作《关于农业合作化问题》的报告。报告对我国农业合作化的历史，指导合作化运动的基本方针，包括自愿互利的方针和全面规划、加强领导、有准备分步骤发展的方针，以及以增产为标准的方针等，作了正确的总结和系统的阐述，并提出在我国的现有条件下必须先有农业合作化，然后才能使用大机器的重要观点。1956年1月，毛泽东开始主持选编《中国农村的社会主义高潮》一书，他为此书写了两

---

① 《建国以来重要文献选编》第四册，中央文献出版社2011年版，第569-570页。
② 《毛泽东思想年编（1921—1975）》，中央文献出版社2011年版，第749页。

篇序言和104条按语。这本书出版后在全国城乡组织了认真的学习，这对于在广大农村掀起社会主义高潮产生了重要影响。至1956年1月，加入合作社的农户由上年末占总农户的63.3%猛增到80.3%，全国基本上实现半社会主义合作化的时间大大提前。

　　合作化的实现，给中共的农业政策提出新的要求，就是实现机械化。合作化的程度越高，就越需要机械化，越便于机械化。《中国人民政治协商会议共同纲领》第27条明确规定："土地改革为发展生产力和国家工业化的必要条件。"[①] 土地改革为什么能够成为发展生产力和国家工业化的必要条件？背后的深意就是机械化。因为，"土地改革"的根本意义在于农民获得了土地，调动了他们的生产积极性；农民生产积极性的提高，带来的直接结果就是他们产出了更多粮食，能够为工业化提供充足的生产资源，他们要产出更多的粮食，必须打破分散生产、个体经营的传统模式，实现合作化和集体化，而实现合作化和集体化之后，必须依靠大机器，这样机械化就呼之欲出了。1950年，刘少奇写出《国家的工业化与人民生活水平的提高》一文，指出："首先用一切办法在现有基础和现有水平上来提高每一个劳动者的劳动生产率，提高生产品的数量和质量，节省原料和材料，消灭浪费，降低生产品的成本，然后逐步地提高生产技术，建设新的生产事业，并使手工业和个体农业生产经过集体化的道路改造成为具有近代机器设备的大生产。这就是使中国逐步地走向工业化和电气化。"[②] 在这里，刘少奇提出的"近代机器设备的大生产"，就是"机械化"。他是沿着《共同纲领》提出的土地改革—工业化这一路线图，来思考提高劳动者的劳动生产率

---

① 《建国以来重要文献选编》第一册，中央文献出版社2011年版，第6页。
② 同上书，第457页。

生产质量的，从而得出实现机械化才能提高人民生活水平的结论。1955年7月31日，毛泽东在中共中央召集的省委、市委、区党委书记会议上所做的报告中，则从农业机械化与国家工业化的相互关系上进行了深入分析，指出："我国的商品粮食和工业原料的生产水平，现在是很低的，而国家对于这些物资的需要却是一年一年地增大，这是一个尖锐的矛盾。如果我们不能在大约三个五年计划的时期内基本上解决农业合作化的问题，即农业由使用畜力农具的小规模的经营跃进到使用机器的大规模的经营，包括由国家组织的使用机器的大规模的移民垦荒在内（三个五年计划期内，准备垦荒四亿亩至五亿亩），我们就不能解决年年增长的商品粮食和工业原料的需要同现实主要农作物一般产量很低之间的矛盾，我们的社会主义工业化事业就会遇到绝大的困难，我们就不可能完成社会主义工业化。……社会主义工业化的一个最重要的部门——重工业，它的拖拉机的生产，它的其他农业机器的生产，它的化学肥料的生产，它的供农业使用的现代运输工具的生产，它的供农业使用的煤油和电力的生产等等，所有这些，只有在农业已经形成了合作化的大规模经营的基础上才有使用的可能，或者才能大量地使用。我们现在不但正在进行关于社会制度方面的由私有制到公有制的革命，而且正在进行技术方面的由手工业生产到大规模现代化机器生产的革命，而这两种革命是结合在一起的。在农业方面，在我国的条件下（在资本主义国家内是使农业资本主义化），则必须先有合作化，然后才能使用大机器。"[1]由此可见，要发展农业，必须实现机械化；要实现国家工业化，也必须实现农业的机械化。毛泽东的这个报告后来被概括为充分地、完整地说明了我们党在农业问题上的根本路线。

[1]《建国以来重要文献选编》第七册，中央文献出版社2011年版，第61-62页。

这样，1958 年 5 月中共八大二次会议正式制定了"鼓足干劲、力争上游、多快好省地建设社会主义的总路线"，目的是要尽快地把我国建设成为一个具有现代工业、现代农业和现代科学文化的伟大的社会主义国家。其中"现代农业"就包含农业机械化。农业机械化在建设现代农业中承担的主要任务是："在技术革命方面，主要的任务是：把包括农业和手工业在内的全国经济有计划有步骤地转到新的技术基础上，转到现代化大生产的技术基础上，使一切能够使用机器的劳动都使用机器，实现全国城市和农村的电气化。"[1] 所谓"一切能够使用机器的劳动都使用机器"，就包含着机械化。1959 年4 月 29 日，毛泽东写了《党内通信》一文，在谈到农业机械化问题时指出："农业的根本出路在于机械化。"在谈到节约粮食问题时指出：每年一定要把收割、保管、吃用三件事（收、管、吃）抓得很紧很紧，而且要抓得及时。机不可失，时不再来。一定要有储备粮，年年储一点，逐年增多。经过十年八年奋斗，粮食问题可能解决。在 10 年内，一切大话、高调，切不可讲，讲就是十分危险的。须知我国是一个有 6.5 亿人口的大国，吃饭是第一位的大事。[2] 从这里可以看出，在毛泽东的农业发展思想中，始终是着眼于解决全国人民的吃饭问题，着眼于怎样才能多收粮食，实现机械化就是他寻找农业发展根本出路的结果。这时，他开始反思"大跃进"和人民公社化运动刮"共产风"的沉痛教训，提出："对各项增产措施，对实行八字宪法，每项都不可讲假话。老实人，敢讲真话的人，归根到底，于人民事业有利，于自己也不吃亏。爱讲假话的人，一害人民，二害自己，总是吃亏。应当说，有许多假话是上面压出来的。

---

[1]《建国以来重要文献选编》第十一册，中央文献出版社 2011 年版，第 263 页。
[2]《毛泽东思想年编（1921—1975）》，中央文献出版社 2011 年版，第 878 页。

上面'一吹二压三许愿'，使下面很难办。因此，干劲一定要有，假话一定不可讲。"①

　　在提出"农业的根本出路在于机械化"之后，1959 年 8 月，在中共八届八中全会上，经毛泽东提议成立了国家农业机械部，并说如没人愿当这个部长，他来当。这时，曾任新中国第一任江西省委书记、国务院农林办副主任、协助邓子恢负责全国农村工作的陈正人主动请缨，被任命为农机部首任部长兼党组书记。1962 年 9 月 24 日至 27 日召开的中共八届十中全会作出决定："在完成反封建的土地改革以后，我们党在农业问题上的根本路线是，第一步实现农业集体化，第二步在农业集体化的基础上实现农业的机械化和电气化。"② 1966 年 7 月在湖北省武汉市召开了第一次全国农业机械化会议。这次会议确定了农机化发展计划、地方"五小工业"政策以及农业机械"三为主"（农业机械制造业以地方为主、农业机械产品以中小型为主、购置及经营农业机械以集体为主）的方针。1971 年 8 月 16 日在北京召开了第二次全国农业机械化会议。这次会议提出了我国农业机械化发展纲要，并就农业机械化发展路线、方针、规划、投资、政策等方面作了系统的安排。1978 年 1 月 4 日，在北京人民大会堂召开第三次全国农业机械化会议。会议明确要求全国大部分地区耕、耙、播的机械化程度要达到 70% 左右，才算实现农业机械化。这三次农业机械化会议，对推进中国的农业机械化进程产生了重要影响，为 1980 年以后我国农业机械化走上一条中国特色的发展道路奠定了基础。

---

① 《毛泽东思想年编（1921—1975）》，中央文献出版社 2011 年版，第 879 页。
② 《建国以来重要文献选编》第十五册，中央文献出版社 2011 年版，第 510 页。

2. 探索实行农业承包责任制

解决人民的吃饭问题，最终落实到提供充足的生活产品，充足的物质和文化生活产品是靠勤奋劳动获得的，而勤奋的劳动来源于激发广大劳动者的生产积极性。劳动者的生产积极性，既要靠提高他们的思想政治觉悟，也靠实际利益的牵引。

我国实行不同形式的农业承包责任制，早在 20 世纪 50 年代农业合作化时期就开始进行探索，这一探索先从各地开始。1957 年 2 月 14 日，安徽省委发出《关于包工包产的指示》[①]，揭开了安徽探索农业包工包产的序幕。除安徽外，还有一些地区搞过"按劳划片，包产到户"，"全部或大部农活包工到户"，以及"地段责任制"等几种生产管理上的责任形式。1957 年 9 月，中央农村工作部认为经营管理中的这些新形式，对于巩固合作化成果，在集体经济中切合实际地贯彻按劳分配原则是有利的。因此，规定："生产队……按照各地具体条件，可以分别进行'工包到组''田间零活包到户'的办法"，以"适合于农业生产的分散性，以及受自然限制的地区性和季节性"等特点。提倡"大活集体干，小活分开干，不应'干活一窝蜂'，责任不明，耕作粗糙"。这一政策规定，曾写进了经党中央批准的《中央关于做好农业合作社生产管理工作的指示》[②]。1959 年 4 月 29 日，毛泽东在《党内通信》一文中也指出："包产能包多少，就讲能包多少，不可以讲不合实际情况的假话。"[③] 1961 年，在广西、广东、河南、湖南等省区，凡属灾情严重、生产破坏、缺粮饿饭的地方，都先后采用了包工、包产等办法。河南省一些地方将

---

① 《中共安徽省委文件选编（1955—1957）》，1994 年内部发行，第 412–413 页。
② 《重大历史问题评价》第三册，内蒙古人民出版社 2001 年版，第 1897 页。
③ 《毛泽东思想年编（1921—1975）》，中央文献出版社 2011 年版，第 879 页。

因灾害而抛荒的部分集体耕地，在一定时间内借给社员自种、自收、自管口粮，等约定期满，再收回集体耕种，实际是一种向农民承包口粮田的做法。这些办法是在生产和生活极困难地区，由农民提出并得到当地党委同意或默许而搞起来的。在 1961 年和 1962 年前后，农业生产经营管理中的这些新形式，在不少省份和地区都有出现。据《毛泽东传》记载，1962 年毛泽东的秘书田家英曾在湖南作过一个调查。"他在调查中间，遇到一个突出而又出乎他意料的情况，就是一些地方的农民普遍要求包产到户或分田到户，因而他逐渐萌生了用包产到户和分田到户度过暂时困难的想法……田家英回到北京时，毛泽东还在外地，他立即向刘少奇汇报。汇报刚开了个头，刘少奇就接过去说，'现在情况已经明了了'。接着他提出了分田到户的意见。刘少奇对当时国内形势的估计比较严峻。他说：这样下去，无产阶级专政要垮台，我现在一天也不敢离开北京。田家英问刘少奇，他关于分田到户的意见可不可以报告主席。刘少奇说，可以……毛泽东 7 月 6 日清晨回到北京，当天就在中南海游泳池召见田家英。田家英向毛泽东汇报了自己的意见。他的意见是：现在全国各地实行包产到户和分田到户的农民约占 30%，而且还在继续发展。与其让农民自发地搞，不如有领导地搞。将来实行的结果，包产到户和分田单干的可能达到 40%，60% 是集体和半集体。等到生产恢复了，再把他们重新引导到集体经济。"[1] 这个情况说明，在三年困难时期，搞包产到户或分田到户，在全国带有一定的普遍性。

各地的探索一开始就得到中共中央的重视。时任中共中央副主席的陈云曾专门向毛泽东汇报和陈述分田到户的可行性。他对毛

---

[1]《毛泽东传（1949—1976）》（下），中央文献出版社 2003 年版，第 1229-1230 页。

泽东说：分田到户不会产生两极分化，不会影响征购，恢复只要 4
年，否则需要 8 年。在一次讨论分田到户的中央书记处会议上，邓
小平表示支持陈云对这一问题的看法，说："恢复农业，相当多的
群众提出分田。陈云同志作了调查，讲了些道理。意见提出是好
的。""不管是黄猫黑猫，在过渡时期，哪一种方法有利于恢复，就
用哪一种方法。我赞成认真研究一下。分田或者包产到户，究竟存
在什么问题。你说不好，总要有答复。对于分田到户认真研究一
下，群众要求，总有道理。不要一口否定，不要在否定的前提下去
搞。过渡时期要多种多样。现在是退的时期，退够才能进。总之，
要实事求是，不要千篇一律。这几年就是千篇一律。"① 从后来的情
况看，毛泽东显然同意邓小平的这个意见。因为几天后，1962 年 7
月 7 日，邓小平在接见共青团三届七中全会与会者时，公开讲中央
准备在 8 月研究包产到户问题。他说：在全国，巩固集体经济，这
是根本方向，但要承认多种多样的形式。有些包产到户的，要使他
们合法化。现在，实行各种形式的包产到户的，恐怕不止 20%，这
是一个很大的问题。这样的问题应该百家争鸣，大家出主意，最后
找出个办法来。中央准备在 8 月会议上研究一下。② 时任中央农村
工作部部长的邓子恢曾肯定过包产到户的做法。邓子恢认为，一段
时间以来，为了克服农村面临的困难，在安徽等地曾经实行过"责
任田""包产到户"等做法，对恢复农业生产有明显成效。1962 年
5 月 9 日，在中央工作会议上，邓子恢提出有些地区，特别是受灾
地区和山区分散地区，如果适合搞包产到户，农民也有搞包产到户

①《毛泽东传（1949—1976）》（下），中央文献出版社 2003 年版，第 1231 页。
② 同上。

的积极性，那就让他们搞。① 他进一步指出：广西的同志告诉我，"龙胜县那里有 60% 单干，其中一个原因就是山区分散，一个小村庄只三四户，两个村庄看起很近，走起来很远。这种情况下的'单干'或者叫包产到户，只要按国家要求完成上调任务，实际还是社会主义的。说 60% 单干，我们可以先把 40% 搞好，其他慢慢来"。②

毛泽东对包产到户问题在 1961 年曾采取试试看的态度。《毛泽东传》引用了薄一波的一段话，据薄一波说："曾希圣同志 3 月 15、16 日向毛主席汇报这个问题时，毛主席说：'你们试验嘛！搞坏了检讨就是了。'曾立即打电话告诉省委：'现在已经通天了，可以搞。'广州会议尚未结束，毛主席又通过柯庆施同志转告曾希圣同志说：可以在小范围内试验。3 月 20 日，曾希圣同志又给毛主席并少奇、恩来、小平、彭真、庆施同志写信，如实分析了实行'责任田'的好处和坏处，认为好处明显，大于坏处。毛主席未表态。1961 年 7 月，曾又赶到蚌埠向毛主席汇报，毛主席勉强说了一句：'你们认为没有毛病就可以普遍推广。'"③薄一波上述回忆是这段历史的真实记录，它是在这样的形势下发生的——

1961 年 1 月 8 日，安徽省委派常委郑锐、张柞荫向曾希圣汇报安徽农村一些地方饿、病、逃、荒、死更趋严重的情况，这使曾希圣陷入深深的痛苦之中。他再一次提出，要毫不动摇地搞包产责任制的试点。这时曾希圣还兼任着中共山东省委第一书记。为了集中精力把安徽的问题解决好，2 月初，他向华东局、党中央和毛泽东写报告，请求辞去山东省委第一书记职务，回到安徽"戴罪立功"，

---

① 《毛泽东传（1949—1976）》（下），中央文献出版社 2003 年版，第 1229 页。
② 《重大历史问题评价》（三），内蒙古人民出版社 2001 年版，第 1900 页。
③ 薄一波：《若干重大决策与事件的回顾（修订本）》下卷，人民出版社 1997 年版，第 1114 页。

同广大干部群众同甘共苦，一起扭转危局。得到党中央批准后，他于 2 月 6 日匆匆离开济南，赶回安徽。到达蚌埠市后，曾希圣主持召开了他回安徽后的第一次地市委书记会议。在了解全省出现的严峻形势后，立即部署调粮救灾的工作，并要求各地采取一切措施，不准许再饿死一个人。就在回到安徽的第一天的这次会议上，曾希圣正式提出了思索已久的在农村实行农业包工包产责任制的设想，这就是后来在全省推行的"责任田"的雏形。他说："工业的责任制是非常严格的。工厂是把生产任务分配到车间，车间又把任务分配到每台机床，实行按件计酬，超产奖励。这种责任制的办法为什么不能够移植到农业生产中来呢？我想完全可以。""如果把生产队的任务落实到每块田地，那么，每块田地就成了工厂里的'机床'。再把这些'机床'按劳动底分分给每一个社员去使用，明确任务和责任，最后按实产粮食的多少计算报酬。这不就把工业生产中的责任制移植到农业生产中来了。"曾希圣的想法得到省委常委及全省大多数地市委书记的支持。

2 月 14 日，曾希圣在省委书记处会议上提出，可否考虑试行"按劳动底分包耕地，按实产粮食记工分"的办法，这个办法的核心，一是社员承包，二是联产计酬。会议对此进行了深入研究，据当时参加会议的人回忆，大家对曾希圣的观点表示支持，但也感到这样做有一定风险。为了稳妥，曾希圣向华东局第一书记柯庆施做了汇报，柯庆施答复这个办法不能推广，每个县先搞一个点试验一下。大年初一，曾希圣给身边工作人员放了一天年假，而把自己关进办公室，做试点的准备。2 月 16 日，曾希圣召集省委调研室主任和办公厅有关人员组成试点工作组，并告诉大家："你们不用担心，试出问题，一切责任我来承担。"于是，就选在合肥市郊的蜀山公社井岗大队南新庄生产队进行试点。曾希圣要求对南新庄生产队的试点暂时只限市、区、社主要负责人知道,不得外传,不得扩大。如果试点不成功,得不到群众的拥护,也不会产生不好的影响;试点成功了,也要有领导、有计划、有步骤地展开,不能一哄而起。

3月7日,曾希圣主持省委书记处会议,大家同意将南新庄实行的办法逐渐在全省推广。但是在没有得到中央批准之前,省委也不敢大规模推开。于是会议决定暂时不发文件,由书记处各位同志带着《关于定产到田、责任到人问题(草案)》,分头到各个地区传达,组织试点。这说明省委对此是非常谨慎的。

3月8日,合肥市委召开由肥东、肥西、巢县县委书记和郊区区委书记参加的会议,部署试点工作。确定一个公社搞一个生产队试点,要求在3月20日前试点结束,然后再逐步推广。但农民等不及了。南新庄的试点就像点起的星星之火,立刻在江淮大地燃烧起来。不到一个月时间,合肥市的绝大多数生产队都实行了"责任田"。

3月15日,中共中央在广州召开中央工作会议。为了在会上向毛泽东汇报安徽情况,曾希圣组织人员起草了《关于定产到田、责任到人问题》的草案。到广州后向有关同志征求意见。这天上午,经与毛泽东的秘书协调,毛泽东约曾希圣、谭启龙谈话。曾希圣向毛泽东详细汇报了安徽试行责任田的由来、主要好处和可能出现的问题。毛泽东听说实行责任田能够较快地增加粮食产量,说:你们试验嘛!搞坏了检讨就是了,如果搞好了,能增产10亿斤粮食,那就是件大事。谈话后,曾希圣立即打电话通报安徽省委,说:现在已经通天了,可以搞。[1]

---

[1]《毛泽东年谱(1949—1976)》第四卷,中央文献出版社2013年版,第558页。

　　这时安徽省委正急切地等待毛泽东的这句话。曾希圣在电话中传达毛泽东"可以搞"的意见后，他们才决定在全省扩大试点。至此，安徽的"责任田"结束了试点阶段，开始在全省全面推行。到3月28日，仅仅13天时间，全省已有39.2%的生产队实行了包产责任田。

　　就在广州会议上，毛泽东的秘书田家英对安徽《关于定产到田、责任到人问题（草案）》提出了反对意见，他给毛泽东写了一封信，信中有这样一段话："寡妇们在无可奈何的情形下，只好互助求生。她们说：'如果实行包产到户，不带我们的话，要求给一头牛，一张犁，8个寡妇互助，爬也爬到田里去。'看到这些，令人酸鼻。工作是我们做坏的，在困难的时候，又要实行什么包产到户，把一些生活没有依靠的群众丢开不管，作为共产党人来说，我认为，良心上是问不过去的。"信中还说，为了总结经验，包产到户作为一种试验是可以的，但是不能普遍推广，"依靠集体经济克服困难，发展生产，是我们不能动摇的方向"。田家英的这封信使毛泽东在原来的立场上后退了一步。他又经柯庆施转告曾希圣说：责任田"可以在小范围内试验"。由于柯庆施传达的这个指示与3月15日毛泽东直接对曾希圣说的话含意有所不同，曾希圣于3月20日给毛泽东、刘少奇、周恩来等写了一封信，比较详细地说明了责任田的做法和积极作用，也指出了这一办法的缺陷和克服这些缺陷的措施。毛泽东对这封信一直未予明确答复。

　　3月28日，曾希圣回到合肥，当晚就召开了省委常委会议。在简要传达广州会议的精神后，他说："这个办法（指责任田），现在看来能调动群众的积极性，能够增产，我们就今年试验一年，如果实践证明是好的就继续搞，实践证明不好，以后不搞就是了。"同时他又不敢违背毛泽东关于责任田只能"在小范围内试验"的指示，叫省委办公厅电话通知下面停止推广。

为了认真研究和及时解决推行责任田过程中出现的新问题，总结新经验，5月23日曾希圣又主持拟定了《关于认真调查和全面总结"包工包产责任制"的通知》。由此，调查研究之风在全省勃然兴起，每天都有一些调查报告、情况简报和人民来信反映到省委。曾希圣对这些材料一般都亲自过目，提出解决办法，答复各地请示的问题。据不完全统计，从1961年3月到12月的10个月中，曾希圣亲自主持的以省委名义发出的通知、批复和指示等就有120多件。

1961年7月12日，毛泽东从南方视察回京途经蚌埠，召见曾希圣。曾希圣再一次向毛泽东汇报了责任田的有关情况。他把责任田和评工记分这两种办法作了对比，强调责任田较之评工记分更能调动群众的生产积极性，更能增加粮食产量。他还对自己和安徽的工作，作了深刻的检查。他说："我们省委有两个错误是方向问题，一是把减产当成增产，二是把农村里本来是'左'倾当成右倾来反。"毛泽东听后说："你们认为没有毛病就可以普遍推广。"送走了毛泽东，曾希圣立即赶赴岳西县石关参加全省三级干部会议。他向出席会议的全体同志传达了毛泽东关于"可以普遍推广"责任田的指示，并部署了具体措施。从此，责任田的推行速度大大加快。到这年的8月中旬，全省实行责任田的生产队猛增到70.8%，10月中旬又增加到84.4%，12月底达到90.1%。

由于责任田符合客观实际，适应生产力发展水平，因而仅仅试行一年就大见成效。1961年，安徽全省粮食总产量实际上达到了180多亿斤。由于粮食丰收，征购任务超额完成，农民生活得到了较大的改善，农村非正常死亡的现象得到了制止，因而群众称赞责任田为"救命田"。农村市场也出现了一片繁荣景象。粮食多了，价格也下降了。鲜山芋的价格竟低于稻草，许多农民把山芋掺到稻草里当柴火卖。河南、山东、江苏等灾区的农民纷纷到安徽购买粮食。一时间，责任田大有冲破省界，席卷全国之势。

1961年12月，毛泽东在江苏无锡把曾希圣找去，说："生产开始恢复了，是否把这个办法（指责任田）变回来。"曾希圣回答说："群众刚刚尝到甜头，是否让群众再搞一段时间。"当时毛泽东没有明确表态。由于毛泽东没有明确表露不同意搞责任田的意思，所以安徽省委决定1962年继续干下去。1962年1月，在北京举行的扩大的中央工作会议即"七千人大会"上，曾希圣试行责任田被指责为犯了"方向性错误"。"七千人大会"后，曾希圣被调离安徽，标志着"责任田"的夭折。

责任田在短短一年中，使安徽几千万农民深受其惠，显示了巨大的优越性。它虽然只是在农民群众强烈要求下进行的一种试验，但以无可辩驳的事实，为改革旧的农业经济体制闯出了一条新路。也可以说，它是农村经济体制改革大规模的演习和练兵。它的试行，又在实践中造就了一大批勇于探索、敢于改革的干部。

安徽的"责任田"虽被叫停，但中央对农业生产责任制问题的讨论仍在继续。1962年6月，中南局第一书记陶铸、湖北省委书记王任重专程到广西龙胜县调查那里反映的农业生产责任制问题。调查后还召开了有广西区党委、桂林地委、龙胜县委负责人参加的座谈会。座谈会记录有这样的记载：这里的情况是，"绝大多数干部和群众愿意走社会主义道路，要求搞好生产，提高生活水平，这是和党的要求一致的。""由于几年来我们工作中的缺点和错误，农业生产和群众生活水平都下降了。执行'六十条'以来，多数人积极寻找改进集体经济经营管理的方法，迅速增加生产，改善生活，这是龙胜县目前形势的主流。""原估计全县 60% 甚至 70% 的生产队单干了。事实上单干的并没有那么多，那是因为界限不清，把那些正确地采取田间管理责任制的和其他基本上仍是集体经营的生产队，都算在单干里面去了。"记录提到当地实行的一种在生产资料集体所有，统一计划，统一分配前提下，按人口或劳力将田块及多数农活长期责任到人，采取联系产量或不联系产量的责任制形式。并以此为根据，认为：集体经济只要坚持几条必要的原则，形式是可以千差万别的。这些原则是：一、主要生产资料集体所有；二、生产计划统一安排；三、劳动力统一调动；四、生产收入统一分配。这份记录最后写道："在克服了共产风，调整了征购任务以后，搞好经营管理就成为巩固集体经济的关键，把基本核算单位下放到生产队，并把生产队的规模划小一些，这是符合我国目前生产力水平的，从而提供了搞好经营管理的充分可能性。但应当说，这个问题现在尚未解决。如果不搞好经营管理，建立严格的生产责任制度，集体生产是不可能搞好的。只有生产力水平发展到一定高度，集体经济才有可能最后巩固。"[1] 这个座谈会记录受到党中央的重视，毛泽东在向全党批转这个被称为"龙胜调查"时写道："这个文件所做的分析是马克思主义的，分析之后提出的意见也是马克思主义的。"[2]

1962 年 7 月 25 日至 8 月下旬在北戴河召开了中央工作会议。会议在农业方面起草并讨论了中央关于进一步巩固人民公社集体经济，发展农业生产的决定和修改人民公社工作条例。在讨论文件过

---

[1]《重大历史问题评价》（三），内蒙古人民出版社 2001 年版，第 1901 页。
[2] 同上。

程中，农村工作方面围绕着经营管理、包产到户、借地、副业生产、林业等 13 个问题展开。在这次会上，对提倡在农村集体经济中建立生产责任制的邓子恢进行了错误的批判；说他支持农民闹单干，会议把这种批判称为"反对单干风"。面对严厉的批评，8 月10 日，邓子恢在会上说：在经营管理中实行责任制的问题，其实早在 1957 年就已经中央批准过，只是 1958 年以后被打乱了。现在不过是恢复 1957 年那一套。重新提出这一问题，为的是提高农民生产积极性，加强生产责任制，各尽所能，分工合作。"任何工矿企业都要有责任制，工业可以搞责任制，为什么农村不能建立。"他还列举陶铸、王任重的调查报告说："现在看，责任制联系产量也是可以的，有集体所有制区别于单干的四条界线，联系产量的责任制就不是单干。因此要具体分析各地情况，单干没有那四条，有四条就不是单干。大农活统一干，小农活包到户，决定的关键是大农活统一干。安徽责任田有搞好五统一的，应该具体分析，不能都说成是单干。"邓子恢最后说："对责任田，我到现在还是这样看。"①邓子恢这段话有理有据，不卑不亢，表现了一个共产党人实事求是和坚持真理的精神，后来的实践证明他是正确的。

北戴河会议之后，在批判"单干风"的形势下，由农民群众自发搞起的生产责任制在全国风行一时之后中断了试验。

中国在 20 世纪 60 年代实行的各种形式的农业承包责任制，虽然时间很短，但对克服当时的经济困难发挥的重要作用是不可低估的，它对人们思想的影响是极其深远的。正是因为有了早期的各种形式的农业承包责任制，才有了中共十一届三中全会上党对发展农业的深刻认识，全会公报指出："全会认为，全党目前必须集中主

---

① 《重大历史问题评价》（三），内蒙古人民出版社 2001 年版，第 1903 页。

要精力把农业尽快搞上去，因为农业这个国民经济的基础，这些年受到严重的破坏，目前就整体来说还十分薄弱。只有大力恢复和加快发展农业生产，坚决地、完整地执行农林牧副渔并举和'以粮为纲，全面发展，因地制宜，适当集中'的方针，逐步实现农业现代化，才能保证整个国民经济的迅速发展，才能不断提高全国人民的生活水平。"[①] 中共十一届三中全会以后，党抓住农业这个经济工作的命脉，采取发展农业生产的一系列政策措施和经济措施，使一度遭到错误批判的各种形式的农业承包责任制重新焕发生机和活力，以农村的改革开放推动了全方位的改革开放向纵深发展。

二、实现工业化

工业化与小康社会是什么关系？小康社会在它的最初阶段多表现为粮、棉、肉、油等农林牧副渔五业充足，但不管是"小康之家"还是"小康社会"，有饭吃仅仅是生存的最低需求，除此之外，还需要有衣穿，有房住，有钱花，有学上等，而这些都需要工业、商业的发展提供保障。中华人民共和国成立时，实现国家工业化明确地写在了起临时宪法作用的《中国人民政治协商会议共同纲领》中。其中，第 26 条规定，中华人民共和国经济建设的根本方针，是以公私兼顾、劳资两利、城乡互助、内外交流的政策，达到发展生产、繁荣经济之目的。国家应在经营范围、原料供给、销售、劳动条件、技术设备、财政政策、金融政策等方面，调动国营经济、合作社经济、农民和手工业者的个体经济、私人资本主义经济和国家资本主义经济，使各种社会经济成分在国营经济领导下，分工合作，各得其所，以促进整个社会经济的发展。显然这是典型

---

① 《三中全会以来重要文献选编》（上），人民出版社 1982 年版，第 7 页。

的混合经济模式，对此毛泽东称这是"统筹兼顾"的方针精神。第30条规定，凡有利于国计民生的私营经济事业，人民政府应鼓励其经营的积极性，并辅助其发展。这是鼓励私营经济发展的政策。第31条规定，国家资本和私人资本合作的经济为国家资本主义性质的经济。在必要和可能的条件下，应鼓励私人资本向国家资本主义方向发展，例如为国家企业加工，或与国家合营，或用租借形式经营国家的企业，开发国家的富源等。这又是鼓励私营经济与国营经济合作的混合经济政策。

中国共产党原来的设想是在新中国成立后的一段时期里，首要任务是迅速地恢复和发展国民经济，开始大规模的国家工业化建设，使新民主主义的政治、经济、文化形态有相当程度的发展，为中国稳步地由农业国转变为工业国，由新民主主义国家转变为社会主义国家奠定基础。这就是说，先经过一段新民主主义社会的发展，待条件成熟后，再视情况，采取"严重的社会主义步骤"，一举进入社会主义。但是，1952年9月24日毛泽东在中央书记处会议讨论"一五"计划的方针任务时关于"我们现在就要开始用10到15年的时间基本上完成社会主义的过渡，而不是10年或者更长时间以后才开始过渡"[1]的讲话，则改变了原来的设想，他认为新中国的成立就是过渡时期的开始，"从现在起就开始逐步过渡到社会主义"。在1953年6月15日召开的中共中央政治局扩大会议上，毛泽东发表讲话，第一次对党在过渡时期的总路线和总任务的内容做出了比较完整的表述。他说："从中华人民共和国成立，到社会主义改造基本完成，这是一个过渡时期。党在过渡时期的总路线和总

---

[1]《中华人民共和国专题史稿·开国创业（1949—1956）》卷一，四川出版集团、四川人民出版社2004年版，第367页。

任务，是要在 10 年到 15 年或者更多一些时间内，基本上完成国家
工业化和对农业、手工业、资本主义工商业的社会主义改造。"① 此
后对这个表述作了微调，主要是在完成的时间上。1953 年 9 月 8 日，
周恩来在中国人民政治协商会议第一届全国委员会第 49 次常务委
员会扩大会议上的报告中，引用了毛泽东对过渡时期的总路线的提
法，即"从中华人民共和国成立，到社会主义改造基本完成，这是
一个过渡时期。党在过渡时期的总路线和总任务，是要在一个相当
长的时期内，基本上完成国家工业化和对农业、手工业、资本主义
工商业的社会主义改造"。② 为什么作这个微调？因为，毛泽东在
谈过渡时期的总路线和总任务时提出了完成国家工业化的指标，指
出："工业化，工业在国民经济中的比重要超过农业。现在我国工业
很落后，一架飞机、一辆坦克、一辆汽车、一辆拖拉机都不能造，
许多机器不能造。按照苏联的经验，工业的比重要达到 70% 才算工
业化，我们现在还差 42%。我国的工业化，工业比重达到 70%。"③
就是说，当时我国工业化率仅达到 28%，要在现有的 28% 达到
70%，困难的确很多，所以把"10 年到 15 年或者更多一些时间内"
改成"在一个相当长的时期内"，更科学一些。但毛泽东提出"10
年到 15 年或者更多一些时间内"的完成时限也是有根据的。首先
是参考了苏联完成工业化所用的时间；然后从中国的实际出发，计划
用三个五年计划的时间共 15 年，如果再加上 3 年过渡期就是 18 年。

1. 第一个五年计划

因为计划用三个五年计划的时间来完成国家工业化，所以，中

① 毛泽东在中共中央政治局扩大会议上的讲话记录，1953 年 6 月 15 日。
②《建国以来重要文献选编》第四册，中央文献出版社 2011 年版，第 301–302 页。
③《毛泽东思想年编（1921—1975）》，中央文献出版社 2011 年版，第 749–750 页。

国的工业化从第一个五年计划的编制和实施开始。1952年下半年，在国民经济恢复任务基本完成，很快就要进入全面建设时期的情况下，"一五"计划的编制工作提出了轮廓草案。包括《关于编制五年计划轮廓的方针》《中国经济状况和五年建设的任务（草案）》和《三年来中国国内主要情况及今后五年建设方针的报告提纲》3个文件。草案提出"一五"计划期间经济建设的中心环节是重工业，工农业总产值1957年比1952年增长48.2%，其中工业总产值增长105.71%，农业总产值增长44.75%；财政收入平均每年增长16%左右；农业生产合作社的耕地面积1957年将占总面积的30%~40%。这些指标的安排显然带有理想主义的成分。

为了增强"一五"计划编制的准确性、科学性，中共中央决定派出一个代表团访问苏联，就第一个五年计划和苏联有关方面交换意见，重点是争取苏联的援助。代表团由周恩来任团长，成员有陈云、李富春，包括各部门的专家共30多人。1952年8月15日，中国政府代表团从北京出发，17日到达莫斯科。9月下旬周恩来、陈云先后回国，由中财委副主任李富春留在莫斯科，主持继续与苏方商谈。斯大林与中国代表团举行了两次会谈，在8月20日举行的第一次会谈中，斯大林对代表团提出的"工业资源的勘察、设计、工业设备、技术资料及派人来苏留学和实习军事，肯定地回答愿尽力之所及予以帮助"。在看完代表团提交的轮廓草案文件后举行的第二次会谈中，斯大林表示，要按照一定可以办到的来做计划，不留后备力量是不行的。必须要有后备力量，才能应付意外的困难和事变。今后五年计划中，每年要超过1%，其数量总是比过去大的。次之，在五年计划中，你们未将民用工业与军事工业和装备计算在一起，这是不应该的。只有将它们放在一起，才便于掌握情况和调度……据我们自己经验，五年计划至少有一年准备，审查方案还要两三个月。即令如此，也还可能有错误……谈到最后，斯大林具体指出：我建议工业建设的增长速度，每年上涨可降到15%，每年生产计划应定为20%，要动员工人来完成和超过这一计划。[①] 1953年2月1日晚，苏联国家计委主席萨布洛夫约见李富春。他说：中国是亚洲最大的国家，对世界影响很大。第一个五年计划一定要完成，否则影响太大。并指出：搞建设一定要把地质资料搞清，有把握的就搞，没有把握的就暂缓。这样，中国的建设速度将会很快。李富春认真研究了苏方的意见，提出："第一个五年计划要稳，以便抓住重点，建立基础，从而培养一批工业化的人才，积累建设经验，搞清资源，如此，则日后的速度可快。"[②] 据此，又提出了第一个五年计划的原则性意见：一是要实事求是，没有资料、缺乏力量的决不勉强上，该推迟的项目一定后上；二是从发展战略要求及与第二个五年计划相联系上考虑，必须建设的重点项目，要充分说明理由，力争苏方帮助设计。李富春要求各小组根据这些原则对原方案进行修改补充后，同苏方进行第二轮商谈。2月9日，李富春再一次综合各小组商谈情况，向中央做了报告。14日，周恩来、高岗、邓小平、陈云、薄一波、邓子恢给李富春复信，明确表示：一、我们认为苏联国家计委对我们计委的意见是正确的，苏联国家计委介绍的工作方面的宝贵经验，对我国制定五年计划有巨大的帮助。二、长期计划中的工业生产的增长速度拟定为13%~15%，年度计划中根据实际可能情况适当提高，以保证长期计划的提前完成。这样办是有好处的。三、苏方对各工业计划所提出的具体意见，我们

---

① 《李富春传》，中央文献出版社2001年版，第425-426页。
② 同上书，第431页。

基本同意。

从 1952 年 9 月至 1953 年 4 月，在半年多的时间内，中国政府代表团在李富春领导下，同苏方进行了反复研究磋商，双方在援助中国第一个五年计划的重点项目上已取得一致意见。1953 年 5 月 15 日晚 10 时，中苏双方举行签字仪式，李富春、米高扬分别代表本国政府在《关于苏维埃社会主义共和国联盟政府援助中华人民共和国政府发展中国国民经济的协定》文本上签字。其主要成果是苏联援助中国新建与改建 91 个项目，主要包括钢铁、冶金、机械、化工、发电、医药等方面的大型企业。另外，毛泽东在第一次访苏时，与斯大林敲定了作为第一批项目的 50 项重点工程，1954 年赫鲁晓夫率团访华时签订第三批 15 个项目协议。此后，中苏双方又陆续签订 18 个项目，经过反复调整，最后确定 154 项。因为 156 项工程公布在先，故仍通称为"156 项工程"。"156 项工程"的建设在经验、技术、人才、制度等几个方面为中国工业化提供了指导性经验，为新中国的工业化建设奠定了基础。这次商谈的另一重大成果，是为了使中国能够尽快掌握新建与改建企业的技术，苏联政府决定每年接收 1000 名中国实习生，派出五年综合专家组、200 名设计专家、50 名地质专家来中国指导工作。

1953 年 6 月李富春回国后，根据中国实际情况，结合苏方的意见，对我国第一个五年计划轮廓草案中所规定的各项具体任务以及存在的主要问题，进行了比较系统的总结，在此基础上提出关于"一五"计划方针、任务的意见，很快向中央上报了《在苏联商谈我国五年计划问题的几点体会（提纲草案）》。1954 年 3 月，中共中央又成立编制五年计划纲领的八人工作小组。在李富春等领导下，国家计委组织人员经过认真仔细的测算和反复讨论修改，终于如期完成了计划草案初稿。1955 年 3 月 31 日，中国共产党全国代表会议讨论并原则通过这个草案。7 月 5 日至 30 日，第一届全国人大第二次会议在北京召开。大会同意李富春所做的报告，审议并批准了《中华人民共和国发展国民经济的第一个五年计划》。其中，"一五"计划的基本任务是集中主要力量进行以苏联帮助中国设计的 156 个建设单位为中心、由限额以上的 694 个建设单位组成的工业建设，建立中国的社会主义工业化的初步基础；发展部分集体所有制的农业生产合作社，并发展手工业合作社，建立对农业和手工业的社会主义改造的初步基础；基本上把资本主义工商业分别地纳入各种形式的国家资本主义轨道，建立对私营工商业的社会主义改造基础。具体安排：5 年内全国经济建设的支出总数 766.4 亿元，其中属于基本建设的投资 427.4 亿元，占 55.8%。5 年内工业总产值每年递增14.7%，农业总产值平均每年递增 4.2%。在工农业发展的基础上，1957 年全国社会商品零售总额达到 498 亿元，比 1952 年增长 80%左右。5 年内文化、教育和科学研究事业将有较大发展。在人民生活方面，5 年内，工人、职员的平均工资月增长 33%，其中工业部门增长 27.1%，农林水利部门增长 33.5%，基本建设单位增长 19%，国家机关增长 65.7%，文教卫生系统增长 38.2%，农村购买力 1957年将比 1952 年提高 1 倍。

"一五"计划的核心是 156 项重点工程的建设。最早建成投产的项目是重庆电厂和哈尔滨量具刃具厂，前者用了 2 年时间，1952年开工，1954 年建成；后者用了 1 年时间，1953 年开工，1954 年建成投产。实际建设的 150 个项目，绝大部分是 1952 年至 1957 年间开工，在 1955 年至 1962 年间陆续建成投产的。如长春第一汽车制造厂，1953 年 7 月 15 日破土动工，建设者经过 3 年的艰苦奋斗，终于将一座宏伟壮丽的汽车厂矗立在长春大地上，中国第一家现代汽车制造厂由此诞生。1956 年 7 月 12 日，从总装配线上开出了国产第一辆解放牌汽车，结束了中国不能制造汽车的历史。我国第一个拖拉机制造厂——洛阳拖拉机制造厂也是经过 4 年的建设，于 1959 年 11 月建成投产，结束了我国不能生产拖拉机的历史。在化学工业建设方面，1954 年我国最大的医药联合企业华北制药厂开始施工，1958 年建成投产。该企业建成后，基本上满足了当时国内对青霉素的需要，从根本上改变过去青霉素主要依靠进口的状况。"156 项"中的 3 个化学工业项目——吉林染料厂、吉林氮肥厂、吉林电石厂，组成全国最大的化学工业基地——吉林化工区。该项目 1955 年 4 月开始施工。为了集中力量打歼灭战，中央从全国各地调集了 3 万多名职工，组成了一支浩浩荡荡的建设大军。为了把长达 100 米、重达 100 吨的硝酸排气筒安装就位，工人们打破常规，在地面上逐节焊接，单凭四个据点的卷扬机和推土机，就一次整体吊装成功并安全就位。仅用了 3 年半时间，就建成了当时国内最大的染料厂和化肥厂，安装了亚洲最大的电石炉和一系列后加工设备。全部工程一次试车成功，并于 1957 年 10 月 25 日正式投入生产，当年就为国家提供了 7900 吨染料和中间体、4.3 万吨化肥和 2.83 万吨电石，生产品种达到 37 个。"156 项"中唯一的轻工业项目——佳木斯造纸厂，于 1954 年 8 月开工建设，1957 年即建成投产，比预定计划提前 8 个月完成建设任务。佳木斯造纸厂投产后生产的产品，填补了我国造纸工业的空白，大大减少了我国工业技术用纸和造纸用无端铜网进口的数量，供应了 28 个省、市、自治区的近千家工商企业。从 1960 年开始，机制纸、造纸用铜网、造纸副产品粗木素塔尔油开始出口，为国家提供了新的外汇来源。总之，以

"156项"为中心的工业建设，是中国近代以来引进规模最大、效果最好、作用最大的工业化浪潮。仅就"156项"中的民用工业106项工程来说，仅花了156.0865亿元人民币，就使我国的工业生产能力和技术水平前进了一大步，为后来的工业化奠定了坚实的基础，特别是人力资源和技术资源的基础。

全党和全国人民经过5年的努力奋斗，到1957年底，超额完成了第一个五年计划，取得了巨大成就。在社会主义改造方面：到1957年底，参加农业生产合作社的农户已占全国农户总数的98%，其中参加高级社的农户，占全国农户总数的96%；参加手工业合作组织的手工业者占全国手工业者总数的90%左右；私营工业的产值在全国工业总产值中所占的比重已不到1‰，私营个体商业在社会商品零售额中只占3%。在基本建设方面：5年内完成基本建设投资总额550亿元，其中国家对经济和文教部门的基本建设投资为493亿元，超过原定计划15.3%。在施工的1万多个建设单位中，限额以上的有921个，比原计划增加227个，到1957年底，全部建成投产的有428个，部分建成投产的有109个。这921个限额以上的建设项目，在很长时期内都是我国现代化工业的骨干，其中有许多是我国过去没有的新工业，如飞机、汽车、发电设备、重型机器、新式机床、精密仪表、电解铝、无缝钢管、合金钢、塑料、电子器材的制造等。这些新工业的建立，改变了新中国成立前我国工业门类残缺不全的面貌，为我国建立独立完整的工业体系、国民经济和技术改造奠定了基础。在工业方面：1957年工业总产值超过"一五"计划15.3%，平均每年增长18%，其中生产资料生产平均每年增长25.4%，轻工业生产平均每年增长12.9%。同时，重工业也超额完成"一五"计划，1957年产值比1952年增长83%，平均每年增

长 12.8%。在五年计划规定的 46 种主要工业产品产量中，有 27 种
提前一年达到五年计划规定的指标。钢产量 1957 年达到 535 万吨，
比 1952 年增长近两倍，为原定计划的 137%。煤炭产量 1957 年达
到 1.31 亿吨，比 1952 年增长近一倍，为原定计划的 110%。在农
业方面：1957 年农副业总产值达到"一五"计划规定指标的 101%。
其中，粮食产量为计划的 102%，棉花产量为计划的 100.3%。农业
生产条件方面：5 年内扩大耕地 5867 万亩，为计划的 101%，新增
灌溉面积 1.1 亿亩，为计划的 152.8%。在林业建设方面：5 年来造
林面积达 21469.5 万亩，为计划的 228.1%。在交通运输邮电方面：
到 1957 年底，全国铁路通车里程达到 29862 千米，比 1952 年增加
22%。1957 年底，全国公路通车里程达到 25.5 万千米，比 1952 年
增加 1 倍，穿越世界屋脊的康藏、青藏、新藏公路建成通车。1957
年与 1952 年相比，全国内河航运里程增长 51.6%，空运线路增长
101.5%，现代化运输工具的货运量和货物周转量分别增长 144% 和
142%，客运量和旅客周转量分别增长 159.1% 和 100.6%，邮路总长
度增长 72.3%，邮电业务量增长 72%。在科技教育方面：高等学校
由 1953 年的 181 所增加到 1957 年的 229 所，增长 26.5%；1957 年
在校学生 44.1 万人，比 1952 年增长 1.3 倍。中等专业学校 1957 年
在校学生 77.8 万人，比 1952 年增长 22.3%；普通中学 1957 年在校
学生 628.1 万人，比 1952 年增长 1.5 倍；小学 1957 年在校学生 6428
万人，比 1952 年增长 25.7%。1957 年全国科研机构共有 580 多个，
研究人员 2.8 万人，比 1952 年增长 2 倍多。在人民生活方面：1957
年全国人民的平均消费水平达到 102 元，比 1952 年的 76 元提高
34.2%，其中城镇居民为 205 元，比 1952 年提高 38.5%；农民为 79
元，比 1952 年提高 27.4%。到 1957 年底，我国职工人数为 2451 万

人，比 1952 年增长 55.1%，城市失业问题基本得到解决。1957 年全国职工的平均工资达到 637 元，比 1952 年增长 42.8%。在农业生产发展的基础上，农民的生活也有较大改善。农民 1957 年的收入比 1952 年增加 20% 左右。1957 年城乡居民的储蓄存款比 1952 年增长 2 倍多。[①]

2. 第二个五年计划

第二个五年计划，从 1958 年至 1962 年，简称"二五"计划，它是在周恩来的主持下编制完成的。鉴于按三个五年计划完成国家工业化的总体设想，第二个五年计划具有对第一个五年计划和第三个五年计划承上启下的作用。党中央认为，编制我国第二个五年计划，应该以第一个五年计划可能达到的成就作为出发点，联系到大约在第三个五年计划期末我国要完成工业化建设的任务，实事求是地估计第二个五年计划期间国内外的各种条件，进行全面的规划。这样，才有可能使计划既积极而又稳妥可靠。根据这样的指导思想，党中央提出了我国发展国民经济的第二个五年计划的基本任务：（1）继续进行以重工业为中心的工业建设，推进国民经济的技术改造，建立我国社会主义工业化的巩固基础；（2）继续完成社会主义改造，巩固和扩大集体所有制和全民所有制；（3）在发展基本建设和继续完成社会主义改造的基础上，进一步地发展工业、农业和手工业的生产，相应地发展运输业和商业；（4）努力培养建设人才，加强科学研究工作，以适应社会主义经济文化发展的需要；（5）在工业农业生产发展的基础上，增强国防力量，提高人民的物

---

① 《中华人民共和国专题史稿·开国创业（1949—1956）》卷一，四川出版集团、四川人民出版社 2004 年版，第 401-405 页。

质生活和文化生活的水平。^①同时，提出我国社会主义工业化的主
要要求，就是要在大约三个五年计划时期内，基本上建成一个完整
的工业体系。这样的工业体系，能够生产各种主要的机器设备和原
材料，基本上满足我国扩大再生产和国民经济技术改造的需要。同
时，它也能够生产各种消费品，适当地满足人民生活水平不断提高
的需要。在提交中共八大审议通过《关于发展国民经济的第二个五
年计划的建议的报告》时，周恩来指出："为了建立我国社会主义工
业化的巩固基础，在第二个五年计划期间，必须继续扩大冶金工业
建设，大力推进机器制造工业的建设，加强电力工业、煤炭工业和
建筑材料工业的建设，积极推进工业中的落后部门——石油工业、
化学工业和无线电工业的建设。同时，还必须推进国民经济的技术
改造，以提高我国工业的技术水平。"^②

尽管中共八大审议通过了第二个五年计划的建议报告，但周恩
来对这个计划心中还是不安。中共八大闭幕不到 2 个月，周恩来就
在中共八届二中全会上把他担心的几个问题提了出来：

"第一个问题……我们从国际事件中所取得的教训，联系到我
们的建设，有两点值得注意。"第一点，就是社会主义国家也可能
犯错误，而且有的已经犯了错误。他引用毛泽东的话说，这种错
误，就是对外的大国主义，对内的大民族主义，对人民的专制主
义。联系到我国是不是也可能产生这些问题呢？周恩来说：有些萌
芽在过去的工作中已经发现。例如，脱离群众不关心群众利益的事
情，我们领导者的生活和工作制度有些特殊化、官僚化。这就不能
不使我们在建设中时常注意这些问题。第二点，就是苏联和其他一

---

① 《周恩来选集》下卷，人民出版社 1984 年版，第 224-225 页。
② 同上书，第 226 页。

些社会主义国家都是优先发展重工业，但是在发展中忽视了人民的当前利益。直接与人民利益关系最大的是轻工业、农业，轻视这两者就会带来不好的后果。周恩来再次引用毛泽东的话，"我们又要重工业，又要人民。这样结合起来，优先发展重工业才有基础。发展重工业，实现社会主义工业化，是为人民谋长远利益。为了保卫人民的福利和社会主义成果，必须依靠人民。如果不关心人民的当前利益，要求人民过分地束紧裤带，他们的生活不能改善甚至还要降低水平，他们要购买的物品不能供应，那么，人民群众的积极性就不能很好地发挥，资金也不能积累，即使重工业发展起来也还得停下来。所以，这一条经验也值得我们在建设中经常想到。一些社会主义国家发生的事件值得我们引为教训。"[①]周恩来进一步分析了人口多的优势和可能带来的困难，他说，要重工业，又要人民。人民的问题对我们来说是人口众多，这有它的好处；但是人口众多也有一个困难，人多消费需要的量就大。衣食住行，首先是食。我国人口现在平均每年增长2%左右，每年增加一千多万人，这是一个可观的数目，而我们的粮食平均每年增长3%左右，增长量并不大。我们也要看到，耕地面积、粮食产量总是增加得慢。不能把这方面的工作看得那么容易。

第二个问题，就是在建设中如何处理农、轻、重的关系问题。周恩来说，毛泽东同志提出的十大关系是党的八大的指导方针，要正确地解决这十大关系问题，我们的社会主义建设才能够安排得更恰当。但是我们要认识，这十大关系问题并不是一提出来就能解决得了的，具体的解决还需要今后在实践中、在采取具体措施中、在反对错误的倾向中不断努力。前五种关系直接联系到建设。比如

①《周恩来选集》下卷，人民出版社1984年版，第230页。

农、轻、重的比例究竟如何才恰当？现在还不可能回答得很完满，
必须经过多次反复摸索，才能使这三者的比例安排得比较恰当。

第三个问题，就是完整的工业体系与发展速度问题。周恩来指
出："八大规定的建设方针是：'为了把我国由落后的农业国变为先
进的社会主义工业国，我们必须在三个五年计划或者再多一点的时
间内，建成一个基本上完整的工业体系'。这个方针，把过去的为
社会主义工业化而奋斗的提法具体化了，提出了建设一个基本上完
整的工业体系的要求。我们的工业化，就是要使自己有一个独立的
完整的工业体系。任何一个国家建设社会主义总要有一点独立的能
力，更不用说象我们这样一个大国。太小的国家，原料很缺，不可
能不靠旁的国家。而我们这样的大国，就必须建立自己的完整的工
业体系，不然一旦风吹草动，没有任何一个国家能够支援我们完全
解决问题。我们所说的在我国建立一个基本上完整的工业体系，主
要是说：自己能够生产足够的主要的原材料；能够独立地制造机器，
不仅能够制造一般的机器，还要能够制造重型机器和精密机器，能
够制造新式的保卫自己的武器，象国防方面的原子弹、导弹、远程
飞机；还要有相应的化学工业、动力工业、运输业、轻工业、农业
等等。但是，……所谓完整的工业体系，是不是一定要有很高的产
量呢？当然，产量是要高一点，但是不一定很高，这个任务的实现
是决定于东西的有无，不决定于是否有很高的产量。……现在看，
时间可能要长一点。"[①]

后来的事实都被周恩来言中了。由于急于求成，违背经济发展
规律，搞"大跃进"和人民公社化运动，刮"共产风"，加之三年
自然灾害，使我国经济和人民群众生活发生严重困难，后来又下很

[①]《周恩来选集》下卷，人民出版社1984年版，第232页。

大功夫进行国民经济调整和恢复，实际上不仅没有加快发展速度，反而影响了发展速度。尽管如此，我们在科学技术、国防和军队建设等方面，还是实现或部分地实现了"二五"计划目标。

中国共产党对科学技术的重要性早有清醒认识。1949年9月，在全国政协一届一次会议期间，毛泽东会见科技界代表，说：你们都是科技界的知识分子，知识分子很重要，我们建国，没有知识分子是不行的。为什么要高度重视科学技术和知识分子呢？中国共产党成为执政党以后，经济建设的任务摆在面前，"我们之所以要建设社会主义经济，归根到底，是为了最大限度地满足整个社会经常增长的物质和文化需要，而为了达到这个目的，就必须不断地发展社会生产力，不断地提高劳动生产率，就必须在高度技术的基础上，使社会主义生产不断地增长，不断地改善。因此，在社会主义时代，比以往任何时代都更加需要充分地提高生产技术，更加需要充分地发挥科学和利用科学知识"。[①] 所以，新中国成立之初，中国共产党就开始争取留学生回国的工作。据教育部1950年8月统计，1946年至1948年，中国在外的留学生共5541人，其中在美国的有3500人，在日本的有1200人，在英国的有443人。经过中国共产党的积极努力，1950年至1953年，以李四光、华罗庚为代表的知识分子和约2000名留学生回到祖国。他们之中，有不少人后来成为知名的学者、专家和学科带头人，在各个领域发挥了重要作用。1956年1月，中共中央召开关于知识分子问题的会议，周恩来在会上作了《关于知识分子问题的报告》。他指出："现代科学技术正在一日千里地突飞猛进。生产过程正在逐步地实现全盘机械化、全盘自动化和远距离操纵，从而使劳动生产率提高到空前未有的水

①《周恩来选集》下卷，人民出版社1984年版，第159—160页。

平。各种高温、高压、高速和超高温、超高压、超高速的机器正在
设计和生产出来。陆上、水上和空中的运输机器的航程和速率日益
提高，高速飞机已经超过音速。技术上的这些进步，要求各种具备
新的特殊性能的材料，因而各种新的金属和合金材料，以及用化学
方法人工合成的材料，正在不断地生产出来，以满足这些新的需
要。各个生产部门的生产技术和工艺规程，正在日新月异地变革，
保证了生产过程的进一步加速和强化，资源的有用成分的最充分利
用，原材料的最大节约和产品质量的不断提高。科学技术新发展中
的最高峰是原子能的利用。原子能给人类提供了无比强大的新的动
力源泉，给科学的各个部门开辟了革新的远大前途。同时，由于电
子学和其他科学的进步而产生的电子自动控制机器，已经可以开始
有条件地代替一部分特定的脑力劳动，就象其他机器代替体力劳动
一样，从而大大提高了自动化技术的水平。这些最新的成就，使人
类面临着一个新的科学技术和工业革命的前夕。这个革命，……就
它的意义来说，远远超过蒸汽和电的出现而产生的工业革命。"①

党的领导人在清醒看到世界科学技术的快速发展给人类带来
革命性变化和中国与发达国家的巨大差距，《报告》提出了"我们
走上世界先进科学水平"的任务及中国科技发展的道路：第一，按
照我们所最急需的门类，最迅速地派遣若干组专家、优秀的科学工
作人员和优秀的大学毕业生到苏联和其他国家去作一年至两年的学
习，或者当研究生，回国以后立即在科学院和政府各部分别建立发
展这些科学和技术的基础，并且大量培养新的干部。第二，对于一
部分学科，向苏联和其他有关的国家聘请若干组专家，请他们负责
在最短期内帮助我们在科学院和有关各部门建立科学研究机构，培

①《周恩来选集》下卷，人民出版社1984年版，第181-182页。

养干部，或者同我国科学界进行全面的合作。第三，有计划地组织大批科学工作人员和技术人员向现在在中国的苏联专家学习，把他们当作导师来利用，而不要当作普通工作人员来利用。第四，集中最优秀的科学力量和最优秀的大学毕业生到科学研究方面。用极大的力量来加强中国科学院，使它成为领导全国提高科学水平、培养新生力量的火车头。第五，各个高等学校中的科学力量，占全国科学力量的绝大部分，必须在全国科学发展计划的指导之下，大力发展科学研究工作，并且大量地培养合乎现代水平的科学和技术的新生力量。第六，政府各部，特别是地质、工业、农业、水利、运输、国防、卫生各部门，应该迅速地建立和加强必要的研究机构，同科学院进行合理的分工和合作，共同扩大科学界的队伍，并且负责把世界科学的最新成就，有计划地、有系统地介绍到实际应用中去，以便尽可能迅速地用世界最新的技术把我们国家的各方面装备起来。

这次会议后，我国就启动了"二五"计划规定的、后来被称为"两弹一星"的尖端科学研究和试验工作。

1955 年 1 月 15 日下午，毛泽东在中南海颐年堂主持召开中共中央书记处扩大会议，听取李四光、钱三强和刘杰关于中国原子能科学的研究现状、铀矿资源情况的汇报以及有关核反应堆、原子武器、原子能和平用途等的讲解，讨论发展原子能事业发展问题。毛泽东说，我们国家，现在已经知道有铀矿，进一步勘探一定会找出更多的铀矿来……这件事总是要抓的，现在到时候了，该抓了。只要排上日程，认真抓一下，一定可以搞起来。毛泽东还从哲学的角度谈了原子可分的问题，鼓励核科学家们进一步地开展这方面的科

学研究工作。会议做出中国要发展原子能事业的战略决策。[1] 1958
年6月21日上午,毛泽东在中共中央军委扩大会议上说:"还有原
子弹,听说就这么大一个东西,没有那个东西,人家就说你不算
数。那么好,我们就搞一点。搞一点原子弹、氢弹,什么洲际导
弹,我看有10年工夫完全可能的。"[2] 其实,早在新中国成立初期,
著名科学家约里奥·居里就曾对放射化学家杨承宗说:"你回去告
诉毛泽东,要反对原子弹,你们必须自己有原子弹。"

中国第一颗原子弹的研制成功,邓稼先发挥了重要作用。

1947年邓稼先从北京大学考入美国普渡大学研究生院物理系。
1950年10月回国后邓稼先被分配到中国科学院近代物理研究所任
助理研究员,跟随钱三强、王淦昌、彭桓武等中国当时最优秀的科
学家,从事理论物理、原子核物理、宇宙线和放射化学等领域的研
究。他与何祚庥、徐建铭、于敏等人合作,在《物理学报》上相
继发表了《β衰变的角关联》《辐射损失对加速器中自由振动的影
响》《轻原子核的变形》等论文,为我国核理论研究做出了开拓性
的贡献,成为中国核理论的领军人物之一。中央做出集中力量研制
核武器的重大决策后,对核理论有很高学术造诣的邓稼先进入党中
央的视线。1958年10月,33岁的邓稼先告别妻子和两个幼小的儿
女,到了北京郊区一片阳光普照的高粱地后,隐姓埋名,任新筹建
的第二机械工业部第九研究院理论部主任,负责核武器的理论设
计。1959年7月,中共中央做出决策,明确了研制原子弹的时间表:
准备用8年时间搞出原子弹。中国还用苏联撕毁协议的时间"596"
作为第一颗原子弹的代号,以此鞭策大家为中国第一枚原子弹而

---

①《毛泽东年谱(1949—1976)》第二卷,中央文献出版社2013年版,第337-338页。
②《毛泽东年谱(1949—1976)》第三卷,中央文献出版社2013年版,第373页。

"争气"。

邓稼先选定了中子物理、流体力学和高温高压下的物质性质这三个方面作为主攻方向。按照这三个方面把理论部的同志分别编到三个组中去。后来的事实证明，以这三个方面作为主攻方向选得很正确，它是以后研制工作顺利进展的极为重要的保证，可以说是我国原子弹理论设计工作中的一个里程碑。邓稼先全面掌握着三个组，自己又亲自领导高温高压下物质性质组。1961年底，经过3年的攻关，邓稼先带领科研人员基本完成了原子弹的理论设计和理论计算，朝着中国第一颗原子弹的爆炸迈出了一大步。1962年9月，我国第一颗原子弹的理论设计方案诞生了。基于这个方案，由罗瑞卿审定，二机部向中央打了一个"两年规划"的报告，提出争取在1964年，最迟在1965年上半年爆炸中国的第一颗原子弹。这就是著名的"两年规划"。1962年11月3日，毛泽东主席在二机部争取在两年后制成原子弹的报告上批示："很好，照办。要大力协同做好这件工作。"随即，在中共中央直接领导下，成立了一个以周恩来为主任，有7位副总理和7位部长级干部组成的15人中央专门委员会。从此，全国的行动节奏加快，核工业建设和核武器研制进入了一个新阶段，各项工作的步伐大大加快了。1963年2月，邓稼先跟随科研大部队转战青海金银滩，参与并指导核试验前的轰炸模拟试验。7个月吃住在试验基地，一天工作达十多个小时，饿了就啃一口馒头，实在累了，就和衣在基地临时搭建的四面透风的棚子里眯一会儿，他们硬是用这种艰苦奋斗精神取得了模拟试验的成功，造出了中国自己的原子弹，宣告了中国第一颗原子弹总体计划完成。1964年10月，邓稼先在设计方案上郑重地签上了自己的名字。在原子弹爆炸试验准备工作一切就绪之后，许多人兴奋又紧张地问邓稼先："能行吗？"邓稼先回答："该考虑的都考虑到了。"

1964 年 10 月 16 日，代号"596"的中国第一颗原子弹在西北大漠的铁塔上待命。在西北大漠的试验过程中，周恩来在北京一直守在电话机旁，和在前方的现场总指挥张爱萍始终保持着密切联系。下午 3 时整，翻滚着的巨大蘑菇云在罗布泊的上空腾起，中国第一颗原子弹试爆成功了！张爱萍激动地用有些颤抖的声音向周总理报告："我们的原子弹爆炸成功啦！"周恩来问："你们能不能肯定是核爆炸？"当得到肯定回答后，周恩来如释重负，随即拿起话筒，向毛泽东报告。当天晚上，毛泽东、周恩来等在人民大会堂接见大型音乐舞蹈史诗《东方红》全体演出人员时，周恩来高兴地宣布我国成功爆炸了第一颗原子弹！这个消息让与会人员万分激动，欢呼跳跃，响起了长时间雷鸣般的掌声。这一颗原子弹不仅震撼了大漠长空，更震惊了全世界。

在此之前，1960 年 1 月 22 日召开的军委扩大会议上，确定了"两弹为主，导弹第一"的发展国防尖端技术的方针。为此，中国科学院原子能所成立"中子物理领导小组"，由所长钱三强全面主持研制氢弹的工作。

研制氢弹，选好学术带头人极其重要。钱三强经过再三斟酌，先后任命黄祖洽和于敏担任轻核理论组的正副组长。当年参加了氢弹理论研究并有重要贡献的理论物理学家何祚庥说："调于敏来参加工作，这是三强在领导氢弹理论研究方面所做的重大决策。事实证明，这一决策十分正确。如果那时不是及早请于敏来参加这一工作，氢弹理论的完成，恐怕至少要推迟两年时间。对科学人员'知人善任'，这是三强担任科学研究工作所特有的才能。"以后的历史轨迹是：于敏在氢弹理论研究中解决了若干关键性的问题，是氢弹理论设计的主要完成人，并且在氢弹的武器化和新一代核武器研制中都做出了重要贡献。杨振宁一再称赞"于敏是中国非常杰出的科学家"。

氢弹理论研究工作，无论是对氢弹中各种物理过程，还是进一步对氢弹作用原理和氢弹结构的探索和研究，都离不开对核数据作必要的基础。考虑到这种情况，钱三强决定在成立轻核反应理论组的同时成立轻核反应实验组，用轻核反应数据的精确测量来配合、支持轻核理论组的工作。这一决定无疑是有远见卓识的。轻核反应实验组的组长，最初由蔡敦九担任，后改由丁大钊担任。

在轻核理论组、实验组的研究方向、工作步骤等重大问题上，钱三强总是和大家一起研究讨论，先听取大家的意见，然后讲自己的意见。丁大钊写的《关于轻核反应组的回忆》："在2—9组（轻核反应组的保密代号）成立后的近一年时间内，钱三强先生多次来组讨论及指导工作，对该工作的开展起了定向作用。钱先生谈道：这个体系中有一大群中子、带电粒子及光子的核作用，不仅产生能量，并使反应过程能自持。希望你们首先能弄清这个反应过程、有关核素及重要的参数。希望你们从学习与调研入手，在半年到一年内能理出头绪。要加强与理论组的讨论，得到他们的指导。这是个复杂的体系，不是少数人能测好所有的数据的。希望你们在调研基础上提出实验课题，然后你们抓住一些问题开展。听说人家不完全用同位素614C，而714N在反应中也起作用。这需要弄清。他多次鼓励我们：人家能搞出来，我们也一定能搞得出来。按照钱先生的要求，我们第一步，第二步……"

在钱三强卓有成效的组织领导下，于敏、黄祖洽、何祚庥等40余名理论物理和应用数学方面的研究人员，在轻核这个肉眼看不见但又浩瀚神秘的王国里奔突闯荡了 4 个春秋，对氢弹中的各种物理过程、作用原理和可能结构进行了研究，认识了许多基本现象和规律，为 1965 年 1 月掌握氢弹设计原理奠定了基础。

在钱三强的领导下，氢弹理论预研组全体科研人员团结协作，艰苦奋斗，在 4 年左右时间里，对氢弹各种物理过程、作用原理和可能的结构进行了探索和研究，认识了许多基本现象和规律，研究和计算了中子和辐射输运参数，形成了初步的氢弹设计方案，为氢弹突破奠定了必不可少的基础。

1964 年我国第一颗原子弹爆炸成功后，为了集中力量快速突破氢弹技术，黄祖洽和于敏等 31 位科研人员调到九院理论部。经过机构调整和人力集中后，氢弹研制工作进展飞快。在于敏的亲自组织和部署下，1965 年 10 月我国氢弹理论得以突破。1966 年 12 月 28 日，即我国第一颗原子弹爆炸后两年零两个月，我国氢弹原理爆炸试验成功。

此后，我国又于 1970 年 4 月 24 日在酒泉卫星发射中心成功发射第一颗人造地球卫星。

"两弹一星"的研制成功，是列入第二个五年计划的重点任务，经过第三个、第四个五年计划终于完成，是新中国成就的重要象征，是中华民族的荣耀与骄傲，是人类文明史上一个勇攀科技高峰的空前创举；"两弹一星"的研制成功，培养和造就了一支较高水平的科技队伍，促进了国家科技进步和现代工业的发展；"两弹一星"的研制成功，使我国建立起一支精干有效的核自卫力量，增强了国防实力，提高了国际地位，为我国经济建设和人民的和平生活提供了可靠的安全保障。"两弹一星"的研制成功，书写了中华民族振兴史上最辉煌的篇章，对中华民族在当代世界的前途和命运产生了决定性的影响。邓小平说过："如果六十年代以来中国没有原子弹、氢弹，没有发射卫星，中国就不能叫有重要影响的大国，就没有现在这样的国际地位，这些东西反映一个民族的能力，也是一个民族、一个国家兴旺发达的标志。"

3. 第三个五年计划

1966—1970 年国民经济发展计划，简称"三五"计划。本来第三个五年计划应该从 1963 年开始，由于 1962 年 1 月"七千人大会"后开始国民经济全面调整，1963 年 9 月中央工作会议决定，从 1963 年起再用 3 年时间继续调整，作为第二个五年计划到第三个五年计划之间的过渡阶段，这样，第三个五年计划推迟到 1966 年开局。

1964 年 4 月，国家计委提出《第三个五年计划（1966—1970）的初步设想（汇报提纲）》，建议"三五"计划的中心任务是：大力发展农业，基本上解决人民的吃穿用问题；适当加强国防建设，努力突破尖端技术；加强基础工业，增加产品品种和产量，继续提高产品质量；相应发展交通运输业、商业、文化、教育、科学研究事业。当时人们形象地把这个计划称为"吃穿用计划"。

这时候，中央开始考虑三线建设问题。其背景是这一年中国第一颗原子弹即将试爆成功，为了阻止中国成为拥有核武器的国家，美国考虑先发制人地对中国发动军事袭击的计划已进入最高决策层，并征求了苏联的意见。1964 年 4 月 14 日，美国国务院政策设计委员会专家罗伯特·约翰逊起草了《针对共产党中国核设施直接行动的基础》绝密报告，当月美国总统、国务卿、国防部长就此进行了讨论。4 月 25 日，总参谋部作战部根据副总参谋长杨成武的指示，写出一份报告，报告中说："我们对国家经济建设如何防备敌人突然袭击问题专门进行了调查研究，从我们接触到的几个方面来看，问题是很多的，有些情况还相当严重。（一）工业过于集中。仅 14 个 100 万人口以上的大城市就集中了约 60% 的主要民用机械工业，50% 的化学工业和 52% 的国防工业（包括：飞机制造工业的 72.7%，舰艇制造工业的 77.8%，无线电工业的 59%，兵器制造工业的 44%）。（二）大城市人口多。据 1962 年底的统计，全国有 14 个 100 万人口以上的城市，有 20 个 50 万至 100 万人口的城市。这些城市大部分都在沿海地区，易遭空袭、战时如何组织城市防空，疏散城市人口，保障坚持生产，消除空袭，特别是核袭击后果等问题，尚无有效措施。（三）主要铁路枢纽、桥梁和港口码头，一般多在大、中城市及其附近，易在敌人轰炸城市时一起遭到破坏。同时，这些交通要点，都还缺乏应付敌人突然袭击的措施，战争初期，交通可能陷入瘫痪。（四）所有水库，紧急泄水能力都很小。我国现有容量达 1 亿到 350 亿立方米的大型水库 232 个，其中 52 个位于主要交通线附近，有 17 个位于 15 个重要城市附近。此外，尚有不少中、小型水库位于政治、经济、军事要地和交通干线的要害位置。"① 这份包含标点符号在内总共 600 字左右的报告引起毛泽东的高度重视，他在第一时间做出反应。那次听取国家计委领导小组汇报第三个五年计划设想是在列车上进行的。当李富春汇报到基础工业、交通同各方面还不适应时，毛泽东插话说："没有坐稳，没有站稳，是要跌跤子的。两个拳头——农业、国防工业，一个屁股——基础工业，要摆好。要把基础工业适当搞上去，其他方面不能太多，要相适应。（当汇报到国防建设时）酒泉和攀枝花钢铁厂还

---

① 《60 年代三线建设决策文献选编》，《党的文献》1995 年第 3 期。

是要搞，不搞我总是不放心，打起仗来怎么办？"①

5月27日，中共中央在中南海菊香书屋召开中央政治局常委会议，讨论了"三五"计划。毛泽东在讲话中正式提出了三线建设问题。他说："第一线是沿海，包钢到兰州这一条线是第二线，西南是第三线。攀枝花铁矿下决心要搞，把我们的薪水都拿去搞。在原子弹时期，没有后方不行的。要准备上山，上山总还要有个地方。（当罗瑞卿汇报到总参谋部担心密云、官厅这些水库的泄洪量太小时）北京出了问题，还有攀枝花嘛。应该把攀枝花和联系到攀枝花的交通、煤、电的建设搞起来。"②5月28日，以三线建设为重点的筹划"三五"计划的讨论扩大到在中央政治局常委、书记处书记和各中央局负责人的范围。因为毛泽东已经提出了战略思想，这次会议主要围绕如何进行三线建设的布局进行讨论。周恩来发言指出：我们现在要建立三线观点，同时又必须懂得一、二线怎么布局。一、二线这样集中，很不利。现在要把攀枝花作为一个中心，其他很多相应的东西都要搞起来。不单是一个攀枝花的问题，要通过攀枝花把云贵川联系起来。不单是一条铁路，一个煤矿，一个铁矿；有色金属、电力、水利、机械工业和轻工业，都要作相应的安排。机械工业，还是要用一分为二的办法来搞。现在我们很多好的机械工业还是在沿海，比如上海的，大连的，济南的，武汉的，这些机械厂，可以把它们的技术再提高，把设备更新，一分为二，二分为四，就可以分到第二线和第三线……我觉得，做计划工作的同志，不要因为现在有三线的工作要做，一、二线的事情就可以放松些。实际上并不如此，一、二线的工作还是很重的。比如上海，我看任务更

①《中国共产党与三线建设》，中共党史出版社2014年版，第40页。
② 同上书，第43页。

大。如果把一个上海变成三个、四个、五个，最后变成十七八个，用二分法把它分出去，上海的城市既不至于扩大，又能够帮助别的地方发展起来，这要做大量的工作。① 根据中央政治局多次讨论形成的共识，三线建设的战略决策终于确立。这时从地理环境上划分的第三线地区是甘肃乌鞘岭以东、京广铁路以西、山西雁门关以南、广东韶关以北的广大地区，包括四川、贵州、云南、陕西、甘肃、宁夏、山西、河南、湖北、湖南、广东、广西等省区的全部或部分地区。

由于迅速启动三线建设，因此对原来的"三五"计划初步设想做出重大调整。首先确定的是《1965 年计划纲要（草案）》，其指导思想是"争取时间，积极建设三线战略后方，防备帝国主义发动侵略战争"。提出三线建设总目标是"要争取多快好省的方法，在纵深地区建立起一个工农业结合的、为国防和农业服务的比较完整的战略后方基地"。这个计划草案于 1964 年 10 月 30 日经中央工作会议审议通过。接着于 1965 年 9 月 14 日，国家计委向中共中央报送了《关于第三个五年计划的汇报提纲（草稿）》。《汇报提纲》提出总的方针和任务是第三个五年计划必须立足于战争，从准备大打、早打出发，积极备战，把国防建设放在第一位，加快三线建设，逐步改善工业布局；发展农业生产，相应地发展轻工业，逐步改善人民生活；加强基础工业的交通运输的建设；充分发挥一、二线的潜力；积极地、有目标、有重点地发展新技术，努力赶上和超过世界先进技术水平。《汇报提纲》特别指出：这是关系着第三个五年计划的全局、关系国家安危、关系世界人民革命运动的一个大问题，也是解决长远和当前战略任务的一个根本问题。我们在第三个五年计

①《中国共产党与三线建设》，中共党史出版社 2014 年版，第 46 页。

划期间，一定要把建设重点放在三线，在这个问题上如果不采取坚定的态度，就会犯方针性的错误。在基本建设方面，提出要综合考虑战争、灾荒、人民这三个因素，基本建设规模不能搞得过大，必须留有余地；规模小一些，少搞些项目，才能集中力量打歼灭战。具体安排是建设攀枝花、酒泉两大钢铁基地，投资 18.1 亿元；在西南、西北，建成为国防工业服务的迁建和续建的重庆、昆明两个钢铁厂，四川江油、重庆、贵阳、西宁 4 个特殊钢厂，宁夏石嘴山、四川江油两个金属制品厂，成都无缝钢管厂，遵义薄板厂和 6 个配套项目，投资共 15 亿元；续建武钢、包钢、太钢，5 年投资 18.5 亿元；建设一、二线的河北水厂，江苏梅山、海南岛、马鞍山凹山等铁矿和辅助原料矿、铁合金厂，湘潭的钢丝绳厂等。在农业、工业生产和交通运输方面，提出到 1970 年工农业总产值为 2700 亿至 2750 亿元，5 年平均增长速度为 7% 左右，其中，农业总产值为 700 亿至 750 亿元，平均年递增 5%~6%；工业总产值为 2000 亿元，平均年递增 8%。在文化、教育、卫生方面，提出要普及小学教育，继续办好半工半读、半农半读学校，重点要巩固农村社会主义思想文化阵地，到 1970 年达到每个大队有一个文化室（或俱乐部），70% 左右的大队能够收听到有线或无线广播；卫生事业的重点要转向农村，到 1970 年争取每个生产队有一名不脱产卫生员，每个大队有一名半农半医的医生和一名接生员。在人民生活方面，职工的平均工资水平，到 1970 年达到 737 元，比 1965 年增长 12%；农民的收入也要有较大的提高，使农民的平均生活水平比 1965 年增长 15% 左右。

为加快三线建设步伐，早在 1964 年开始编制"三五"计划时，中央同时启动了重大项目从一线向二线、三线搬迁计划。8 月 20 日，毛泽东在北戴河听取薄一波关于计划工作的汇报时，就中央的战略方针下工业的重新布局问题发表谈话，指出："现在沿海这么大，不搬家不行，你搞到二线也好嘛！二线包括湘西、鄂西、豫西、山西、陕西、江西、吉林、内蒙古，四川、云南、贵州是三线，都可以搬去嘛！……沿海各省都要搬家，不仅工业交通部门，而且整个的学校、科学院、设计院，都要搬家。迟搬不如早搬。"①9月18日，薄一波就1964年、1965年工业企业的搬迁问题给毛泽东写报告，提出："现在必须立即动手，对工业布局重新加以部署。一方面，要有计划、有步骤地从一线搬一些工厂到三线去，有的全部搬，有的一分为二，搬一部分去。已经安排在一线的新建项目，一般应当停止建设，有的可以缩小规模。进口的新技术项目要坚决搬到三线去。另一方面，还要注意使一线的生产不受大的影响（不受一点影响也是不可能的），并且要充分发挥一线企业的潜力。"②薄一波的搬迁计划包括：一、首先必须坚决迁建与国防有关的重要企业（车间、设备），包括生产或试制常规武器和国防尖端产品所需的原料、材料、配套产品的企业以及生产民用关键产品的企业。二、必须分期分批，集中力量打歼灭战，即先品种，后数量（先解决有无，后解决多少）；先协作，后配套（近期先依靠一、二线协作，将来逐步在三线配套）；先搬设备，争取快出产品，先不带家属（一心一意建设，平时当作战时）。三、迁建的工厂，要结合进行生产组织上的改革，多搞小的专业化的厂，不搞全能厂。

中央确定第一批从一线搬往三线214个项目，到1965年上半年已搬迁51个，预计到1965年底可搬完127个，迁出的职工约4.8

①《中国共产党与三线建设》，中共党史出版社2014年版，第73页。
② 同上书，第86页。

万人，设备约 6700 台。西南三线建设进展很快，据国家计委西南调
查组调查发现，自 1965 年以来，西南铁路建设首先攻破了隧道掘
进的难关，做到了施工效率成倍地提高。"矿山的施工效率普遍提
高 1 倍以上。矿山平巷掘进，过去较快的每月成峒也只有 50 ~ 70
米，现在铁矿、煤矿、铜矿的先进单位，都已经达到或者超过 200
米以上。竖井掘进，历来是矿山建设上的一个难关，过去比较先进
的每月只能完成二三十米，现在已经突破了 70 米以上。矿山的建
设工期，普遍比过去缩短一半左右。铁矿，建设一个年产 500 万吨
的大型矿山，由过去的 5 年左右缩短为 3 年；建设一个年产 100 万
吨的中型矿山，由过去的 4 年左右缩短为 2 年左右。铜矿，建设一
个年产精矿含铜量 1 万吨的矿山，由过去的 5 年缩短为 2.5 年。煤
矿，建设一个年产 45 万吨的矿井，由过去的 2 年半缩短为 1 年；建
设一个年产 60 万吨的矿井，由过去的 3 年缩短为 20 个月；建设一
个年产 99 万吨的矿井，由过去的 4 年缩短为 30 个月。由于效率提
高，工期缩短，西南地区的几个重点铁矿山，都可以在 1968 年以
前建成。攀枝花的兰家火山和尖包包 2 个铁矿，年产 650 万吨的规
模，原计划 1968 年底建成，现在看来，整个工程到 1968 年上半年
就可以完成。泸沽铁矿，原计划 1967 年底建成第一期年产 40 万吨
的规模，现在看来，1967 年上半年可以建成 40 万吨，1968 年可以
建成 100 万吨的规模。水城观音山铁矿，原计划 1968 年底建成第
一期 60 万吨的规模，现在看，1967 年底可以建成 60 万吨，1968 年
可以建成 115 万吨。昆钢的八街、王家滩铁矿，1967 年就可以建成
67 万吨，上厂铁矿 1968 年建成 50 万吨，共建成 117 万吨。綦江
铁矿，1966 年底可以全部建成 100 万吨。这样，1968 年的铁矿生
产能力就可以由现在的 85 万吨增加到 1082 万吨，大体上适应年产

300 万吨铁的需要。1970 年攀枝花的朱家包包建成后，铁矿石的生产能力可以达到 1782 万吨，大体上适应年产 450 万吨铁的需要。"[1]

经过全国人民的努力，"三五"计划中的三线建设取得重大成就。初步改变了中国内地基础工业薄弱、交通落后、资源开发水平低下的状况；初步建立起具有相当规模、门类齐全、科研和生产结合的战略大后方现代工业交通体系。在国防科技方面，建立了雄厚的生产基础和一大批尖端科研试验基地；在交通运输方面，先后建成了一批重要的铁路、公路干线和支线；在基础工业方面，建成了一大批机械工业、能源工业、原材料工业的重点企业和基地。

这三个五年计划的实施，虽然由于"文化大革命"的严重干扰，没能实现国家工业化的目标，但却为后来提出"四个现代化"的目标奠定了思想理论和物质基础，使我们党和国家能够在奠定了工业化基础之后，接续进行社会主义现代化建设。

总之，从新中国成立到改革开放前这 29 年间，我国建立起了完整的工业体系和国民经济体系，工业交通、基本建设和科学技术方面取得了一批重大成果，粮食生产保持比较稳定的增长。从国家经济实力增强的情况来看，按当年价格计算，1952 年国内生产总值为 679 亿元人民币，1976 年增加到 2965 亿元。人均国内生产总值从 1952 年的 119 元增加到 1976 年的 319 元。全国总人口从 1949 年的 5.4167 亿人增长到 1976 年的 9.3717 亿人。同期粮食的人均占有量从 418 斤增加到 615 斤。就是说，增产的粮食不仅多养活了近 4 亿人，而且使 9 亿多人的人均占有粮食量比 5 亿多人时增加了近 200 斤。全国居民的人均消费水平，农村居民从 1952 年的 65 元增加到 1976 年的 131 元，城镇居民同期从 154 元增加到 365 元。在

[1]《中国共产党与三线建设》，中共党史出版社 2014 年版，第 219-220 页。

全国人民节衣缩食支援国家工业化基础建设的情况下，尽管人民群众生活逐年改善的增幅不大，但初步满足了占世界 1/4 人口的基本生活需求，这在当时被世界公认是一个奇迹。从教育事业发展看，从 1949 年到 1976 年，小学在校生从 2439 万人发展到 1.5 亿人，中学在校生从 103.9 万人发展到 5836.5 万人，高等学校在校生从 11.7 万人发展到 56.5 万人，学龄儿童入学率达到 90% 以上。从医疗事业发展看，1949 年全国拥有医院 2600 家，到 1976 年发展到 7850 家。这个时期，全国人口的死亡率从 1949 年的 20‰ 下降到 1976 年的 7.25‰。从居民平均预期寿命看，1949 年仅为 35 岁，1975 年提高到 63.8 岁。从体育运动看，中国运动员共获得 22 项世界冠军，打破和超过 171 项世界纪录。

《联合国世界经济年鉴》指出，1976 年中华人民共和国 GDP 总量排名第 8 位，在 1949 年时中国仅排名第 104 位。到 1978 年，中国经济总量居世界第 10 位，人均 190 美元，与新中国成立时人均 27 美元相比，增长了许多倍。这时全国人口 9.63 亿，尚有 2.5 亿农民处于未解决温饱的贫困状态，一方面，说明我们在小康的道路上迈出了一大步，减贫几亿人；另一方面，说明我们在小康的道路上还任重道远，必须使 2.5 亿尚未解决温饱的农民尽快脱贫致富。

第六章　小康社会

共同富裕的强国梦

尽管中国共产党人把全心全意为人民服务作为自己的根本宗旨写在了自己的旗帜上，早在1964年就提出了"在不太长的历史时期内，把我国建设成为一个具有现代农业、现代工业、现代国防和现代科学技术的社会主义强国"的奋斗目标，并一直为着让人民过上幸福生活而不懈奋斗。但是，由于"文化大革命"的干扰，社会主义经济建设遭受严重破坏，人民生活还极端困难，全国人民迫切要求改变这种状况。1978年12月18日至22日召开的中国共产党第十一届中央委员会第三次全体会议，中心议题讨论了把全党的工作重点转移到社会主义现代化建设上来等事关党和国家前途命运的重大问题，从而实现了新中国成立以来党的历史的伟大转折。这一伟大历史转折的显著标志，就是结束了"文化大革命"以来极左思想对党和国家建设的干扰，结束了粉碎"四人帮"之后两年中党的工作在徘徊中前进的局面，确立以经济建设为中心，实现了指导思想上的拨乱反正。从此开始建立起以邓小平同志为核心的第二代中央领导集体。

重新提出并沿着实现四个现代化的方向前进，是对中国共产党成立以来孜孜以求的实现国家工业化、建设社会主义现代化强国，让人民过上幸福生活的强国梦想的接力奋斗，表现了一个马克思主义执政党对国家、民族、人民的高度负责精神和使命意识。邓小平曾对朝鲜劳动党中央总书记金日成说：我们干革命几十年，搞社会主义 30 多年，截至 1978 年，工人的月平均工资只有四五十元，农村的大多数地区仍处于贫困状态。这叫什么社会主义优越性？十一届三中全会解决了这个问题，这是一个重要的转折。[①] 那么，在百废待举的局面下，如何调动全国人民的社会主义积极性呢？一个让全国人民耳目一新，又为全国人民热切企盼的四个现代化建设的新表述"小康社会"——在中共十一届三中全会召开一周年之际，应运而生了。

---

① 《邓小平思想年编（1975—1997）》，中央文献出版社 2011 年版，第 433 页。

一、小康社会战略思想的形成和完善

小康社会目标是中共十一届三中全会后，党中央在考虑确定什么样的经济发展目标时提出来的。1979 年 10 月 4 日，中共中央召开各省、市、自治区党委第一书记座谈会。邓小平在会上的讲话中指出："经济工作是当前最大的政治，经济问题是压倒一切的政治问题……所谓政治，就是四个现代化，后来叫中国式的现代化，就是把标准放低一点。四个现代化这个目标，讲空话是达不到的。"[①] 小康社会目标就是在这样的背景下提出来的。

（一）小康社会战略目标的提出和形成

1979 年 12 月 6 日，邓小平在会见日本首相大平正芳时指出：四个现代化的目标是毛主席、周总理在世时确定的。所谓四个现代化，就是要改变中国贫穷落后的面貌，不但使人民生活水平逐步有所提高，也要使中国在国际事务中能够恢复符合自己情况的地位，对人类做出比较多一点的贡献。落后是要受人欺负的。我们要实现的四个现代化，是中国式的四个现代化。我们的四个现代化的概念，不是像你们那样现代化的概念，而是"小康之家"。到 20 世纪末，中国的四个现代化即使达到了某种目标，我们的国民生产总值人均水平也还是很低的。要达到第三世界中比较富裕一点的国家的水平，比如国民生产总值人均 1000 美元，也还得付出很大的努力。就算达到那样的水平，同西方来比，也还是落后的。所以，我只能说，中国到那时也还是一个小康的状态。[②]

---

① 《邓小平思想年编（1975—1997）》，中央文献出版社 2011 年版，第 263 页。
② 同上书，第 280-281 页。

　　这是中国共产党最早使用"小康"的概念。中国历史上所说的"小康"这个词最早出自《诗经》。《诗经·大雅·民劳》中说："民亦劳止，汔可小康。"意思是说，人民劳苦够了，渴望稍微得到安康。随着中国古代生产力的缓慢提高，"小康"的含义逐步地向人们的基本生活状态转移，越来越多地被解读为"经济比较宽裕""不愁温饱"，可以维持中等生活的家庭。邓小平引用这个概念，当时是对实现四个现代化的一种新表述，但又不是严格意义上的现代化。他的思维坐标是"第三世界中比较富裕一点的国家的水平"，所以称这是"小康之家""一个小康的状态"。

　　顺着这个逻辑发展，一年多后，邓小平明确提出了"小康社会"的概念。1981年4月14日，在会见日本日中友好议员联盟访华团时，邓小平进一步谈道："1979年我跟大平首相说到，在本世纪末，我们只能达到一个小康社会，日子可以过。经过我们的努力，设想10年翻一番，两个10年翻两番，就是达到人均国民生产总值1000美元。经过这一时期的摸索，看来到达1000美元也不容易，比如说800、900，就算800，也算是一个小康生活了。"[1]

　　1984年3月25日，邓小平在会见日本首相中曾根康弘时又说："翻两番，国民生产总值人均达到800美元，就是到本世纪末在中国建立一个小康社会。这个小康社会，叫作中国式的现代化。翻两番、小康社会、中国式的现代化，这些都是我们的新概念。"[2]这次讲话进一步印证邓小平当时讲的"小康社会"就是实现现代化，是现代化目标的一个新表述。

　　在提出建设"小康社会"的目标后，特别是邓小平提出"建设

①《邓小平思想年编（1975—1997）》，中央文献出版社2011年版，第361页。
② 同上书，第494页。

有中国特色的社会主义"重大命题后，中国共产党组织有关部门进行认真研究，形成了初步的理论成果，在党的十三大提出了社会主义初级阶段理论和党的基本路线。经过党的十二大、十三大关于小康社会理论的丰富和发展，邓小平的小康社会构想更加成熟。1987年4月30日，邓小平会见西班牙工人社会党副总书记、政府副首相格拉时第一次对小康社会理论做了完整阐述。他说："我们原定的目标是，第一步在80年代翻一番。以1980年为基数，当时国民生产总值人均只有250美元，翻一番，达到500美元。第二步是到本世纪末，再翻一番，人均达到1000美元。实现这个目标意味着我们进入小康社会，把贫困的中国变成小康的中国。那时国民生产总值超过10000亿美元，虽然人均数还很低，但是国家的力量有很大增加。我们制定的目标更重要的还是第三步，在下世纪用30年到50年再翻两番，大体上达到人均4000美元。做到这一步，中国达到中等发达的水平。"[1]

在党中央、国务院制定的《国民经济和社会发展十年规划和第八个五年计划纲要》中对小康的内涵作了如下描述："我们所说的小康，是适应我国生产力发展水平，体现社会主义基本原则的。人民生活的提高，既包括物质生活的改善，也包括精神生活的充实；既包括居民个人消费水平的提高，也包括社会福利和劳动环境的改善。"[2] 按照这一表述，邓小平所提出的在20世纪末实现小康社会的重点是人民生活水平的提高，它有三个特征：一是低标准的小康社会。因为人均国民生产总值800美元在世界上尚处于中下收入水平。根据世界银行《1990年世界发展报告》的分类，人均国民生

① 《邓小平思想年编（1975—1997）》，中央文献出版社2011年版，第619-620页。
② 《十三大以来重要文献选编》（下），中央文献出版社1993年版，第62页。

产总值 545 美元为低收入国家，545～2200 美元为中下收入国家，2200～5999 美元为中上收入国家，6000 美元以上为高收入国家；二是物质文明和精神文明相统一的小康社会；三是体现社会主义基本原则的小康社会。

这时，邓小平对小康社会的标准、内涵、实现途径和时间都已经形成了明确的认识，标志着邓小平小康社会理论已经基本形成。

"小康社会"目标提出后迅速从理论概念转到实践层面。

1982 年 9 月 1 日召开的中国共产党第十二次全国代表大会，明确提出了实现"小康水平"的奋斗目标，十二大报告指出："从 1981 年到本世纪末的 20 年，我国经济建设总的奋斗目标是，在不断提高经济效益的前提下，力争使全国工农业的年总产值翻两番，即由 1980 年的 7100 亿元增加到 2000 年的 28000 亿元左右。实现了这个目标，我国国民收入总额和主要工农业产品的产量将居于世界前列，整个国民经济的现代化过程将取得重大进展，城乡人民的收入将成倍增长，人民的物质文化生活可以达到小康水平。"报告还提出"两步走"发展战略："为了实现 20 年的奋斗目标，在战略部署上要分两步走：前十年主要是打好基础，积蓄力量，创造条件，后十年要进入一个新的经济振兴时期。这是党中央全面分析了我国经济情况和发展趋势之后作出的重要决策。"①

1987 年 10 月 25 日召开的中国共产党第十三次全国代表大会进一步规划了"小康"奋斗目标，指出：党的十一届三中全会以后，我国经济建设的战略部署大体分三步走。第一步，实现国民生产总值比 1980 年翻一番，解决人民的温饱问题。这个任务已经基本实现。第二步，到本世纪末，使国民生产总值再增长一倍，人民生活

①《胡耀邦文选》，人民出版社 2015 年版，第 424、426 页。

达到小康水平。第三步，到下个世纪中叶，人均国民生产总值达到中等发达国家水平，人民生活比较富裕，基本实现现代化。然后，在这个基础上继续前进。[①]

这个战略规划与十二大的战略规划相比，由"两步走"变为"三步走"，由 20 世纪末实现国民生产总值比 1980 年翻一番，人民生活达到小康水平，到 21 世纪中叶人均国民生产总值达到中等发达国家水平，基本实现现代化。值得注意的是，这里说的"小康水平"与"中等发达国家水平"并不是一回事。从理论上讲"小康水平"就是"中等发达国家水平"，但是邓小平当时所设计的"小康水平"是第三世界中比较富裕一点的国家的水平，所以它称这种"小康"是"中国式的现代化"。这也就是为什么在"三步走"战略中，第二步的目标是建成"小康社会"，第三步是达到中等发达国家水平，基本实现现代化的一个原因。

1989 年 6 月，中共十三届四中全会确立以江泽民为核心的第三代中央领导集体。第三代中央领导集体沿着邓小平开创的建设有中国特色的社会主义道路，继续推进建设小康社会的历史进程。1992年 10 月 12 日至 18 日召开的中共十四大，重申了中共十三大确定的到 20 世纪末实现小康的目标，指出："在 90 年代，我们要初步建立起新的经济体制，实现达到小康水平的第二步发展目标。"[②]

1996 年，党中央、国务院制定了 2010 年远景目标，3 月 5 日，李鹏总理在第八届全国人民代表大会第四次会议上作了《关于国民经济和社会发展"九五"计划和 2010 年远景目标纲要的报告》。报告提出，未来 15 年的主要奋斗目标是："九五"时期，全面完成现

---

①《十三大以来重要文献选编》（上），中央文献出版社 2011 年版，第 14 页。
②《中国共产党第十四次全国代表大会文件汇编》，人民出版社 1992 年版，第 55 页。

代化建设的第二步战略部署，2000 年在人口将比 1980 年增长 3 亿左右的情况下，实现人均国民生产总值比 1980 年翻两番；基本消除贫困现象，人民生活达到小康水平；加快现代企业制度建设，初步建立社会主义市场经济体制。2010 年，实现国民生产总值比 2000 年翻一番，使人民的小康生活更加宽裕，形成比较完善的社会主义市场经济体制。在 1997 年 9 月 12 日至 18 日召开的中共十五大上重申了这一目标。这一目标在建设小康社会问题上的提法与过去的提法一个最大的不同，就是提出 2010 年"使人民的小康生活更加宽裕"，这就意味着小康社会的质量有所变化，"小康生活更加宽裕"，就是质量更高的小康。

（二）全面建设惠及十几亿人口的更高水平的小康社会

2002 年 11 月 8 日至 14 日召开的中共十六大，接续十五大的判断，一方面庄严宣布："人民生活总体上达到小康"；另一方面，明确提出："必须看到，我国正处于并将长期处于社会主义初级阶段，现在达到的小康还是低水平的、不全面的、发展很不平衡的小康，人民日益增长的物质文化需要同落后的社会生产之间的矛盾仍然是我国社会的主要矛盾。我国生产力和科技、教育还比较落后，实现工业化和现代化还有很长的路要走；城乡二元经济结构还没有改变，地区差距扩大的趋势尚未扭转，贫困人口还为数不少；人口总量继续增加，老龄人口比重上升，就业和社会保障压力增大；生态环境、自然资源和经济社会发展的矛盾日益突出；我们仍然面临发达国家在经济科技等方面占优势的压力；经济体制和其他方面的管理体制还不完善；民主法制建设和思想道德建设等方面还存在一些不容忽视的问题。巩固和提高目前达到的小康水平，还需要进行长时期的艰苦奋斗。"①

鉴于已经实现的小康是低水平的、不全面的、发展很不平衡的小康，大会做出新的重大决策，提出："我们要在本世纪头 20 年，集中力量，全面建设惠及十几亿人口的更高水平的小康社会，使经济更加发展、民主更加健全、科教更加进步、文化更加繁荣、社会更加和谐、人民生活更加殷实。"② 由此开启了全面建设小康社会的新征程。大会还提出了全面建设小康社会的目标：一、在优化结构和提高效益的基础上，国内生产总值到 2020 年力争比 2000 年翻两番，综合国力和国际竞争力明显增强。基本实现工业化，建成完善的社会主义市场经济体制和更具活力、更加开放的经济体系。城镇人口的比重较大幅度提高，工农差别、城乡差别和地区差别扩大的趋势逐步扭转。社会保障体系比较健全，社会就业比较充分，家庭财产普遍增加，人民过上更加富足的生活。二、社会主义民主更加完善，社会主义法制更加完备，依法治国基本方略得到全面落实，人民的政治、经济和文化权益得到切实尊重和保障。基层民主更加健全，社会秩序良好，人民安居乐业。三、全民族的思想道德素质、科学文化素质和健康素质明显提高，形成比较完善的现代国民教育体系、科技和文化创新体系、全民健身和医疗卫生体系。人民享有接受良好教育的机会，基本普及高中阶段教育，消除文盲。形成全民学习、终身学习的学习型社会，促进人的全面发展。四、可持续发展能力不断增强，生态环境得到改善，资源利用效率显著提高，促进人与自然的和谐，推动整个社会走上生产发展、生活富裕、生态良好的文明发展道路。

① 《十六大以来重要文献选编》（上），中央文献出版社 2005 年版，第 14 页。
② 同上。

这是中国共产党人第一次就小康社会的目标做出的全面规划，第一次在小康社会的指标体系中增加了民主更加健全、科教更加进步、文化更加繁荣、社会更加和谐等内容。过去，中国共产党人虽然对根本制度、民主法制、思想道德、文化权益等在小康社会中的重要作用已有清醒的认识，但没有使这些方面的内容进入小康指标。当初步的小康实现以后，中国共产党人对于小康社会的含义有了新的、全面的认识，看到民主的健全、科教的进步、文化的繁荣、社会的和谐等软实力，已经成为社会发展进步的重要指标，只有这些方面的全面发展，才能使人民更有幸福感、获得感，才算真正的、全面的、高质量的小康。

中共十六大以后形成了以胡锦涛同志为总书记的党中央领导集体。

进入新世纪、新阶段，我国发展呈现一系列新的阶段性特征，主要是经济实力显著增强，同时生产力水平总体上还不高，自主创新能力还不强，长期形成的结构性矛盾和粗放型增长方式尚未根本改变；社会主义市场经济体制初步建立，同时影响发展的体制机制障碍依然存在，改革攻坚面临深层次矛盾和问题；人民生活总体上达到小康水平，同时收入分配差距拉大趋势还未根本扭转，城乡贫困人口和低收入人口还有相当数量，统筹兼顾各方面利益难度加大；协调发展取得显著成绩，同时农业基础薄弱、农村发展滞后的局面尚未改变，缩小城乡、区域发展差距和促进经济社会协调发展任务艰巨；社会主义民主政治不断发展、依法治国基本方略扎实贯彻，同时民主法制建设与扩大人民民主和经济社会发展的要求还不完全适应，政治体制改革需要继续深化；社会主义文化更加繁荣，同时人民精神文化需求日趋旺盛，人们思想活动的独立性、选择性、多变性、差异性明显增强，对发展社会主义先进文化提出了更高要求；社会活力显著增强，同时社会结构、社会组织形式、社会利益格局发生深刻变化，社会建设和管理面临诸多新课题；对外开放日益扩大，同时面临的国际竞争日趋激烈，发达国家在经济科技上占优势的压力长期存在，可以预见和难以预见的风险增多，统筹国内发展和对外开放要求更高。

为适应新的发展要求，胡锦涛提出了科学发展观。他指出：科学发展观，第一要义是发展，核心是以人为本，基本要求是全面协调可持续，根本方法是统筹兼顾。2007 年 10 月 15 日至 21 日召开的中共十七大，提出了实现全面建设小康社会奋斗目标的新要求，主要体现在五个方面：一是增强发展协调性，努力实现经济又好又快发展。转变发展方式取得重大进展，在优化结构、提高效益、降低消耗、保护环境的基础上，实现人均国内生产总值到 2020 年比 2000 年翻两番。社会主义市场经济体制更加完善。自主创新能力显著提高，科技进步对经济增长的贡献率大幅上升，进入创新型国家行列。居民消费率稳步提高，形成消费、投资、出口协调拉动的增长格局。城乡、区域协调互动发展机制和主体功能区布局基本形成。社会主义新农村建设取得重大进展。城镇人口比重明显增加。二是扩大社会主义民主，更好保障人民权益和社会公平正义。公民政治参与有序扩大。依法治国基本方略深入落实，全社会法制观念进一步增强，法治政府建设取得新成效。基层民主制度更加完善。政府提供基本公共服务能力显著增强。三是加强文化建设，明显提高全民族文明素质。社会主义核心价值体系深入人心，良好思想道德风尚进一步弘扬。覆盖全社会的公共文化服务体系基本建立，文化产业占国民经济比重明显提高，国际竞争力显著增强，适应人民需要的文化产品更加丰富。四是加快发展社会事业，全面改善人民生活。现代国民教育体系更加完善，终身教育体系基本形成，全民受教育程度和创新人才培养水平明显提高。社会就业更加充分。覆盖城乡居民的社会保障体系基本建立，人人享有基本生活保障。合理有序的收入分配格局基本形成，中等收入者占多数，绝对贫困现象基本消除。人人享有基本医疗卫生服务。社会管理体系更加健全。五是建设生态文明，基本形成节约能源资源和保护生态环境的产业结构、增长方式、消费模式。循环经济形成较大规模，可再生能源比重显著上升。主要污染物排放得到有效控制，生态环境质量明显改善。生态文明观念在全社会牢固树立。这5个方面的新要求，是对政治建设、经济建设、文化建设、社会建设、生态文明建设后来被概括为"五位一体"总体布局的具体化。

（三）全面建成小康社会

2012年11月8日至14日，中国共产党第十八次全国代表大会在北京召开。这次大会是在中国特色社会主义进入新时代的形势下召开的。中共十八大后，以习近平同志为核心的党中央建立起来。中共十八大在小康社会建设方面的一个鲜明亮点是提出"全面建成小康社会"的目标，虽然与中共十七大的表述只有一字之差，由"建设"改为"建成"，但所表达的内容却有很大区别，它表达了我们党对建设小康社会的坚定态度和收官的信心。中共十八大报告明确提出了在中共十六大、中共十七大确立的全面建设小康社会目标的基础上努力实现新的要求：一是经济持续健康发展。转变经济发展方式取得重大进展，在发展平衡性、协调性、可持续性明显增强的基础上，实现国内生产总值和城乡居民人均收入比2010年翻一番。科技进步对经济增长的贡献率大幅上升，进入创新型国家行列。工业化基本实现，信息化水平大幅提升，城镇化质量明显提高，农业现代化和社会主义新农村建设成效显著，区域协调发展机制基本形成。对外开放水平进一步提高，国际竞争力明显增强。二是人民民主不断扩大。民主制度更加完善，民主形式更加丰富，人民积极性、主动性、创造性进一步发挥。依法治国基本方略全面落实，法治政府基本建成，司法公信力不断提高，人权得到切实尊重和保障。三是文化软实力显著增强。社会主义核心价值体系深入人心，公民文明素质和社会文明程度明显提高。文化产品更加丰富，公共文化服务体系基本建成，文化产业成为国民经济支柱性产业，中华文化走出去迈出更大步伐，社会主义文化强国建设基础更加坚实。四是人民生活水平全面提高。基本公共服务均等化总体实现。全民受教育程度和创新人才培养水平明显提高，进入人才强国和人力资源强国行列，教育现代化基本实现。就业更加充分。收入分配差距缩小，中等收入群体持续扩大，扶贫对象大幅减少。社会保障全民覆盖，人人享有基本医疗卫生服务，住房保障体系基本形成，社会和谐稳定。五是资源节约、环境友好型社会建设取得重大进展。主体功能区布局基本形成，资源循环利用体系初步建立。单位国内生产总值能源消耗和二氧化碳排放大幅下降，主要污染物排放总量显著减少。森林覆盖率提高，生态系统稳定性增强，人居环境明显改善。这5条新要求虽然与中共十七大一样都是按照经济、政治、文化、社会、生态文明"五位一体"总体布局展开的，但与中共十七大部署的任务指标相比，观点更鲜明，内容更具体，目标更明确。中共十八大后，习近平总书记就全面建成小康社会发表一系列重要讲话，提出的社会主义本质和党的重要使命的思想，补齐短板、同步进入全面小康社会的思想，找准路子、突出特色的思想，精准扶贫、精准脱贫的思想，政策主导与内生动力相结合的思想，"治贫先治愚""扶贫先扶智"的思想，大扶贫格局的思想等，对确保到 2020 年实现全面建成小康社会宏伟目标发挥了重要的指导作用。

总之，小康社会战略思想和战略目标的提出和形成，是在贯通中国共产党成立以来有关这方面的理论和实践的基础上得来的，是在坚持全心全意为人民服务的根本宗旨和执政理念中形成的，是经过"小康之家""小康状态""小康水平""小康社会"逐渐发展起来的，是从实现低水平的小康逐渐迈进高质量的、全面的小康。它体现了党的创新理论与时俱进的特质，体现了不断满足人民日益增长的物质文化生活需要的使命担当。正如习近平总书记所说："人民对美好生活的向往，就是我们的奋斗目标。"[①]

二、小康社会与现代化的关系

党的十一届三中全会提出把全党工作的着重点转移到社会主义现代化建设上来还不到一年，就提出了小康奋斗目标。而当时提出的"小康"目标就是四个现代化的新表述。邓小平说，我们要实现的四个现代化，是中国式的四个现代化。我们的四个现代化的概念，不是像你们那样现代化的概念，而是"小康之家"[②]。

但是，严格地讲，"小康社会"并不是现代化。因为，"小康社会"是对一个国家综合实力的反映，尤其是人均国民生产总值要达到中等发达国家的水平。而现代化主要是一个经济概念。我们党最早提出实现现代化的任务是党的七大。毛泽东在《论联合政府》的

---

①《十八大以来重要文献选编》（上），文献出版社 2014 年版，第 70 页。
②《邓小平思想年编（1975—1997）》，中央文献出版社 2011 年版，第 280—281 页。

报告中指出："消灭日本侵略者，实行土地改革，解放农民，发展现代工业，建立独立、自由、民主、统一和富强的新中国，只有这一切，才能使中国社会生产力获得解放，才是中国人民所欢迎的。""在新民主主义的政治条件获得之后，中国人民及其政府必须采取切实的步骤，在若干年内逐步地建立重工业和轻工业，使中国由农业国变为工业国。"① 毛泽东在这里讲的"工业国"的奋斗目标，实际上还不是现代化，而是工业化。但工业化是现代化的核心。1951 年 4 月，人民解放军总司令朱德在为《八一》杂志所做的发刊词中，提出了现代化的国防军的标准和要求："这支强大的正规化、现代化的国防军，在政治上，必须服从共产党的领导，以马克思列宁主义、毛泽东思想把自己武装起来，必须具有高度的爱国主义、国际主义与革命英雄主义精神。在军事上，必须通晓与掌握联合兵种作战的指挥及兵种学术，并有坚强的后方勤务工作。这支国防军必须具有高度的组织性、纪律性、计划性和准确性，必须有正规的生活秩序及具有相当高的文化水平。总之，必须有高度军事素质与政治素质。"② 1953 年 6 月，毛泽东提出："把国防军练好，成为现代化军队。"③ 这是中国共产党第一代领导人较早正式使用"现代化"的概念。1954 年召开的第一届全国人民代表大会，第一次明确地提出要实现工业、农业、交通运输业和国防的四个现代化的任务。这里说的"四个现代化"与后来讲的"四个现代化"有一点差别，就是其中的"交通运输业"后来改成了"科学技术"。1957 年 2 月 27 日，毛泽东在《关于正确处理人民内部矛盾的问题》的讲话

①《毛泽东选集》第四卷，人民出版社 1991 年版，第 1079 页。
②《中华人民共和国专题史稿·开国创业（1949—1956）》第一卷，四川出版集团、四川人民出版社 2004 年版，第 620 页。
③ 同上书，第 619 页。

中说："专政的目的是为了保卫全体人民进行和平劳动，将我国建设成为一个具有现代工业、现代农业、现代科学文化的社会主义国家。"[1] 1959年12月到1960年2月，毛泽东在读苏联《政治经济学教科书》时说："建设社会主义，原来要求是工业现代化，农业现代化，科学文化现代化，现在要加上国防现代化。"[2] 由此，毛泽东首次较完整地提出了"四个现代化"的内容。

在毛泽东完整地提出四个现代化的内容之后，1963年1月29日，周恩来在上海市科学技术工作会议上，对科学技术在四个现代化中的重要地位和作用进行了阐发。他说："我们要正确认识科学技术现代化在社会主义建设中的重大意义。我国过去的科学基础很差。我们要实现农业现代化、工业现代化、国防现代化和科学技术现代化，把我们祖国建设成为一个社会主义强国，关键在于实现科学技术的现代化……我们的四个现代化，要同时并进，相互促进，不能等工业现代化以后再来进行农业现代化、国防现代化和科学技术现代化。"[3] 10月1日，《人民日报》发表的《奋发图强，勤俭建国——庆祝中华人民共和国成立14周年》社论中，向全国人民发出号召："把我国建设成为具有现代农业、现代工业、现代国防和现代科学技术的社会主义强国。"[4] 于是，1964年12月21日，周恩来在第三届全国人民代表大会第一次会议上代表国务院所作的《政府工作报告》中指出："今后发展国民经济的主要任务，总的说来，就是要在一个不太长的历史时期内，把我国建设成为一个具有现代农业、现代工业、现代国防和现代科学技术的社会主义强国。"报告还提出

---

①《建国以来重要文献选编》第十册，中央文献出版社2011年版，第59页。
②《毛泽东思想年编（1921—1975）》，中央文献出版社2011年版，第59页。
③《周恩来选集》下卷，人民出版社1984年版，第412页。
④《建国以来重要文献选编》第十七册，中央文献出版社2011年版，第120页。

实现现代化的两步走发展战略，即"从第三个五年计划开始，我国的国民经济发展，可以按两步来考虑：第一步，建立一个独立的、比较完整的工业体系和国民经济体系；第二步，全面实现农业、工业、国防和科学技术的现代化，使我国经济走在世界的前列。"①1975 年 1 月 13 日，周恩来抱病出席第四届全国人民代表大会，重申了实现四个现代化的目标，他说："遵照毛主席的指示，三届人大的政府工作报告曾经提出，从第三个五年计划开始，我国的国民经济发展，可以按两步来设想：第一步，用 15 年时间，即在 1980 年以前，建成一个独立的比较完整的工业体系和国民经济体系；第二步，在本世纪内，全面实现农业、工业、国防和科学技术的现代化，使我国国民经济走在世界的前列。"② 这次讲话虽然是重申三届全国人大提出的四个现代化的目标，但却提出了新的指标：一是提出要在 1980 年以前，建成一个独立的比较完整的工业体系和国民经济体系；二是提出在 2000 年前全面实现农业、工业、国防和科学技术的现代化。尽管从当时的情况看，1980 年以前、2000 年以前，这两个指标都难以完成，但体现了第一代中央领导集体对实现四个现代化的坚定信念。

1977 年 5 月 24 日，邓小平在重新恢复工作之际，就重申了四个现代化问题。他在与中央两位同志的谈话中说："我们要实现现代化，关键是科学技术要能上去。发展科学技术，不抓教育不行。"③在这次谈话中，他还提出尊重知识、尊重人才等重要观点。1978 年 12 月 18 日至 22 日召开的中共十一届三中全会，做出"把全党工作

---

① 《周恩来选集》下卷，人民出版社 1984 年版，第 439 页。
② 同上书，第 479 页。
③ 邓小平：《尊重知识，尊重人才》(1977 年 5 月 24 日)。

的着重点从 1979 年转移到社会主义现代化建设上来"的重大决策。
这一重大决策使用的概念是"社会主义现代化"而不是"四个现代
化"。这是一个重大的变化。

1979 年 9 月 29 日，叶剑英《在庆祝中华人民共和国成立 30 周
年大会上的讲话》中对四个现代化的内涵作了一个概括，指出："实
现四个现代化，将使我国农业逐步变为农林牧副渔布局合理、全面
发展、能够满足人民生活和工业发展需要的发达的农业，使我国农
村逐步变为农工商综合经营的富庶的农村；使我国工业逐步变为门
类齐全、结构合理、能够满足社会消费和整个国民经济发展需要的
先进的工业；使我国国民经济在国民生产总值和主要产品产量方面
逐步进入世界的前列；使我国科学技术接近或者赶上世界先进水平；
使我国人民的物质文化生活在生产发展的基础上能够稳定地逐步改
善；使我国的国防力量在经济发展的基础上得到足够的增强，能够
在现代战争的条件下保卫国家安全，抵御和战胜外国侵略者。"[1] 这
7 个"使"初步地明确了农业、工业、科学技术和国防四个现代化
的基本任务。讲话还说："我们所说的四个现代化，是实现现代化的
四个主要方面，并不是说现代化事业只以这四个方面为限。我们要
在改革和完善社会主义经济制度的同时，改革和完善社会主义政治
制度，发展高度的社会主义民主和完备的社会主义法制。我们要在
建设高度物质文明的同时，提高全民族的教育科学文化水平和健康
水平，树立崇高的革命理想和革命道德风尚，发展高尚的丰富多彩
的文化生活，建设高度的社会主义精神文明。这些都是我们社会主
义现代化的重要目标，也是实现四个现代化的必要条件。"[2] 这就是

---

[1]《三中全会以来重要文献选编》上，中央文献出版社 2011 年版，第 203 页。
[2] 同上书，第 204 页。

说，四个现代化只是整个现代化的核心内容，并不是全部内容。到中共十三大时已经开始用"社会主义现代化"的概念代替"四个现代化"的概念。

邓小平提出"小康社会"目标之初，是把"小康社会"当作现代化目标的一个新表述，二者是一致的，因为那时四个现代化也是要在 20 世纪末实现。之后几年，我们党对实现社会主义现代化认识不断深化，清醒地看到，社会主义现代化是发达国家的重要标志，它同小康社会要求的中等发达国家的水平是有区别的。所以，1985 年 3 月 25 日，邓小平在会见美国新闻界人士"重访中国团"时，谈到中国的现代化发展战略时再一次指出：我们有个雄心壮志，从 1980 年代起，到本世纪末，把中国建设成为一个小康社会。这个目标达到了，就为我们的继续发展奠定了一个很好的基础。再用30 到 50 年的时间建设，我们就可以接近世界上发达国家的水平。办好这件事，要花 70 年的时间，但这是我们坚定不移要做的事情。从我们制定战略目标起，就把我们的建设叫作社会主义四个现代化。[①] 在这里，建成小康社会的目标是到 20 世纪末，而建成社会主义现代化国家是到 21 世纪中叶。这是中国共产党首次将小康社会与社会主义现代化的完成时间区别对待。邓小平的这一思想在十三大报告中被概括为三步走战略：第一步，实现国民生产总值比 1980年翻一番，解决人民的温饱问题。第二步，到本世纪末，使国民生产总值再增长一倍，人民生活达到小康水平。第三步，到下个世纪中叶，人均国民生产总值达到中等发达国家水平，人民生活比较富裕，基本实现现代化。然后，在这个基础上继续前进。

到中共十五大，实现小康社会的目标发生变化。十五大报告指

---

① 《邓小平思想年编（1975—1997）》，中央文献出版社 2011 年版，第 535 页。

出："展望下世纪，我们的目标是，第一个十年实现国民生产总值比2000年翻一番，使人民的小康生活更加宽裕，形成比较完善的社会主义市场经济体制；再经过十年的努力，到建党一百年时，使国民经济更加发展，各项制度更加完善；到世纪中叶建国一百年时，基本实现现代化，建成富强民主文明的社会主义国家。"①从这里可以看出，到 2010 年将实现更加宽裕的小康生活目标，到下世纪中叶将基本实现现代化。到中共十六大，实现小康社会的目标又发生变化。十六大报告指出："我们要在本世纪头 20 年，集中力量，全面建设惠及十几亿人口的更高水平的小康社会，使经济更加发展、民主更加健全、科教更加进步、文化更加繁荣、社会更加和谐、人民生活更加殷实。这是实现现代化建设第三步战略目标必经的承上启下的发展阶段，也是完善社会主义市场经济体制和扩大对外开放的关键阶段。经过这个阶段的建设，再继续奋斗几十年，到本世纪中叶基本实现现代化，把我国建成富强民主文明的社会主义国家。"②从这里可以得出，我们要在 2020 年实现更高水平的小康社会目标，在 2050 年基本实现现代化。到中共十九大，在实现小康社会目标方面，保持了中共十六大的时限安排，即到 2020 年中国共产党成立 100 年时，全面建成小康社会；但是在实现现代化、实现中华民族伟大复兴上又提出了新要求，十九大报告指出："综合分析国际国内形势和我国发展条件，从 2020 年到本世纪中叶可以分两个阶段来安排。第一个阶段，从 2020 年到 2035 年，在全面建成小康社会的基础上，再奋斗 15 年，基本实现社会主义现代化。……第二个阶段，从 2035 年到本世纪中叶，在基本实现现代化的基础上，再

---

① 《十五大以来重要文献选编》（上），中央文献出版社 2011 年版，第 4 页。
② 《中国共产党第十六次全国代表大会文件汇编》，人民出版社 2002 年版，第 18 页。

奋斗15年，把我国建成富强民主文明和谐美丽的社会主义现代化强国。到那时，我国物质文明、政治文明、精神文明、社会文明、生态文明将全面提升，实现国家治理体系和治理能力现代化，成为综合国力和国际影响力领先的国家，全体人民共同富裕基本实现，我国人民将享有更加幸福安康的生活，中华民族将以更加昂扬的姿态屹立于世界民族之林。"[①]对小康社会和社会主义现代化完成时限的不断调整，说明中国共产党对社会主义建设规律认识的不断深化，说明小康社会是现代化征程中的一个崭新阶段，只有全面建成小康社会，才能为实现社会主义现代化的目标铺平道路。

三、提出建设小康社会的重大意义

邓小平关于"小康"目标的提出，不仅对于推动中国社会主义现代化建设具有重要的指导作用，而且对于开创中国特色社会主义新局面具有重要的理论价值。

第一，它展示了我们党自成立以来肩负的为中国人民谋幸福的接续奋斗。

建设小康社会是中国共产党早在成立之初就立下的雄心壮志。它在新民主主义革命时期完成了民族独立、人民解放、建立新中国的历史使命；它在社会主义革命和社会主义建设时期，进行了社会主义改造，确立了社会主义基本制度，成功实现了中国历史上最深刻、最伟大的社会变革。以上这两个时期的奋斗成果，为当代中国一切发展进步奠定了根本政治前提和制度基础，为新的历史时期开创中国特色社会主义提供了宝贵经验、理论准备、物质基础。

粉碎"四人帮"后，全国人民迫切希望尽快走出"十年浩劫"

[①]《中国共产党第十九次全国代表大会文件汇编》，人民出版社2017年版，第23页。

对国家的严重影响。据世界银行 1977 年的统计，当时，世界把最贫穷到最富裕的国家分为五类：第一类，也就是最贫穷的国家，年人均产值不到 200 美元。全世界共有 21 个，其中包括印度、缅甸、老挝、索马里等。第二类，即贫穷的国家和地区，年人均产值 201 美元到 499 美元之间。这一类共有 39 个国家和地区，包括埃及、苏丹、泰国、菲律宾等，中国是其中之一。第三类，是中等水平的国家，年人均产值 500 美元到 2000 美元，全世界有 57 个国家和地区，包括罗马尼亚、阿尔巴尼亚、墨西哥、智利、朝鲜民主主义人民共和国、蒙古人民共和国。他们都比我们强。第四类，是富裕的国家和地区，年人均产值 2000 美元到 4999 美元，全世界共有 31 个，包括英国、捷克、波兰、苏联、南斯拉夫、保加利亚，新加坡等。第五类，是最富裕的国家，年人均产值 5000 美元以上，全世界有 29 个，包括科威特、瑞士、美国、西德、日本、加拿大、法国等。[①]这个数据说明，就全国整体而言，中国属于世界贫穷国家之列。

怎样才能使中国尽快结束"文化大革命"的影响，尽快走上正确轨道，这是全国人民包括国际上都十分关注，也是中国共产党人必须向历史做出回答的问题。1978 年 1 月 1 日，《人民日报》发表题为《光明的中国》的元旦社论，开篇即说：1977 年，世界上各种各样的人，包括我们的一些朋友和同志，也包括我们的敌人，都密切注视着中国：在失去了伟大的领袖和导师毛泽东主席、失去了敬爱的周恩来总理和朱德委员长以后，在粉碎了"四人帮"以后，中国会向何处去？"中国会向何处去？"考问着执政的中国共产党人。其实，当时的中国发展路径无非三个方向：

一是继续毛泽东晚年的道路。"文化大革命"的失败证明这不

---

① 金春明等著：《彻底否定"文化大革命"十讲》，解放军出版社 1985 年版，第 102 页。

是一条正确的道路。尽管实践已经证明这条道路不能推动中国的发展，不能给人民带来幸福，但时任中共中央主要负责人的华国锋没有勇气否定这条路。在毛泽东晚年，许多极左政策华国锋是直接参与者和执行者，要求他很快撇开毛泽东的一套，另辟蹊径，不仅感情上无法割舍，因为那段历史给他创造了辉煌，而且实践中也难以做到。华国锋始终不认为毛泽东晚年所推行的政策是错误的，他也不认为自己忠实地执行毛泽东的路线却犯了错误。因此，在毛泽东去世不久"两个凡是"就出笼了！"两个凡是"的提出，表明华国锋要竭力维护毛泽东生前制定的路线方针和政策，包括毛泽东晚年犯过的一些错误。如果按照这条路子走下去，已经被"文化大革命"证明，中国没有前途。

二是走全盘西化的路。中国的近代历史已经证明这条道路在中国行不通。稍有点历史常识的人都知道，在近代中国历史上，从李鸿章、谭嗣同到孙中山、蒋介石，都曾尝试过发展资本主义，结果都失败了。中国共产党在新中国成立后，选择社会主义，确立共产党的执政地位，是历史的必然，是中华民族百年沧桑得出的必然结论。在这个问题上，中国共产党人认识空前一致。粉碎"四人帮"后，社会上曾经出现了一股借口纠正毛泽东晚年错误而全盘否定毛泽东思想、企图否定共产党领导、否定社会主义制度的暗流。党中央旗帜鲜明地予以反击，从而击退了对于"西化"的任何企图。

三是按照中国的实际情况走出一条新的道路。对这样一条社会主义的新路，中国从20世纪50年代初就开始了艰难探索，但是，由于我们党后来对社会主义历史时期阶级斗争的判断发生偏差，把阶级斗争当成了和平时期的主要矛盾，偏离了发展经济，导致新中国成立近30年社会主义建设走了一段艰辛曲折的道路。要走出一条社会主义新道路，必须以解放思想，实事求是为指导，认真总结新中国成立以来社会主义建设的得失成败，彻底纠正"文化大革命"及其以前的"左"倾错误，停止"以阶级斗争为纲"的错误路线，把全党的工作着重点转移到社会主义现代化建设上来。在坚持中国共产党领导，坚持社会主义制度，坚持以马克思主义、毛泽东思想为指导的前提下，大力发展生产力，提高国家的综合国力，不断改善人民群众的生活。其主要手段是改革。

中国共产党人和中国人民最终选择了走社会主义新道路。这条新道路的显著标志，就是中共十一届三中全会的召开。中共十一届三中全会的中心议题是研究并确定把全党的工作着重点转移到社会主义现代化建设上来。而社会主义现代化是 1956 年就写入中共八大党章中的。实现现代化的根本目的，是要把我国建设成为一个社会主义的强国，是要为中国人民提供更高质量、更加幸福的生活条件、生活水平。接续 1956 年就写入中共八大党章中的社会主义现代化的奋斗目标，表明中国共产党人为实现对人民的庄严承诺的坚定态度，表明中国共产党为人民谋幸福矢志不移；在中共十一届三中全会闭幕不到一年，就从社会主义现代化建设的角度提出"小康"目标，也是中国共产党沿着社会主义道路不断前进、不会改弦更张的政治宣誓。这就给全国人民吃了一个定心丸。

第二，它提出了调动人民群众大干社会主义积极性的新目标。

在粉碎"四人帮"之后，怎样才能使人心尽快稳定下来？这是党中央考虑的一个重大问题。为此党中央采取了一系列重大举措：果断停止以阶级斗争为纲的口号，把全党工作的着重点和全国人民的注意力转移到社会主义现代化建设上来，坚持以经济建设为中心，坚决地平反冤假错案，恢复社会主义法制，恢复正常的党内政治生活，实行改革开放的政策，在农业、农村、农民问题上，规定人民公社、生产大队和生产队的所有权和自主权必须受到国家法律的切实保护；不允许无偿调用和占有生产队的劳力、资金、产品和物资；公社各级经济组织必须认真执行按劳分配的社会主义原则，按照劳动的数量和质量计算报酬，克服平均主义；社员自留地、家庭副业和集市贸易是社会主义经济的必要补充部分，任何人不得乱加干涉；人民公社要坚决实行三级所有、队为基础的制度，稳定不变；人民公社各级组织都要坚决实行民主管理、干部选举、账目公开等。

如何才能把这些措施统一起来，达到纲举目张的效果？在第二代中央领导核心邓小平的视野中出现了"小康之家"——中国古人幸福生活的理想图景。"小康社会"目标的提出，以"四个现代化"的新表述的面目出现：（1）言简意赅，生动地表达了对实现四个现代化的强烈追求；（2）表达了人民群众对美好生活的追求，不仅体现在国家、民族层面，而且体现在家庭、个人层面，让人萌生亲切感，拉近了与老百姓的距离，易于被人民群众接受；（3）"小康社会"是实现社会主义现代化征途中的一个阶段，设置"小康社会"的目标，有利于把眼前目标与中长期目标结合起来，在实现眼前目标的过程中，不断向新的更大的目标迈进，增强建设社会主义现代化国家的信心。所以，中共十一届三中全会公报明确指出：只有大力恢复和加快发展农业生产，坚决地、完整地执行农林牧副渔并举和"以粮为纲，全面发展，因地制宜、适当集中"的方针，逐步实现农业现代化，才能保证整个国民经济的迅速发展，才能不断提高全国人民的生活水平。为此目的，必须首先调动我国几亿农民的社会主义积极性，必须在经济上充分关心他们的物质利益，在政治上切实保障他们的民主权利。①"小康社会"目标，就是在贯彻中共十一届三中全会精神的基础上提出来的。

第三，它是从社会主义初级阶段出发提出的低标准的现代化。

现代化是中国共产党人的一贯追求。粉碎"四人帮"以后党重新提出了这个目标，并作为中共十一届三中全会的主题写在了全会的公报上。但是，经过30多年社会主义革命和社会主义建设，我们党越来越认识到原定的到20世纪末实现四个现代化的目标不可能完成，所以1979年10月4日，中共中央召开各省、市、自治区第一书记座谈会，邓小平在讲话中明确指出："四个现代化，后来叫中国式的现代化，就是把标准放低一点。四个现代化这个目标，讲空话是达不到的。"②"把标准放低一点"，这就成了两个月后邓小平首次提出"小康"目标的立论根据，也就是说，小康社会就是低标准的现代化。即使降低了标准的小康目标，邓小平也担心他提出的从1980年算起，到2000年翻两番，人均国民生产总值达到1000美元能否达到。他说："经过这一时期的摸索，看来达到1000美元也不容易，比如说800、900，就算800，也算是一个小康生活了。"③

邓小平为什么要将现代化建设的"标准放低一点"呢？他认为，新中国成立以来，我们党之所以长期受"左"的思想影响，急躁冒进，包括发生"大跃进"、人民公社化运动、刮"共产风"甚至"文化大革命"那样全局性的严重错误，其中一个重要原因，就是对中国的国情缺乏清醒的认识。1978年5月7日，他在会见马达加斯加民主共和国政府经济贸易代表团时的谈话中就指出："实现

---

① 《三中全会以来重要文献选编》（上），人民出版社1982年版，第7页。
② 《邓小平思想年编（1975—1997）》，中央文献出版社2011年版，第263页。
③ 同上书，第361页。

四个现代化，我们清醒地看到这是一件艰巨的事情，但是是能够做到的。首先我们有全党的团结。我们的人民是勤劳的人民，有着艰苦奋斗的传统。其次是我们已经建立了的物质基础。还有就是我们制定了明确的方针，要利用世界上一切先进技术、先进成果……我们要把世界一切先进技术、先进成果作为我们发展的起点。再加一条，那就是我们有丰富的自然资源，总起来说，人民的积极性调动起来了，又有一定的物质基础，有丰富的资源，加上利用世界的先进技术，我们实现四个现代化是有可能的。当然也没那么容易。"[1]

邓小平在这里说的实现四个现代化的艰巨性，讲的就是当时的国情。中国的国情是什么？ 1979 年 3 月 30 日，邓小平在党的理论工作务虚会上的讲话中进一步指出："要使中国实现四个现代化，至少有两个重要特点是必须看到的：一个是底子薄。帝国主义、封建主义、官僚资本主义的破坏，使中国成了贫穷落后的国家……由于底子太薄，现在中国仍然是世界上很贫穷的国家之一。中国的科学技术力量很不足，科学技术水平从总体上看要比世界先进国家落后二三十年。过去 30 年中，我们的经济经过两起两落，特别是林彪、'四人帮'在 1966 年到 1976 年这 10 年对国民经济的大破坏，后果极其严重。现在我们要调整，也就是为了进一步消除这个严重的后果。第二条是人口多，耕地少。现在全国人口有 9 亿多，其中80% 是农民。人多有好的一面，也有不利的一面。在生产还不够发展的条件下，吃饭、教育和就业就都成为严重的问题……我们地大物博，这是我们的优越条件。但有很多资源还没有勘探清楚，没有开采和使用，所以还不是现实的生产资料。土地面积广大，但是耕地很少。耕地少，人口多特别是农民多，这种情况不是很容易改变

---

[1]《邓小平文选》第二卷，人民出版社 1983 年版，第 111–112 页。

的。这就成为中国现代化建设必须考虑的特点。"①

邓小平对实现现代化建设条件的这些新认识，在中共十一届四中全会讨论通过的叶剑英《在庆祝中华人民共和国成立 30 周年大会上的讲话》稿中被概括为："社会主义制度还处在幼年时期。我国封建社会的历史特别长，我们的社会主义社会不可避免地带有这种旧社会的许多痕迹。毫无疑问，我们的社会主义制度已经开始显示出它的生命力和发展前途，但是它还不成熟，不完善。"讲话指出："在我国实现现代化，必然要有一个由低级到高级的过程。"②"社会主义制度还处在幼年时期。""在我国实现现代化，必然要有一个由低级到高级的过程。"——这两句话后来成为概括社会主义初级阶段的关键词，并在 1981 年党的十一届六中全会通过的《关于建国以来党的若干历史问题的决议》中第一次提出我国社会主义制度还处于初级阶段的概念时做了进一步的展开，指出："尽管我们的社会主义制度还是处于初级的阶段，但是毫无疑问，我国已经建立了社会主义制度，进入了社会主义社会，任何否认这个基本事实的观点都是错误的。我们在社会主义条件下取得了旧中国根本不可能达到的成就，初步地但又有力地显示了社会主义制度的优越性。我们能够依靠自己的力量战胜各种困难，同样也是社会主义制度具有强大生命力的表现。当然，我们的社会主义制度由比较不完善到比较完善，必然要经历一个长久的过程。这就要求我们在坚持社会主义基本制度的前提下，努力改革那些不适应生产力发展需要和人民利益的具体制度，并且坚决地同一切破坏社会主义的活动作斗争。随着我们事业的发展，社会主义的巨大优越性必将越来越充分地显示出

①《邓小平文选》第二卷，人民出版社 1983 年版，第 163—164 页。
②《三中全会以来重要文献选编》（上），中央文献出版社 2011 年版，第 192、203 页。

来。"① 决议认为：如果对这种长期性和艰巨性没有清晰的认识和足够的估计，或者就会重犯超越阶段的错误，或者就会丧失信心，导致对社会主义的怀疑。这是中国共产党的文献上第一次明确指出中国处于社会主义的初级阶段。此后，1986 年 9 月，中共十二届六中全会通过的《关于社会主义精神文明建设指导方针的决议》再次指出："我国还处于社会主义的初级阶段，不但必须实行按劳分配，发展社会主义商品经济和竞争，而且在相当长历史时期内，还要在公有制为主体的前提下发展多种经济成分，在共同富裕的目标下鼓励一部分人先富裕起来。"② 1987 年 3 月 21 日，为筹备中共十三大，起草小组形成的《关于草拟十三大报告大纲的设想》提出：报告"全篇拟以社会主义初级阶段作为立论的根据。这里所说的'社会主义初级阶段'，不是一般地泛指无产阶级取得政权以后的初级阶段，而是特指由中国的历史条件和社会条件所决定的、必须经历而不能逾越的初级阶段。中国进入社会主义，不是脱胎于资本主义，而是脱胎于半殖民地半封建社会，由此产生了生产力、生产关系、上层建筑的一系列特点。中国又是一个发展中的大国，不仅与发达国家不同，而且与其他许多发展中国家不同。这就决定了中国的社会主义建设不能照搬其他国家的模式，必须从自己的国情出发，走自己的路。确认中国处于社会主义初级阶段，一是明确指出我们是社会主义，不能倒回去搞资本主义，全盘西化是害国害民的；二是明确指出我们是初级阶段的社会主义，只能循序渐进，不能急于求成，也不能'急于求纯'，必须允许以公有制为主体的多种经济成分长期存在，必须允许以按劳分配为主体的多种分配原则

①《三中全会以来重要文献选编》（下），中央文献出版社 2011 年版，第 166-167 页。
②《十二大以来重要文献选编》（下），中央文献出版社 2011 年版，第 127 页。

长期存在，必须致力于发展社会主义商品经济，促进社会主义统一市场的形成和发育，正确处理计划调节和市场调节的关系。同时，进行政治体制改革，建设社会主义民主政治，也必须在我们党的领导下有秩序地逐步地展开。看来，以社会主义的初级阶段立论，有可能把必须避免'左'右两种倾向这个大问题说清楚，也有可能把我们改革的性质和根据说清楚。如能这样，对统一党内外认识很有好处，对国外理解我们政策的长期稳定性也很有好处"。[①]在邓小平批示"这个设计好"以后，经过全党的共同努力，中共十三大报告的第二部分系统阐述了社会主义初级阶段理论，明确指出："我国正处在社会主义的初级阶段。这个论断，包括两层含义。第一，我国社会已经是社会主义社会。我们必须坚持而不能离开社会主义。第二，我国的社会主义社会还处在初级阶段。我们必须从这个实际出发，而不能超越这个阶段。在近代中国的具体历史条件下，不承认中国人民可以不经过资本主义充分发展阶段而走上社会主义道路，是革命发展问题上的机械论，是右倾错误的重要认识根源；以为不经过生产力的巨大发展就可以越过社会主义初级阶段，是革命发展问题上的空想论，是'左'倾错误的重要认识根源。"[②]提出这一重要论断，是因为中国原来是一个半殖民地半封建国家，我们的社会主义脱胎于半殖民地半封建社会，生产力水平远远落后于资本主义国家，这就决定了我们必须经历一个很长的初级阶段，去实现许多别的国家在资本主义条件下实现的工业化和生产的商品化、社会化、现代化。中国的现实国情是："一方面，以生产资料公有制为基础的社会主义经济制度、人民民主专政的社会主义政治制度和马克

---

① 《十二大以来重要文献选编》（下），中央文献出版社 2011 年版，第 240 页。
② 《十三大以来重要文献选编》（上），中央文献出版社 2011 年版，第 8-9 页。

思主义在意识形态领域中的指导地位已经确立，剥削制度和剥削阶级已经消灭，国家经济实力有了巨大增长，教育科学文化事业有了相当发展。另一方面，人口多，底子薄，人均国民生产总值仍居于世界后列。突出的景象是 10 亿多人口，8 亿在农村，基本上还是用手工工具搞饭吃；一部分现代化工业，同大量落后于现代水平几十年甚至上百年的工业，同时存在；一部分经济比较发达的地区，同广大不发达地区和贫困地区，同时存在；少量具有世界先进水平的科学技术，同普遍的科技水平不高，文盲半文盲还占人口近 1/4 的状况，同时存在。生产力的落后，决定了在生产关系方面，发展社会主义公有制所必需的生产社会化程度还很低，商品经济和国内市场很不发达，自然经济和半自然经济占相当比重，社会主义经济制度还不成熟不完善；在上层建筑方面，建设高度社会主义民主政治所必需的一系列经济文化条件很不充分，封建主义、资本主义腐朽思想和小生产习惯势力在社会上还有广泛影响，并且经常侵袭党的干部和国家公务员队伍。这种状况说明，我们今天仍然远没有超出社会主义初级阶段。""总起来说，我国社会主义初级阶段，是逐步摆脱贫穷、摆脱落后的阶段；是由农业人口占多数的手工劳动为基础的农业国，逐步变为非农产业占多数的现代化的工业国的阶段；是由自然经济半自然经济占很大比重，变为商品经济高度发达的阶段；是通过改革和探索，建立和发展充满活力的社会主义经济、政治、文化体制的阶段；是全民奋起，艰苦创业，实现中华民族伟大复兴的阶段。"① 由此可以看出，立足中国正处在社会主义的初级阶段，找到一条具有中国特色的社会主义道路，提出"中国式的现代

① 《十三大以来重要文献选编》（上），中央文献出版社 2011 年版，第 9—10 页、第 11 页。

化"目标，是"小康社会"目标提出和形成的显著特征。这也就是"小康社会"目标的提出要"把标准放低一点"的根本原因。

第四，它揭示了共同富裕——社会主义本质。

马克思主义作为无产阶级政党的老祖宗，揭示了社会主义的本质。虽然马克思、恩格斯没有明确提出"共同富裕"这个概念，但是在他们所描绘的未来社会中无不打着"共同富裕"的烙印。1848年，马克思、恩格斯在《共产党宣言》中指出："无产阶级的运动是绝大多数人的、为绝大多数人谋利益的独立的运动。"[①] 从他们的观点不难看出，他们所推崇的政党为大多数人的共同利益而服务。他们还提出，邪恶资本家夺取贫苦人民所创造的剩余价值使得自身财富得到迅速积累，私有制是一切罪恶的源泉，它使得富人越来越富，穷人越来越穷，贫苦劳动人民生活愈发困难，私有制是阻碍共同富裕社会到来的绊脚石。

马克思、恩格斯从实际出发，提出应该注重生产力快速而有效的发展，使得社会物质生活更加丰富，从而适应人们与日俱增的物质文化需求，以达到人类的共同富裕。马克思在《政治经济学批判》草稿中指出，在未来社会中"社会生产力的发展将如此迅速，以致尽管生产将以所有人的富裕为目的……"在此，马克思明确地提出了未来社会将以所有人的共同富裕为目标。恩格斯在《反杜林论》中指出，在生产资料社会占有的前提下，"通过社会生产，不仅可能保证一切社会成员有富足的和一天比一天充裕的物质生活，而且还可能保证他们的体力和智力获得充分自由的发展和运用"。[②] 恩格斯的这一论断丰富了马克思主义关于共同富裕的思想。恩格斯

①《马克思恩格斯选集》第一卷，人民出版社 2012 年版，第 411 页。
②《马克思恩格斯选集》第三卷，人民出版社 2012 年版，第 670 页。

认为，社会主义制度的最终目的是给每个人提供充足的物质生活、精神生活以及充分的自由。只有走社会主义道路，才能真正实现共同富裕。马克思、恩格斯关于未来社会的社会制度、分配方式等设计，为贫苦大众展现了一幅美好的蓝图，使无产阶级劳动人民纷纷站起来反抗剥削与压迫，追求自身的解放。但是马克思、恩格斯仅仅论证了"共同富裕"社会能够实现的可能性，并没有详细说明应该通过怎样具体的路径去实现"共同富裕"。

"共同富裕"这个概念最早出现在中国共产党的文献中，是 1953 年 12 月 16 日中共中央通过的《中国共产党中央委员会关于发展农业合作社的决议》。这个《决议》是按照毛泽东的要求起草的，毛泽东直接主持、参与了起草，并对决议草案进行了重要的修改。他是党的第一代中央领导集体中，第一个也是使用这一概念最多的一位。决议指出："党在农村中工作的最根本的任务，就是要善于用明白易懂而为农民所能够接受的道理和办法去教育和促进农民群众逐步联合组织起来，逐步实行农业的社会主义改造，使农业能够由落后的小规模生产的个体经济变为先进的大规模生产的合作经济，以便逐步克服工业和农业这两个经济部门发展不相适应的矛盾，并使农民能够逐步摆脱贫困的状况，而取得共同富裕和普遍繁荣的生活。"①

邓小平在 20 世纪 70 年代末重提"共同富裕"问题时，当时的时代背景已与 20 世纪 50 年代有了很大不同，那时我们面对的是小农经济，需要变为先进的大规模生产的合作经济来实现共同富裕。而在 20 世纪 70 年代末我们面临的则是双重压力，一方面是以一大二公为特征的"大锅饭"，造成劳动者没有生产积极性；另一方面，以三大差别为特征的发展不平衡，使一部分地区特别是中部和西部

①《建国以来重要文献选编》第四册，中央文献出版社 2011 年版，第 569-570 页。

地区，受地理环境和历史因素的制约，经济基础较薄弱，老百姓的温饱问题还没有解决。为此，在党的十一届三中全会前夕，邓小平提出"共同富裕"思想时，首先从鼓励一部分人先富开始。1978年12月13日，邓小平在中央工作会议闭幕会上的讲话中指出："在经济政策上，我认为要允许一部分地区、一部分企业、一部分工人农民，由于辛勤劳动成绩大而收入先多一些，生活先好起来。一部分人生活先好起来，就必然产生极大的示范力量，影响左邻右舍，带动其他地区其他单位的人们向他们学习。这样，就会使整个国民经济不断地波浪式地向前发展，使全国各族人民都能比较快地富裕起来。"[①]这段话后来被概括为"先富论"。邓小平认为，允许一部分人先富起来不是目的，先富带动后富，最终实现共同富裕才是我们的目的，才是社会主义的本质。1992年春，邓小平在著名的"南方谈话"中指出："社会主义的本质，是解放生产力，发展生产力，消灭剥削，消除两极分化，最终达到共同富裕。"[②]这一论断包括这样一些观点：一是社会主义的本质，是解放生产力，发展生产力。社会主义之所以是较资本主义更先进的社会制度，就在于它更有利于生产力的发展。这是马克思主义的观点。从这一观点出发，邓小平指出："社会主义阶段的最根本任务就是发展生产力，社会主义的优越性归根到底要体现在它的生产力比资本主义发展得更快一些、更高一些，并且在发展生产力的基础上不断改善人民的物质文化生活。"[③]他还说："讲社会主义，首先要使生产力发展，这是主要的。只有这样，才能表明社会主义的优越性。社会主义的经济政策对不

---

① 《邓小平文选》第二卷，人民出版社1983年版，第142页。
② 《邓小平文选》第三卷，人民出版社1993年版，第373页。
③ 同上书，第63页。

对，归根到底要看生产力是否发展，人民收入是否增加。这是压倒一切的标准。"① 二是社会主义的本质，是消灭剥削，消除两极分化。邓小平指出："如果搞两极分化，情况就不同了，民族矛盾、区域间矛盾、阶级矛盾都会发展，相应地中央和地方的矛盾也会发展，就可能出乱子。"② 三是社会主义的本质，是最终达到共同富裕。邓小平认为，共同富裕是社会主义本质的核心内涵，一旦贫富分化乃至悬殊就会导致社会性质发生相反的变化。所以，他指出："中国有11亿人口，如果 1/10 富裕，就是 1 亿多人富裕，相应地有 9 亿多人摆脱不了贫困"③，那么，就会出问题。

邓小平认为共同富裕是社会主义本质的思想还体现在：

一是共同富裕是普遍富裕。邓小平一再强调共同富裕，不是每个社会成员平均分配现有的社会财富，达到同等水平的富裕，而是一种消除贫穷，消除两极分化的普遍富裕。在普遍富裕的基础上，由于每个社会成员自身的综合能力不同，对社会的贡献度也不同，所体现出的社会价值也不同。所以，在财富的分配和占有上也必然存在着差别，即社会成员之间的富裕程度存在着差距。所谓的富裕程度差距，并不是意味着违背了邓小平的共同富裕思想，也不是意味着允许两极分化的存在，而是社会历史进步的必然要求。只有存在普遍富裕程度上的差别富裕，才能体现出人生价值的差异，才能调动人民群众各尽其能、实现价值的积极性与创造性，才能推动社会生产力不断向前发展，才能创造出更多的社会财富，实现社会成员的更高层级的共同富裕。

---

① 《邓小平文选》第三卷，人民出版社 1993 年版，第 370 页。
② 同上书，第 364 页。
③ 《邓小平年谱 1975—1997》（下），中央文献出版社 2004 年版，第 1317 页。

二是共同富裕是社会主义的本质要求。邓小平在南方谈话中明确指出，共同富裕是社会主义发展的目的。"社会主义的目的就是要全国人民共同富裕，不是两极分化。"社会主义发展的目的就是通过实现全体劳动人民对社会财富的共享，以达到消除贫富两极分化，实现共同富裕的目的。社会主义社会从来就不是贫穷、落后的，也不是两极分化的，而是富裕的、先进的和文明的。

三是共同富裕是社会主义的根本原则。邓小平指出，公有制占主体和共同富裕是我们所必须坚持的社会主义两个根本原则，两极分化的社会状态在社会主义是不应该存在的，富裕和贫穷这两个极端也是不应出现的。要想社会生产力极大发展，人民物质和精神生活水平得到提高，贫富差距又不会太大，就需要坚持以公有制为主的基本经济制度，只有这样才能从根本上保证实现的富裕是共同的，而不是差别的。如果国家两极分化严重，富裕的十分富裕，贫穷的特别贫穷，这不仅会加剧社会矛盾，也不利于社会制度的巩固，更是与社会主义最初的发展目标相违背的。因此，不论是社会生产力这一物质基础的发展，还是公有制为主都是为了实现每个人的切身利益，都是实现共富所需要采取的手段，它们都为其提供了充足物质基础和制度保障，它们的最终目的都是共同富裕。所以，共同富裕是社会主义所要坚持的根本原则，它是起决定性作用的，是最根本的原则，它为社会主义发展指明方向。

四是共同富裕是社会主义制度的优越性体现。1990 年 12 月 24 日，邓小平在同几位中央负责同志的谈话中明确指出："社会主义最大的优越性就是共同富裕，这是体现社会主义本质的一个东西。"[1]社会主义与资本主义不同的特点就是共同富裕。两者区别在于：资

---

①《邓小平文选》第三卷，人民出版社 1993 年版，第 364 页。

本主义社会，就其经济所有制结构而言，它是生产资料私有制，只有少数统治者和资本家占有生产资料，广大工人阶级为了生存和生活只能被他们雇佣，成为雇佣工人。就其社会生产力而言，社会生产力极其发达，在生产过程中追求剩余价值，虽然工人在生产过程中产生大量价值，但是除去工资以外只拿到极少一部分剩余价值。在维持生计之后所剩无几，只能继续被资本家雇佣来获得工资。在资本主义国家虽然剩余价值的增加使得工人工资相应增加，但是资本家的利润增长却要比其快很多。这就使得资本家以一个较快的速度获得财富的积累，广大工人却越来越贫穷，从而造成社会两极分化的加重。这也充分说明了资本主义私有制是为极少数的统治者和资本家谋取利益的，工人阶级的作用就是为他们创造剩余价值。社会主义社会，其所有制结构是以公有制为主体，生产资料归全国人民共同享有，这就保证了人们的劳动成果是由每个人共享的，社会发展的成果惠及每一个人，这就充分体现了社会主义的优越性。它不是所谓的平均主义，它的富裕是有一定差别的，这样的差别是可以被人们所接受的，是不被剥削、压迫和导致两极分化上的差别，是可以在短时间内缩小的差别，两极分化是可以避免的。

五是共同富裕是逐步富裕。先富到共富是实现共同富裕的具体途径，这是由我国现实国情决定的。世界万物发展过程中都不是绝对平衡的，是相对，因此，在面对诸多事情时应具体问题具体分析。我国社会主义初级阶段的基本国情决定了我国与一些发达国家相比，社会生产力水平还是比较落后的，而且我国地区间存在多方面的差别，不具备同时、同步实现劳动人民富裕目标的基础。如沿海和内陆地区相比，前者不论是在地理位置、交通条件、科技、信息传播还是劳动人才方面都有着很大优势。由于地区之间的各方面差距以及个人自身素质、能力的不同，所以同时、同步富裕的社会目标实现起来很不现实。因此，面对各地区、群体、个人之间的不均衡状态，为促进国家快速发展，应给予有条件、有能力的地区一些优惠政策，鼓励部分先富。如果不顾生产力发展现状，一味追求同时、同步富裕，不仅会造成人力、物力、财力资源的浪费，而且也会削弱劳动人民的积极性和主动性，最终造成共同贫穷。邓小平多次提出让一部分人利用合法手段实现先富。这样不但在一定程度上使得一部分人摆脱贫困富裕起来，而且这部分人的富裕对于社会其他人而言也起到一定榜样作用，可以激励劳动人民的热情，为达到共同富裕提供物质基础。邓小平的共同富裕思想汲取了我国在社会主义建设中出现的平均主义"大锅饭"导致共同贫穷的历史教训，他认识到平均主义非但不能促进生产力的解放，反而会挫伤广大人民的积极性。因此，必须打破平均主义大锅饭，让那些有条件的地区和人先富起来，调动广大人民的积极性和创造性，从而促进生产力的发展。然后先富的那些地区和人再带动后富，实现共富这个目标。这期间，一定要妥善处理好先富和共富的关系，最终实现人民的普遍富裕。邓小平反复说明，要实现共同富裕这个大局，就必须解决好先富、后富与共富之间的关系。一方面，先富、后富是共同富裕的重要组成部分，先富发展后要带动和帮助那些没有富的人和地区发展，以实现共同富裕。先富是为了共富，共富离不开先富的带动，二者是有机统一的。另一方面，先富、后富是实现共同富裕的阶段性目标。实现共同富裕不是一蹴而就的，而是一个长期的过程，需要几代人的共同努力才能完成，可以通过先富和后富这些阶段性目标的实现，最终实现共富的目的。

六是先富带动后富是实现共富的有效途径。邓小平多次强调让

一部分人、一部分地区先富起来，大原则是共同富裕。一部分地区
发展快一点，带动大部分地区，这是加速发展、达到共同富裕的捷
径。先富和后富是辩证统一的，二者是量变和质变、阶段性和长期
性、必由之路和最终目标的统一。如果只一味追求"先富"，在很
大程度上会造成贫富差距，不利于我国发展，偏离社会主义道路；
如果只一味追求"共富"，又会在很大程度上脱离社会现实，脱离
实际生产力状况，造成"平均主义"。先富带动后富是实现共富的
捷径，共富又是先富的长期目标。邓小平认为在精神上"先富"起
来，群体精神榜样的树立不仅会为社会树立合法致富的风气，而且
会带动社会其他劳动人民的热情度和创新性，有效促进社会经济快
速发展。同时，先富起来的群体也可以给予内陆和贫困地区帮助。
先富地区可以通过多缴利税、转让专利技术或者自愿投身福利慈善
事业等方式，促进贫困地区人民解决温饱问题，使其摆脱贫困，实
现先富带动后富推进国家共同富裕理想目标的实现，促进国家社会
向稳定和谐的方向发展。

邓小平是在提出以"先富带动后富"为标志的共同富裕思想一
年后提出小康社会目标的，由此可知，共同富裕思想是小康社会目
标提出的理论基础。小康社会目标本身就是共同富裕的生动体现，
小康社会是共同富裕的社会，不是贫富差距拉大的社会；小康社会
是消灭贫困的社会，不是一方面就全国总体而言进入了小康社会，
另一方面还有许多群众生活在贫困线以下。从这个意义上讲，小康
社会就是底线脱贫的社会，所有贫困县实现"摘帽"，所有建档的
贫困户实现脱贫，这才是真正进入了小康社会，这才是真正的共同
富裕。

四、小康社会目标的快速推进

小康社会包括政治、经济、文化等多个方面的指标。自从 1982 年中共十二大做出战略部署以后，党团结带领全国各族人民以经济建设为中心，坚持四项基本原则，迈开建设小康社会的铿锵步伐。经济体制改革从农村到城市全面展开。农村改革继续深入，在完善家庭联产承包责任制的同时，乡镇企业和各项社会化服务业，以及各种兼业经营得到了很大发展。农副产品统购派购制度的初步改革，调动了广大农民发展商品经济的积极性。在经济比较发达的地区和大城市郊区，开始出现现代农业的集约化经营方式。城市改革紧紧围绕增强企业活力这个中心环节展开，积极推进多种形式的经营责任制，试行股份制，在企业内部推行厂长负责制和厂长任期目标责任制，加强定额管理和经济核算，改革劳动制度和分配制度。企业开始形成有利于发展商品经济的经营机制。在经济体制改革的带动下，改革逐步在科技、教育、文化、政治等领域展开，日益发挥出重大作用。通过科技体制的改革，开始把竞争机制引进科技领域，激发了广大科技工作者的积极性，促进了科学技术的发展；通过教育体制的改革，促进了各类教育事业的发展。社会主义民主和法制建设逐步得到加强，各级政府在执行人民代表大会决议和接受人民代表大会监督方面有了进步，并在工作中努力体现人民的意志和要求；农村实行政社分开，建立乡政府，许多村民自治组织逐步发挥群众自我教育、自我管理的作用；各个领域的法律体系逐步完善；通过普及法律知识，人民群众的法制观念和公民意识逐步增强。改革和建设的实践有力推动着人们思想观念的更新，加强了社会主义精神文明的建设。到 1987 年，国民生产总值达到 10920 亿元，平均每年递增 11.1%；国内财政收入 2243.6 亿元，平均每年递增 12.9%；农民人均纯收入由 1982 年的 270 元提高到 1987 年的 463 元，平均每年增长 8.6%；城镇居民人均生活费收入由 1982 年的 494.5 元提高到 1987 年 916 元，平均每年增长 6.3%；城市新建职工住宅 8.5 亿平方米，农村新建住房 39 亿平方米，城乡人民居住条件有了改善；全国城镇共安排 3700 多万人就业，基本解决了长期积累的城镇待业青年就业问题。贫困地区摆脱贫困的工作取得了较大的进展。[①]

按照小康社会目标——第一步"实现人均国民生产总值比 1980 年翻一番"计算，1980 年我国经济总量为 7100 亿元，翻一番，就是国民生产总值达到 14200 亿元，而 1987 年国民生产总值达到 10920 亿元，已经接近翻一番。因此，这一年 10 月召开的中共十三大公开宣布：建设小康社会第一步的目标——"实现国民生产总值比 1980 年翻一番，解决人民的温饱问题。这个任务已经基本实现"。[②]

到 1995 年，我国国民生产总值达到 57600 亿元，在 1988 年比 1980 年翻一番的基础上，用七年时间又翻了一番。这一时期跨越"七五"时期和"八五"时期。在"七五"时期的最后两年——1989 年、1990 年，建设小康社会取得新的进展。农村经济全面发展，工业生产迅速增长，基本建设和更新改造步伐加快，对外经济技术交流取得突破性进展，科技、教育、文化等各项社会事业都有较大发展，人民生活明显改善，国家经济实力大为增强。1990 年国民生产总值增长 5%，农业总产值增长 6.9%，工业总产值增长 7.6%，粮食产量达到 4350 亿斤，非农产业达到 54.6%，原煤产量达到 10.8 亿吨，原油产量达到 1.38 亿吨，城镇居民人均生活费收入达到 1387

[①]《十三大以来重要文献选编》（上），中央文献出版社 1991 年版，第 114-115 页。
[②] 同上书，第 16 页。

元，农民人均纯收入达到 630 元，城镇人均住房面积增加到 7.1 平方米，农村人均住房面积增加到 17.8 平方米。在 1991—1995 年的"八五"时期，第一产业年均增长 4.1%，第二产业年均增长 17.3%，第三产业年均增长 9.5%。1995 年，粮食产量达到 4.65 亿吨，增加 1900 万吨；油料产量达到 2250 万吨，增加 630 万吨；肉类总产量 5000 万吨，增加 2140 万吨；原煤产量达到 12.98 亿吨，增加 2.2 亿吨；原油产量达到 1.49 亿吨，增加 1078 万吨。

鉴于 1995 年就已完成 2000 年翻两番的目标，因此，1996 年 3 月第八届全国人民代表大会第四次会议批准的《中华人民共和国国民经济和社会发展第九个五年计划和 2010 年远景目标纲要》，又提出小康社会新的奋斗目标。这就是到 2000 年，人口控制在 13 亿以内，实现人均国民生产总值比 1980 年翻两番；基本消除贫困现象，人民生活达到小康水平；加快现代企业制度的建设，初步建立社会主义市场经济体制。为 21 世纪初开始实施第三步战略部署奠定更好的物质技术基础和经济体制基础。① 这个表述的一个重要变化是到 2000 年由经济总量比 1980 年翻两番，变为实现人均国民生产总值比 1980 年翻两番。这是一个重大变化，也是一个很高的要求。它意味着如果按照经济总量翻两番的指标，1995 年已经完成了；如果按照人均翻两番计算，1980 年我国人口 10.93 亿，那就需要再做很大努力；更别说到 2000 年我国人口为 13 亿，需要付出更大的努力才能实现这个目标。

一年后，1997 年 2 月 19 日，93 岁的邓小平与世长辞。他亲眼看到，自己提出的小康社会的初步目标——国民生产总值到 2000 年比 1980 年翻两番，提前 5 年实现！

①《十四大以来重要文献选编》（中），中央文献出版社 2011 年版，第 778 页。

第七章 扶贫开发

啃下阻碍小康的硬骨头

　　在迈向小康社会的道路上，中国始终面临着两大艰巨任务：一是整体上要加快发展，不断实现国民生产总值翻番的目标；二是使贫困人口脱贫。中国的贫困人口主要在农村，所以，实现小康社会的主要压力是农村贫困人口的脱贫问题。为了解决贫困地区、贫困人口的脱贫问题，从1986年起，国家启动了扶贫开发战略。

一、扶贫开发战略是由中国经济发展不平衡状况决定的

国家作出建设小康社会的战略部署后，为实现到 2000 年国民生产总值比 1980 年翻一番，达到小康水平的目标，党和政府采取了一系列推动经济和社会发展的战略举措，包括在农村实行以家庭承包经营制度取代人民公社的集体经营制度，进行农产品价格逐步放开、大力发展乡镇企业等。粮食丰富，农产品价格的提升，农业产业结构向附加值更高的产业转化，农村劳动力在非农领域就业，为解决农村的贫困人口问题打开了出路。据统计，从 1978 年到 1985 年，农村人均粮食产量增长 14%，棉花增长 73.9%，油料增长 176.4%，肉类增长 87.8%；农民人均纯收入增长了 2.6 倍；没有解决温饱的贫困人口从 2.5 亿人减少到 1.25 亿人，占农村人口的比例从 30.7% 下降到 14.8%；贫困人口平均每年减少 1786 万人。

这一发展形势一方面推动了经济发展，加快了向小康社会迈进的步伐；另一方面出现了地区之间、东中西部之间发展差距拉大的趋势。从东、中、西部地区人均国民生产总值来看，1985 年三个地区的国内生产总值比例为 2.26∶1.15∶1，到 1993 年这个比例扩大为 2.84∶1.25∶1。[①] 这一比例说明，东、西部地区之间，东、中部地区之间，中、西部地区之间的差距都在拉大，其中，东、西部地区之间的差距增加了 25.66%，中、西部地区之间的差距增加了 8.7%，东、中部地区之间的差距增加了 16.65%。从东、中、西部地区经济占全国经济比重来看，1978 年东、中、西部地区分别占全国经

---

① 张磊主编：《中国扶贫开发历程（1949—2005）》，中国财政经济出版社 2007 年版，第 46 页。

济的 52.63%、31.03%、16.34%；到 1998 年三个地区所占比重则分别为 58.1%、27.9% 和 14.0%。[①] 这一数据显示，改革开放后，东部地区经济对国家经济的贡献率上升了 5 个多百分点，而中部、西部地区则分别下降了 3 个和 2.3 个百分点。说明东、中、西部地区的发展差距在拉大。更能说明东、中、西部地区发展差距拉大的是，1998 年，东部与中部、西部地区人均 GDP 的绝对差分别为 4233 元和 5430 元，分别比 1978 年扩大了 4085 元和 5227 元。这一年，东部与中部、西部地区人均 GDP 的相对差分别为 88.3%、134.0%，比 1978 年分别扩大了约 40 个百分点和 54 个百分点。而从 1952 年至 1978 年的 26 年间，东部与中部的绝对差扩大了 119 元，相对差扩大了 20 个百分点；东部与西部的绝对差扩大了 147 元，相对差扩大了 5 个百分点。这表明，改革开放以来 20 年东、西部差距扩大的速度是超过改革开放前 30 年的。[②] 从个体来看，省、市、区之间的对比也是如此。比如，1997 年人均 GDP 最高的是上海市，为人均 25750 元；最低的是贵州省，为人均 2215 元。上海市是贵州省的 11.62 倍。再如浙江省，人均 GDP 为 10515 元，为贵州省的 4.75 倍。上海市的人均 GDP 从新中国成立到 1997 年一直是最高的，而贵州省在这一时期一直是最低的。

经济最强市与经济最弱省的差距，反映出贫困地区对经济发展的影响，一个没有贫困县，一个贫困县比较多，结果当然不同。在当时全国共 18 个贫困地区中，属于东部地区的占 2 个：一是山东省的沂蒙山区，涉及贫困县 9 个；二是福建、浙江、广东三省的闽西南、闽东北地区，涉及贫困县 23 个。属于中部地区的占 7 个：一是

---

① 张敦富主编：《西部开发论》，中国轻工业出版社 2001 年版，第 50 页。
② 同上书，第 50-51 页。

辽宁、内蒙古、河北三省区的努鲁儿虎山区，涉及贫困县 18 个；二是山西、河北的太行山区，涉及贫困县 23 个；三是山西省的吕梁山区，涉及贫困县 21 个；四是四川、陕西、湖北、河南省的秦岭大巴山区，涉及贫困县 68 个；五是重庆、湖南、湖北、贵州的武陵山区，涉及贫困县 40 个；六是湖北、河南、安徽的大别山区，涉及贫困县 2 个；七是江西、湖南省的井冈山和赣南地区，涉及贫困县 34 个。属于西部地区的占 9 个：一是甘肃省的定西干旱地区，涉及贫困县 27 个；二是宁夏回族自治区的西海固地区，涉及贫困县 8 个；三是陕西、甘肃省的陕北地区，涉及贫困县 27 个；四是西藏地区；五是云南省的滇东南地区，涉及贫困县 19 个；六是云南省的横断山区，涉及贫困县 13 个；七是广西壮族自治区、贵州省的九万大山地区，涉及贫困县 17 个；八是四川省、云南省、贵州省的乌蒙山区，涉及贫困县 32 个；九是广西壮族自治区的桂西北地区，涉及贫困县 29 个。

实际上，不仅是东、中、西部地区之间经济发展差距在拉大，从南北经济发展趋势来看也是如此。1952 年，南方地区 GDP 所占份额为 52.49%，北方地区 GDP 所占份额为 47.51%。1978 年，南方地区 GDP 所占份额为 53.13%，北方地区 GDP 所占份额为 46.87%。26 年中，南方地区 GDP 所占份额上升了 0.64 个百分点，年平均上升 0.025 个百分点……1991 年，南方地区 GDP 所占份额为 55.96%，1997 年，则上升到 59.04%。[①] 这一数据说明，改革开放后中国南方地区经济在国家经济中所占的份额加速上升，而北方经济在国家经济中所占的份额加速下降。北方地区 GDP 所占份额下降的原因，主要是改革开放后工业比重高的东北和西北地区，由于国有企业不景

① 张敦富主编：《西部开发论》，中国轻工业出版社 2001 年版，第 53—54 页。

气，其 GDP 占全国的份额不断下降。1991 年，东北三省和西北 5
省区 GDP 占全国份额分别为 11.41% 和 5.81%，1995 年，则分别下
降到 10.33% 和 4.74%，1996 年又进一步下降到 10.06% 和 4.64%。
南北经济在国家经济所占比重的变化，反映在人均 GDP 上则更加
明显。据统计，1952 年，南方人均 GDP 为 98 元，北方人均 GDP
为 128 元，北方比南方高 30 元；1978 年，南方人均 GDP 为 332 元，
北方人均 GDP 为 394 元，北方比南方高 62 元。但从 1993 年开始，
南方人均 GDP 反超北方，这一年，南方人均 GDP 为 3031 元，北方
为 2738 元，南方比北方高 293 元。

以上情况反映出一个规律：经济发达地区都集中在东部，凡是
经济发达的地区，贫困县、贫困人口就少；经济不发达地区都集中
在中、西部地区，凡是经济不发达地区，贫困县、贫困人口就多。
贫困地区主要是革命老区、少数民族地区、边远地区和欠发达地
区。《中国扶贫开发历程（1949—2005）》一书描绘了这些地区主要
的贫困特征：第一，地处高原、山区、丘陵、沙漠或喀斯特地貌等
地区，生态环境恶劣，水土流失严重；第二，人均农业资源匮乏、
质量差，其中，西南山石和喀斯特地区可耕地少，土地瘠薄，西北
则水资源严重不足；第三，地理位置偏远，基础设施落后，大多数
地区都较为偏僻，远离政治经济中心地区，交通不便，对经济和社
会发展十分不利；第四，缺乏基本的教育和医疗卫生等社会服务，
从而影响贫困人口的基本素质和能力；第五，以上各种因素共同导
致农业生产率水平低下，市场化程度和非农产业发育程度低下。

在经济发展过程中出现地区差距拉大，是世界经济发展过程中
的共同现象，从不平衡到平衡是事物发展的基本规律。国家允许和
鼓励一部分地区、一部分人先富起来，先富带动后富，最后达到共

同富裕，是打破平均主义大锅饭，加快生产力发展的大政策。邓小平早在设计改革开放政策的时候就认识到，在发展的过程中必然会出现这种暂时的差距，所以他在 1988 年指出，沿海地区先发展起来，这是一个大局。反过来，发展到一定时候，又要求沿海地区拿出更多力量来帮助内地发展，这也是一个大局。这"两个大局"是我们认识东西部地区发展差距、缩小和解决东西部差距的立足点。实践证明，这一战略是正确的，沿海地区的率先发展，为全国的改革开放提供了经验和榜样，增强了国力，使国家有了一定条件来支持中、西部发展，也为中、西部地区剩余劳动力的转移创造了机会。实践也证明，这种差距不允许任其发展，长期扩大下去，否则会带来一系列不良后果。地区之间发展差距扩大，不仅不符合共同富裕的社会主义本质要求，会造成全国经济缺乏后劲，不利于国内市场的开拓，会挫伤中西部地区发展的积极性，而且会影响全国三步走战略的实施，影响小康社会目标的实现，影响社会主义现代化建设的进程，即使总体上达到了小康社会的 GDP 指标，但如果贫困地区的许多贫困人口不能摆脱贫困，那也不是完整的小康社会，不能说我们建成了小康社会。扶贫开发战略就这样应运而生了。

二、中国的扶贫开发历程

（一）扶贫开发的启动

党的十一届三中全会后，全国正式的扶贫工作拉开序幕。最初采取给资金、给物资的救济式扶贫模式。1982 年 12 月，国家启动甘肃河西地区、定西地区和宁夏西海固地区的农业建设扶贫工程。"三西"扶贫共涉及 47 个县、市、区（1992 年扩大到 57 个）。河西走廊是甘肃省重要商品粮基地。甘肃中部定西地区和宁夏西海固

地区，干旱缺水，土地贫瘠，水土流失严重，生态环境恶劣，群众
生活困难，俗称"苦瘠甲天下"，是改革开放初期全国集中连片最
困难的地区之一。国务院决定实施"三西"地区农业建设，指导思
想和开发思路是兴河西、河套产粮之利，济定西、西海固缺粮食之
贫，使其逐步发展林、草，逐步改变生态环境的恶性循环为良性循
环；对定西和西海固实行以工代赈，扶助生产建设；组织定西和西
海固人口密度过大、生产生活条件极端困难地区的群众，采取自愿
"拉吊庄"（先由青壮年劳动力到外地开荒种田，逐步安家）的办法，
有计划地搬迁到当地新灌区和河西、河套地区，实行山川共济，统
一规划，互相促进，共同发展。目标是三年停止生态破坏，五年基
本解决温饱，两年巩固提高；经过 18 年的努力，到 2000 年，彻底
改变定西、西海固的贫困面貌，河西、河套两个灌区年提供商品粮
达到 45 亿斤左右。为此，国务院成立了"三西"地区农业建设领
导小组，负责组织各方面力量，制定建设规划，合理使用国家专项
资金，协调解决建设中的有关问题。

　　"三西"扶贫首开中国乃至人类历史上有计划、有组织、大规
模"开发式扶贫"的先河。它在我国扶贫开发历程中具有开创性、
先导性、示范性意义。在改革单纯救济式扶贫为开发式扶贫、集中
力量实施片区开发、易地搬迁扶贫、扶贫开发与生态建设相结合等
方面所做的成功探索，所积累的丰富经验，对从 1986 年开始在全国
范围开展有组织、有计划、大规模的扶贫开发，产生了深远影响。

　　1984 年 9 月 29 日，中共中央发出改革开放后第一个关于扶贫
开发的文件《中共中央、国务院关于帮助贫困地区尽快改变面貌的
通知》。《通知》开宗明义地指出："党的十一届三中全会以来，全国
农村形势越来越好。但由于自然条件、工作基础和政策落实情况的

差异，农村经济还存在发展不平衡的状态，特别是还有几千万人口的地区仍未摆脱贫困，群众的温饱问题尚未完全解决。其中绝大部分是山区，有的还是少数民族聚居地区和革命老根据地，有的是边远地区。……各级党委和政府必须高度重视，采取十分积极的态度和切实可行的措施，帮助这些地区的人民首先摆脱贫困，进而改变生产条件，提高生产能力，发展商品生产，赶上全国经济发展的步伐。"[①]《通知》明确，解决贫困地区的问题要突出重点，集中力量解决 18 个连片贫困地区的问题。从此，"连片贫困地区"的概念正式确立。为尽快帮助这 18 个连片贫困地区改变贫困面貌，《通知》明确了一系列优惠政策，如延长垦荒耕地承包时间，在一定年限内减免农业税等；提出凡国营企业单位无力经营或经营得不好的山场、水面、矿藏，可以由农民承包经营；一切农、林、牧、副、土特产品，包括粮食、木材、毛竹等，都不再实行统派统购的方式，改由自由购销等。

据钱念孙等著的《世纪壮举——中国扶贫开发纪实》一书披露，这份中央文件的出台，倾注了胡耀邦对贫困地区人民的殷殷之情。1984 年春节前夕，胡耀邦先后到山西、湖南、贵州、云南等贫困地区视察，看到许多贫困山区大片大片的山荒着，水土流失严重；国营林场管理很严，统得很死，柴在山上烂，人在家里穷。看到这些状况他心里非常难受，非常着急。回京以后，大年初二一大早，他就让秘书给林业部部长杨钟打电话，通报情况。几天之后，杨钟和国家经委常务副主任袁宝华、国家民委主任杨静仁、中央书记处农村政策研究室副主任李瑞山等人，被邀请到中南海怀仁堂，就如何改变中国农村贫困地区现状出谋划策。此后，在京召开了全

[①]《十二大以来重要文献选编》（中），中央文献出版社 2011 年版，第 29 页。

国 18 个连片贫困地区的地委书记、专员座谈会。这次会议连续开了 5 天，形成了一系列共识。会后，胡耀邦指示中央书记处农村政策研究室根据会议纪要起草一份正式文件，以便下达各地贯彻落实。中共中央第一个关于扶贫开发的文件就这样诞生了。

在中共中央第一个关于扶贫的文件中，使用的还不是"扶贫开发"的概念，而是用了"扶持"的概念。到了 1986 年，"开发"一词出现在中国经济生活中。2 月 4 日至 19 日，由 27 个部门的 30 名领导干部组成的中央机关考察访问组，利用春节前后的时间，分三个组分别深入云南文山壮族苗族自治州、广西河池地区、贵州毕节地区进行实地考察。考察结束不久，国务院编制的"七五"计划明确提出要对西部进行开发，在第六届全国人民代表大会第四次会议上《关于第七个五年计划的报告》中谈到"七五"时期主要建设方针时，明确指出："要根据东部、中部和西部地带的经济发展情况和资源条件，确定不同的投资重点和恰当的投资比例，使东部地带的发展和中部地带以及西部地带的开发更好地结合起来。"[1] 1986 年 5 月 26 日，国务院贫困地区经济开发领导小组宣告成立，此后确定了开发式扶贫方针。有计划、有组织和大规模的开发式扶贫在全国范围内有序展开，中国的扶贫工作进入了一个新的历史时期。在党和国家使用"开发式扶贫"的概念后，1988 年 6 月 8 日，时任贵州省委书记的胡锦涛在贵州省毕节地区开发扶贫、生态建设试验区工作会议上讲话指出："建立开发扶贫、生态建设试验区的设想，是在学习贯彻党的十三大精神过程中逐步形成的，是进一步解放思想、深化改革的产物。""牢牢把握开发扶贫、生态建设这个主题，就要针对全地区还有 300 万农村人口温饱问题没有彻底解决这一现

---

[1]《十二大以来重要文献选编》（中），中央文献出版社 2011 年版，第 377 页。

实，采取一切有利于摆脱贫困落后的政策措施，加快资源开发，加速劳动力转移，大力发展商品经济，逐步实现绝大多数农民脱贫目标。"[1] 胡锦涛在贵州对开发式扶贫的探索并首度提出"开发扶贫"的概念，虽然与中央提出的"开发式扶贫"的方针仅一字之差，但这是个重大进步，从结果看，后来中央正式定名为"扶贫开发"，仅调换了四个字的前后次序。"扶贫开发"就是这样形成的。

（二）扶贫开发的几个阶段

从 1986 年国家正式启动大规模的扶贫开发工作算起，中国的扶贫开发大致经过了四个阶段：

第一阶段：大规模开发式扶贫阶段（1986—1993 年）。

1984—1988 年是我国经济发展最快的 5 年，中国农村绝大多数地区凭借自身的发展优势，实现了经济的快速增长，但仍有少数地区由于社会、历史、自然地理等方面的制约，发展相对滞后。贫困地区与其他地区，特别是与东部沿海发达地区在经济、社会、文化等方面的差距逐步扩大。中国农村发展不平衡问题日益凸显。为解决连片贫困的问题，1984 年，《中共中央、国务院关于帮助贫困地区尽快改变面貌的通知》印发，拉开扶贫开发的序幕。这一阶段，主要是从解决普遍性贫困转变为区域性贫困。建立以县为对象的目标瞄准机制，将 70% 的扶贫资金用于贫困县。1986 年后进一步加大扶贫力度，采取了一系列重大措施，安排专项资金，制定专门的优惠政策，并对传统的救济式扶贫进行彻底改革，确定了开发式扶贫方针。全国范围内的有计划、有组织的大规模开发式扶贫全面展开，中国的扶贫工作进入了一个新的历史时期。经过 8 年的不懈努力，国家重点扶持贫困县农民人均纯收入从 1986 年的 206 元增加

---

[1]《胡锦涛文选》第一卷，人民出版社 2016 年版，第 2—3 页。

到 1993 年的 483.7 元；农村贫困人口由 1.25 亿人减少到 8000 万人，平均每年减少 640 万人，年均递减 6.2%；贫困人口占农村总人口的比重从 14.8% 下降到 8.7%。[①]

第二阶段：扶贫攻坚阶段（1994—2000 年）。

到 1994 年，尽管贫困人口只占全国总人口的 8.87%，但这些贫困人口主要集中在国家重点扶持的贫困县，分布在中西部的深山区、石山区、荒漠区、高寒山区、黄土高原区、地方病高发区以及水库库区，而且多为革命老区和少数民族地区。其共同特征是，地域偏远，交通不便，生态失衡，经济发展缓慢，文化教育落后，人畜饮水困难，生产生活条件极为恶劣。这是扶贫攻坚的主战场，与 1986—1993 年时的扶贫开发相比，这一时期的扶贫攻坚工作难度更大。为此，1994 年 4 月 15 日，国务院印发《国家八七扶贫攻坚计划（1994—2000 年）》，提出从现在起到 20 世纪末的 7 年时间里，基本解决 8000 万人的温饱问题。这是新中国历史上第一个有明确目标、明确对象、明确措施和明确期限的扶贫开发行动纲领。从 1997 年到 1999 年，中国平均每年有 800 万贫困人口解决了温饱问题，达到了进入 20 世纪 90 年代以来中国解决农村贫困人口年度数量最高水平。截至 2000 年底，"八七"扶贫攻坚目标基本实现，贫困人口由 1985 年的 1.25 亿人减少到 2000 年的 3000 万人，农村贫困发生率从 14.8% 下降到 3% 左右。

第三阶段：以贫困村瞄准为重点推进的综合扶贫阶段（2001—2010 年）。

迈入 21 世纪，中国农村贫困人口温饱问题基本解决，大面积绝对贫困现象明显缓解。当时面临的情况主要是从贫困人口分布

---

① 国务院新闻办公室：《中国的农村扶贫开发》，2001 年 10 月。

状况来看，贫困人口数量减少、相对集中；从外部环境来看，市场经济条件下扶贫开发受到市场和资源的双重约束；从发展的机遇来看，有西部大开发的良好机遇。同时也存在一些问题，包括经济增长的减贫效应下降，贫富差距在不断拉大，一般性的扶持政策难以奏效。完成解决温饱问题的阶段性任务后，急需确定下一阶段扶贫开发的重点对象和范围。2001 年公布的《中国农村扶贫开发纲要（2001—2010 年）》确定的基本目标概括起来是："巩固温饱成果，为达到小康水平创造条件。"21 世纪头 10 年扶贫开发战略主要是"一体两翼"："一体"是用整村推进来改善 14.8 万个贫困村的生产生活生态条件，提高贫困村的发展能力；"两翼"是指贫困地区劳动力转移培训和龙头企业产业化扶贫，主要目的是促进贫困人口的市场参与。这 10 年，为"全面建设惠及十几亿人口的更高水平的小康社会"，国家把扶贫开发纳入国民经济和社会发展总体规划，把扶贫投入作为公共财政支持的重点区域，不断加大对贫困地区的扶持力度，取得了良好效果。按照 2010 年 1274 元的扶贫标准，我国农村贫困人口从 2000 年底的 9422 万人减少到 2010 年的 2688 万人，农村贫困人口占农村人口的比重从 2000 年的 10.2% 下降到 2010 年的 2.8%。

第四阶段：从区域瞄准和到村到户瞄准结合实施的精准扶贫阶段（2011 年以来）。

2011 年在农民人均纯收入 2300 元的国家扶贫新标准下，我国仍有贫困人口 1.22 亿人。农村返贫困现象时有发生，农村相对贫困问题凸显，并呈现出集中连片贫困和个体贫困共存现象。此时，国家制定出台了《中国农村扶贫开发纲要（2011—2020 年）》，提出到 2020 年我国扶贫开发针对扶贫对象的总体目标是："稳定实现扶贫

对象不愁吃、不愁穿，保障其义务教育、基本医疗和住房"，简称
"两不愁、三保障"。2013 年底，习近平总书记提出了精准扶贫、精
准脱贫的基本方略。2014 年初，中共中央办公厅、国务院办公厅发
布《关于创新机制扎实推进农村扶贫开发工作的意见》，对我国扶
贫开发工作做出战略性创新部署，提出建立精准扶贫工作机制。自
此，中国扶贫开发进入到了精准扶贫、精准脱贫新阶段。

三、以江泽民同志为核心的第三代中央领导集体对扶贫开发的新认识

在邓小平提出的"三步走"基本实现社会主义现代化的战略构
想中，以江泽民同志为核心的第三代中央领导集体团结和带领全国
人民为完成第二步战略目标——到 2000 年使国民生产总值比 1980
年翻两番，人民生活达到小康水平，做出巨大贡献，进一步丰富和
发展了邓小平关于小康社会的战略思想，使邓小平关于到 2000 年
实现小康的战略构想变为现实，为十六大和十六大后党进一步做出
全面建设小康社会和全面建成小康社会的战略部署奠定了思想理论
基础。

（一）从战略的高度充分认识扶贫开发工作的重大意义

1989 年 6 月，中共十三届四中全会选举江泽民同志为中共中央
总书记后不到 3 个月，他就在全国少数民族地区扶贫工作会议上讲
话指出：搞好民族地区的扶贫工作，对于巩固和加强民族团结，维
护祖国统一，促进各民族人民的共同富裕和幸福，建设有中国特色
的社会主义，都具有重要意义。当前，国家困难很大，但不管怎
样，中央对民族贫困地区还要继续给予大力帮助，包括财政、金
融、物资、人才、科技以及其他一些政策性的扶贫。沿海地区和经

济发达地区毫无疑问也有这个责任。① 1993 年 2 月 14 日，国务院发出《关于加快发展中西部地区乡镇企业的决定》，明确提出："由于多种原因，乡镇企业发展的区域分布很不平衡，占全国人口约 2/3 的广大中西部地区只拥有全国乡镇企业产值的 1/3，已成为我国中西部与东部地区经济发展差距的重要原因。党的十四大报告指出：'继续大力发展乡镇企业，特别是扶持和加快中西部地区和少数民族地区乡镇企业的发展。'这对于逐步缩小东西部地区差距，振兴少数民族地区经济，改变贫困落后面貌，巩固和发展团结稳定的大局，实现共同富裕，具有十分重要的经济意义和政治意义。"②1997 年 1 月 6 日，江泽民在中央扶贫开发工作会议上指出："在一些贫困的地区，由于群众生活非常困苦，潜伏着不少不稳定的因素。如果社会秩序稳不住，就谈不上改革与发展。""如果这些贫困地区特别是少数民族和边疆地区贫困问题长期得不到解决，势必影响民族的团结、边疆的巩固，也会影响整个社会的稳定。""所以，加快贫困地区的发展步伐，不仅是一个经济问题，而且是关系国家长治久安的政治问题，是治国安邦的一件大事。"③ 1999 年 6 月 9 日，在中央扶贫开发工作会议上江泽民专门论述我国扶贫开发的重大意义："第一，在我们党和政府的领导下，广泛动员全社会的力量，按照统一的部署，筹集巨额资金，有组织、有计划、大规模地长期开展扶贫开发工作，这在世界上是独一无二的。""第二，组织扶贫开发，解决几亿人的温饱问题，是一项伟大的社会工程。这一壮举向世界表明，我们党和政府高度重视推进和发展中国人民的人权事

---

①《江泽民思想年编（1989—2008）》，中央文献出版社 2010 年版，第 7 页。
②《十四大以来重要文献选编》（上），中央文献出版社 2011 年版，第 76 页。
③ 江泽民：《在中央扶贫开发工作会议上的讲话》，《人民日报》1997 年 1 月 6 日。

业，为保障中国人民的生存权和发展权这一最基本、最重要的人权，进行了锲而不舍、艰苦卓绝的努力。实践证明，中国共产党和中国政府是中国人民基本权利最坚决、最忠诚的维护者。我们根据自己国情确定的发展人权事业的方针是完全正确的。我国是世界上人口最多的发展中国家。这就决定了实现和保障广大人民群众的生存权和发展权，是我们维护人权最基础、最首要的工作。不首先解决温饱问题，其他一切权利都难以实现。""第三，我们进行的规模空前的扶贫开发，有力地促进了国民经济的协调发展和社会的安定团结。历史的经验证明，贫困往往成为一个国家、一个地区政治动荡和社会不稳定的重要根源。如果不能逐步消除贫困，一个国家就难以长期保持社会稳定；没有稳定，根本谈不上经济和社会发展。"[1]

以江泽民同志为核心的第三代中央领导集体对扶贫开发重大意义的认识，是站在世界发展、人类进步、社会主义发展、国家长治久安的角度来看待扶贫开发和实现小康社会目标的。从世界视野看，解决绝对贫困，抑制两极分化，是全世界面临的共同课题，许多发达国家都没有解决好，中国实施扶贫开发战略，集中全国、全社会力量，共同攻克这个难题，对世界是一个重大贡献；从人类进步事业上看，让贫困人口改变落后面貌，同其他人一样过上富裕的小康生活，体现了对人的生存权、发展权的高度重视，这也是对中国共产党在新民主主义革命时期所进行的捍卫人民生存权的探索和实践的坚守和发展；从世界社会主义发展看，开展扶贫开发，努力解决贫困人口的生产和生活问题，是我国社会主义制度优越性的一个重要体现，极大地坚定了全国各族人民建设有中国特色社会主义的信心；从保证国家长治久安上来看，贫困人口长期不能改变落后

---

[1]《十五大以来重要文献选编》（中），中央文献出版社2001年版，第26—27页。

面貌，两极分化，必然激化社会矛盾，通过扶贫开发，让贫困地区、贫困人口同全国人民一道走上共同富裕道路，是保持国民经济的协调发展，促进社会稳定的必经之路。正如江泽民在中共十四届二中全会上的讲话中所指出的："在发展社会主义市场经济的过程中怎样正确处理社会分配问题，就是一个很大的问题。鼓励一部分地区一部分人先富起来是完全正确的，采取这个重要政策的目的，是要通过他们带动其他地区其他人也富起来，最终实现共同富裕。地区之间发展差距要适度。如果长时期里，只是一部分地区一部分人富，大部分地区大部分人富不起来，那就不是社会主义了。先发展起来的，要帮助没有发展起来的也发展起来，互相支持，共同发展。这些问题从现在起就要进行研究。"[1]江泽民还说："扶贫任务不管多么艰巨，时间多么紧迫，都要下决心打赢这场攻坚战，啃下这块硬骨头。"[2]

（二）坚持开发式扶贫的方针

开发式扶贫，是相对传统救济式扶贫而言的，就是动员、鼓励、引导贫困地区的干部群众大干苦干巧干，把自己的努力同国家的扶持有机地结合起来，通过开发自然资源和人文资源，发展商品生产，改善生产条件，增强自我积累、自我发展的能力。其实质在于通过帮助搞经济开发，达到脱贫目的。1991 年 11 月 29 日，中共十三届八中全会通过的《中共中央关于进一步加强农业和农村工作的决定》中指出："坚持以经济开发为主的方针，做好扶贫工作。"[3]这里已经表达了开发式扶贫方针的意思，但没有使用"开发式扶贫

---

① 《十四大以来重要文献选编》（上），中央文献出版社 1995 年版，第 115 页。
② 《江泽民文选》第一卷，人民出版社 2006 年版，第 548 页。
③ 《十三大以来重要文献选编》（下），中央文献出版社 1993 年版，第 293 页。

的方针"这个概念。对于为什么要坚持"开发式扶贫",《决定》强调,就是"要改变单纯救济的做法,在国家必要的扶持下,增强贫困地区和贫困户的内在活力和自我发展、自力致富的能力"。《决定》还就如何通过经济开发做好扶贫工作提出了两项要求:第一,"国家对贫困县继续实行扶持政策,发放支援不发达地区发展资金和低息、贴息贷款,安排扶贫专项物资,实行以工代赈,在税收、信贷、财政补贴等方面给予优惠。要从当地实际出发,因地制宜地选好扶贫开发项目,加强贫困地区水、电、路、通信等基础设施建设,改善经济发展的条件"。第二,"西部地区要根据自己的特点和优势,积极创造条件发展经济。要按照优势互补、经济互利的原则,组织东部沿海地区和西部地区的经济联合以及各种形式的利益共同体,促进西部地区的经济发展,使东西部地区之间差距拉大的趋势逐步得到缓解。中央各有关部门要加强对西部地区资源的勘探和综合开发,有计划地安排一些大型基础设施项目"①。1994年2月28日至3月3日,在中央召开的全国扶贫开发工作会议部署实施的《国家八七扶贫攻坚计划(1994—2000年)》中,明确提出"开发式扶贫方针"的概念,并将其基本涵义表述为:"鼓励贫困地区广大干部、群众发扬自力更生、艰苦奋斗的精神,在国家的扶持下,以市场需求为导向,依靠科技进步,开发利用当地资源,发展商品生产,解决温饱进而脱贫致富。"②"国家八七扶贫攻坚计划"提出实施开发式扶贫的基本途径:(1)重点发展投资少、见效快、覆盖广、效益高、有助于直接解决群众温饱问题的种植业、养殖业和相关的加工业、运销业;(2)积极发展能够充分发挥贫困地区资源优势、

---

① 《十三大以来重要文献选编》(下),中央文献出版社1993年版,第293-294页。
② 《十四大以来重要文献选编》(上),中央文献出版社1995年版,第675页。

又能大量安排贫困户劳动力就业的资源开发型和劳动密集型的乡镇企业;(3)通过土地有偿租用、转让使用权等方式,加快荒地、荒山、荒坡、荒滩、荒水的开发利用;(4)有计划有组织地发展劳务输出,积极引导贫困地区劳动力合理、有序地转移;(5)对极少数生存和发展条件特别困难的村庄和农户,实行开发式移民。强调实施开发式扶贫是我国扶贫工作的一个根本性转变,是一个重大创造,这个方针必须长期坚持。2001年6月,国务院制定颁布的《中国农村扶贫开发纲要》,对坚持开发式扶贫的方针提出新的要求,这就是:"以经济建设为中心,引导贫困地区群众在国家必要的帮助和扶持下,以市场为导向,调整经济结构,开发当地资源,发展商品生产,改善生产条件,走出一条符合实际的、有自己特色的发展道路。通过发展生产力,提高贫困农户自我积累、自我发展能力。"①尽管搞好开发式扶贫各级党委、政府责任重大,但关键是要发动贫困地区和贫困群众积极参与。江泽民指出:坚持开发式扶贫的方针,由救济式扶贫转向开发式扶贫,是扶贫工作的重大改革,是贫困地区摆脱贫困的根本出路。"目的是为了解放和发展生产力。要努力改善贫困地区的生产条件、生活条件和生态条件,提高群众的科学文化素质,充分利用当地自然资源和劳动力资源,发挥比较优势,促进生产的发展,促进群众生活的改善,并逐步增强自我积累和自我发展的能力。""充分相信和依靠群众,必须坚持群策群力。扶贫方案的制定选择、项目的选择、措施的落实,都要动员群众积极参与。"②

(三)发扬艰苦奋斗的创业精神

艰苦奋斗是一种不怕艰难困苦,奋发图强,艰苦创业,为国家

---

① 《十五大以来重要文献选编》(下),中央文献出版社2003年版,第129页。
② 同上书,第85—86页。

和人民的利益乐于奉献的英勇顽强的斗争精神，是中国共产党在革命、建设、改革、复兴过程中保持昂扬精神状态和革命激情的内在力量，并取得一个又一个胜利的根本原因。邓小平曾说过："艰苦奋斗是我们的传统，艰苦朴素的教育今后要抓紧，一直要抓 60—70 年。我们的国家越发展，越要抓艰苦创业。"① 1993 年 3 月 31 日，江泽民在八届全国人大一次会议闭幕会上的讲话中，对艰苦奋斗做出新的概括，提出了 64 字创业精神，即："解放思想、实事求是，积极探索、勇于创新，艰苦奋斗、知难而进，学习外国、自强不息，谦虚谨慎、不骄不躁，同心同德、顾全大局，勤俭节约、清正廉洁，励精图治、无私奉献。"②江泽民认为，我国人口多，底子薄，经济文化发展很不平衡，这个基本国情将长期存在。贫困地区的干部群众有没有改天换地、战胜贫穷的艰苦奋斗的雄心壮志，有没有不等不靠、积极进取的自力更生的顽强意志，决定着脱贫致富的进程和成效。因此，他在 2001 年 5 月召开的中央扶贫开发会议上专门论述艰苦奋斗的问题时指出："自力更生、艰苦奋斗，是我们党优良传统和政治本色，也是我们战胜困难、开创事业的重要法宝。完成新阶段扶贫开发的任务，必须继续坚持贯彻这一方针……外部支持帮助只有与内部的艰苦努力结合起来，才能真正发挥作用。在国家的扶贫和社会各界的帮助下，只有贫困地区的各级党组织和干部群众同心协力，开动脑筋，实干苦干，脱贫的办法就会越想越多，致富的路子就会越走越宽。"③

　　艰苦奋斗的精神不是人生来就固有的，是靠坚持不懈的思想教

①《邓小平文选》第三卷，人民出版社 1993 年版，第 306 页。
②《十四大以来重要文献选编》（上），中央文献出版社 2011 年版，第 216 页。
③《十五大以来重要文献选编》（下），中央文献出版社 2011 年版，第 86 页。

育培育出来的。江泽民 1996 年 6 月在河南考察农业和农村工作时，讲到当前要着重抓好的几件事时排在第一位的是加强对农民的思想政治教育，用爱国主义、集体主义和社会主义思想占领农村思想文化阵地。他认为："这是加强农村精神文明建设的一项带根本性的任务。"他提出："要通过生动的、群众喜闻乐见的形式，对农民进行爱国主义、集体主义、社会主义教育和艰苦奋斗的教育，努力在农民中传播社会主义市场经济知识、科学知识和法律知识，坚定广大农民走建设有中国特色社会主义道路的信念，提高农民的思想道德素质。"①

艰苦奋斗既是一种精神状态，也是一个工作指导思想。扶贫开发重点在农村，在农业。邓小平曾深刻指出："九十年代经济如果出问题，很可能出在农业上；如果农业出了问题，多少年缓不过来，整个经济和社会发展的全局就要受到严重影响。"②为什么会做出这个判断呢？江泽民指出："我国是一个大国，有十几亿人口，这样的基本国情决定了我国的农业尤其是粮食生产，在经济发展的任何阶段，都绝不能削弱，而只能加强。要高度重视农业生产，始终保持粮食产量的稳定增长。我国这么多人口的吃饭问题只能靠自己来解决，在这个问题上不能有任何不切实际的幻想。我国正处在经济体制转换时期，由于比较利益等原因，如果不加以重视和保护，农业很容易在市场竞争中处于不利地位。"③他认为，关键在于领导干部是否能够带头苦干。县是扶贫攻坚的基本指挥单位。发动群众苦干实干，关键是选拔和配备好贫困县的领导班子，尤其要选配好书

①《十四大以来重要文献选编》（下），中央文献出版社 2011 年版，第 51 页。
② 同上书，第 45 页。
③ 同上。

记、县长。

（四）坚持专项扶贫和行业扶贫、社会扶贫相结合

专项扶贫，是指以党和政府为主导的扶贫，它以贫困人口和贫困地区为工作对象，以财政专项扶贫资金为主要资源，以实现贫困人口基本生存和发展为目标，编制专项扶贫开发规划，分年实施。专项扶贫最早启动于 1982 年 12 月起开始的"三西"扶贫计划。国家连续 10 年每年安排 2 亿元专项资金支持"三西"地区农业开发建设。1992 年，国务院决定将每年 2 亿元"三西"资金预算计划延长 10 年。2000 年和 2008 年，国务院又先后做出决定，再延长"三西"资金计划，安排至 2015 年，并从 2009 年开始，每年增加到 3 亿元。经过 30 年的努力，"三西"地区特别是定西、西海固地区告别了极端贫困状况，改善了基本生产生活条件和生态环境，改变了贫穷落后面貌，有力促进了经济社会发展。此后，国家开启了对"老、少、边、穷"的贫困地区专项扶贫工作。从全国来看，专项扶贫没有达到预期目的。1984 年中共中央、国务院发出《关于帮助贫困地区尽快改变面貌的通知》指出："过去国家为解决这类地区的困难，花了不少钱，但收效甚微。原因在于政策上未能完全从实际出发，将国家扶持的资金重点用于因地制宜发展生产，而是相当一部分被分散使用、挪用或单纯用于救济。"①《通知》明确的专项扶贫资金有：（1）"国家从公路养路费中征收的重点建设的资金，5年内每年拿出一部分，给交通部门作为帮助贫困山区修路的专款使用。修路所需器材由国家物资部门作出安排，给予支持。"（2）"要重视贫困地区的教育，增加智力投资。有计划地发展和普及初等教育，重点发展农业职业教育，加速培养适应山区开发的各种人才。

---

① 《十二大以来重要文献选编》（中），中央文献出版社 2011 年版，第 29 页。

山区的科技、卫生工作也应有切实的规划，各有关部门均应围绕山区开发的目标，采取措施，逐步实现。"（3）"在划定的贫困地区，除国家适当增加投资外，各部门戴帽下达到贫困地区县的各项建设经费，由县政府统筹安排，集中用于关系群众切身利益的生产建设项目。"（4）"由于政策调整、实行减税免税、发展教育事业而增加的财政支出，首先由地方财政解决，地方财政确有困难的，由中央财政酌予补贴。"①《通知》对如何使用专项扶贫资金做出明确规定："国家对贫困地区要有必要的财政扶持，但必须善于使用，纠正单纯救济观点。""解决贫困地区的问题要突出重点，目前应集中力量解决十几个连片贫困地区的问题。要经过调查论证，综合研究，确定具体措施，逐项予以落实。国家用于贫困地区的资金和物资，不能采取'撒胡椒面'的办法平均使用，更要严禁挪作他用。"②1986年，国家正式开始大规模的扶贫开发工作。在当年出台的《国民经济和社会发展第七个五年计划》中，对贫困地区的经济发展作出规划，明确提出对贫困地区采取的主要政策措施是："国家对老、少、边、穷地区继续在资金方面实行扶持政策"③，这就是专项扶贫。

为什么要实行专项扶贫的政策？这是贯彻邓小平"两个大局"战略思想的一部分。沿海与内地，东部与中西部，发达地区与贫困地区是一个整体，允许一部分地区、一部分人先富起来，但必须先富带动后富，先富起来的地区支持贫困地区加快发展，实现共同富裕。江泽民指出："逐步缩小全国各地区之间的发展差距，实现全国经济社会的协调发展和最终达到全体人民的共同富裕，是社会主义

①《十二大以来重要文献选编》（中），中央文献出版社2011年版，第32—34页。
② 同上书，第30页。
③ 同上书，第439页。

本质特征的要求。我国地域辽阔、人口众多，不能设想采用平均主义的办法可以实现共同富裕，这是我们过去实践的经验教训已经证明了的。要求同步富裕、同等富裕也是不现实的。为了达到共同富裕的目的，邓小平同志提出了'两个大局'的重要战略构想。……改革开放以来，沿海发达地区运用自身较好的经济基础、优越的地理位置和一些特殊措施，经济和社会发展突飞猛进，积累了相当的实力。现在，加快中西部地区发展步伐的条件已经具备，时机已经成熟。如果我们看不到这些条件，不抓住这个时机，不把该做的事情努力做好，就会犯历史性的错误。在继续加快东部沿海地区发展的同时，必须不失时机地加快中西部地区的发展。从现在起，这要作为党和国家一项重大的战略任务，摆到更加突出的位置。"[①]党和国家支持贫困地区摆脱落后面貌的一项重要方面，就是要集中一定资金用于贫困地区的发展，专门为贫困地区设立一些发展项目等，这就是专项扶贫。在专项扶贫政策框架内，实行整村推进扶贫开发，加强劳动力培训，通过教育开展扶贫，推进产业化扶贫，实施以工代赈，实施易地扶贫搬迁，开展金融扶贫，开展特殊地区扶贫试点等，仅2001年至2010年，国家就投资了2043.8亿元。

　　行业扶贫，是发挥各行业部门职责，将贫困地区作为本部门本系统发展重点，积极促进贫困地区水利、交通、电力、国土资源、教育、卫生、科技、文化、人口和计划生育等各项事业的发展。在1984年9月，中共中央、国务院出台的第一个扶贫开发文件中就指出："国家有关部门（包括计划、农业、水电、林业、商业、交通、机械、冶金、煤炭、化工、地质、物资、民政、卫生、文教、金融

[①] 江泽民:《全党全社会进一步动员起来　夺取八七扶贫攻坚决战阶段的胜利——在中央扶贫开发工作会议上的讲话》（1999年6月9日），新华社北京1999年7月20日电。

等）都应指定专人负责，分别作出帮助贫困地区改变面貌的具体部署，并抓紧进行，保证实现。""在划定贫困地区，除国家适当增加投资外，各部门戴帽下达到贫困地区县的各项建设经费，由县政府统筹安排，集中用于关系群众切身利益的生产建设项目。"①这就是部署行业扶贫。根据党中央、国务院的统一部署，各部门从贫困地区的实际情况出发，采取多种行业扶贫措施。农业部门推广农业技术，大规模地培养种植养殖能手、致富带头人、农牧民技术员、手工艺制作人才和农业产业化急需的企业经营管理人员、农民合作组织带头人、农村经纪人等。交通部门积极改善贫困地区交通条件，推进乡（镇）和建制村通沥青（水泥）路建设，满足贫困群众的基本出行需要，同时加强农村公路危桥改造和安保工程建设，改善农村公路网络状况，提高农村公路安全水平和整体服务能力。水利部门加强贫困地区水利建设，着力解决贫困地区农村人畜饮水困难的问题，积极打造农村饮水安全工程，推进灌区续建配套与节水改造，因地制宜开展小水窖、小水池、小塘坝、小泵站、小水渠等"五小水利"工程建设。在有条件的地区，实施跨区域水资源调配工程，解决贫困地区干旱缺水问题。电力部门解决无电人口用电问题，组织实施一、二期农村电网改造工程、中西部地区农网完善工程、户户通电工程、无电地区电力建设工程、新一轮农网改造升级工程和新农村电气化建设工程，提高农村电网供电可靠性和供电能力，因地制宜发展太阳能和风力发电，解决不通电行政村、自然村用电问题，推进水电新农村电气化县建设，加强可再生能源技术服务体系建设。继续推进沼气、节能灶、小水电代燃料等农村生态能源建设。建设部门开展农村危房改造。从 2008 年起，以解决农村

---

① 《十二大以来重要文献选编》（中），中央文献出版社 2011 年版，第 33—34 页。

困难群众基本住房安全问题为目标，开展农村危房改造试点，国家累计安排补助资金117亿元，支持203.4万贫困农户开展危房改造。到2010年，已覆盖全国陆地边境县、西部地区县、国家扶贫开发工作重点县、国务院确定享受西部大开发政策的县和新疆生产建设兵团团场。科技部门开展科技扶贫，组织大专院校、科研院所作为依托单位，派遣有实践经验的专家和中青年知识分子组成科技开发团，并向扶贫开发工作重点县派驻科技副县长，帮助研究和制定科技扶贫规划，筛选科技开发项目、引进先进实用技术、组织技术培训解决产业发展中的关键技术问题，提高贫困地区产业开发的技术水平，在贫困地区推进科技特派员农村科技创业行动，鼓励科技人员与农民结成利益共同体，开展创业和服务，引导科技、信息、资本、管理等现代生产要素向贫困地区集聚，促进当地经济社会发展和农民增收致富。教育部门建立健全农村义务教育经费保障机制，加大对家庭经济困难学生的资助力度，减轻贫困地区教育负担，组织实施中西部农村初中校舍改造工程、全国中小学校舍安全工程和农村义务教育薄弱学校改造计划，加强宿舍、食堂和必要的基础设施建设，改善办学条件。医疗卫生部门加强农村三级医疗卫生服务体系建设，加强国家扶贫开发工作重点县乡镇卫生院、村卫生室建设，组织实施农村订单定向医学生免费培养项目，重点为乡镇卫生院及以下的医疗卫生机构培养卫生人才，进一步加大政府对参加新型农村合作医疗费用的资助力度，建立健全人口和计划生育服务体系。文化部门加强农村公共文化服务体系建设，着力建设乡镇综合文化站，组织开展全国文化信息资源共享工程、送书下乡工程，开展广播电视"村村通"工程、农村电影放映工程、"农家书屋"工程。林业部门加强贫困地区生态建设，巩固退耕还林成果，完善补助政策，延长补助期限，实施退牧还草工程，采取封山育草、禁牧等措施，保护天然草原植被，组织实施京津风沙源治理工程，在项目区大力发展生态特色产业，实现生态建设与经济发展有机结合，实施岩溶地区石漠化综合治理工程，通过封山育林育草、人工植树种草、发展草食畜牧业、坡改梯、小型水利水保工程，实现石漠化综合治理与产业发展、扶贫开发结合，实施三江源生态保护和建设工程，通过退耕还草、生态移民、鼠害防治、人工增雨等措施加强长江、黄河和澜沧江发源地的生态保护。加快完善生态补偿机制，加大天然林保护、湿地保护与恢复、野生动植物保护和自然保护区建设力度，维护生物多样性。①

社会扶贫，是动员和组织社会各界，通过多种方式支持贫困地区开发建设，进行党政机关和企事业单位定点扶贫，东西部进行扶贫协作，军队支援，社会各界参与，形成具有中国特色的社会扶贫方式，推动贫困地区发展，增强贫困农民收入。社会扶贫是政府主导的扶贫开发工作的重要组成部分，它与专项扶贫、行业扶贫同时展开。早在1986年国家制定的《国民经济和社会发展第七个五年计划》中，在安排专项扶贫的同时，也部署了社会扶贫的工作，强调"进一步组织发达地区和城市对老、少、边、穷地区的对口支援工作"②。这种"对口支援"式扶贫后来改名为"定点扶贫"，是社会扶贫的重要内容。1994年7月，江泽民在中共中央、国务院召开的第三次西藏工作座谈会上的讲话中专门论述了这种社会扶贫，指出："西藏的稳定和发展，最根本的是要靠西藏广大干部群众发扬自

---

① 参阅国务院新闻办公室：《中国农村扶贫开发的新进展》（2011年11月），人民出版社2011年版，第17—20页。

②《十二大以来重要文献选编》（中），中央文献出版社2011年版，第439页。

力更生、艰苦创业的精神，同时也需要全国支援。关心西藏、支援西藏是党和国家的一贯政策，是全国各族人民的共同责任。中央各部委，各省、自治区、直辖市，都要从党的工作全局和经济社会发展的全局，从增强中华民族凝聚力的高度，深刻认识中央关于全国支援西藏的决策的深远意义，从人才、资金、技术、物资等多方面做好支援工作。这件事要坚持不懈长期做下去。"[1]

1996 年 9 月，在党中央、国务院召开的扶贫开发工作会议上的讲话中，江泽民高度评价社会扶贫这一重要形式，指出："全社会扶贫济困的积极性越来越高。从党政机关到社会团体，从大中城市到经济发达地区，帮助贫困地区开发建设的规模越来越大，形式越来越多，作用越来越明显。""有些地方开展电力扶贫、交通扶贫、水利扶贫等活动，这些做法很好，要认真总结推广。同时，要搞好定点扶贫工作。""近年来，民主党派、社会团体、科研单位、大专院校、人民解放军、武警部队及社会其他各界积极开展多种形式的扶贫帮困活动，如希望工程、智力支边、文化扶贫等，搞得很有成效。"他指出："帮助贫困地区群众解决温饱问题，是党和政府的重要任务，也是全社会的共同责任。广泛动员全社会力量参与扶贫，是扶贫工作的一条重要方针。坚持这个方针，不仅可以加快脱贫进度，而且有利于发扬良好的社会风尚。我们中华民族有扶贫济困的优良传统。近几年来，社会各界开展了多种形式的扶贫济困活动，取得了明显的成效。我们要把这种优良传统进一步发扬起来。"[2]

党中央清醒地看到，我国将长期处于社会主义初级阶段，由于客观条件和历史的原因，地区之间发展很不平衡，贫困地区、贫困

---

① 《江泽民文选》第一卷，人民出版社 2006 年版，第 401 页。
② 同上书，第 551、555、556 页。

人口和贫困现象在我国将长期存在。初级阶段就是由贫困人口占很大比重、人民生活水平比较低，逐步转变为全体人民比较富裕的历史阶段。因此扶贫开发是一项长期工程，靠一个方面的积极性是不行的，必须调动方方面面的积极性，共同来做。"共同来做"，就要把专项扶贫和行业扶贫、社会扶贫结合起来，形成整体的合力。

四、扶贫开发战略的实施取得重大成效

以 1986 年国家成立扶贫开发领导机构、确立开发性扶贫方针为标志，开始了大规模的扶贫开发工作。

（一）扶贫开发初期的工作

1986 年，国家正式启动扶贫开发战略之际，正逢编制《国民经济和社会发展第七个五年计划（1986—1990）》，遂将扶贫开发纳入"七五"计划，以"第十九章老、少、边、穷地区的经济发展"为题，对贫困地区的扶贫开发作出规划。要求"老革命根据地发展交通运输，促进山区商品经济的发展。尽快地把山区的农林牧渔搞上去，并因地制宜地发展相应的农畜产品加工、养殖业。根据当地资源条件，积极兴办小铁矿、小煤窑，建设小水电等。经济发达地区要主动帮助老区搞好经济建设"。"少数民族地区要发挥这些地区的资源优势，改善农牧业生产条件，搞好粮食生产，加强草原建设，植树种草，逐步实现生态环境良性循环。加快能源、原材料工业的发展，积极改善运输条件。发展民族贸易和民族特需用品的生产。加强民族教育和文化设施建设。""陆地边境地区努力发展农林牧副业和地方工业，在有条件的地方积极开展边境小额贸易。"[①]

为落实"七五"计划提出的奋斗目标，首先是确定贫困县、贫

---

① 《十二大以来重要文献选编》（中），中央文献出版社 2011 年版，第 439 页。

困标准和贫困人口。

确定贫困标准，是做好扶贫开发工作的基础工程，没有正确的恰当的贫困标准，就难以有针对性地开展扶贫开发工作。因此，中共中央第一个扶贫开发文件就明确要求，"划定贫困的地区"，"要通过调查论证，综合研究，确定具体措施，逐项予以落实"。怎样确定中国的贫困标准？

对于贫困世界银行在《1981 年世界发展报告》中作了这样一个定义：当某些人、某些家庭或者某些群体没有足够的资源去获取他们那个社会公认的、一般都能享受到的饮食、生活条件和参加某些活动的机会，就是处于贫困状态。1985 年，世界银行又提出了每人每天 1 美元的贫困标准。应当说，这是一个很高的标准，若按照这个标准，1985 年 12 月的汇率是 1 美元兑换 2.9366 人民币，那么年收入低于 1071.86 元的人就属于贫困，而此时我国农村家庭人均纯收入 397.6 元。显然，我们不能按照这个标准来确定我国的贫困线。我国贫困线的标准，是综合国际国内最低限度的营养水平，选择日摄入 2100 大卡作为中国农村贫困人口的营养标准，再对全国不同地区农村的 6.7 万户农民的食品消费进行调查，计算出最低食品费用支出；在此基础上，计算出贫困人口的最低衣着、住房、燃料等必需的非食品支出费用，最后得出中国的绝对贫困标准。当时中国确定的农村贫困线标准是 1978 年人均年纯收入 98 元，1985 年人均年纯收入 206 元。显然，这个贫困标准是一个比较低的标准，但符合中国当时的实际情况。

按照贫困标准，参考 1985 年的物价水平和消费标准，1986年，国务院贫困地区经济开发领导小组确定了国家级贫困县的划定标准，即：农村一般地区人均年纯收入低于 150 元的县，少数民族地区和老革命根据地人均年纯收入低于 200 元的县，个别有特大影响的老革命根据地人均年纯收入低于 300 元的县。依此标准，1986年确定了国家重点扶持的贫困县 331 个，各省区重点扶持的贫困县 368 个，共计贫困县 699 个。对这个标准，1988 年 7 月兼任国务院贫困地区经济开发领导小组组长的国务委员、国务院秘书长陈俊生作了这样的解释：我国贫困地区有几种划分标准：一般地区人均年收入 150 元以下者，少数民族地区人均年收入 150 ~ 200 元以下者，全国知名老革命根据地人均年收入 300 元以下者。这些标准基本上是划分绝对贫困地区的标准，是为解决贫困地区群众温饱问题的战略目标服务的，又全面考虑了经济和政治两方面的情况，对一般地区、少数民族地区、全国知名的革命根据地有所差别，符合国情，因而在贯彻中得到贫困地区人民和社会各界的拥护。对划分贫困县、贫困面和贫困人口，确定扶贫工作范围和重点，全面指导扶贫经济开发工作，起了重要作用。[①]

中国的贫困标准后来又多次调整。1990 年调整为 300 元，1999年调整为 625 元，2008 年调整为 1067 元，2009 年调整为 1196 元，2010 年随 CPI 上涨而再上调至 1274 元。怎样看待这些调整？一个方面的原因是随着物价指数的变动需要对贫困标准做出相应调整。另一个方面的原因是，我国最初确定的贫困标准是一个低的标准，在我国经济发展实力增强以后，确定更能反映我国实际经济社会发展状况的贫困标准，表明我们的进步和发展。比如，2010 年底，按1274 元的贫困标准计算，全国贫困人口下降到 2688 万人，并且率先实现了联合国千年发展目标中贫困人口减半的目标。2011 年，中

---

① 钱念孙等：《世纪壮举——中国扶贫开发纪实》，安徽教育出版社 2000 年版，第 104页。

央决定将农民人均年纯收入 2300 元作为新的国家扶贫标准。这一
新标准的出台，使得全国贫困人口数量和覆盖面由 2010 年的 2688
万人扩大到了 1.28 亿人。这表明中国的温饱问题已经解决，中国的
减贫事业进入了一个全新的阶段。不同的贫困标准在不同时代具有
不同内涵。20 世纪 80 年代的国家贫困标准线相当于"吃饭线"。而
进入新世纪后中国国家扶贫标准已经发展到了多维度，不仅保障贫
困人口的吃饭问题，还要使贫困人口获得教育、医疗、住房、社会
保障等诸多方面的公共服务。适度提高贫困标准是缩小贫富差距、
完善社会保障体系等的一个重要步骤。扶贫标准上调反映了其与国
家发展程度、国民收入、社会消费水平、生活成本等各方面指标变
化相适应，表明党和政府努力让更多低收入人口更大程度享受经济
发展带来的好处。

  贫困县、贫困标准和贫困人口的确定，为扶贫开发工作的展
开奠定了基础。根据"七五"计划的要求，从 1986 年起国家加大
安排专项扶贫资金的力度。这一年国家针对贫困县实施贴息贷款项
目；1988 年又针对牧区和贫困县县办企业实施扶贫贷款项目；1989
年开始安排 6 亿元的中低档消费品以工代赈项目；1990 年开始安排
15 亿元的工业品和 50 亿元的食品等以工代赈项目。财政发展资金
安排了 1987 年用于边境地区支柱产业的财政补贴和支持不发达地
区的财政周转资金。中央政府累计提供扶贫资金 467.2 亿元。与此
同时，国家对贫困地区进一步提供优惠政策，放开贫困地区农产品
销售价格，对温饱尚未解决的贫困户继续给予减免农业税的照顾，
核减国家粮食定购任务，减免国家能源交通重点建设基金，免征贫
困地区新办的开发性企业所得税，减免少数民族贫困地区贫困户购
买国库券。经过 5 年的艰苦努力，扶贫开发工作取得了很大的进展，

到 1992 年，我国贫困人口下降到 8000 万，比 1985 年减少 4000 多万，贫困发生率下降到 8.8%。1991 年 4 月 15 日，国务院贫困地区经济开发领导小组在给国务院《关于"八五"期间扶贫开发工作部署的报告》中，评价这一时期的扶贫开发工作："解决大多数贫困地区群众温饱问题的目标已初步实现，全国扶贫开发工作开始进入一个新的阶段。"[1]

在"七五"时期扶贫开发取得初步成效的基础上，1991 年初，国务院贫困地区经济开发领导小组对全国扶贫开发的形势做出了一个判断，认为：目前扶贫开发总的形势是东部地区贫困状况明显改善，中部地区有所缓解，西部一些地区依然严重；平原区、丘陵区、浅山区扶贫开发工作进展快、效果好，深山区、石山区、高寒山区、少数民族地区以及库区、地方病高发区任务重、难度大。即使是已经解决温饱的地区，基本生产条件也并没有发生根本性的改变，抵御自然灾害能力低，返贫率高。标准低、差别大、不稳定，是现阶段扶贫开发工作面临的主要问题。针对面临的形势，经国务院批准的《关于"八五"期间扶贫开发工作部署的报告》，提出"八五"期间扶贫开发工作的基本目标是，在"七五"期间工作的基础上实现两个稳定：一是加强基本农田建设，提高粮食产量，使贫困地区的多数农户有稳定解决温饱问题的基础；二是发展多种经营，进行资源开发，建立区域性支柱产业，使贫困户有稳定的经济收入来源，为争取到 20 世纪末贫困地区多数农户过上比较宽裕的生活创造条件。

为实现这一目标，"八五"期间，国家采取的主要措施是：（1）

---

[1]《国务院办公厅转发国务院贫困地区经济开发领导小组关于"八五"期间扶贫开发工作部署报告的通知》，国办发〔1991〕24 号。

进一步贯彻分级负责的原则。国务院贫困地区经济开发领导小组主要负责制定发展规划，研究方针政策，指导全面工作，督促检查落实，协调部门关系，沟通各方情况，总结交流经验。各地特别是贫困面较大的省、区政府，要把扶贫开发工作作为重点纳入工作议程，列入国民经济和社会发展计划。（2）保证扶贫开发工作的连续性和稳定性。放开贫困地区农产品销售价格、对温饱尚未解决的贫困户继续给予减免农业税的照顾、核减国家粮食定购任务、对国家确定的301个重点贫困县继续减免国家能源交通重点建设基金、免征贫困地区新办的开发性企业所得税、减免少数民族贫困地区贫困户购买国库券、贫困县上缴税收超基数部分全留。（3）增加对贫困地区的投入。国家每年增加5亿元专项扶贫贴息贷款，每年拿出100万吨粮食或给一部分等值的工业品，实行以工代赈。重点用于西南、西北深山区、石山区、少数民族地区以及长期吃返销粮的地区，帮助这些地区建设基本农田、小型农田水利设施，提高粮食产量，减少粮食调入。（4）组织经济发达地区对口帮助贫困落后地区；利用经济发达地区技术、人才、管理、市场信息以及资金、物资等方面的优势，帮助贫困落后地区进行开发性生产建设，重点解决支柱产业系列开发各环节上的难点，提高产业开发水平；帮助企业提高管理水平、技术水平、产品质量和经济效益；采取县乡干部挂职交流、劳务输出、以劳助学等多种形式，帮助贫困地区培训人才。（5）动员国家机关和社会各界帮助、支持贫困地区的开发建设。充分发挥部门、系统的业务优势，加强在贫困地区的行业建设和工作指导。（6）围绕贫困地区区域性支柱产业的系列开发，引进和推广实用技术进行科技扶贫工作。（7）加强干部培训和农民实用技术培训等。在全党和全国人民的共同努力下，到1995年，全国国民生产总值达到 57600 多亿元，全国人均纯收入 1577 元，贫困人口由"七五"末的 8500 万减少到 6500 万。这组数字意味着我们原定的到 2000 年比 1980 年翻两番的目标提前 5 年实现了。这组数字还说明，虽然国民生产总值实现了翻两番的目标，但人均尚未达到 1000 美元，减贫的速度 5 年减少 2000 万人还是有些缓慢，按照这样的速度要在剩余的 5 年内完成 6500 万人的脱贫任务还很艰巨。

（二）实施《八七扶贫攻坚计划》

1992 年 10 月，中共十四大召开后，在邓小平南方谈话和十四大精神的推动下，中国改革开放掀起第二次浪潮，改革开放和现代化建设进入一个新的阶段。"以转换企业经营机制为中心，各项改革都迈出大的步伐。对外开放形成全方位开放的新格局，进出口贸易空前活跃，利用外资大幅增加。国民经济高速增长，第一、第二、第三产业全面发展。科技、教育以及各项社会事业也都取得明显成绩。"[①] 中共中央认真分析国际国内发展趋势，认为"八五"后三年（即 1993—1995）国民经济有望发展得更快一些，综合考虑各方面因素，中央决定，"八五"后三年要进一步抓住有利时机，充分利用一切有利因素，实现较高的经济增长速度。因此，1993 年 3 月，中共中央召开十四届二中全会，提出将"八五"计划中国民经济平均每年递增的速度 6%，调整为 8% ~ 9%。在这次全会上，对扶贫开发工作也提出了要求，《中共中央关于调整"八五"计划若干指标的建议》指出："继续贯彻执行扶持少数民族地区、贫困地区、革命老根据地和边疆地区发展的各项政策，特别要采取更加有力的措施，积极抓好扶贫开发，帮助贫困地区尽快脱贫致富。经济发达地区也要采取多种形式，带动和帮助后进地区加快经济发展，

---

① 《十四大以来重要文献选编》（上），中央文献出版社 2011 年版，第 86 页。

逐步实现共同富裕。"①

中共十四届二中全会还决定，在"八五"计划调整工作结束以后，将着手研究制定"九五"计划和到 2010 年的远景发展目标。初步设想，大体的工作进度是从此时起到 1994 年春天，重点组织部门、地方上的力量，研究经济发展和改革开放中的一些重大课题，提出"九五"计划和长远发展基本思路；1994 年春天以后拟定"九五"计划和到 2010 年的远景发展目标；1995 年春天提交全国人大审议。

在国家加快经济和社会发展的大背景下，在中央启动制定"九五"计划和到 2010 年的远景发展目标的情况下，国务院决定制定和实施《八七扶贫攻坚计划》，以适应党和人民的事业对扶贫开发的新要求。由于《八七扶贫攻坚计划》的目标是从 1994 年到 2000 年，集中人力、物力、财力，动员社会各界力量，力争用 7 年左右的时间，基本解决目前全国农村 8000 万贫困人口的温饱问题，因此命名为《八七扶贫攻坚计划》。

《八七扶贫攻坚计划》的主要内容有：

1. 以解决全国贫困人口温饱问题为目标。中共十三大最早提出的"三步走"战略的第一步，是实现国民生产总值比 1980 年翻一番。并申明"这个任务已基本实现"的判断是正确的，从全国的总体看的确如此。但是，到 1994 年对于剩余的全国农村 8000 万贫困人口来讲，他们的温饱问题并没有解决，也不可能在到 2000 年这剩余的几年中一步跨越温饱、迈进小康。所以，《八七扶贫攻坚计划》做出到 2000 年基本解决 8000 万贫困人口的温饱问题是实事求是的。这样，就会有一个问题，即这 8000 万贫困人口到 2000 年是

①《十四大以来重要文献选编》（上），中央文献出版社 2011 年版，第 96 页。

解决温饱，不是迈进小康。那么，怎样理解到 2000 年达到小康水平？由于《中共中央关于制定国民经济和社会发展"九五"计划和 2010 年远景目标的建议》中已对到 2010 年远景目标做出战略安排，指出："2010 年国民经济和社会发展的主要奋斗目标是实现国民生产总值比 2000 年翻一番，使人民的小康生活更加宽裕。"[①]后来又调整到 2020 年全面建成小康社会，这样就不存在贫困人口与全国人民一起迈进小康的问题了。

2. 规定了到 2000 年解决贫困人口温饱的标准：绝大多数贫困户年人均纯收入达到 500 元以上（按 1990 年不变价格）。扶持贫困户创造稳定解决温饱的基本条件：（1）有条件的地方，人均建成半亩到一亩稳产高产的基本农田；（2）户均一亩林果园或一亩经济作物；（3）户均向乡镇企业或发达地区转移一个劳动力；（4）户均一项养殖业或其他家庭副业；（5）牧区户均一个围栏草场或一个"草库伦"。

3. 提出了基础设施建设的目标：（1）基本解决人畜饮水困难；（2）绝大多数贫困乡和有集贸市场、商品产地的地方通公路；（3）消灭无电县，使绝大多数贫困乡用上电。

4. 改变教育文化卫生的落后状况：（1）基本普及初级教育，积极扫除青壮年文盲；（2）开展成人职业技术教育和技术培训，使大多数青壮年劳力掌握一到两门实用技术；（3）改善医疗卫生条件，防治和减少地方病，预防残疾；（4）严格实行计划生育，将人口自然增长率控制在国家规定的范围内。

5. 采取新的扶持措施：（1）国务院决定：从 1994 年起，再增加 10 亿元以工代赈资金，10 亿元扶贫贴息贷款，执行到 2000 年。（2）

①《十四大以来重要文献选编》（中），中央文献出版社 2011 年版，第 467 页。

调整国家扶贫资金投放的地区结构。从 1994 年起，将分一年到两年把中央用于广东、福建、浙江、江苏、山东、辽宁 6 个沿海经济比较发达省的扶贫信贷资金调整出来，集中用于中西部贫困状况严重的省、区。（3）对国家确定的老、少、边、穷地区新办的企业，其所得税可在三年内予以征后返还或部分返还。（4）中央和地方安排开发项目时，应向资源条件较好的贫困地区倾斜。中央和省、区在贫困地区兴办的大中型企业，要充分照顾贫困地区的利益，合理调整确定与当地的利益关系。

6. 进一步明确了扶贫开发的方针、途径、主要形式以及专项扶贫、行业扶贫、社会扶贫的范围和有关政策。例如，行业扶贫所指的部门从大的分类主要指计划部门、内贸和外贸部门、农林水部门、科教部门、工交部门、文化卫生和计划生育部门，具体细分有：计划部门、内贸和外贸部门、农业部门、林业部门、水利部门、科技部门、教育部门、交通部门、铁路部门、电力部门、地矿部门、煤炭部门、冶金部门、建材部门、化工部门、邮电部门、劳动部门、民政部门、民族部门、文化部门、广播电影电视部门、卫生部门、计划生育部门、财政部门、金融部门、工商部门、海关部门等。再如社会扶贫包括：中央和地方党政机关和企事业单位、各民主党派和工商联、各级工会、共青团、妇联、科协、残联、中国扶贫基金会、其他各类民间扶贫团体等。《八七扶贫攻坚计划》对上述机构在扶贫开发中的职责和任务重点分别做出了规定。

《八七扶贫攻坚计划》是我国历史上第一个有明确目标、明确对象、明确措施和明确期限的扶贫开发行动纲领。这个计划制定是非常及时的，在这个文件出台后不久，1995 年 9 月 28 日，中共十四届五中全会审议通过《中共中央关于制定国民经济和社会发展

"九五"计划和 2010 年远景目标的建议》，以此为基础形成的《中华人民共和国国民经济和社会发展"九五"计划和 2010 年远景目标纲要》，明确提出"九五"期间国民经济和社会发展的目标是全面完成现代化建设的第二步战略部署，到 2000 年，人口控制在 13 亿以内，实现人均国民生产总值比 1980 年翻两番；基本消除贫困现象，人民生活达到小康水平；加快现代企业制度建设，初步建立社会主义市场经济体制。具体地说就是：经济发展方面，到 2000 年，国民生产总值达到 8.5 万亿元，城镇居民人均生活费实际收入年均增长 5%，农民人均纯收入实际年均增长 4%，人均纤维消费量 5 千克，城镇人均居住面积达到 9 平方米，彩电普及率达到 60%，电话普及率达到 10%。在科学教育方面，主要工业领域的技术水平接近或达到国际 20 世纪 80 年代末 90 年代初的先进水平，基本普及九年义务教育，基本扫除青壮年文盲。在社会事业方面，基本解决贫困人口的温饱问题，城镇社会保险覆盖面达到 80% 以上，农村劳动者各类保险覆盖面达到 30% 以上，人人享有初级卫生保健。在环境保护方面，环境污染和生态破坏加剧的趋势力争得到基本控制，万元国民生产总值消耗的能源降低到 1.7 吨标准煤，年均节能率 5%。以上目标任务，许多方面涉及扶贫开发工作。从这个意义上讲，《八七扶贫攻坚计划》的制定和实施，对完成到 2000 年的奋斗目标和实现 2010 年的远景目标都具有重要意义。

《八七扶贫攻坚计划》出台后，党和国家十分重视推进它的落实。1996 年 9 月 23 日，中央召开扶贫开发工作会议，江泽民出席会议并作《全党动员起来，为实现八七攻坚计划而奋斗》的讲话，动员全党为实现八七攻坚计划而不懈奋斗。这篇讲话有许多创新点：一是向全党和全国人民表明了党中央打赢扶贫攻坚战的强烈

决心。指出："党中央、国务院召开这次扶贫开发工作会议，目的
是进一步统一全党的认识，动员全社会的力量，加大扶贫开发的力
度，坚决实现国家八七扶贫攻坚计划。"他指出："中央认为，今后
五年扶贫任务不管多么艰巨，时间多么紧迫，也要下决心打赢这场
攻坚战，啃下这块硬骨头。"江泽民还对怎样才算打赢这场攻坚战
作了解释，指出："所谓打赢攻坚战，就是说，除了少数丧失劳动
能力的残疾人、鳏寡孤独等需要民政救济的贫困人口，以及不可抗
拒的自然灾害造成的贫困人口，基本上都要解决温饱问题。"①二是
阐明了坚持开发式扶贫方针，增强贫困地区自我发展能力的核心
是要抓好三项工作，即把农业生产尤其是粮食生产搞上去；改变生
产条件，改善生态环境；推广各种实用技术，推动科技进步。强调
粮食问题是解决群众温饱问题的关键环节，也是发展各项事业的基
础，贫困地区一定要把粮食生产放在第一位；"贫困地区大搞农田基
本建设，大搞种树种草、治水改土，不仅是脱贫的根本大计，也是
关系中下游地区经济可持续发展的大事，是关系子孙后代生存和发
展的大事"。三是提出能否打赢扶贫攻坚战，关键是把扶贫放在什
么位置、投入多大力度的问题，要求扶贫攻坚层层实行一把手负责
制。"各级党政一把手要亲自组织指挥本地区的扶贫攻坚战……每
人都要选择几个最穷困的村，蹲上几天，察看贫困状况，倾听群众
呼声，研究脱贫路子，并切实付诸实施。"要"把扶贫攻坚的任务
和措施落实到贫困村、贫困户。这是实行扶贫工作责任制的基本要
求。能否实现贫困地区的脱贫目标，取决于能否解决贫困村、贫困
户的问题。因此，这场扶贫攻坚战必须一个村一个村地打，一户一

①《十四大以来重要文献选编》（下），中央文献出版社 2011 年版，第 117-118 页。

户地帮"①。

在全党和全国人民的努力下，到 1998 年底，全国贫困人口在
1993 年 8000 万的基础上减少到 4200 万，农村贫困人口占农村人口
的比重，由 1978 年的 30.7% 下降到 4.6%。为了在实施《八七扶贫
攻坚计划》最后两年时间内争取使剩余的 3800 万贫困人口最大限
度地实现脱贫，1999 年 6 月 9 日，江泽民再次出席中央扶贫开发工
作会议并作重要讲话。他指出："到 2000 年基本解决农村贫困人口
的温饱问题，这是我们党和政府向全国人民作出的庄严承诺，并向
全世界作了宣布。这个战略目标必须实现，也完全有条件实现。实
现这个战略目标，标志着中国人民将在新的发展起点上进入新世
纪。"他再次重申："不论今后两年的扶贫攻坚任务有多么艰巨，全
党全国都要同心协力啃下这块硬骨头。"对于如何啃下这块硬骨头，
江泽民提出了 8 条指导意见：（1）贫困地区要把打好扶贫攻坚战作
为中心任务，各项工作都要围绕这个中心，服务这个中心。（2）解
决贫困群众的温饱问题，是扶贫攻坚阶段最重要、最急迫的任务，
必须摆在第一位来完成。（3）坚持开发式扶贫的方针，首先帮助贫
困农民发展种养业，大力加强农田水利基本建设，改善基本生产和
生活条件，推广适用科技，发展教育，提高劳动者的素质，落实科
教扶贫的各项措施。（4）中央和地方都要加大扶贫投入的力度，提
高资金使用效益。对挤占、挪用扶贫资金的行为要从严惩处。（5）
各项扶贫工作都要狠抓落实，逐一落实到贫困村、贫困户，帮助每
个贫困户制定切合实际的解决温饱的措施。（6）发扬中华民族团结
互助、帮困济贫的美德，动员全社会力量继续支持贫困地区。各级
党政机关要带头搞好定点扶贫，发达地区要加强对贫困地区的对口

①《十四大以来重要文献选编》（下），中央文献出版社 2011 年版，第 129-130 页。

帮扶，社会各界要积极开展各种形式的扶贫济困活动。（7）坚持实行以省为主的扶贫工作责任制，做到任务到省、责任到省、权力到省、资金到省。各省、自治区、直辖市对贫困地区、贫困县也要层层实行责任制。各级党政一把手要亲自部署、亲自督促、亲自检查，切实做到领导、措施、资金三到位。（8）加强农村基层组织建设，加强以党支部为核心的村级组织建设，选好带头人，真正形成能够带领群众艰苦创业、脱贫致富的坚强战斗堡垒。

这次中央扶贫开发工作会议是在实施《八七扶贫攻坚计划》进入冲刺阶段召开的一次十分重要的会议。这次会议对于进一步认清扶贫攻坚的形势，动员全党全社会的力量，切实做好八七攻坚决战阶段的工作，确保实现 2000 年基本解决农村贫困人口温饱问题的战略目标，起到了鼓劲加油的作用。

2001 年 3 月 5 日，在 2000 年刚刚过去 2 个月的时候，第九届全国人民代表大会第四次会议在北京召开，国务院总理朱镕基在会上所作的《关于国民经济和社会发展第十个五年计划纲要的报告》中，对过去五年的工作进行回顾，他宣布：过去五年，全国各族人民在中国共产党领导下，团结奋斗，开拓创新，各个方面取得了重大成就。国民经济持续快速健康发展，综合国力进一步增强。国内生产总值 2000 年达 8.9404 万亿元，平均每年增长 8.3%。人均国民生产总值比 1980 年翻两番的任务，已经超额完成。在经济持续增长和效益改善的基础上，2000 年国家财政收入达 13380 亿元，平均每年增长 16.5%。主要工农业产品产量位居世界前列，商品短缺状况基本结束。产业结构调整取得积极进展。粮食等主要农产品生产能力明显提高，实现了农产品供给由长期短缺到总量基本平衡、丰年有余的历史性转变。淘汰落后和压缩过剩工业生产能力取得成效，重点企业技术改造不断推进。信息产业等高新技术产业迅速成长。基础设施建设成绩显著，能源、交通、通信和原材料的"瓶颈"制约得到缓解。吸收外资规模增大、质量提高。五年累计实际利用外资 2894 亿美元，比"八五"时期增长 79.6%。国家外汇储备2000 年底达 1656 亿美元，比 1995 年底增加 920 亿美元。人民生活继续改善，总体上达到小康水平。农村居民人均纯收入和城镇居民人均可支配收入，2000 年分别达到 2253 元和 6280 元，平均每年实际增长 4.7% 和 5.7%。农村贫困人口大幅度减少，"八七"扶贫攻坚目标基本实现。

这里使用了"总体"和"基本"两个概念。为什么称"总体上达到小康水平"？因为按照党的十三大"三步走"战略部署，到2000 年，实现国民生产总值比 1980 年翻两番，就是人民生活达到小康水平。1980 年国民生产总值为 7100 亿元，翻两番就是 2.84 万亿元，这在 1995 年就超额完成了；此后在《中华人民共和国国民经济和社会发展"九五"计划和 2010 年远景目标纲要》中明确提出"九五"期间国民经济和社会发展的目标是：到 2000 年，人口控制在 13 亿以内，实现人均国民生产总值比 1980 年翻两番。按照这一指标计算，1980 年中国人均国民生产总值为 463 元，翻一番为 926元，翻两番就是 1852 元，而实际上到 2000 年底，中国人均国民生产总值达到 7858 元，远远越过翻两番的指标。这是从全国经济总量而言的。从个体来看，这时全国还有 3200 万贫困人口没有解决温饱问题。所以，只能是"总体上达到小康水平"。"'八七'扶贫攻坚目标基本实现"也是这个问题，由于还有 3200 万贫困人口没有解决温饱问题，所以只能叫"基本实现"，不是完全实现。

（三）西部大开发

由于还有 3200 万贫困人口没有解决温饱问题，所以，2001 年 6 月，国务院制定颁布《中国农村扶贫开发纲要（2001—2010）》，其目标是尽快解决少数贫困人口温饱问题，进一步改善贫困地区的基本生产生活条件，巩固温饱成果，提高贫困人口的生活质量和综合素质，加强贫困乡村的基础设施建设，改善生态环境，逐步改变贫困地区经济、社会、文化的落后状况，为达到小康水平创造条件。《纲要》提出：扶贫开发的对象是要把贫困地区尚未解决温饱问题的贫困人口作为扶贫开发的首要对象；同时，继续帮助初步解决温饱问题的贫困人口增加收入，进一步改善生产生活条件，巩固扶贫成果。扶贫开发的重点是把贫困人口集中的中西部少数民族地区、革命老区、边疆地区和特困地区作为扶贫开发的重点，并在上述四类地区确定扶贫开发工作重点县。要求以贫困乡、村为单位，加强基本农田、基础设施、环境改造和公共服务设施建设，到 2010 年前，基本解决贫困地区人畜饮水困难，力争做到绝大多数行政村通电、通路、通邮、通电话、通广播电视。做到大多数贫困乡有卫生院、贫困村有卫生室，基本控制贫困地区的主要地方病，确保在贫困地区实现九年义务教育。《纲要》特别规定："密切结合西部大开发，促进贫困地区发展。实施西部大开发要注意与扶贫开发相结合，着力带动贫困地区经济的发展。西部大开发安排的水利、退耕还林、资源开发项目，在同等条件下优先在贫困地区布局。公路建设项目要适当向贫困地区延伸，把贫困地区的县城与国道、省道干线连接起来。西部基础设施建设项目，要尽量使用贫困地区的劳动力，增加贫困人口的现金收入。"[1]

---

[1]《十五大以来重要文献选编》（下），中央文献出版社 2011 年版，第 134—135 页。

实际上，在"八七"扶贫攻坚计划后期就开始筹划西部大开发问题。曾培炎曾回忆说，1995 年江泽民在陕甘考察时即酝酿加快西部开发。最初是从如何解决西部贫困地区人民的温饱和实现小康问题引起的。1995 年陕西、甘肃两省遭受了严重的旱灾。12 月下旬，曾培炎陪同江泽民前往考察。在陕西商洛地区，看到那里的农民群众靠积雨水窖维持全家一年的生计，为了节约用水，有些上了年纪的人很少洗脸，成了半拉"黑人"，江泽民心情很沉重。他反复说，群众贫苦，我们当干部的应该寝食难安啊！目睹西部地区贫困落后的种种现实状况，他在 12 月 25 日听取甘肃省委、省政府的工作汇报后的讲话中说：中央对西部地区发展的大政方针，就是"到下世纪初要开始朝着逐步缩小东西部地区差距的方向前进，到下世纪 50 年代，西部地区同全国其他地区一样，基本实现现代化"。"到了包括西部地区在内的全国各个地区都基本实现现代化，我们这几代人就为祖国为民族立下了不朽的历史之功，我们就无愧于我们的先人，无愧于我们的革命前辈，也无愧于我们的后人。"① 这篇讲话虽然没有使用"西部大开发"的提法，但是在江泽民脑海中促进西部地区加快发展已经成为重大的任务。1999 年 3 月 3 日，江泽民在九届全国人大二次会议和全国政协九届二次会议的党员负责人会上的讲话中，正式提出了"西部大开发"的战略思想。他指出："中央已经明确了加快中西部地区开发的方针，并且把扩大国内需求作为促进经济增长的主要措施，实行积极的财政政策，这对于加快中西部的发展是一个很好的时机。西部地区那么大，占全国国土面积的一半以上，但大部分处于未开发或荒漠化状态。西部地区迟早是要大开发的，不开发，我们怎么实现全国的现代化？中国怎么能成

① 曾培炎：《江泽民同志提出西部大开发战略》，人民网读书频道，2010 年 3 月 11 日。

为经济强国？美国当年如果不开发西部，它能发展到今天这个样子？"从安排全国众多的劳动力，为他们找到力所能及的广阔的就业出路来说，希望也在中西部特别是西部地区的大开发上。""这是我们发展的大战略、大思路。"[①] 6 月 9 日，在中央扶贫开发工作会议上，江泽民进一步阐述了实施西部大开发战略的重大意义。一周后，在西安主持召开的西北地区国有企业改革和发展座谈会上，江泽民重申以上两次会议谈西部大开发的问题，并对西部大开发的重大意义、科学内涵、方针原则进行系列阐述，他说：实施西部大开发战略，"逐步缩小地区之间的发展差距，实现全国经济社会协调发展，最终达到全体人民共同富裕，是社会主义的本质要求，也是关系我国跨世纪发展全局的一个重大问题"。"实施西部大开发，是一项振兴中华的宏伟战略任务。实现了这个宏图大略，其经济、文化、政治、军事、社会的深远意义，是难以估量的……没有西部地区的稳定就没有全国的稳定，没有西部地区的小康就没有全国的小康，没有西部地区的现代化就不能说实现了全国的现代化。"[②] 江泽民指出："我所以用'西部大开发'，就是说，不是小打小闹，而是在过去发展的基础上经过周密规划和精心组织，迈开更大的开发步伐，形成全面推进的新局面。"关于实施西部大开发的方针原则，江泽民指出："我看，总的原则是：把加快西部地区经济社会发展同保持社会政治稳定、加强民族团结结合起来，把西部地区发展同实现全国第三步发展战略目标结合起来，在国家财力稳定增长的前提下，通过转移支付，逐步加大对西部地区的支持力度；在充分调动西部地区自身积极性的基础上，通过政策引导，吸引国内外资金、

① 曾培炎：《江泽民同志提出西部大开发战略》，人民网读书频道，2010 年 3 月 11 日。
②《江泽民文选》第二卷，人民出版社 2006 年版，第 240、344 页。

技术、人才等投入西部开发，有目标、分阶段地推进西部地区人口、资源、环境与经济社会协调发展。"①江泽民对西部大开发的系统论述，推进实施西部大开发战略进入快车道。

1999年9月，在中共十五届四中全会上，实施西部大开发战略写入了《中共中央关于国有企业改革和发展若干重大问题的决定》。2000年10月11日，中共中央在制定国民经济和社会发展"十五"计划的建议中，首次对实施西部大开发，促进地区协调发展作出规划，提出"力争用五到十年时间，使西部地区基础设施和生态环境建设有突破性进展，西部开发有一个良好的开局"。当前的重点任务是:（1）加快基础设施建设，抓好一批交通、水利、通信、电网及城市基础设施等重大工程，实施"西气东输""西电东送"。（2）加强生态建设和环境保护，有计划分步骤地抓好退耕还林还草等生态建设工程，改善西部地区生产条件和生态环境。（3）积极调整产业结构，加强农业，发展特色产业，推进优势资源的合理开发和深度加工，加快培育旅游业，努力形成经济优势。（4）发展科技教育，做好人才培养、使用和引进的工作，实行干部交流，推广高新技术和先进适用技术。（5）依托亚欧大陆桥、长江水道、西南出海通道等交通干线，发挥中心城市作用，以线串点，以点带面，有重点地推进开发。据此，2000年10月26日，国务院发出《关于实施西部大开发若干政策措施的通知》，提出当前和今后一段时期，实施西部大开发的重点任务是：加快基础设施建设；加强生态环境保护和建设；巩固农业基础地位，调整工业结构，发展特色旅游业；发展科技教育和文化卫生事业。力争用五到十年时间，使西部地区基础设施和生态环境建设取得突破性进展，西部开发有一个良好的

①《江泽民文选》第二卷，人民出版社2006年版，第242、345页。

开局。到 21 世纪中叶，要将西部地区建成一个经济繁荣、社会进步、生活安定、民族团结、山川秀美的新西部。《通知》明确西部开发的重点区域政策适用范围，包括重庆市、四川省、贵州省、云南省、西藏自治区、陕西省、甘肃省、宁夏回族自治区、青海省、新疆维吾尔自治区和内蒙古自治区、广西壮族自治区。《通知》对实施西部大开发制定了一系列优惠政策：一是在资金投入上，提出："对国家新安排的西部地区重大基础设施建设项目，其投资主要有中央财政性建设资金、其他专项建设资金、银行贷款和利用外资解决，不留资金缺口。中央将采取多种方式，筹集西部开发的专项资金。"二是优先安排建设项目。提出："水利、交通、能源等基础设施，优势资源开发与利用，有特色的高新技术及军转民技术产业化项目，优先在西北地区布局。"三是加大财政转移支付力度。提出："在农业、社会保障、教育、科技、卫生、计划生育、文化、环保等专项补助资金的分配方面，向西部地区倾斜。中央财政扶贫资金的安排，重点用于西部贫困地区。对国家批准实施的退耕还林还草、天然林保护、防水治沙工程所需的粮食、种苗补助资金及现金补助，主要由中央财政支付。"[1]以此《通知》为标志，西部大开发战略正式开始实施。

此后四年，在党中央、国务院的正确领导下，"各地区、各部门特别是西部地区广大干部群众奋发努力，西部大开发取得重要进展。基础设施建设迈出实质性步伐，生态建设和环境保护明显加强，科技教育加快发展，人才开发力度加大，特色产业发展步伐加快，改革开放取得新的突破，推动了西部地区经济社会发展和精神文明建设。对扩大国内需求，调整经济结构，促进东西互动，保持

---

[1]《十五大以来重要文献选编》（中），中央文献出版社 2011 年版，第 528 页。

国民经济持续快速健康增长，巩固全国改革发展稳定大局，作出了重要贡献"①。具体地说，2000 年至 2005 年，西部地区生产总值年均增长 10.6%，地方财政收入年均增长 15.7%。累计新开工 70 个重大建设工程，投资总规模约 1 万亿元。新增公路通车里程 22 万千米（其中高速公路 6853 千米），新增铁路营运里程近 5000 千米，新增电力装机 4552 万千瓦，新增民航运输机场 10 个，青藏铁路、西电东送和西气东输等重大建设工程相继建成。宁夏沙坡头、广西百色、四川紫坪铺等水利枢纽工程开工建设，塔里木河、黑河等专项治理工程进展顺利。西部地区累计治理水土流失 1600 万公顷，实施生态自然修复面积 2800 万公顷，累计完成退耕还林 526 万公顷，荒山荒地造林 765 万公顷，退牧还草 1933 万公顷，易地扶贫搬迁 120 万人。油路到县、送电到乡、广播电视到村、村村通电话、农村能源、人畜饮水、节水灌溉等基础设施建设取得明显成效。

西部大开发短短四年，成绩斐然，问题和矛盾也不少。比如，基础设施落后，生态环境局部有所改善、总体恶化的趋势尚未扭转，水资源短缺矛盾突出，教育、卫生等社会事业严重滞后，人才不足、人才流失严重等，这些问题是制约西部地区发展的薄弱环节。为解决这些问题，2004 年 3 月，国务院制定出台《关于进一步推进西部大开发的若干意见》，提出了扎实推进生态建设和环境保护、加强基础设施重点工程建设、加强农业和农村基础设施建设、调整产业结构和发展特色优势产业、推进重点地带开发、加强科技教育卫生文化等社会事业、深化经济体制改革、为西部大开发提供资金保障、加强西部地区人才队伍建设、加快法制建设步伐 10 个方面的工作任务。

---

①《十六大以来重要文献选编》（上），中央文献出版社 2011 年版，第 878 页。

2007 年 3 月，国务院批准实施《西部大开发"十一五"规划》。《规划》提出 2006—2010 年西部大开发总的目标是实现人均地区生产总值比 2000 年翻一番以上。城乡居民人均收入水平与全国差距扩大的趋势得到遏制，城镇居民人均可支配收入和农村居民人均纯收入年均增长 6% 以上，基本解决贫困人口温饱和低收入人口稳定增收问题。新增公路通车里程 20 万千米，建设农村通乡沥青（水泥）路 11 万千米；铁路路网总规模达到 35000 千米；重点大中型机场的扩建、迁建和一批支线机场建设任务基本完成；新增农村水电装机 1100 万千瓦。生态环境总体恶化趋势基本遏制。水土流失面积占国土面积的比例下降 2%，治理"三化"草原 1.1 亿公顷，国家生态保护和修复重点工程区森林覆盖率提高 2 个百分点以上，主要污染物排放总量减少 10% 左右，单位国内生产总值能耗降低 20% 左右。

具体地说，在推进新农村建设方面，实施十大工程：（1）基本口粮田建设工程——重点在退耕还林地区改造和建设基本口粮田 1500 万亩。（2）商品粮基地建设工程——重点建设四川成都平原、陕西关中地区、宁夏沿黄地区、内蒙古河套地区、甘肃河西走廊，以及广西北部和东南部、重庆西部、云南东中部、贵州中部和东北部坝地、西藏一江两河中游河谷地、新疆北部、新疆生产建设兵团垦区等区域性商品粮基地。（3）特色优势农产品生产基地建设——重点建设优质棉、糖料、油菜、烟叶、优质水果、花卉、蚕茧、茶叶、优质马铃薯、畜产品、中（民族）草药材、天然橡胶等生产基地。（4）节水示范工程。（5）农村饮水安全工程——解决农村居民饮用高氟水、高砷水、苦咸水、污染水和血吸虫疫病区、微生物超标等水质不达标以及部分严重缺水地区的饮水安全和困难问题。（6）

农村公路建设工程——建设通乡（镇）沥青（水泥）路11万千米。
（7）农村能源工程——加快发展农村沼气，推进小水电代燃料工程
建设。利用电网延伸、风力发电、小水电和微水电、太阳能光伏发
电等，基本解决无电人口用电问题。（8）易地扶贫搬迁（生态移民）
工程——对基本失去生存条件地区的农牧民，国家优先安排资金，
进行易地扶贫搬迁。（9）农业科技示范工程——支持重点建设一批
农业科技示范基地和科技园区。（10）农民创业促进和农村劳动力
转移就业工程——加强农民创业技能培训和农村实用人才培训，引
导和支持农民创办企业。在发展特色优势产业方面，重点建设六大
基地：在陕西、宁夏、内蒙古、贵州、云南、新疆、甘肃等地建设
煤炭生产及煤电一体化基地；在金沙江、雅砻江、澜沧江、黄河上
游、红水河、乌江等地建设大型水电基地；在新疆、川渝、陕甘宁、
青海、内蒙古、广西沿海建设大型石油、天然气开采及加工基地；
在陕西、内蒙古、宁夏、贵州等地建设煤化工基地；利用新疆、内
蒙古、宁夏、甘肃、新疆生产建设兵团、西藏的风能、太阳能，广
西、云南、四川、重庆、贵州的生物质能，西藏的地热发电等建设
可再生能源基地；在甘肃建设国家石油储备基地。在发展高技术产
业方面，重点发展集成电路、软件、网络通信设备、新型电子元器
件、数字音频视频产品等信息产业，生物医药、生物能源产业，有
色金属和稀土等高性能材料产业，现代农业，航空航天产业，新能
源产业。

　　这个《规划》是统筹指导西部大开发的重要纲领性文件，是
政府正确履行职能，引导市场主体行为，推动落实西部地区重点发
展任务及重大项目的主要依据。对于引导西部地区加快步入科学发
展、和谐发展轨道，实现西部地区又好又快发展都具有重大意义。

到 2010 年，我国实施西部大开发整整 10 年。10 年来，在中央正确领导和全国人民大力支持下，西部大开发取得巨大成就，青藏铁路、西气东输、西电东送等标志性工程相继完成，基础设施建设取得突破性进展，退耕还林、退牧还草等一批重点生态工程全面实施，生态建设和环境保护取得显著成效，特色优势产业快速发展，综合经济实力大幅提升。2000—2008 年，西部地区生产总值从 16655 亿元增加到 58257 亿元，年均增长 11.7%。工业增加值由 5946 亿元增加到 24000 亿元左右。全社会固定资产投资由 6111 亿元增加到 35839 亿元，年均增长 22.9%。社会消费品零售总额由 5954 亿元增加到 19239 亿元，年均增长 14.9%。进出口贸易总额由 172 亿美元增加到 1068 亿美元，年均增长 25.6%。累计新开工重点工程 102 项，投资总规模达 1.7 万亿元，同时还建成了 133 个大型灌区续建配套与节水改造项目，新增、恢复灌溉面积 890 多万亩，新增节水能力 60 多亿立方米。累计营造林 4.03 亿亩，其中退耕造林 1.39 亿亩，退牧还草工程累计安排草原围栏建设任务 5.97 亿亩，青海三江源自然保护区生态恶化土地治理面积 222 万亩。西部人均地区生产总值由 4624 元增加到 16000 元，中央财政安排扶贫资金 598.1 亿元，西部地区农村贫困人口减少了 3000 多万人，375 个国家扶贫开发工作重点县农民人均纯收入从 2001 年的 1197.6 元增加到 2008 年的 2482.4 元。西部人还享受到了越来越多的公共服务。2000—2008 年间，西部地区建成乡镇卫生院 16440 个，村卫生室近 18 万个，新型农村合作医疗参合率达到 85%，累计救助困难群众 5696 万人次。累计扫除文盲 600 多万人，普通高校数量从 1999 年的 251 所增加到 2007 年的 467 所，在校学生数增加 3.6 倍。博物馆增加了 179 个，综合文化站增加了 1421 个。

第八章 科学发展

向更高水平的小康社会迈进

中国的小康社会建设呈现一个鲜明的特点：前 20 年（即 1980—2000 年）保持国民经济快速增长，实施扶贫开发战略，全力实现邓小平提出的小康目标；后 20 年（即 2001—2020 年）在已经实现的初步小康的基础上不断巩固已有成果，为更加全面、更高质量的小康社会不懈奋斗。这一特点是由中国的基本国情——人口多、底子薄、发展不平衡的情况决定的，是中国共产党人不断深化对执政规律、社会主义建设规律、人类社会发展规律，特别是对小康社会的理论和实践不断深化认识的基础上形成的。中国的国情特点不仅是邓小平提出"两个大局"战略思想的认识依据，也是中国共产党不断总结经验，形成科学的、全面的、协调的发展理念的实践基础，国家多次调整小康社会指标和完成时限，从人均 1000 美元到人均 10000 美元，从小康之家、小康生活、小康水平到全面建设小康社会，从 20 世纪末达到小康水平到 2020 年全面建成小康社会等，都是在这个过程中取得的成果。

一、全面建设小康社会的提出

全面建设小康社会是中共十六大的主题，其完整表述是："高举邓小平理论伟大旗帜，全面贯彻'三个代表'重要思想，继往开来，与时俱进，全面建设小康社会，加快推进社会主义现代化，为开创中国特色社会主义事业新局面而奋斗。"[①] 它是由十六大报告起草组提出、得到江泽民赞同和阐发写进十六大报告的，得到中国共产党第十六届全国代表大会确认。在以胡锦涛同志为总书记的党中央经过十六届、十七届中央委员会的不懈努力得到了重大推进。

中共十五大对中国到 2010 年、建党 100 年（即 2020 年）、中华人民共和国成立 100 年（2050 年）这三段时期改革和发展的任务做出了战略安排，被称为"小三步走"，即："展望下世纪，我们的目标是，第一个十年实现国民生产总值比 2000 年翻一番，使人民的小康生活更加宽裕，形成比较完善的社会主义市场经济体制；再经过十年的努力，到建党一百年时，使国民经济更加发展，各项制度更加完善；到世纪中叶建国一百年时，基本实现现代化，建成富强民主文明的社会主义国家。"[②] 这是中国共产党第一次提出"两个一百年"奋斗目标。提出"两个一百年"奋斗目标，是基于对 20 世纪以来百年沧桑特别是经历辛亥革命、中华人民共和国成立和社会主义制度的建立、改革开放这三次历史性巨大变化得出的结论："只有中国共产党才能领导中国人民取得民族独立、人民解放和社会主义的胜利，才能开创建设有中国特色社会主义的道路，实现民族振

兴、国家富强和人民幸福。"这是基于对改革开放以来中国共产党人把握历史机遇，加快发展取得辉煌成就历史经验的深刻总结。

十五大报告明确指出，在新世纪即将到来的时刻，我们面临着前所未有的有利条件和大好机遇："第一，和平与发展已成为当今时代的主题，世界格局正在走向多极化，争取较长时期的国际和平环境是可能的。世界范围内科技革命突飞猛进，经济继续增长。这为我们提供了有利的外部条件。第二，建国后特别是近二十年来我国已经形成可观的综合国力，改革开放为现代化建设创造了良好的体制条件，开辟了广阔的市场需求和资金来源，亿万人民新的创造活力进一步发挥出来。第三，更重要的是，我们党确立起已被实践证明是正确的建设有中国特色社会主义的基本理论和基本路线。这些都是今天拥有而过去不曾或不完全具备的条件。"[1]为了抓住难得的历史机遇，加快发展，在实现"三步走"战略的第二步之后，为第三步的实施开好头、起好步，中共十五大在改革开放第一个 20 年取得丰硕成果的基础上，提出了新世纪的第一个 10 年、第二个 10 年合起来又是一个"20 年"的奋斗目标，即第一个百年——中国共产党成立 100 年；由中国共产党成立 100 年延伸到中华人民共和国成立 100 年，即第二个百年——正好是 21 世纪中叶实现现代化之时。

此后五年，中国改革开放和经济社会发展取得举世公认的伟大成就。一是经济持续快速增长。国内生产总值从 1997 年的 7.4 万亿元增加到 2002 年的 10.2 万亿元，年均增长 7.7%。财政收入从 1997年 8651 亿元增加到 2002 年 18914 亿元，年均增加 2053 亿元；国家外汇储备从 1399 亿美元增加到 2864 亿美元。二是基础设施建设成就显著。五年全国水利建设投资 3562 亿元，相当于 1950 年到 1997

①《十五大以来重要文献选编》（上），中央文献出版社 2011 年版，第 3—4 页。

年全部水利建设投资的总和。完成了长达 3500 多千米的长江干堤和近千米的黄河堤防加固工程。举世瞩目的长江三峡水利枢纽二期工程即将完成。交通建设空前发展，现代综合运输体系初步形成。五年全国公路建设投资 12343 亿元，是 1950 年至 1997 年全部公路建设投资总和的 1.7 倍，高速公路建成通车 25200 千米，从居世界第 39 位跃升到第二位。固定电话和移动电话用户由 8354 万户增加到 4.21 亿户，居世界首位。三是人民生活水平显著改善。城镇居民家庭人均可支配收入由 1997 年的 5160 元增加到 2002 年的 7703 元，平均每年实际增长 8.6%，农村居民家庭人均纯收入由 2090 元增加到 2476 元，平均每年实际增长 3.8%。城乡居民人民币储蓄存款余额由 46000 亿元增加到 87000 亿元。农村贫困人口由 4960 万人减少到 2820 万人。

十五大后五年的改革发展成就，鼓舞了中国共产党人进一步抓住机遇，推进发展。2000 年 10 月 9 日至 11 日，中共十五届五中全会明确提出："从新世纪开始，我国将进入全面建设小康社会，加快推进现代化的新的发展阶段。"[1] 这是一个重大判断。江泽民在全会上的讲话中，虽然没有使用"全面建设小康社会"的概念，但却表达了这样的意思："综合分析国际国内条件，我们完全有条件保持一个较快的发展速度。我们必须坚持扩大内需的方针，用发展的办法解决前进中的问题，及时采取有效的宏观调控，努力使我国经济保持实实在在、没有水分、可持续的发展，使经济、社会、生态环境全面发展。发展必须是物质文明和精神文明的协调发展。"[2] 这段话

---

[1]《中国共产党第十五届中央委员会第五次全体会议公报》，《人民日报》2000 年 10 月 12 日。
[2]《十五大以来重要文献选编》（中），中央文献出版社 2011 年版，第 513—514 页。

告诉我们，不管是经济发展还是小康社会建设都要全面、协调、可持续，要"两个文明"一起抓。进入 2002 年，筹备十六大列入中央政治局的重要议程。将要召开的十六大必须对十五大提出的 2010年、2020 年、2050 年这三个阶段的目标进一步完善和细化。这时十六大报告起草组建议，"从现在起到本世纪中叶基本实现现代化这 50 年，时间跨度比较大，能否划出一段时间，提出一个鲜明的阶段性目标"[①]。这个问题的提出与当年邓小平设计小康社会的思路是一致的，1979 年 10 月 4 日，邓小平在各省、市、自治区第一书记座谈会上说："四个现代化，后来叫中国式的现代化，就是把标准放低一点。四个现代化这个目标，讲空话是达不到的。"[②] 为了使四个现代化的目标能够实现，邓小平提出了小康社会的目标，实际上就是在现代化前面划出一个阶段建设小康社会，以小康社会这样近一点的目标推动现代化的实现。进入新世纪，同样的问题出现了：到 21 世纪中叶还有 50 年时间，从中国共产党的历史发展来看，新民主主义革命时期用了 28 年，社会主义革命和建设时期用了 29 年。鉴于每个时期大体需要 20—30 年，邓小平在设计小康社会时按照20 年计算，十五大报告也是按照新世纪"两个 10 年"即 20 年来安排的，因此，十六大报告起草组就建议划出新世纪头 20 年为一个阶段，安排一个新的奋斗目标，为实现现代化奠定基础，后 30 年实现现代化。那么，新世纪头 20 年提出什么奋斗目标呢？邓小平当年提出的小康社会奋斗目标再一次进入党中央的视线。

　　为什么仍然聚焦在小康社会上呢？这是因为这一时期党和国家对建设小康社会的认识不断深化。首先，对什么是小康社会取得

---

① 《江泽民文选》第三卷，人民出版社 2006 年版，第 414 页。
② 《邓小平思想年编（1975—1997）》，中央文献出版社 2011 年版，第 263 页。

了一些新认识。邓小平讲的小康社会既不同于中国历史上的"小康之家"——维持中等生活的家庭，也不同于国际上的中等发达国家，而是人均1000美元，比第三世界国家稍高一点的经济社会状态。对这样一个标准，中国共产党人坚持双向发力：一方面，推动整个国家经济发展，实现国民生产总值到2000年翻两番，总体上达到小康水平；另一方面，保住小康社会的底线，使贫困人口脱贫。尽管1987年党的十三大已经宣布"解决人民的温饱问题。这个任务已经基本实现"①，但1993年盘点扶贫工作的成效时发现还有8000万贫困人口尚未解决温饱的问题后，党和国家果断制定出台《八七扶贫攻坚计划》，下决心用7年的时间解决这8000万人口的温饱问题。2000年，当国民生产总值达到89404亿元，超额完成了比1980年的7100亿元翻两番，人均达到7858元后，我们党认识到，已经实现的小康没有达到国际上公认的标准，"现在达到的小康还是低水平的、不全面的、发展很不平衡的小康"②，进一步提高小康社会的标准形成共识。

其次，对贫困人口实现小康的艰巨性认识不断加深。我国是社会主义国家，社会主义优越性的本质就是共同富裕，贫穷不是社会主义。一部分人富起来一部分人长期贫困，也不是社会主义。共同富裕就是所有人都能过上小康生活。实现小康目标，不仅要看全国的人均收入，还要看是否基本消除了贫困现象。这就必须促进各个地区经济的协调发展。如果不能基本消除贫困现象，进一步拉大地区发展的差距，就会影响全国小康目标的实现，影响整个社会主义现代化建设的进程。江泽民指出：剩下的贫困人口，人均纯收入

---

① 《十三大以来重要文献选编》（上），中央文献出版社2011年版，第14页。
② 《十六大以来重要文献选编》（上），中央文献出版社2011年版，第14页。

全部在温饱线以下，其中有一少部分处于极端贫困状态。这些贫困人口，主要集中在深山区、石山区、荒漠区、高寒山区、黄土高原区、地方病高发区和水库移民区，地域偏远，交通闭塞，生态环境恶化，经济发展缓慢。解决这部分人的脱贫问题，是扶贫工作中难啃的硬骨头。此外，全国农村还有2000多万人刚刚解决温饱问题，收入低而不稳，巩固温饱的任务也很艰巨。党中央认为，今后五年扶贫任务不管多么艰巨，时间多么紧迫，也要下决心打赢这场攻坚战，啃下这块硬骨头。

再次，实事求是地认识社会主义制度下出现的贫困人口。这就是：我国正处于并将长期处于社会主义初级阶段。人口多，底子薄，资源相对不足。这个基本国情决定了中国由贫困人口占很大比重、人民生活水平比较低，逐步转变为全体人民比较富裕，实现社会主义现代化，必然要经历一个相当长的历史过程。在这个过程中，由于历史和地理的因素，决定了东、中、西部之间和南北地区之间在一定历史时期的发展不平衡，出现贫困人口、贫富差距是不可避免的。社会主义制度的优越性就是要消灭这种不平衡，实现共同富裕。但这要有一个较长期的奋斗过程，而从根本上改变贫困地区社会经济的落后状况，缩小地区差距，更是一个长期的历史性任务。我们必须牢固树立扶贫开发长期作战的思想。为了使那些必须享受国家救济才能维持温饱生活水平与通过扶贫开发能够走上小康之路的贫困人口区别开来，党中央提出：所谓打赢攻坚战，就是说，除了少数丧失劳动能力的残疾人、鳏寡孤独等需要民政救济的贫困人口，以及不可抗拒的自然灾害造成的贫困人口，基本上都要解决温饱问题。

对小康社会现状、目标、前景的上述判断，促使党中央下决心以更高的标准继续推进小康社会建设，以此推动现代化建设第三步的落实。江泽民在认真考虑之后，同意了起草组提出的新世纪前20年以全面建设小康社会为奋斗目标的建议。他认为这样做的好处是：第一，明确提出全面建设小康社会的目标，符合邓小平关于实现现代化的战略思想。江泽民指出："邓小平同志关于小康的论述，就提法上说，有小康状态、小康社会、小康国家等。他的重要思想是，建设小康社会，是我们实现现代化的一个重要发展阶段。邓小平同志对实现'三步走'战略的前两步目标作了明确的规划，提出翻两番分成前10年和后10年，前10年主要是为后10年的更快发展做准备。现在，第一步和第二步战略目标实现了，如何实现第三步战略目标，需要我们根据新的情况加以确定。明确提出全面建设小康社会的阶段性目标，既同邓小平同志的战略构想相衔接，也根据新的实际体现了邓小平同志关于分阶段实现现代化的重要思想。"第二，明确提出全面建设小康社会的目标，与党的十五大对新世纪的展望、党的十五届五中全会提出的我国进入新的发展阶段的要求相一致。江泽民认为："基于中央对进入新世纪国际国内形势的基本判断和对我国现代化建设的战略部署，党的十六大进一步提出全面建设小康社会的目标并加以具体化，是我们党和国家的事业不断向前发展的必然要求。"第三，明确提出全面建设小康社会的目标，符合党心民心。江泽民指出："小康社会这个概念，具有中国特色，可以赋予丰富的内涵，易于为广大群众理解，有利于动员全国各族人民，包括港澳同胞、台湾同胞和海外侨胞，共同为中华民族的发展壮大贡献力量。提出全面建设小康社会，也同邓小平同志关于集中力量把自己的事情办好的战略思想相一致。"第四，明确提出全面建设小康社会的目标，符合我国国情和现代化建设的实际，同我们实现社会全面发展和共同富裕的目标也是吻合的。江泽民指出："我国人民生活总体上达到小康水平，这是中华民族发展史上一座新的里程碑。同时，也要看到，我国人均国内生产总值还比较低，同世界发达国家相比差距还很大，甚至同一些富裕的发展中国家相比也有较大差距。我们现在的小康，总的来说，还是低水平的、不全面的、发展很不平衡的小康。我国地域辽阔，发展很不平衡，中西部欠发达地区特别是贫困地区同东部沿海发达地区的发展差距还很大。即使在东部沿海省份，大城市和山区、农村之间，发展水平也还有不小差距。从全国来说，全面建设小康社会，使全体人民都过上比较宽裕的小康生活，仍需要长期艰苦努力。全面建设小康社会，就是要进一步巩固和发展我国初步建成的小康社会，使全体人民都能够更加充分、更加稳定地享受小康生活。全面建设小康社会，是一个经济、政治、文化全面发展的目标，与我们加快推进工业化和经济的社会化、市场化、信息化是统一的。全面建设小康社会，是就全国发展水平而言的，有条件的地方可以发展得快一些，率先基本实现现代化。从全国来看，实现全面建设小康社会的目标，时间大体定为 20 年是适当的。"最后，江泽民总结说："我们党在革命、建设、改革的各个历史时期，都根据人民的意愿和党的事业的发展，提出明确的具有感召力的目标，并团结和带领广大人民为之奋斗。这是我们党一个十分重要的政治领导艺术。党的十六大明确提出全面建设小康社会的目标，并在科学论证的基础上加以阐述，对凝聚人心、鼓舞斗志，加快推进我国的现代化建设，具有十分重大的意义。"[1] 就这样，全面建设小康社会写进十六大报告，并成为大会的主题。对于为什么"全面建设小康社会"会成为

---

[1]《江泽民文选》第三卷，人民出版社 2006 年版，第 414–416 页。

十六大的主题，胡锦涛曾做过一个解释，他说："党的十六大报告开宗明义提出，大会的主题是：高举邓小平理论伟大旗帜，全面贯彻'三个代表'重要思想，继往开来，与时俱进，全面建设小康社会，加快推进社会主义现代化，为开创中国特色社会主义事业新局面而奋斗。这是针对党和国家事业发展进入新世纪新阶段的情况提出来的，也是针对我们党确定了全面建设小康社会奋斗目标提出来的。"[①]

全面建设小康社会是一个什么样的小康社会呢？它与小康社会区别在哪里呢？十六大报告对 2000 年已经总体实现的小康社会做了如下概括："我国正处于并将长期处于社会主义初级阶段，现在达到的小康还是低水平的、不全面的、发展很不平衡的小康，人民日益增长的物质文化需要同落后的社会生产之间的矛盾仍然是我国社会的主要矛盾。我国生产力和科技、教育还比较落后，实现工业化和现代化还有很长的路要走；城乡二元经济结构还没有改变，地区差距扩大的趋势尚未扭转，贫困人口还为数不少；人口总量继续增加，老龄人口比重上升，就业和社会保障压力增大；生态环境、自然资源和经济社会发展的矛盾日益突出；我们仍然面临发达国家在经济科技等方面占优势的压力；经济体制和其他方面的管理体制还不完善；民主法制建设和思想道德建设等方面还存在一些不容忽视的问题。巩固和提高目前达到的小康水平，还需要进行长时期的艰苦奋斗。"[②]

为了解决已经实现的"低水平的、不全面的、发展很不平衡的小康"存在的问题，所以提出全面建设小康社会，这个全面的小康

---

①《胡锦涛文选》第二卷，人民出版社 2016 年版，第 576—577 页。
②《十六大以来重要文献选编》（上），中央文献出版社 2011 年版，第 14 页。

社会在十六大报告中被表述为"全面建设惠及十几亿人口的更高水平的小康社会",这个更高水平的小康社会有六个特征,即经济更加发展、民主更加健全、科教更加进步、文化更加繁荣、社会更加和谐、人民生活更加殷实。所谓"经济更加发展",就是"国内生产总值到 2020 年力争比 2000 年翻两番,综合国力和国际竞争力明显增强。基本实现工业化,建成完善的社会主义市场经济体制和更具活力、更加开放的经济体系。城镇人口的比重较大幅度提高,工农差别、城乡差别和地区差别扩大的趋势逐步扭转"。所谓"民主更加健全",就是"社会主义民主更加完善,社会主义法制更加完备,依法治国基本方略得到全面落实,人民的政治、经济和文化权益得到切实尊重和保障。基层民主更加健全,社会秩序良好,人民安居乐业"。所谓"科教更加进步、文化更加繁荣",就是"全民族的思想道德素质、科学文化素质和健康素质明显提高,形成比较完善的现代国民教育体系、科技和文化创新体系、全民健身和医疗卫生体系。人民享有接受良好教育的机会,基本普及高中阶段教育,消除文盲。形成全民学习、终身学习的学习型社会,促进人的全面发展"。所谓"社会更加和谐",就是"可持续发展能力不断增强,生态环境得到改善,资源利用效率显著提高,促进人与自然的和谐,推动整个社会走上生产发展、生活富裕、生态良好的文明发展道路"。所谓"人民生活更加殷实",就是"社会保障体系比较健全,社会就业比较充分,家庭财产普遍增加,人民过上更加富足的生活"[1]。总之,全面建设小康社会的目标,就是中国特色社会主义经济、政治、文化、社会、生态全面发展的目标,就是加快推进社会主义现代化的目标。

[1]《十六大以来重要文献选编》(上),中央文献出版社 2011 年版,第 15 页。

二、以人为本，全面、协调、可持续地推进全面建设小康社会

2003 年初，广东、北京等地发生非典型肺炎疫情，波及全国许多地方，造成 5000 多人被感染，300 多人死亡。面对"非典"疫情，党中央、国务院高度重视，胡锦涛总书记多次做出重要指示、批示，强调："要夺取同疫病斗争的胜利，从根本上说，必须在党和政府领导下，充分依靠和发动群众，广泛动员社会各方面力量，统筹利用各方面资源，群策群力，团结奋斗；最关键的是，要依靠科学力量，充分发挥科学技术的重要作用，进一步认清病原，努力探索防治规律，有效治疗、预防、控制疫病，战胜非典型肺炎疫情。"[①]由于党中央果断决策，地方各级党委和政府认真负责、靠前指挥，社会各界团结一致、齐心协力，特别是充分发挥科学技术的力量，形成了万众一心、众志成城、科学防治的强大合力，终于战胜病魔，夺取了抗击"非典"的胜利。

突如其来的"非典"疫情，给一些地区和行业的发展带来了不利影响，尤其是旅游、民航、客运、餐饮业和中小企业受到严重冲击，但却促使我们深入思考经济社会的协调发展、统筹城乡发展、加强公共卫生建设、社会管理体制建设与创新等问题。"非典"暴露出来的直接问题是"我国的经济发展和社会发展、城市发展和农村发展还不够协调；公共卫生事业发展滞后，公共卫生体系存在缺陷；突发事件应急机制不健全，处理和管理危机能力不强；一些地方和部门缺乏应对突发事件的准备和能力，极少数党员、干部作风

---

①《胡锦涛文选》第二卷，人民出版社 2016 年版，第 23—24 页。

不实，在紧急情况下工作不力、举措失当"①。也就是说，我们的发展是不全面、不协调、不可持续的。这是"非典"给我们的直接启发。胡锦涛提醒全党"高度重视存在的问题，采取切实措施加以解决，真正使这次防治'非典'斗争成为我们改进工作、更好地推动事业发展的一个重要契机"。

2003年4月15日，在"非典"疫情最严峻的时刻，胡锦涛到广东考察。在听取广东省委、省政府汇报后，胡锦涛指出，在新世纪新阶段，包括广东在内的东部地区正处在一个新的发展起点上，面临着新机遇、新挑战、新任务。我们要认清形势，进一步增强加快发展、率先发展、协调发展的历史责任感和使命感。要"坚持全面的发展观，通过促进三个文明协调发展不断增创新优势。要在全面建设小康社会、率先基本实现社会主义现代化的进程中，努力在社会主义物质文明、政治文明、精神文明建设方面都交出优异的答卷"②。这是"发展观"一词第一次出现在党的主要领导人的讲话中。

2003年7月28日，全国防治"非典"工作会议在北京召开，胡锦涛出席会议并发表重要讲话。他在讲话中回顾我国抗击"非典"斗争的艰苦历程，从八个方面对抗击"非典"斗争积累的经验、获得的启示进行了总结。他说：坚决战胜"非典"疫情，是对我们党和政府应对突发事件、驾驭复杂局面能力的一次严峻考验。这场斗争的胜利，进一步显示了我国社会主义制度的巨大优越性，更加坚定了全国各族人民走中国特色社会主义道路的信心；极大地提高了我国人民战胜困难的勇气和能力，增强了中华民族的

①《胡锦涛文选》第二卷，人民出版社2016年版，第65页。
②《胡锦涛在广东考察工作时强调　紧紧扭住经济建设中心 坚定不移实现发展目标》，
　新华社2003年4月16日电。

凝聚力；极大地增强了世界各国对中国发展前景的信心，扩大了我国在国际上的影响。这再一次充分说明，有中国共产党的坚强领导，有邓小平理论和"三个代表"重要思想的正确指引，有全党全国人民的团结奋斗，我们就没有克服不了的困难，就没有战胜不了的风险。在谈到"进一步加强经济社会协调发展工作时"，胡锦涛指出："促进经济社会协调发展，是建设中国特色社会主义的必然要求，也是全面建设小康社会的必然要求。我们讲发展是执政兴国的第一要务，这里的发展绝不只是指经济增长，而是要坚持以经济建设为中心，在经济发展的基础上实现社会全面发展。我们要更好坚持全面发展、协调发展、可持续发展的发展观，更加自觉地坚持推动社会主义物质文明、政治文明、精神文明协调发展，坚持在经济社会发展的基础上促进人的全面发展，坚持促进人与自然的和谐。在促进发展的进程中，我们不仅要关注经济指标，而且要关注人文指标、资源指标、环境指标；不仅要增加促进经济增长的投入，而且要增加促进社会发展的投入，增加保护资源和环境的投入。"[1] 这是胡锦涛在提出"发展观"概念的基础上，第一次提出科学的发展观，并将它的内涵概括为"全面发展、协调发展、可持续发展"和"坚持促进人与自然的和谐"的发展观。这段话也是对全面建设小康社会提出的新要求，就是说，全面建设小康社会，既要确保实现人均 GDP2020 年比 2000 年翻两番，也要重视在政治、文化、社会、生态等方面目标的实现。就在这次会议的讲话中，胡锦涛再次把科学的发展观与全面建设小康社会联系起来。他引用江泽民关于"没有农民的小康就没有全国人民的小康，没有农村的现代化就没有全国的现代化"的论述，指出："实现全面建设小康社会宏伟目标，最

---

①《胡锦涛文选》第二卷，人民出版社 2016 年版，第 67 页。

繁重最艰巨的任务在农村。今年 1 月召开的中央农村工作会议提出，必须坚持统筹经济社会发展，更多关注农村，关心农民，支持农业，把解决好农业、农村、农民问题作为全党工作的重中之重，放在更加突出的位置，自觉把全面建设小康社会的工作重点放在农村。各级党委和政府要进一步认识中央做出这一决策的重大意义，切实抓好落实。""要继续加强扶贫开发工作，提高扶贫开发成效，加快贫困地区脱贫步伐。"①

2003 年 10 月 14 日，中共十六届三中全会在北京召开，胡锦涛在会议上的讲话中第一次完整地提出了科学发展观的概念，指出："树立和落实全面发展、协调发展和可持续发展的科学发展观，对于我们更好地坚持发展才是硬道理的战略思想具有重大意义。"② 在这次讲话中，胡锦涛回顾科学发展观的形成过程，指出："树立和落实科学发展观，这是 20 多年来我国改革开放实践的经验总结，是战胜非典给我们的重要启示，也是推进全面建设小康社会的迫切要求。"③

那么，怎样理解科学发展观与全面建设小康社会的关系呢？胡锦涛指出："实现全面建设小康社会的宏伟目标，就是要使经济更加发展、民主更加健全、科教更加进步、文化更加繁荣、社会更加和谐、人民生活更加殷实。要全面实现这个目标，必须促进社会主义物质文明、政治文明和精神文明协调发展，坚持在经济发展的基础上促进社会全面进步和人的全面发展，坚持在开发利用自然中实现人与自然的和谐相处，实现经济社会的可持续发展。这样的发展

---

① 《胡锦涛文选》第二卷，人民出版社 2016 年版，第 68 页。
② 《十六大以来重要文献选编》（上），中央文献出版社 2011 年版，第 483 页。
③ 同上书，第 483 页。

观符合社会发展的客观规律……树立和落实科学发展观，十分重要的一环就是要正确处理增长的数量和质量、速度和效益的关系。增长是发展的基础，没有经济的数量增长，没有物质财富的积累，就谈不上发展。但增长并不简单地等同于发展，如果单纯扩大数量，单纯追求速度，而不重视质量和效益，不重视经济、政治和文化的协调发展，不重视人与自然的和谐，就会出现增长失调，从而最终制约发展的局面。忽视社会主义民主法制建设，忽视社会主义精神文明建设，忽视各项社会事业的发展，忽视资源环境保护，经济建设是难以搞上去的，即使一时搞上去了最终也可能要付出沉重的代价。"[①]

十六届三中全会通过的《中共中央关于完善社会主义市场经济体制若干问题的决定》，正式把科学发展观写进文件，表述为"坚持以人为本，树立全面、协调、可持续发展的发展观"，这是科学发展观提出后第一次最完整、准确的表述。

2004年2月，中央举办省部级主要领导干部"树立和落实科学发展观"专题研究班。国务院总理温家宝在结业式上以《提高认识，统一思想，树立和落实科学发展观》的讲话特别强调："科学发展观是全面建设小康社会和实现现代化的根本指针。……从我国进入经济社会发展新阶段面临的矛盾和国际发展经验来看，树立科学发展观至关重要。多年来，我国在经济快速发展的同时，也积累了不少矛盾和问题，主要是城乡差距、地区差距、居民收入差距持续扩大，就业和社会保障压力增加，教育、卫生、文化等社会事业发展滞后，人口增长、经济发展同生态环境、自然资源的矛盾加剧，经济增长方式落后，经济整体素质不高和竞争力不强等。这些问题

---

① 《十六大以来重要文献选编》（上），中央文献出版社2011年版，第483—484页。

必须高度重视而不可回避，必须逐步解决而不可任其发展。……正反两个方面的经验教训告诉我们，在这个重要阶段，一定要处理好经济发展与社会发展的关系，处理好城乡发展、地区发展的关系，处理好不同利益群体的关系，处理好经济增长同资源、环境的关系，处理好改革发展稳定的关系，处理好物质文明建设同政治文明建设、精神文明建设的关系，还要处理好国内发展与对外开放的关系。科学发展观为我们解决前进道路上面临的矛盾和问题，顺利推进全面建设小康社会和整个现代化事业，提供了正确的指导思想和根本指针。"[①]

2004 年 3 月 10 日，中央人口资源环境工作座谈会在北京召开。胡锦涛在会议的讲话中，进一步阐发了科学发展观的深刻内涵和基本要求。他指出："坚持以人为本，就是要以实现人的全面发展为目标，从人民群众的根本利益出发谋发展、促发展，不断满足人民群众日益增长的物质文化需要，切实保障人民群众的经济、政治和文化权益，让发展的成果惠及全体人民。全面发展，就是要以经济建设为中心，全面推进经济、政治、文化建设，实现经济发展和社会全面进步。协调发展，就是要统筹城乡发展、统筹区域发展、统筹经济社会发展、统筹人与自然和谐发展、统筹国内发展和对外开放，推进生产力和生产关系、经济基础和上层建筑相协调，推进经济、政治、文化建设的各个环节、各个方面相协调。可持续发展，就是要促进人与自然的和谐，实现经济发展和人口、资源、环境相协调，坚持走生产发展、生活富裕、生态良好的文明发展道路，保证一代接一代地永续发展。"[②]

[①]《十六大以来重要文献选编》（上），中央文献出版社 2011 年版，第 759–760 页。
[②] 同上书，第 850 页。

此后，党中央进一步加快了理论创新的步伐。在十七大和十八大，都系统阐述了科学发展观形成的理论和实践依据、科学内涵、基本要求和指导地位，并写进了党章。党的十八大报告明确指出："科学发展观是马克思主义同当代中国实际和时代特征相结合的产物，是马克思主义关于发展的世界观和方法论的集中体现，对新形势下实现什么样的发展、怎样发展等重大问题做出了新的科学回答，把我们对中国特色社会主义规律的认识提高到新的水平，开辟了当代中国马克思主义发展新境界。科学发展观是中国特色社会主义理论体系最新成果，是中国共产党集体智慧的结晶，是指导党和国家全部工作的强大思想武器。科学发展观同马克思列宁主义、毛泽东思想、邓小平理论、'三个代表'重要思想一道，是党必须长期坚持的指导思想。"①

在科学发展观的引领下，党和国家大力推进全面建设小康社会。

（一）提高领导全面建设小康社会的能力

在提出科学发展观的 2003 年，中国人均国内生产总值突破1000 美元。许多国家的发展进程表明，在这一阶段，有可能出现两种发展结果：一种是搞得好，经济社会继续向前发展，顺利实现工业化、现代化；另一种是搞得不好，往往出现贫富悬殊、失业人口增多、城乡和地区差距拉大、社会矛盾加剧、生态环境恶化等问题，导致经济社会发展长期徘徊不前，甚至出现社会动荡和倒退。由此可见，在人均国内生产总值突破 1000 美元之后，经济社会将进入一个关键的发展阶段。处在这个发展阶段的中国，其阶段性特征是经济实力显著增强，同时生产力水平总体上还不高，自主创新能力还不强，长期形成的结构性矛盾和粗放型增长方式尚未根本改

①《胡锦涛文选》第三卷，人民出版社 2016 年版，第 617—618 页。

变；社会主义市场经济体制初步建立，同时影响发展的体制机制障碍依然存在，改革攻坚面临深层次矛盾和问题；人民生活总体上达到小康水平，同时收入分配差距拉大趋势还未根本扭转，城乡贫困人口和低收入人口还有相当数量，统筹兼顾各方面利益难度加大；协调发展取得显著成绩，同时农业基础薄弱、农村发展滞后的局面尚未改变，缩小城乡、区域发展差距和促进经济社会协调发展任务艰巨；社会主义民主政治不断发展、依法治国基本方略扎实贯彻，同时民主法制建设与扩大人民民主和经济社会发展的要求还不完全适应，政治体制改革需要继续深化；社会主义文化更加繁荣，同时人民精神文化需求日趋旺盛，人们思想活动的独立性、选择性、多变性、差异性明显增强，对发展社会主义先进文化提出了更高要求；社会活力显著增强，同时社会结构、社会组织形式、社会利益格局发生深刻变化，社会建设和管理面临诸多新课题；对外开放日益扩大，同时面临的国际竞争日趋激烈，发达国家在经济科技上占优势的压力长期存在，可以预见和难以预见的风险增多，统筹国内发展和对外开放要求更高。

在这些新课题新矛盾面前，要开拓中国特色社会主义更为广阔的发展前景，必须走科学发展道路。走科学发展的道路，执政团队的建设是关键。为此，党的十六大提出：要把全体人民的意志和力量凝聚起来，全面建设小康社会，加快推进社会主义现代化，必须毫不动摇地加强和改进党的领导，全面推进党的建设新的伟大工程。必须"加强党的执政能力建设，提高党的领导水平和执政水平"。在全面建设小康社会，加快推进社会主义现代化的进程中，作为马克思主义执政党，我们最需要哪些执政能力呢？这些方面的执政能力应该达到一个什么水准呢？2004年9月，党的十六届四

中全会做出《中共中央关于加强党的执政能力建设的决定》，提出
当前和今后一个时期，加强党的执政能力建设的主要任务是不断提
高驾驭社会主义市场经济的能力、发展社会主义民主政治的能力、
建设社会主义先进文化的能力、构建社会主义和谐社会的能力、应
对国际局势和处理国际事务的能力。《决定》对上述五个方面的能
力分别提出了要求，比如：

在驾驭社会主义市场经济的能力上，提出要"按照全面建设小
康社会、走新型工业化道路的要求，以经济结构调整为主线，以改
革开放和科技进步为动力，着力转变经济增长方式，全面提高国民
经济的整体素质和竞争力。大力实施科教兴国战略，加快国家创新
体系建设，充分发挥科学技术第一生产力的作用"。"推动经济建设
同推进政治建设、文化建设统一起来，促进社会全面进步和人的全
面发展。推动建立统筹城乡发展、统筹区域发展、统筹经济社会发
展、统筹人与自然和谐发展、统筹国内发展和对外开放的有效体制
机制。建立体现科学发展观要求的经济社会发展综合评价体系。在
指导方针、政策措施上注重加强薄弱环节，特别要重视解决好农
业、农村、农民问题；重视实施西部大开发战略和振兴东北地区等
老工业基地战略，促进中部地区崛起，支持革命老区、少数民族地
区、边疆地区和其他欠发达地区加快发展；重视扩大就业再就业和
健全社会保障体系；重视发展教育、科技、文化、卫生、体育等各
项社会事业；重视计划生育、节约资源、保护环境和安全生产，大
力发展循环经济，建设节约型社会。贯彻落实科学发展观，要坚持
从实际出发，因地制宜，分类指导，积极推进。"[1]

在发展社会主义民主政治的能力上，提出要坚持科学执政、依

①《十六大以来重要文献选编》（上），中央文献出版社 2011 年版，第 277－278 页。

法执政、民主执政，"健全民主制度，丰富民主形式，扩大公民有序的政治参与，保证人民依法实行民主选举、民主决策、民主管理、民主监督"。"加强党对立法工作的领导，善于使党的主张通过法定程序成为国家意志，从制度上、法律上保证党的路线方针政策的贯彻实施，使这种制度和法律不因领导人的改变而改变，不因领导人看法和注意力的改变而改变。""按照党总揽全局、协调各方的原则，改革和完善党的领导方式。发挥党委对同级人大、政府、政协等各种组织的领导核心作用，发挥这些组织中党组的领导核心作用。党委既要支持人大、政府、政协和审判机关、检察机关依照法律和章程独立负责、协调一致地开展工作，及时研究并统筹解决他们工作中的重大问题，又要通过这些组织中的党组织和党员干部贯彻党的路线方针政策，贯彻党委的重大决策和工作部署。"①

在建设社会主义先进文化的能力方面，提出："坚持马克思主义在意识形态领域的指导地位，不断增强党的思想理论工作的创造力、说服力、感召力，着力回答重大理论和实际问题。""增强引导舆论的本领，掌握舆论工作的主动权。坚持团结稳定鼓劲、正面宣传为主，引导新闻媒体增强政治意识、大局意识和社会责任感，进一步改进报刊、广播、电视的宣传，把体现党的主张和反映人民心声统一起来，增强吸引力、感染力。重视对社会热点问题的引导，积极开展舆论监督，完善新闻发布制度和重大突发事件新闻报道快速反应机制。高度重视互联网等新型传媒对社会舆论的影响，加快建立法律规范、行政监管、行业自律、技术保障相结合的管理体制，加强互联网宣传队伍建设，形成网上正面舆论的强势。"②

①《十六大以来重要文献选编》（上），中央文献出版社2011年版，第280-283页。
② 同上书，第283-285页。

这五个方面的能力要求，紧紧围绕全面建设小康社会，加快推进社会主义现代化这个重大历史使命，着眼于适应经济社会将进入一个关键的发展阶段的阶段性特征的需要，客观反映了新的形势任务对我们党执政的要求。提高驾驭社会主义市场经济的能力，是贯彻落实发展这个第一要务、建设社会主义物质文明的必然要求；提高发展社会主义民主政治的能力，是建设社会主义政治文明的必然要求；提高建设社会主义先进文化的能力，是建设社会主义精神文明的必然要求；提高构建社会主义和谐社会的能力，是巩固党执政的社会基础的必然要求；提高应对国际局势和处理国际事务的能力，是维护国家主权和安全、实现祖国完全统一的必然要求。只要这五个方面的能力得到大的提高，全面建设小康社会，加快推进社会主义现代化的目标就一定会顺利实现。

（二）建设社会主义新农村

在中国这样一个农业人口大国，重视农业、农村、农民问题是中国共产党的一贯战略思想。"三农"问题始终是关系党和人民事业发展的全局性和根本性问题，农业丰则基础强，农村稳则社会安，农民富则国家盛。"三农"问题也是全面建设小康社会的重点、难点和重要环节。农业和农村经济能否得到较快发展，农民收入能否得到较快增加，不仅直接关系到国民经济的持续快速协调健康发展，而且还将对全面建设小康社会的顺利推进产生重大影响，具有极为重要的现实意义和深远意义。2005 年 10 月，中共十六届五中全会在《中共中央关于制定国民经济和社会发展第十一个五年规划的建议》中，在对我国现阶段农业、农村和农民工作的客观形势进行科学分析的基础上，提出了建设社会主义新农村的重大任务。对于为什么要明确提出这个重大任务，中共中央在《关于制定国民经济和社会发展第十一个五年规划的说明》中是这样解释的："明确提出建设社会主义新农村的重大历史任务，这主要是考虑：一方面，实现全面建设小康目标的难点和关键在农村，建设社会主义新农村，体现了农村全面发展的要求，也是巩固和加强农业基础地位、全面建设小康社会的重大举措。另一方面，我国农村发展和改革已进入了新的阶段，必须按照统筹城乡发展的要求，贯彻工业反哺农业、城市支持农村的方针，加大各方面对农村发展的支持力度，这样才能较快改变农村的落后面貌。"[1] 这表明，建设社会主义新农村是根据全面建设小康社会的要求提出来的。所谓"实现全面建设小康目标的难点和关键在农村"，就是农业和农村经济发展和城镇化加快发展，同时农业基础薄弱的状况还没有根本改变，保持粮食增产和农民增收难度增加，解决好农业、农村、农民问题的任务仍然十分艰巨；我国人民生活总体上达到小康水平，但现在达到的小康还是低水平的、不全面的、发展很不平衡的小康，城乡贫困人口和低收入人口尚有相当数量，包括就业、收入分配、社会保障、看病、子女上学、生态环境保护、安全生产、社会治安在内的一些关系群众切身利益的问题亟待研究解决，统筹兼顾各方面利益的难度加大，全面满足人民群众日益增长的物质文化需要任务繁重。所谓"我国农村发展和改革已进入了新的阶段，必须按照统筹城乡发展的要求，贯彻工业反哺农业、城市支持农村的方针"，就是农村经济社会虽然有了很大发展，但制约农业和农村发展的深层次矛盾尚未消除，促进农民持续稳定增收的长效机制尚未形成，农村经济社会发展滞后的局面也还没有根本改变。"三农"问题依然是一项长期的历史任务，必须始终作为全党工作的重中之重。

---

[1]《十六大以来重要文献选编》（中），中央文献出版社 2011 年版，第 1050 页。

对于这个解释，2006 年 2 月 14 日，胡锦涛在省部级主要领导干部建设社会主义新农村专题研讨班上的讲话中做了三点概括，他说："现在加快建设社会主义新农村，具备多方面的有利条件。我们经过分析研究，明确提出我国在总体上已进入以工促农、以城带乡的发展阶段。做出这样的判断，主要是基于三点：一是实现经济社会又快又好发展要求我们进一步做好'三农'工作，广大农民群众迫切要求改变农村面貌，解决好'三农'问题越来越成为全党全国的共识，全社会关心农业、关注农村、关爱农民的良好氛围已经形成，为建设社会主义新农村营造了广泛的群众基础和社会条件。二是经过多年来特别是改革开放以来的发展，我国综合国力显著增强，第二、第三产业增加值占国内生产总值的比重已达到 87.6%，城镇人口占总人口的比重已达到 43%，国家财政收入持续增长，总体上具备了工业反哺农业、城市支持农村的能力，为建设社会主义新农村创造了重要的物质技术基础。三是解决好农业和农村发展、农民增收问题，仅靠农村内部的资源和力量已经不够，必须在继续挖掘农村内部的资源和力量的同时，充分运用外部的资源和力量，推动国民收入分配向农业和农村倾斜，依靠工业的反哺和城市的支持。"①

"十一五"规划确定，建设社会主义新农村的目标和要求是："生产发展、生活宽裕、乡风文明、村容整洁、管理民主。"这 20个字，内容丰富，涵义深刻，全面体现了新形势下农村经济、政治、文化和社会发展的要求。实现这个目标，必须推进现代农业建设，强化社会主义新农村建设的产业支撑；加强农村设施建设，改

---

① 《深入学习实践科学发展观活动领导干部学习文件选编》，中央文献出版社、党建读物出版社 2008 年版，第 179-180 页。

善社会主义新农村建设的物质条件；加快发展农村社会事业，培养推进社会主义新农村建设的新型农民；全面深化以农村税费改革为重点的综合改革，健全社会主义新农村建设的体制保障；加强农村民主政治建设，完善建设社会主义新农村的乡村治理机制；促进农民持续增收，夯实社会主义新农村建设的经济基础。要加快农业科技进步，调整农业生产结构，提高农业综合生产能力。加快推进乡镇机构、农村义务教育、县乡财政体制、农村金融和土地征用制度等方面的改革。加快发展农村文化教育事业，重点普及和巩固农村九年义务教育，加强农村公共卫生和基本医疗服务体系建设，促进农村精神文明建设与和谐社会建设，大力发展县域经济，引导富余劳动力向非农产业和城镇有序转移，因地制宜实施整村推进的扶贫开发方式。明显改善广大农村的生产生活条件和整体面貌。

为推进社会主义新农村建设，2006年中央财政用于"三农"的支出共3397亿元，实施农业生产资料综合补贴政策，增加对财政贫困县乡和产粮大县的转移支付。在科技事业方面，中央财政支出774亿元，比上年增长29.2%。在教育事业方面，中央财政用于教育事业的支出536亿元，比上年增长39.4%。全国财政安排农村义务教育经费1840亿元，全部免除了西部地区和部分中部地区农村义务教育阶段5200万名学生的学杂费，为3730万名贫困家庭学生免费提供教科书，对780万名寄宿学生补助了生活费。410个"两基"（基本普及九年义务教育和基本扫除青壮年文盲）攻坚县已有317个县实现目标，西部地区"两基"人口覆盖率由2003年的77%提高到96%。中央财政连续三年累计投入90亿元，用于农村寄宿制学校建设工程，7651所学校受益。农村中小学现代远程教育工程投入80亿元，覆盖中西部地区80%以上的农村中小学，1亿多中小学生得以共享优质教育资源。中等职业学校招生规模扩大到 741 万人,在校学生总数 1809 万人。高等教育在校人数 2500 万人,毛入学率提高到 22%。在卫生事业方面,中央财政支出 138 亿元,比上年增长 65.4%。其中,安排 27 亿元国债资金用于县、乡、村三级医疗卫生基础设施建设。新型农村合作医疗试点范围扩大到 1451 个县(市、区),占全国总数的 50.7%,有 4.1 亿农民参加;中央财政还支出 42.7 亿元较大幅度地提高参加合作医疗农民的补助标准。另外,中央财政安排 51 亿元用于支持地方加强公共卫生服务。在文化事业方面,中央财政支出 123 亿元,比上年增长 23.9%。在社会保障方面,中央财政安排就业再就业资金 234 亿元,使 504 万下岗失业人员实现再就业。2004 年提出的用三年时间基本解决建设领域历史上拖欠的工程款和农民工工资的问题,已基本完成,各地已偿还拖欠工程款 1834 亿元,其中付清农民工工资 330 亿元。已有 25 个省(自治区、直辖市)、2133 个县(市、区)初步建立了农村最低生活保障制度,1509 万农民享受到了农村最低生活保障。

这些投入取得了良好成效。2006 年全面建设小康社会取得重大成就。经济平稳快速增长,国内生产总值 20.94 万亿元,比上年增长 10.7%。人民生活水平得到较大改善,城镇居民人均可支配收入 11759 元,实际增长 10.4%;农村居民人均纯收入增长 7.4%。温家宝在第十届全国人大五次会议上所做的政府工作报告中指出:"这些成就,标志着我国综合国力进一步增强,我们朝着全面建设小康社会目标又迈出坚实的一步。"①

(三)促进区域协调发展

区域协调发展是邓小平提出"两个大局"战略思想和小康社

①《十六大以来重要文献选编》(下),中央文献出版社 2011 年版,第 928 页。

会目标的现实根据，贯彻落实科学发展观的基本要求和根本方法就体现在区域协调发展上。党的十六大提出要"促进区域经济协调发展"，并对如何促进区域经济协调发展明确了四个方面的任务：第一，积极推进西部大开发，重点抓好基础设施和生态环境建设，争取 10 年内取得突破性进展；第二，中部地区要加大结构调整力度，推进农业产业化，改造传统产业，培育新的经济增长点，加快工业化和城镇化进程；第三，东部地区要加快产业结构升级，发展现代农业，发展高新技术产业和高附加值加工制造业，进一步发展外向型经济；第四，支持东北地区等老工业基地加快调整和改造，支持以资源开发为主的城市和地区发展接续产业，支持革命老区和少数民族地区加快发展。十六大后，在科学发展观的形成过程中，胡锦涛多次阐发促进经济社会协调发展的思想。党的十六届三中全会通过的《中共中央关于完善社会主义市场经济体制若干问题的决定》提出：要按照统筹城乡发展、统筹区域发展、统筹经济社会发展、统筹人与自然和谐发展、统筹国内发展和对外开放的要求，建立有利于逐步改变城乡二元经济结构的体制，形成促进区域经济协调发展的机制，建立促进经济社会可持续发展的机制等。2005年，在编制实施"十一五"规划时，中央对这个问题的认识进一步深化，把实施西部大开发，振兴东北地区等老工业基地，促进中部地区崛起，鼓励东北地区率先发展，看成是一个有机整体，形成东中西互动、优势互补、相互促进、共同发展的一个新格局，认为这"是从全面建设小康社会和加快现代化建设全局出发作出的总体战略部署"。[①] 这给区域协调发展不断赋予新的内涵，提出新要求。

促进区域协调发展，就要在继续开展西部大开发的同时，振兴

[①]《十六大以来重要文献选编》（中），中央文献出版社 2011 年版，第 1051 页。

东北地区老工业基地。"一五"时期，国家在东北等地集中投资建设了具有相当规模的战略产业和骨干企业，为我国形成独立、完整的工业体系和国民经济体系，为国家的改革开放和现代化建设做出了历史性的重大贡献。1990年后，东北老工业基地的体制性、结构性矛盾日趋显现，企业设备和技术老化，竞争力下降，就业矛盾突出，资源型城市主导产业衰退，经济发展步伐相对仍较缓慢，与沿海发达地区的差距在扩大。为贯彻十六大提出的"支持东北地区等老工业基地加快调整和改造，支持以资源开采为主的城市和地区发展接续产业"的要求，2003年5月、6月和8月，温家宝总理带领国务院有关部门负责同志多次到东北三省进行调研。在吉林长春召开的振兴东北老工业基地座谈会上的讲话中，温家宝明确指出："实施西部大开发战略，加快东部地区发展并使有条件的地方率先实现全面建设小康社会和现代化，支持东北地区等老工业基地加快调整、改造，实行东西互动，带动中部，促进区域经济协调发展，这是党中央做出的我国现代化建设的重大战略布局。""现在，有必要把支持东北地区等老工业基地加快调整、改造和振兴摆在更加突出的战略位置，这是促进地区协调发展的重要一着棋。实施西部大开发战略和加快东北地区等老工业基地振兴，都是全国经济战略布局的重大问题，可以说各有侧重、并行不悖。"①这次讲话明确阐述了党中央关于实施区域协调发展总体战略的具体布局，指明了振兴东北地区等老工业基地在整个区域发展战略中的重要地位，并提出要站在全面建设小康社会和实现现代化目标的高度，充分认识加快东北老工业基地发展的重要性和紧迫性，增强责任感和使命感，以更大的决心和更有力的措施，加快东北老工业基地调整、改造和振兴步伐。

---

① 《十六大以来重要文献选编》（上），中央文献出版社2011年版，第407页。

这次调研结束不久，2003 年 10 月，中共中央、国务院发布《关于实施东北地区等老工业基地振兴战略的若干意见》，明确了实施振兴战略的指导思想、方针任务和政策措施。这个文件的颁布，标志着东北地区等老工业基地振兴战略启动实施。为落实《若干意见》，2004 年 9 月，建设部出台了《关于贯彻落实〈中共中央　国务院关于实施东北地区等老工业基地振兴战略的若干意见〉的意见》，对提升城市功能、推进供热体制改革、改善中低收入家庭住房条件等做出进一步部署。这一年，国家支持启动了 197 个调整改造项目，15 个采煤深陷区治理工程开始建设。2005 年，实施东北地区等老工业基地振兴战略写进胡锦涛在十六届五中全会上的工作报告；在"十一五"规划中明确指出："东北地区要加快产业结构调整和国有企业改革改组改造，发展现代农业，着力振兴装备制造业，加强基础设施建设，在改革开放中实现振兴。"[1]怎样落实这些要求？

"加快产业结构调整和国有企业改革改组改造"，就要按照走新型工业化道路的要求，围绕提高自主开发能力和市场竞争力，加强对东北三省产业结构调整的研究和规划，搞好重大建设和技改项目的布局，加快培育优势产业和云梯产业。

"发展现代农业"，就要进一步加强农业特别是搞好粮食生产，加强商品粮基地建设，巩固国家商品粮基地的战略地位，着力提高粮食综合生产能力，走出一条粮食稳定生产、农业持续增收、地方经济实力不断增强的路子。为此，要增加农业科技投入，努力发展现代化、高效益的大农业。推进精品畜牧业发展，建设绿色农产品生产基地。

---

[1]《十六大以来重要文献选编》（中），中央文献出版社 2011 年版，第 1071 页。

"着力振兴装备制造业"，就要坚持对外开放和自主创新相结合，鼓励企业着眼于前沿领域，积极扩大开放，在引进国外先进技术的基础上，实现消化吸收再创新；建立产、学、研、用相结合的技术创新体系，培养一批创新人才，不断增强自主创新能力，促进装备制造业持续发展。坚持重点发展和全面提升相结合，依托重点工程，研制一批对国民经济发展和产业升级影响大、关联度高的重点领域的重大技术装备，实现核心技术和系统集成能力的突破。

"加强基础设施建设"，就要完善综合交通运输体系，以运输通道和主要枢纽为建设重点，加强铁路网络、公路网络、港口体系、机场体系和对外通道建设。重点建设同江至大连、东北东部通道、黑河至北京、绥芬河至满洲里、珲春至阿尔山、丹东至锡林浩特六条通道，逐步形成七大综合运输系统；新建与改造连接蒙东地区煤炭基地与东北三省主要能源消费区的铁路、公路，形成保障能力强大的煤炭运输系统；加强中俄铁路原油运输系统建设并适时建设油气管线，强化大连等港口的原油接卸和中转功能，形成完备的石油运输系统；积极引导大连、营口矿石码头建设，形成高效矿石运输系统；突出"铁水联运"系统建设，形成高效的粮食运输系统；以大连港为干线港，其他港口为支线港，强化内陆通关系统建设，建成高效便捷的集装箱运输系统；积极发展重型装备运输系统；建设快速便捷的客运系统。

"在改革开放中实现振兴"，就要加强体制机制创新，用改革的方法解决发展中的矛盾和问题。积极吸收外资参与老工业基地调整改造，鼓励外资以多种形式参与国有企业改革和不良资产处置。扩大金融、商贸、保险、旅游等服务业的开放。鼓励有条件的各类所有制企业进行跨国经营与投资，建立海外能源、原材料和生产制造基地，带动商品、技术和劳务输出。

到 2009 年，实施东北地区等老工业基地振兴战略五年有余。国务院认为，五年多来振兴东北地区等老工业基地工作取得了重要的阶段性成果：以国有企业改革为重点的体制机制创新取得重大突破，多种所有制经济蓬勃发展，经济结构进一步优化，自主创新能力显著提升，对外开放水平明显提高，基础设施条件得到改善，重点民生问题逐步解决，城乡面貌发生很大变化。

在实施东北地区等老工业基地振兴战略的同时，国家启动了中部崛起战略。

促进中部地区崛起，是党中央、国务院继做出鼓励东部地区率先发展、实施西部大开发、振兴东北地区等老工业基地战略后，从全面建设小康社会和现代化建设全局出发做出的又一重大决策，是落实促进区域协调发展总体战略的重大任务。中部地区包括山西、安徽、江西、河南、湖北、湖南六省。2004 年 3 月 5 日，在第十届全国人民代表大会第二次全体会议上的《政府工作报告》中，温家宝向全国人民宣布了"促进中部地区崛起"的战略部署，指出："加快中部地区发展是区域协调发展的重要方面。国家支持中部地区发挥区位优势和经济优势，加快改革开放和发展步伐，加强现代农业和重要商品粮基地建设，加强基础设施建设，发展有竞争力的制造业和高新技术产业，提高工业化和城镇化水平。"[1] 2005 年 8 月，胡锦涛在河南、江西、湖北三省考察工作时明确指出："'十一五'时期是中部地区崛起的关键时期。促进中部地区崛起，是中央确定的推动区域协调发展总体布局的重要组成部分。中部地区要进一步增强历史使命感和工作紧迫感，扎扎实实做好各项工

[1]《十六大以来重要文献选编》（上），中央文献出版社 2011 年版，第 834-835 页。

作，努力实现中部地区的跨越式发展。"他要求中部地区各级党委
政府"要紧紧抓住难得机遇"，"大力发展优势产业"，"着力解决突
出问题"，"积极发挥独特作用"①，为推进我国区域协调发展做出更
大贡献。此后，党和国家进一步加快推进中部崛起的步伐。2006 年
2 月 15 日，温家宝总理主持召开国务院常务会议，研究促进中部地
区崛起问题。3 月 27 日，胡锦涛总书记主持召开中共中央政治局会
议，研究促进中部地区崛起工作。20 多天后，《中共中央、国务院
关于促进中部地区崛起的若干意见》出台。《意见》提出了促进中部
地区崛起的总体要求、基本原则和战略任务，提出中部地区要建设
全国重要的粮食生产基地、能源原材料基地、现代装备制造及高技
术产业基地和综合交通运输枢纽，即"三基地、一枢纽"。2008 年
1 月 11 日，经国务院批准，由发展改革委、教育部、科技部、财政
部、国土资源部、建设部、铁道部、交通部、水利部、农业部、商
务部、人民银行、国资委、海关总署、税务总局、环保总局、民航
总局、林业局 18 个部门和单位组成的促进中部地区崛起部际联席
会议制度建立。2009 年 9 月 23 日，国务院常务会议讨论并原则通
过《促进中部地区崛起规划》。《规划》提出以加强粮食生产基地建
设为重点，积极发展现代农业，不断提高农业综合生产能力，切实
改变农村面貌。按照优化布局、集中开发、高效利用、精深加工、
安全环保的原则，巩固和提升重要能源原材料基地地位。以核心技
术、关键技术研发为着力点，建设现代装备制造业及高技术产业基
地。优化交通资源配置，完善公路干线网络，提高水运、管道运输
能力，强化综合交通运输枢纽地位。加快形成沿长江、陇海、京广
和京九"两横两纵"经济带，积极培育充满活力的城市群，推进老

①《胡锦涛文选》第二卷，人民出版社 2016 年版，第 325-326 页。

工业基地振兴和资源型城市转型，发展县域经济，加快革命老区、民族地区和贫困地区发展。努力发展循环经济，提高资源节约和综合利用水平。加强耕地保护，提高水资源利用综合效益。优先发展教育，繁荣文化体育事业，增强基本医疗和公共卫生服务能力，千方百计扩大就业，完善社会保障体系。以薄弱环节为突破口，加快改革开放和体制机制创新，不断增强发展动力和活力。进一步完善支持中部崛起的政策体系。

从 2006 年党中央、国务院做出关于促进中部地区崛起的战略决策以来，经过 10 年努力，中部地区经济社会发展取得显著成就。一是经济综合实力迈上新台阶。2015 年，中部地区实现生产总值 14.7 万亿元，10 年年均增长 11.6%，比全国平均水平高 2.1 个百分点。二是"三基地、一枢纽"地位日益巩固。2016 年，中部地区粮食产量为 18328 万吨，占全国粮食总产量的比重稳定在 30% 左右。基础设施得到较大改善，山西等大型煤炭基地基本建成，2006—2015 年发电总量为 9.78 万亿千瓦时。新一代信息技术、新能源汽车、先进轨道交通、航空航天、新材料、现代生物医药、现代种业等重点新兴产业发展壮大，在全国具有较强竞争力。三是新型城镇化步伐加快。2006—2015 年，中部地区城镇化率由 36.5% 提高到 51.2%，新增 5000 万人到城市居住生活，长江中游城市群、中原城市群、皖江城市带、山西中部城市群发展壮大，辐射带动能力不断增强。农村安全饮水、无电地区居民用电问题基本解决，所有具备条件的建制村通达沥青水泥路。四是人民生活水平大幅提高。2015 年底，中部地区按现有标准的农村贫困人口为 2160 万人，比 2010 年底减少了 2430 万人。五是生态环境质量总体改善。长江、黄河、淮河和洞庭湖、鄱阳湖等大江大河治理取得积极进展，不仅改善了中部地区水环境质量，也对长江中下游地区、黄河中下游地区水环境改善做出了积极贡献。作为南水北调中线工程水源地，有力保障了华北等地区水资源供应。安徽和浙江两省建立了新安江流域生态补偿机制，对全国其他流域起到了良好的示范作用。2015年中部地区森林覆盖率达到36.5%，较10年前提高6.3个百分点。完成国家下达的有关节能减排任务。六是全方位开放格局基本形成。10年来，中部地区开放型经济加快发展，打造形成了一批双向开放的平台，2015年外贸进出口总额2539亿美元，是2005年的6.1倍，年均增长19.9%，占全国的比重由2005年的2.9%提高到6.4%，中欧班列在郑州、武汉发车，形成了中欧班列品牌，同时也促进了交通枢纽的发展。

三、把社会主义和谐社会建设与全面建设小康社会相结合

构建社会主义和谐社会，是新世纪新阶段中国共产党从中国特色社会主义事业总体布局和全面建设小康社会全局出发提出的重大战略任务。它几乎是与科学发展观同时提出来的。

党的十六大在提出全面建设小康社会目标时，首次使用"和谐"的概念，指出："我们要在本世纪头二十年，集中力量，全面建设惠及十几亿人口的更高水平的小康社会，使经济更加发展、民主更加健全、科教更加进步、文化更加繁荣、社会更加和谐、人民生活更加殷实。"[①] 这里的"社会更加和谐"是全面建设小康社会的目标之一。

自从十六大提出这个概念后，胡锦涛在国内外各种场合多次论述"社会和谐"思想。他后来回顾构建社会主义和谐社会战略思想

①《十六大以来重要文献选编》（上），中央文献出版社2011年版，第14页。

的形成过程时说："我们对构建社会主义和谐社会的认识和实践，有一个不断探索、不断深化的过程。2002 年 11 月，党的十六大报告在阐述全面建设小康社会的目标时，提出了实现社会更加和谐的要求。党的十六大以来，我们根据国际国内形势发生的新变化，全面分析我国发展面临的机遇和挑战，深化对社会和谐在中国特色社会主义事业中重要地位和重要作用的认识。2004 年 9 月，党的十六届四中全会明确提出了构建社会主义和谐社会的重大战略任务，把提高构建社会主义和谐社会的能力确定为加强党的执政能力建设的重要内容，并提出了构建社会主义和谐社会的基本要求。2005 年 2 月，我们提出了构建民主法治、公平正义、诚信友爱、充满活力、安定有序、人与自然和谐相处的社会主义和谐社会的总目标。2005 年 10 月，党的十六届五中全会把构建社会主义和谐社会确定为贯彻落实科学发展观必须抓好的一项重大任务，并提出了工作要求和政策措施。"①

从胡锦涛讲述的构建社会主义和谐社会战略思想形成过程的几个重要时间节点来看，党的十六大把"社会更加和谐"作为全面建设小康社会的目标之一提出来具有里程碑意义，胡锦涛曾说："这在我们党历次代表大会的报告中是第一次。"党的十六届四中全会正式提出构建社会主义和谐社会的概念，把它作为提高党的执政能力的六大战略任务之一，标志着我们党对构建社会主义和谐社会的认识逐步成熟。十六届四中全会通过的《中共中央关于加强党的执政能力建设的决定》明确提出要"坚持最广泛最充分地调动一切积极

---

① 胡锦涛：《切实做好构建社会主义和谐社会的各项工作 把中国特色社会主义伟大事业推向前进》（2006 年 10 月 11 日），《时政文献辑览》（2006 年 3 月—2007 年 3 月），第 196 页。

因素，不断提高构建社会主义和谐社会的能力"，并从全面贯彻尊重劳动尊重知识尊重人才尊重创造的方针、妥善协调各方面的利益关系、加强社会建设和管理、维护社会稳定、坚持党的群众路线五个方面提出了要求。2005 年 2 月 19 日，在省部级主要领导干部提高构建社会主义和谐社会能力专题研讨班上的讲话中，胡锦涛全面系统地论述了构建社会主义和谐社会的重大意义、构建社会主义和谐社会的基本任务、构建社会主义和谐社会的各项工作等。明确指出："我们所要建设的社会主义和谐社会，应该是民主法治、公平正义、诚信友爱、充满活力、安定有序、人与自然和谐相处的社会。民主法治，就是社会主义民主得到充分发扬，依法治国基本方略得到切实落实，各方面积极因素得到广泛调动；公平正义，就是社会各方面的利益关系得到妥善协调，人民内部矛盾和其他社会矛盾得到正确处理，社会公平和正义得到切实维护和实现；诚信友爱，就是全社会互帮互助、诚实守信，全体人民平等友爱、融洽相处；充满活力，就是能够使一切有利于社会进步的创造愿望得到尊重，创造活动得到支持，创造才能得到发挥，创造成果得到肯定；安定有序，就是社会组织机制健全，社会管理完善，社会秩序良好，人民群众安居乐业，社会保持安定团结；人与自然和谐相处，就是生产发展，生活富裕，生态良好。"[1] 这六个方面概括了社会主义和谐社会的基本特征，体现了民主与法治的统一、公平与效率的统一、活力与秩序的统一、科学与人文的统一、人与自然的统一，揭示了全面建设小康社会的本质要求。以胡锦涛这次讲话为标志，构建社会主义和谐社会的战略已经定型。

　　为什么在全面建设小康社会的背景下，在提出科学发展观的同

---

[1]《十六大以来重要文献选编》（中），中央文献出版社 2011 年版，第 706 页。

时又提出构建社会主义和谐社会？胡锦涛指出："构建社会主义和谐社会，是我们党从全面建设小康社会、开创中国特色社会主义事业新局面的全局出发提出的一项重大战略任务。"[①] 从对内加快推进工业化、城镇化来说，由于我国社会主义制度的建立逾越了资本主义发展阶段，我国要在社会主义初级阶段 100 年走完西方发达国家二三百年才走完的工业化、城市化路程，这就意味着人家在二三百年内围绕工业化、城市化渐次出现的矛盾和问题在我国社会主义初级阶段可能会集中出现；而在全面建设小康社会的近 20 年内，由于我们要加快工业化、城镇化进程，因而矛盾和问题将更为凸显，这就需要努力实现社会的和谐。从我们党肩负的使命来说，我国呈现社会经济成分和经济利益多样化、社会生活方式多样化、社会组织形式多样化、就业岗位和就业方式多样化，全国不同地区、不同部门、不同职业、不同方面群众的具体利益出现了这样那样的差别。在这种情况下，如何有效地整合社会关系，促进各种社会力量良性互动，如何认识和把握新形势下人民内部矛盾的特点和规律，如何切实维护和实现社会公平和正义，保障全体社会成员共享改革发展成果，就成为我们党提高执政能力无可回避的重大理论和现实问题。因此，"构建社会主义和谐社会正是着眼于我们党面临的新形势新任务，着眼于我们社会已经和正在出现的深刻变化提出来的。"[②] 胡锦涛指出："明确提出构建社会主义和谐社会，反映了我们党对中国特色社会主义事业发展规律的新认识，也反映了我们党对执政规律、执政能力、执政方略、执政方式的新认识，为我们紧紧抓住和用好重要战略机遇期、实现全面建设小康社会的宏伟目标提

[①]《十六大以来重要文献选编》（中），中央文献出版社 2011 年版，第 696 页。
[②] 同上书，第 722 页。

供了重要的思想指导。构建社会主义和谐社会，关系到最广大人民的根本利益，关系到巩固党执政的社会基础、实现党执政的历史任务，关系到全面建设小康社会的全局，关系到党的事业兴旺发达和国家的长治久安。"①

那么，构建社会主义和谐社会同全面建设小康社会是一种什么关系呢？"和谐社会"与"小康社会"一样，都有深厚中华传统文化积淀。"小康"这个词最早出自春秋战国时期的《诗经》。而"和谐"的思想在中国古代的《论语》中就有了，如"和为贵"。但是，历史上"和谐"与我们要建设的和谐社会本质上不是一回事。胡锦涛指出："'和谐'一词，讲了几千年，奴隶社会、封建社会、资本主义社会都有人讲和谐，但这些存在剥削制度和阶级压迫制度的社会都不可能从根本上解决社会和谐问题。我国社会主义基本制度的建立，为我们解决社会和谐问题提供了根本前提和保证……这就决定了中国特色社会主义应该是和谐的社会主义，实现和谐是中国特色社会主义的本质属性。"②从这个意义上讲，我们要构建的社会主义和谐社会，一方面，是全面建设小康社会的目标之一，另一方面，全面建设小康社会目标的实现又进一步推动社会主义和谐社会的建设。所以，十六届四中全会通过的《中共中央关于加强党的执政能力建设的决定》提出："形成全体人民各尽其能、各得其所而又和谐相处的社会，是巩固党执政的社会基础、实现党执政的历史任务的必然要求。"③"各尽其能、各得其所"，就是共产主义社会的特征。

---

① 《十六大以来重要文献选编》（中），中央文献出版社 2011 年版，第 699—700 页。
② 《胡锦涛文选》第二卷，人民出版社 2016 年版，第 325—326 页
③ 《十六大以来重要文献选编》（中），中央文献出版社 2011 年版，第 286 页。

　　从和谐社会的角度来看全面建设小康社会的形势，总体上是好的，但是也存在一些矛盾和问题，主要是城乡、区域、经济社会发展不平衡，人口资源环境压力加大；就业、社会保障、收入分配、教育、医疗、住房、安全生产、社会治安等关系群众切身利益的问题比较突出；体制机制尚不完善，民主法制尚不健全；一些社会成员诚信缺失、道德失范；一些领域的腐败现象仍然比较严重；敌对势力的渗透破坏活动危及国家安全和社会稳定。任何社会都不可能没有矛盾，人类社会总是在矛盾运动中发展进步的。全面建设小康社会的过程，就是构建社会主义和谐社会的过程。为此，中共十六届六中全会做出《中共中央关于构建社会主义和谐社会若干重大问题的决定》。《决定》进一步明确了构建社会主义和谐社会的指导思想、目标任务、方针原则和总要求，提出："到 2020 年构建社会主义和谐社会的目标和主要任务是社会主义民主法制更加完善，依法治国基本方略得到全面落实，人民的权益得到切实尊重和保障；城乡、区域发展差距扩大的趋势逐步扭转，合理有序的收入分配格局基本形成，家庭财产普遍增加，人民过上更加富足的生活；社会就业比较充分，覆盖城乡居民的社会保障体系基本建立；基本公共服务体系更加完备，政府管理和服务水平有较大提高；全民族的思想道德素质、科学文化素质明显提高，良好道德风尚、和谐人际关系进一步形成；全社会创造活力显著增强，创新型国家基本建成；社会管理体系更加完善，社会秩序良好；资源利用效率显著提高，生态环境明显好转；实现全面建设惠及十几亿人口的更高水平的小康社会的目标，努力形成全体人民各尽其能、各得其所而又和谐相处的局面。"[①] 从构建社会主义和谐社会的目标任务看，与全面建设小

———————

① 《十六大以来重要文献选编》（下），中央文献出版社 2011 年版，第 651 页。

康社会的目标是一致的，二者互有侧重，互相补充，相得益彰。

为了推进社会主义和谐社会建设，中共中央在制定国民经济和社会发展"十一五"规划的建议中，做出了七项安排：一是积极促进社会和谐。加强社会建设和完善社会管理体系，健全党委领导、政府负责、社会协同、公众参与的社会管理格局；加强和谐社区、和谐村镇建设，倡导人与人和谐相处，增强社会和谐基础；建立健全社会预警体系和应急救援、社会动员机制，提高处置突发性事件能力；深入开展平安创建活动，维护国家安全和社会稳定，保障人民群众安居乐业。二是千方百计扩大就业。积极发展就业容量大的劳动密集型产业、服务业和各类所有制中小企业；鼓励劳动者自主创业和自谋职业，促进多种形式就业；健全就业服务体系，加快建立政府扶持、社会参与的职业技能培训机制，完善对困难群众的就业援助制度，建立促进扩大就业的有效机制。三是加快完善社会保障体系。完善城镇职工基本养老和基本医疗、失业、工伤、生育保险制度。增加财政的社会保障投入，多渠道筹措社会保障基金。认真解决进城务工人员社会保障问题。推进机关事业单位养老保险制度改革。加强社会福利事业建设，完善优抚保障机制和社会救助体系。积极探索农村最低生活保障制度。四是合理调节收入分配。完善按劳分配为主体、多种分配方式并存的分配制度，着力提高低收入者收入水平，逐步扩大中等收入者比重，有效调节过高收入，规范个人收入分配秩序，努力缓解地区之间和部分社会成员分配差距扩大的趋势。在经济发展的基础上逐步提高最低生活保障和最低工资标准，认真解决低收入群众的住房、医疗和子女就学等困难问题。五是丰富人民群众精神文化生活。加大政府对文化事业的投入，逐步形成覆盖全社会的比较完备的公共文化服务体系。建立党委领导、政府管理、行业自律、企事业单位依法经营的文化管理体制和富有活力的文化产品生产经营机制。创造更多更好适应人民群众需求的优秀文化产品。形成以公有制为主体、多种所有制共同发展的文化产业格局和民族文化为主体、吸收外来有益文化的文化市场格局。六是提高人民群众健康水平。完善公共卫生和医疗服务体系。提高疾病预防控制和医疗救治服务能力，预防职业病、地方病。合理配置医疗卫生资源，整顿药品生产和流通秩序，认真研究并逐步解决群众看病难看病贵的问题。七是保障人民群众生命财产安全。落实安全生产责任制，健全安全生产监管体制。抓好煤炭等高危行业的安全生产，有效遏制重特大事故。加强各种自然灾害预测预报，提高防灾减灾能力。

在"十一五"规划的推动下，全面建设小康社会和社会主义和谐社会建设不断推进。

一是努力保持经济持续快速协调健康发展。不管是全面建设小康社会还是构建社会主义和谐社会，都要更加注重发展。解决我国经济社会面临的许多矛盾和问题，关键靠发展，只有实现又快又好的发展，我们才能更好地促进经济社会协调发展，才能形成更加完善的分配关系和社会保障体系，才能创造更多就业机会，才能不断满足人民群众多方面的需求。党和政府引导贫困地区和贫困群众以市场为导向，调整经济结构，开发当地资源，发展商品经济，提高自我积累、自我发展能力。注重综合开发、全面发展，促进基础设施建设和经济社会协调发展。为了解决好"三农"问题，党和国家下决心取消农业税。农业税在中国有几千年的历史。新中国成立之时，国库空虚，工业基础薄弱，1958 年 6 月 3 日，第一届全国人民代表大会常务委员会第九十六次会议通过《中华人民共和国农业税条例》。自此，农业税成为国家财力的基石、推进工业化建设的重要财政来源。据统计，从 1949 年到 2005 年的 57 年间，全国累计征收农业税约 4200 亿元。1998 年 10 月，在十五届三中全会上，农村税费改革被列为改革重点内容。11 月，国务院成立农村税改"三人小组"①。2000 年，国务院正式确定安徽率先开展试点，改革的原则是 6 个字："减轻、规范、稳定"。2001 年，中国加入世贸组织。这时我国的农产品价格远远高于国际价格，这给我国农业和农产品在国际上的竞争力带来很大挑战。处在改革前沿的上海市，以世界的眼光重新审视后，悄悄地取消了农业特产税，不仅能降低农业成本，也符合国际农业发展趋势。2002 年，党的十六大提出统筹城乡发展，工业反哺农业的方针。此后取消农业特产税、农业税成为 2003 年全国和各省"两会"的热门话题。就在全国"两会"闭幕的当月，国务院印发《关于全面推进农业税费改革试点工作的意见》，提出衡量农村税费改革是否成功的标志是：确保农民负担明显减轻、不反弹，确保乡镇机构和村级组织正常运转，确保农村义务教育经费正常需要。要求改革后农民负担要明显减轻，做到村村减负，户户受益。2003 年 10 月，国务院常务会议决定暂停征收除烟叶以外的农业特产税，12 月 31 日，国务院颁发《关于促进农民增加收入若干政策的意见》，宣布从 2004 年 1 月 1 日起取消除烟叶外的农业特产税，并提出："有条件的地方可进一步降低农业税率或免征农业税。"此后，北京、天津、浙江、福建相继宣布免征农业税。随即在 2005 年元旦前后，广东、江苏、河南等 16 个省宣布全面取消农业税，为亿万农民送上了一份厚重的"新年礼"。到 2005 年底，全

① "三人小组"由时任财政部部长项怀诚、农业部部长陈耀邦、中央农村工作领导小组办公室主任段应碧组成。

国已有 28 个省（自治区、直辖市）免征农业税。2005 年 12 月，第
十届全国人大常委会第十九次会议决定，自 2006 年 1 月 1 日起废
止《农业税条例》。取消农业税后，全国农民每年减负 1335 亿元，
人均减负 140 元。取消农业税，极大地调动了全国农民的生产积
极性，从而推动了农业的发展。从扶贫开发的成效看，2001 年至
2010 年，592 个国家扶贫开发工作重点县人均地区生产总值从 2658
元增加到 11170 元，年均增长 17%。人均地方财政一般预算收入从
123 元增加到 559 元，年均增长 18.3%。农民人均纯收入从 2001 年
的 1276 元增加到 2010 年的 3273 元，年均增长 11%，这几组数据
的增幅均高于全国平均水平。

　　二是切实维护社会公平和正义。制度是社会公平正义的根本保
证，社会公平正义是社会和谐的基本条件，只有加紧建设对保障社
会公平正义具有重大作用的制度，保障人民在政治、经济、文化、
社会等方面的权利和利益，引导公民依法行使权利、履行义务，维
护和实现社会公平和正义，人们才能心情舒畅，增强幸福感和获得
感，各方面的社会关系才能协调，人们的积极性、主动性、创造性
才能充分发挥出来。在坚持全国人民根本利益一致的基础上，党和
国家高度重视收入分配问题，既坚持鼓励一部分地区、一部分人通
过诚实劳动和合法经营先富起来，推动先富带未富、先富帮未富，
并通过改革税收制度、增加公共支出、加大转移支付等措施，合理
调整国民收入分配格局，逐步解决地区之间和部分社会成员收入差
距过大的问题；进一步完善社会保障体系，逐步扩大社会保障的覆
盖面，切实保障各方面困难群众的基本生活，让他们感受到社会主
义大家庭的温暖，并从法律上、制度上、政策上努力营造公平的社
会环境，从收入分配、利益调节、社会保障、公民权利保障、政府

施政、执法司法等方面采取措施，让人民群众都能够平等地参与社会生活、市场竞争、劳动创造以及维护自己的正当权益。为了给贫困地区和贫困群众提供基本的社会保障，2007 年，国家在全国农村全面建立最低生活保障制度，将家庭年人均纯收入低于规定标准的所有农村居民纳入保障范围，以稳定、持久、有效地解决农村贫困人口温饱问题。截至 2010 年底，全国农村低保覆盖 2528.7 万户、5214 万人；2010 年全年共发放农村低保资金 445 亿元，其中中央补助资金 269 亿元；全国农村低保平均标准为每人每月 117 元，月人均补助水平为 74 元。国家对农村丧失劳动能力和生活没有依靠的老、弱、孤、寡、残农民实行五保供养，即在吃、穿、住、医、葬等方面给予生活照顾和物质帮助。10 年间，五保供养逐步实现了由集体福利事业转型为现代社会保障制度，所需资金由农民分摊转由国家财政负担。到 2010 年底，全国农村得到五保供养的人数为 534 万户、556.3 万人，基本实现"应保尽保"，全国各级财政共发放农村五保供养资金 96.4 亿元。2009 年，国家开展新型农村社会养老保险试点工作，到 2011 年 7 月已覆盖全国 60% 的农村地区，共有 493 个国家扶贫开发工作重点县纳入试点，覆盖率达到 83%。新型农村社会养老保险实行个人缴费、集体补助、政府补贴相结合的筹资方式，基础养老金和个人账户养老金相结合的待遇支付方式，中央财政对中西部地区按中央确定的基础养老金给予全额补助，对东部地区给予 50% 的补助。2010 年，中央财政对新型农村社会养老保险基础养老金补贴 111 亿元，地方财政补助 116 亿元。

三是大力加强思想道德建设。社会的和谐、全面建设小康社会目标的实现，很大一个方面取决于全体社会成员的思想道德素质。在全面建设小康社会和构建社会主义和谐社会目标体系中，人文指数占有重要的比重。为此，党中央提出建设社会主义核心价值体系。建设社会主义核心价值体系是以树立社会主义荣辱观为基础的。2006 年 3 月 4 日，在第十届中国人民政治协商会议第四次会议的民盟、民进联组会上，胡锦涛发表讲话强调：社会风气是社会文明程度的重要标志，是社会价值导向的集中体现。他指出："要教育广大干部群众特别是广大青少年树立社会主义荣辱观，坚持以热爱祖国为荣、以危害祖国为耻，以服务人民为荣、以背离人民为耻，以崇尚科学为荣、以愚昧无知为耻，以辛勤劳动为荣、以好逸恶劳为耻，以团结互助为荣、以损人利己为耻，以诚实守信为荣、以见利忘义为耻，以遵纪守法为荣、以违法乱纪为耻，以艰苦奋斗为荣、以骄奢淫逸为耻。"[1]这"八荣八耻"的社会主义荣辱观，反映社会主义世界观、人生观、价值观，明确了当代中国最基本的价值取向和行为准则，体现了中华民族传统和改革开放的时代要求，涵盖爱国主义、集体主义、社会主义思想，具有很强的思想性和现实针对性，是马克思主义道德观的精辟概括，是新时期社会主义道德的系统总结，是贯彻落实科学发展观、全面建设小康社会目标的重要组成部分。以此为基础，2006 年 10 月，党的十六届六中全会通过《中共中央关于社会主义和谐社会若干重大问题的决定》，提出了"建设社会主义核心价值体系"的重大命题和战略任务，指出："马克思主义指导思想，中国特色社会主义共同理想，以爱国主义为核心的民族精神和以改革创新为核心的时代精神，社会主义荣辱观，构成社会主义核心价值体系的基本内容。"[2] 2011 年 10 月，中共十七届六中全会通过的《中共中央关于深化文化体制改革推动社

---

① 《胡锦涛文选》第二卷，人民出版社 2016 年版，第 430 页。
② 《十六大以来重要文献选编》（下），中央文献出版社 2011 年版，第 661 页。

会主义文化大发展大繁荣若干重大问题的决定》，提出的按照实现全面建设小康社会奋斗目标新要求，到 2020 年文化改革发展的目标是：社会主义核心价值体系建设深化推进，良好思想道德风尚进一步弘扬，公民素质明显提高等。强调社会主义核心价值体系是兴国之魂，决定着中国特色社会主义的发展方向，要把社会主义核心价值体系融入国民教育、精神文明建设和党的建设全过程，贯穿到全面建设小康社会和社会主义现代化建设各领域，体现到精神文化产品创作生产传播各方面，坚持用社会主义核心价值体系引领社会思潮，在全党全社会形成统一指导思想、共同理想信念、强大精神力量、基本道德规范。在社会主义核心价值体系的引领下，党的十七大后，全党紧紧围绕庆祝中华人民共和国成立 60 周年、庆祝建党 90 周年以及举办北京奥运会、上海世博会、广州亚运会等重大活动，应对汶川特大地震、玉树强烈地震、舟曲特大泥石流等重大自然灾害，大力宣传全党和全国各族人民团结一心、排除万难，办成大事、办好喜事、办妥难事的伟大实践，大力开展形势政策教育，开展爱党爱国爱社会主义教育，开展民族团结进步教育，全面建设小康社会不仅在经济发展、民生改善上而且在扩大人民民主、增强文化软实力等方面都取得了巨大成就。

第九章 精准扶贫

全面小康社会不落下一人

党的十八大，确立了以习近平同志为核心的党中央。十八大报告主题的一个亮点体现在小康社会的目标上，它与十七大报告的明显区别就是把"全面建设小康社会"改为"全面建成小康社会"。"全面建成小康社会"的提法最早出现在十七大报告上。十七大报告指出："我们已经朝着十六大确立的全面建设小康社会的目标迈出了坚实步伐，今后要继续努力奋斗，确保到 2020 年实现全面建成小康社会的奋斗目标。"①这里虽然使用了"全面建成小康社会"的概念，但它强调的是到 2020 年要实现全面的小康社会目标，显然这与出现在十八大报告上的"全面建成小康社会"新的目标要求是有区别的。真正将这个概念赋予全新的内涵，是在十八大筹备期间。2012 年 7 月 23 日，胡锦涛在省部级主要领导干部专题研讨班开班式上的讲话中指出：高举中国特色社会主义伟大旗帜，以邓小平理论、"三个代表"重要思想为指导，深入贯彻落实科学发展观，解放思想，改革开放，凝聚力量，攻坚克难，坚定不移沿着中国特色社会主义道路前进，为全面建成小康社会而奋斗。②7 月 30 日，《人民日报》发表评论员文章，号召全党全国

---

① 《十七大以来重要文献选编》（上），中央文献出版社 2013 年版，第 15 页。
② 《胡锦涛在省部级主要领导干部专题研讨班开班式上发表重要讲话　强调全党全国各族人民更加紧密地团结起来　沿着中国特色社会主义道路奋勇前进》，《人民日报》2012 年 7 月 24 日。

人民认真学习这个讲话，指出："目标凝聚力量。把握好、落实好总要求，必须奋力实现全面建成小康社会的宏伟目标……认真学习讲话精神，贯彻落实对经济、政治、文化、社会建设以及生态文明建设、党的建设作出的一系列重大部署，把科学发展观落实到经济社会发展各个方面，才能在未来五年为到 2020 年全面建成小康社会打下具有决定性意义的基础，进而到本世纪中叶基本实现社会主义现代化。"①

"全面建成小康社会"新的目标要求的提出，是全党集体智慧的结晶。2012 年 11 月 4 日，胡锦涛在中共十七届七中全会第二次全体会议上的讲话中，回顾"全面建成小康社会"的形成过程，指出："党的十八是在我国进入全面建成小康社会决定性阶段召开的一次十分重要的大会，也是党的奋斗历程中又一次承前启后、继往开来的大会。""党的十八大报告稿，充分发扬党内民主，集中全党智慧，经过几上几下广泛征求意见，这次全会又进行了讨论修改，大家都认为是一个比较成熟的文件。报告分析了国际国内形势新变化，提出了党的十八大主题，回顾总结了过去五年的工作和党的十六大以来的奋斗历程及取得的历史性成就，确立了

①《深刻把握党和国家工作总要求——论认真学习领会胡锦涛同志重要讲话精神》，《人民日报》2012 年 7 月 30 日。

科学发展观的历史地位，提出了夺取中国特色社会主义新胜利必须牢牢把握的基本要求，确定了全面建成小康社会和全面深化改革开放的目标，对我国社会主义经济建设、政治建设、文化建设、社会建设、生态文明建设和党的建设作出了全面部署，描绘了在新的时代条件下全面建成小康社会、加快推进社会主义现代化、夺取中国特色社会主义新胜利的宏伟目标，为党和国家事业进一步发展指明了前进方向。"①这段话不仅说明"全面建成小康社会"的奋斗目标是集中全党的集体智慧提出来的，而且说明"全面建成小康社会"将写进十八大的报告，成为十八大的主题。最终形成的十八大主题的表述与2012年7月23日胡锦涛在省部级主要领导干部专题研讨班开班式上的讲话中的表述如出一辙，即"高举中国特色社会主义伟大旗帜，以邓小平理论、'三个代表'重要思想、科学发展观为指导，解放思想，改革开放，凝聚力量，攻坚克难，坚定不移沿着中国特色社会主义道路前进，为全面建成小康社会而奋斗。"②

①《十七大以来重要文献选编》（下），中央文献出版社2011年版，第1119—1120页。
②《中国共产党第十八次全国代表大会文件汇编》，人民出版社2012年版，第1页。

一、认识精准，提出全面建成小康社会新目标

十八届中央领导集体建立的当天，在同中外记者见面时的讲话中，习近平总书记就指出："我们的人民热爱生活，期盼有更好的教育、更稳定的工作、更满意的收入、更可靠的社会保障、更高水平的医疗卫生服务、更舒适的居住条件、更优美的环境，期盼孩子们能成长得更好、工作得更好、生活得更好。人民对美好生活的向往，就是我们的奋斗目标。人世间的一切幸福都需要靠辛勤的劳动来创造。我们的责任，就是要团结带领全党全国各族人民，继续解放思想，坚持改革开放，不断解放和发展社会生产力，努力解决群众的生产生活困难，坚定不移走共同富裕的道路。"[1] 这段话生动地描绘了全面小康社会的生活状态，表达了党为人民实现小康社会梦想、为贫困地区和贫困群众走上共同富裕道路不懈奋斗的担当精神和人民情怀。十八大闭幕仅一个多月，习近平总书记就亲赴革命老区河北省阜平县考察扶贫开发工作，指出："消除贫困、改善民生、实现共同富裕，是社会主义的本质要求。""全面建成小康社会，最艰巨最繁重的任务在农村，特别是在贫困地区。没有农村的小康，特别是没有贫困地区的小康，就没有全面建成小康社会。"[2] 以习近平同志为核心的党中央围绕全面建成小康社会，提出的一系列新的目标要求、新的思想观点、新的政策指向，赋予"小康"更高的标准、更丰富的内容。

---

[1]《十八大以来重要文献选编》（上），中央文献出版社2014年版，第70页。
[2]《做焦裕禄式的县委书记》，中央文献出版社2015年版，第15页。

（一）赋予全面建成小康社会新的丰富内涵

党的十八大在提出全面建成小康社会目标的同时，围绕实现这个目标，从经济、政治、文化、社会、生态等各个方面分别提出了要求。十八大后，党中央不断深化对全面建成小康社会的认识。习近平总书记提出："全面建成小康社会，强调的不只是'小康'，而且更重要的也是更难做到的是'全面'。'小康'讲的是发展水平，'全面'讲的是发展的平衡性、协调性、可持续性。如果到2020年我们在总量和速度上完成了目标，但发展不平衡、不协调、不可持续问题更加严重，短板更加突出，就算不上真正实现了目标，即使最后宣布实现了，也无法得到人民群众和国际社会认可。"他围绕怎样实现全面的小康提出三项要求：1."全面小康，覆盖的领域要全面，要五位一体全面进步。全面小康社会要求经济更加发展、民主更加健全、科教更加进步、文化更加繁荣、社会更加和谐、人民生活更加殷实。要在坚持以经济建设为中心的同时，全面推进经济建设、政治建设、文化建设、社会建设、生态文明建设，促进现代化建设各个环节、各个方面协调发展，不能长的很长、短的很短。"[①]2."全面小康，覆盖的人口要全面，是惠及全体人民的小康。"没有全民小康，就没有全面小康。全面小康的路上，一个都不能少。绝不能落下一个贫困地区、一个贫困群众。习近平总书记在陕甘宁革命老区脱贫致富座谈会上的讲话指出："我们实现第一个百年奋斗目标、全面建成小康社会，没有老区的全面小康，特别是没有老区贫困人口脱贫致富，那是不完整的。这就是我常说的小康不小康、关键看老乡的涵义。"[②]农村贫困人口脱贫是最突出的短板。虽然全面

---

① 《十八大以来重要文献选编》（中），中央文献出版社2016年版，第830-831页。
② 《习近平扶贫论述摘编》，中央文献出版社2018年版，第7页。

小康不是人人同样的小康，但如果贫困人口水平没有明显提高，全面小康也不能让人信服。影响全面建成小康社会目标的突出因素主要集中在民生领域，发展不全面的问题很大程度上也表现在不同社会群体的民生保障方面。要持续加大保障和改善民生力度，注重机会公平，保障基本民生，不断提高人民生活水平，实现全体人民共同迈入全面小康社会。3."全面小康，覆盖的区域要全面，是城乡区域共同的小康。"由于城市和农村、不同区域承担着不同的主体功能，所以，缩小城乡、区域发展的差距，不能仅仅看作是缩小国内生产总值和增长速度的差距，而应该是缩小居民收入水平、基础设施通达水平、基本公共服务均等化水平、人民生活水平等方面的差距。习近平总书记指出：没有农村和欠发达地区的全面小康，就没有全国的全面小康。"全面建成小康社会最艰巨最繁重的任务在贫困地区，特别是深度贫困地区，无论这块硬骨头有多硬都必须啃下，无论这场攻坚战有多难打都必须打赢，全面小康路上不能忘记每一个民族、每一个家庭。"①

（二）把全面建成小康社会纳入"五位一体"总体布局和协调推进"四个全面"战略布局中

党的十八大，在强调协调推进经济建设、政治建设、文化建设、社会建设的同时，增加了生态文明建设，形成"五位一体"总体布局。这"五位一体"总体布局涵盖了全面建成小康社会的所有指标。在全面建成小康社会的五项指标中，第一项"经济持续健康发展"，对应的是"经济建设"；第二项"人民民主不断扩大"，对应的是"政治建设"；第三项"文化软实力显著增强"，对应的是

---

① 习近平：《2018年春节前夕赴四川看望慰问各族干部群众时的讲话》（2018年2月10日—13日），《人民日报》2018年2月14日。

"文化建设";第四项"人民生活水平全面提高",对应的是"社会建设";第五项"资源节约型、环境友好型社会建设取得重大进展",对应的是"生态文明建设"。把全面建成小康社会纳入"五位一体"总体布局,显示出全面建成小康社会在党和国家工作全局中的重要地位。习近平总书记在十八届中央政治局第一次集体学习时的讲话中指出:"党的十八大根据国内外形势新变化,顺应我国经济社会新发展和广大人民群众新期待,对全面建设小康社会目标进行了充实和完善,提出了更具明确政策导向、更加针对发展难题、更好顺应人民意愿的新要求。这些目标要求,与党的十六大提出的全面建设小康社会奋斗目标和党的十七大提出的实现全面建设小康社会新要求相衔接,也与中国特色社会主义事业总体布局相一致。"①

十八大以来,党中央从全面建成小康社会的要求出发,提出并形成了"四个全面"战略布局。这就是:全面建成小康社会、全面深化改革、全面依法治国、全面从严治党。2015 年 2 月 2 日,习近平总书记在省部级主要领导干部学习贯彻党的十八届四中全会精神全面推进依法治国专题研讨班上的讲话中,全面论述了这四者的关系,强调全面建成小康社会在"四个全面"战略布局中居于引领地位。他指出:"全面建成小康社会是我们的战略目标,到 2020 年实现这个目标,我们国家的发展水平就会迈上一个大台阶,我们所有奋斗都要聚焦于这个目标。全面深化改革、全面依法治国、全面从严治党是三大战略举措,对实现全面建成小康社会战略目标一个都不能缺。不全面深化改革,发展就缺少动力,社会就没有活力。不全面依法治国,国家生活和社会生活就不能有序运行,就难以实现社会和谐稳定。不全面从严治党,党就做不到'打铁还需自

①《十八大以来重要文献选编》(上),中央文献出版社 2014 年版,第 77-78 页。

身硬'，也就难以发挥好领导核心作用。"[1]习近平总书记认为，全面建设小康社会是我们现阶段的战略目标，也是实现中华民族伟大复兴中国梦的关键一步。以实现全面建设小康社会为基本目标，以全面深化改革、全面依法治国、全面从严治党为战略举措，提出并形成"四个全面"战略布局。这是我们党在新时代治国理政的方略，也是实现中华民族伟大复兴中国梦的重要保障，为实现"两个一百年"奋斗目标、实现中华民族伟大复兴的中国梦提供了理论指导和实践指南。在"四个全面"战略布局下推进全面建成小康社会，必须加强党中央的集中统一领导，以保证正确方向、形成强大合力。更加扎实地推进经济发展，更加坚定地推进改革开放，更加充分地激发创造活力，更加有效地维护公平正义，更加有力地保障和改善民生，更加深入地改进党风政风。要对照"四个全面"战略布局的要求，找准工作中的薄弱环节，提出加强改进的政策举措，把协调推进"四个全面"战略布局作为评价地区发展、评价干部实绩的重要标准，切实树立起正确的发展导向、政绩导向。以"四个全面"战略布局为指引攻坚克难、化解矛盾、解决问题，推进全面建成小康社会和社会主义现代化建设迈上新台阶，推动党的建设取得新进展。

（三）坚持精准扶贫、精准脱贫基本方略

精准扶贫、精准脱贫的重大战略决策是习近平总书记首先提出来的。2012 年 12 月，他冒着严寒到地处太行山东麓的集中连片特困地区河北省阜平县考察扶贫工作，在考察龙泉关镇骆驼湾村、顾家台村两个特困村时，指出：各级党委和政府要把帮助困难群众特别是革命老区、贫困地区的困难群众脱贫致富摆在更加突出位置，

---

[1]《十八大以来重要文献选编》（中），中央文献出版社 2016 年版，第 248 页。

因地制宜、科学规划、分类指导、因势利导，各项扶持政策要进一步向革命老区、贫困地区倾斜。[①]这里强调的"因地制宜、科学规划、分类指导、因势利导"，讲的就是精准扶贫、精准脱贫的工作思路，但没有使用"精准"的概念。

2013年11月，习近平总书记前往14个集中连片特困地区之一的武陵山片区湖南省湘西土家族苗族自治州考察扶贫开发和特色产业发展情况。在当地花垣县十八洞村与老百姓的座谈中，习近平总书记指出："扶贫要实事求是，因地制宜。要精准扶贫，切忌喊口号，也不要定好高骛远的目标。"[②]这是我们党首次提出"精准扶贫"的概念。

"精准扶贫"概念提出以后，在扶贫开发实践中，我们党不断深化思想认识，对精准扶贫的内涵外延和政策要求相继做出阐发。2014年"两会"期间，在参加十二届全国人大二次会议贵州代表团审议时，习近平总书记指出："精准扶贫，就是要对扶贫对象实行精细化管理，对扶贫资源实行精确化配置，对扶贫对象实行精准化扶持，确保扶贫资源真正用在扶贫对象身上、真正用在贫困地区。"[③]

2015年6月18日，习近平总书记在部分省区市扶贫攻坚与"十三五"时期经济社会发展座谈会上的讲话中指出，要"切实做到精准扶贫。扶贫开发推进到今天这样的程度，贵在精准，重在精准，成败之举在于精准。搞大水漫灌、走马观花、大而化之、手榴弹炸跳蚤不行。要做到六个精准，即扶持对象精准、项目安排精准、资金使用精准、措施到户精准、因村派人（第一书记）精准、

① 《习近平到河北阜平看望慰问困难群众时强调 把群众安危冷暖时刻放在心上 把党和政府温暖送到千家万户》，《人民日报》2012年12月31日。

② 唐任伍：《习近平精准扶贫思想阐释》，《人民论坛》2015年10月（下）。

③ 《习近平扶贫论述摘编》，中央文献出版社2018年版，第58页。

脱贫成效精准。各地都要在几个精准上想办法、出真效"。^①这是习近平总书记围绕精准扶贫首次进行全面系统的阐释，"四个切实"（即切实落实领导责任、切实做到精准扶贫、切实强化社会合力、切实加强基层组织）、"六个精准"、"四个一批"（即扶持生产和就业发展一批、移民搬迁安置一批、政策兜底一批、医疗救助扶持一批）^②等都是在这次会议上提出来的。此后，精准扶贫基本方略基本定型。几个月后，2015 年 10 月 16 日，习近平总书记在 2015 减贫与发展高层论坛上的主旨演讲中，向全世界宣布了"精准扶贫"的新方略。他指出："中国在扶贫攻坚工作中采取的重要举措，就是实施精准扶贫方略，找到'贫根'，对症下药，靶向治疗。我们坚持中国制度的优势，构建省市县乡村五级一起抓扶贫，层层落实责任制的治理格局。我们注重抓六个精准，即扶持对象精准、项目安排精准、资金使用精准、措施到户精准、因村派人精准、脱贫成效精准，确保各项政策好处落到扶贫对象身上。"此外，在这次主旨演讲中，习近平总书记还对他先前提出的"四个一批"拓展和完善至"五个一批"，他说："坚持中国制度优势，注重六个精准，坚持分类施策，因人因地施策，因贫困原因施策，因贫困类型施策，通过扶持生产和就业发展一批，通过易地搬迁安置一批，通过生态保护脱贫一批，通过教育扶贫脱贫一批，通过低保政策兜底一批，广泛动员全社会力量参与扶贫。"^③

2015 年 10 月 26 日至 29 日，党的十八届五中全会召开。全会

①《习近平扶贫论述摘编》，中央文献出版社 2018 年版，第 58 页。
②《习近平在部分省区市党委主要负责同志座谈会上强调 谋划好"十三五"时期扶贫开发工作 确保农村贫困人口到 2020 年如期脱贫》，《人民日报》2015 年 6 月 20 日。
③《携手消除贫困　促进共同发展——在 2015 减贫与发展高层论坛的主旨演讲》，《人民日报》2015 年 10 月 17 日。

通过了《中共中央关于制定国民经济和社会发展第十三个五年规划的建议》。《建议》明确提出农村贫困人口脱贫是全面建成小康社会的"突出短板"，也是全面建成小康社会"最艰巨的任务"。习近平总书记在对《建议》进行说明时指出："通过实施脱贫攻坚工程，实施精准扶贫、精准脱贫，7017万农村贫困人口脱贫目标是可以实现的。2011年至2014年，每年农村脱贫人口分别为4329万、2339万、1650万、1232万。因此，通过采取过硬的、管用的举措，今后每年减贫1000万人的任务是可以完成的。具体讲，到2020年，通过产业扶持，可以解决3000万人脱贫；通过转移就业，可以解决1000万人脱贫；通过易地搬迁，可以解决1000万人脱贫，总计5000万人左右。还有2000多万完全或部分丧失劳动能力的贫困人口，可以通过全部纳入低保覆盖范围，实现社保政策兜底脱贫。"[①]

2017年2月21日，习近平总书记在中共中央政治局第三十九次集体学习时的讲话中，在精准研判扶贫形势的基础上，提出了"七个强化"，概括了"五条经验"，即"要强化领导责任、强化资金投入、强化部门协同、强化东西协作、强化社会合力、强化基层活力、强化任务落实，集中力量攻坚克难，更好推进精准扶贫、精准脱贫，确保如期实现脱贫攻坚目标"，"加强领导是根本、把握精准是要义、增加投入是保障、各方参与是合力、群众参与是基础"。[②]从"四个切实"到"七个强化"，精准扶贫、精准脱贫的基本方略不断得到完善、发展。

---

① 习近平:《关于〈中共中央关于制定国民经济和社会发展第十三个五年规划的建议〉的说明》,《〈中共中央关于制定国民经济和社会发展第十三个五年规划的建议〉辅导读本》,人民出版社2015年版,第54页。
② 《习近平在中共中央政治局第三十九次集体学习时强调:更好推进精准扶贫精准脱贫确保如期实现脱贫攻坚目标》,《人民日报》2017年2月23日。

2017 年 10 月 18 日，党的十九大隆重召开。"精准扶贫、精准脱贫"基本方略写在十九大报告中。报告指出：让贫困人口和贫困地区同全国一道进入全面小康社会是我们党的庄严承诺。要动员全党全国全社会力量，坚持精准扶贫、精准脱贫，坚持中央统筹省负总责市县抓落实的工作机制，强化党政一把手负总责的责任制，坚持大扶贫格局，注重扶贫同扶志、扶智相结合，深入实施东西部扶贫协作，重点攻克深度贫困地区脱贫任务，确保到 2020 年我国现行标准下农村贫困人口实现脱贫，贫困县全部摘帽，解决区域性整体贫困，做到脱真贫、真脱贫。[①] 这段重要论述，体现出中国共产党对精准扶贫的基本方略的认识进一步深化。

（四）把主动适应、把握、引领经济新常态，进行供给侧结构改革作为破解全面建成小康社会的重点难点问题

什么叫经济新常态？习近平总书记概括出三个特征：一是从高速增长转为中速增长。二是经济结构不断优化升级，第三产业、消费需求逐步成为主体，城乡区域差距逐步缩小，居民收入占比上升，发展成果惠及更广大民众。三是从要素驱动、投资驱动转向创新驱动。[②] 如同一个人 10 岁至 18 岁期间个子猛长，18 岁之后长个子的速度就慢下来了。经济发展也是这样一个规律，一种经济发展模式发展到一定程度，也要慢下来。这种"慢"就是常态，对此不要大惊小怪。党中央认为，从 2016 年即"十三五"开始，"我国经济发展的显著特征就是进入新常态"。新常态是怎样形成的呢？

---

① 习近平：《决胜全面建成小康社会，夺取新时代中国特色社会主义伟大胜利——在中国共产党第十九次全国代表大会上的报告》（2017 年 10 月 18 日），人民出版社 2017 年版，第 47-48 页。

② 习近平：《谋求持久发展，共筑亚太梦想》（2014 年 11 月 9 日），《人民日报》2014 年 11 月 10 日。

第一，从消费需求看，过去，我国消费具有明显的模仿型排浪式特征，你有我有全都有，消费是一浪接一浪地增长。现在，"羊群效应"没有了，模仿型排浪式消费阶段基本结束，消费拉开档次，个性化、多样化消费渐成为主流，保证产品质量安全、通过创新供给激活需求的重要性显著上升。随着我国收入水平提高和消费结构变化，供给体系进行一些调整是必然的，但我国人口基数大，总体消费水平还不高、余地还很大。我们必须采取正确的消费政策，释放消费潜力，使消费继续在推动经济发展中发挥基础作用。

第二，从投资需求看，过去，投资需求空间巨大，只要有钱敢干，投资都有回报，投资在经济发展中扮演着重要角色。经历了30多年高强度大规模开发建设后，传统产业、房地产投资相对饱和，但基础设施互联互通和一些新技术、新产品、新业态、新商业模式的投资机会大量涌现，对创新投融资方式提出了新要求。我国总储蓄率仍然较高。我们必须善于把握投资方向，消除投资障碍，使投资继续对经济发展发挥关键作用。

第三，从出口和国际收支看，国际金融危机发生前，国际市场空间扩张很快，只要有成本优势，出口就能扩大，出口成为拉动我国经济快速发展的重要动能。现在，全球总需求不振，我国低成本比较优势也发生了转化。同时，我国出口竞争优势依然存在，多年打拼出来的国际市场也是重要资源。高水平引进来、大规模走出去正在同步发生，人民币国际化程度明显提高，国际收支双顺差局面正在向收支基本平衡方向发展。我们必须加紧培育新的比较优势，积极影响国际贸易投资规则重构，使出口继续对经济发展发挥支撑作用。

第四，从生产能力和产业组织方式看，过去，供给不足是长期困扰我们的一个主要矛盾，现在传统产业供给能力大幅超出需求，钢铁、水泥、玻璃等产业的产能已近峰值，房地产出现结构性、区域性过剩，各类开发区、工业园区、新城新区的规划建设总面积超出实际需要。在产能过剩的条件下，产业结构必须优化升级，企业兼并重组、生产相对集中不可避免。

第五，从生产要素相对优势看，过去，我们有源源不断的新生劳动力和农业富余劳动力，劳动力成本低是最大优势，引进技术和管理就能迅速变成生产力。现在，人口老龄化日趋发展，劳动年龄人口总量下降，农业富余劳动力减少，在许多领域我国科技创新与国际先进水平相比还有较大差距，能够拉动经济上水平的关键技术人家不给了，这就使要素的规模驱动力减弱。随着要素质量不断提高，经济增长将更多依靠人力资本质量和技术进步，必须让创新成为驱动发展新引擎。

第六，从市场竞争特点看，过去，主要是数量扩张和价格竞争。现在，竞争正逐步转向质量型、差异化为主的竞争，消费者更加注重品质和个性化，竞争必须把握市场潜在需求，通过供给创新满足需求。企业依赖税收和土地等优惠政策形成竞争优势、外资超国民待遇的方式已经难以为继，统一全国市场、提高资源配置效率是经济发展的内生性要求。我们必须深化改革开放，加快形成统一透明、有序规范的市场环境，为市场充分竞争创造良好条件。

第七，从资源环境约束看，过去，能源资源和生态环境空间相对较大，可以放开手脚大开发、快发展。现在，环境承载能力已经达到或接近上限，难以承载高消耗、粗放型的发展了。人民群众对清新空气、清澈水质、清洁环境等生态产品的需求越来越迫切，优质生态环境越来越珍贵。我们必须顺应人民群众对生态环境的期待，推动形成绿色低碳循环发展新方式，并从中创造出新的增长点。

第八，从经济风险积累和化解看，过去，经济高速发展掩盖了一些矛盾和风险。现在，伴随着经济增速下调，各类隐性风险逐步显性化，地方政府债务、影子银行、房地产等领域风险正在显露，就业也存在结构性风险。我们必须标本兼治、对症下药，建立健全化解各类风险的体制机制。

第九，从资源配置模式和宏观调控方式看，过去，总需求增长潜在空间大，实行凯恩斯主义的办法就能有效刺激经济发展；经济发展中的短板很清楚，产业政策只要按照"雁行理论"效仿先行国家就能形成产业比较优势。现在，从需求方面看，全面刺激政策的边际效果明显递减；从供给方面看，既要全面化解产能过剩，也要通过发挥市场机制作用探索未来产业发展方向。我们必须全面把握总供求关系新变化，科学进行宏观调控。

这些趋势性变化说明，我国经济正在向形态更高级、分工更复杂、结构更合理的阶段演化。它没有改变我国发展仍处于可以大有作为的重要战略机遇期的判断，改变的是重要战略机遇期的内涵和条件；没有改变我国经济发展总体向好的基本面，改变的是经济发展方式和经济结构。它给全面建成小康社会既带来了机遇也带来了挑战。习近平总书记指出："进入全面建成小康社会决胜阶段，不是新一轮大干快上，不能靠粗放型发展方式、靠强力刺激抬高速度实现'两个翻番'，否则势必走到老路上去，那将会带来新的矛盾和问题。我们不仅要全面建成小康社会，而且要考虑更长远时期的发展要求，加快形成适应经济发展新常态的经济发展方式。这样，才能建成高质量的小康社会，才能为实现第二个百年奋斗目标奠定更为牢靠的基础。"[①]

那么，在经济新常态下，怎样推进全面建成小康社会呢？习近平总书记提出的思路是：第一，推动经济发展，要更加注重发展质量和效益。第二，稳定经济增长，要更加注重供给侧结构性改革。第三，实施宏观调控，要更加注重引导市场行为和社会心理预期。第四，调整产业结构，要更加注重加减乘除并举。即"要引导增量，培育新的增长动力；要主动减量，下大决心化解产能过剩，实现优胜劣汰；要发挥创新引领发展第一动力作用，实施一批重大科技项目，加快突破核心关键技术，全面提升经济发展科技含量，提高劳动生产率和资本回报率；要抓好职业培训，提高人力资本质量，优化人力资本结构"[②]。第五，推进城镇化，要更加注重以人为本。第六，促进区域发展，要更加注重人口经济和资源环境空间均衡，既要促进地区间经济和人口均衡，缩小地区间人均国内生产总值差距，也要促进地区间经济和资源环境承载能力相适应，缩小人口经济和资源环境间的差距。第七，保护生态环境，要更加注重促进形成绿色生产方式和消费方式。保住绿水青山要抓源头，形成内生动力机制。要坚定不移走绿色低碳循环发展之路，构建绿色产业体系和空间格局，引导形成绿色生产方式和生活方式，促进人与自然和谐共生。第八，保障改善民生，要更加注重对特定人群特殊困难的精准帮扶。要在经济发展基础上持续改善民生，特别是要提高教育、医疗等基本公共服务数量和质量，推进教育公平。要实施精准帮扶，把钱花在对特定人群特殊困难的针对性帮扶上，使他们有现实获得感，使他们及其后代发展能力得到有效提升。第九，进行

---

① 《十八大以来重要文献选编》（中），中央文献出版社2016年版，第824页。
② 《习近平关于社会主义经济建设论述摘编》，中央文献出版社2017年版，第93页。

资源配置，要更加注重使市场在资源配置中起决定性作用，重视和善于激发微观主体活力，政府要集中力量办好市场办不了的事，履行好宏观调控、市场监管、公共服务、社会管理、保护环境等基本职责。第十，扩大对外开放，要更加注重推进高水平双向开放。

这 10 条思路概括起来，就是"转方式"——解决好发展质量和效益问题，"补短板"——着力解决好不平衡问题，也就是如何使贫困地区贫困群众脱贫，"防风险"——既包括国内的经济、政治、意识形态、社会风险以及来自自然界的风险，也包括国际经济、政治、军事风险等。如果发生重大风险又扛不住，国家安全就可能面临重大威胁，全面建成小康社会进程就可能被迫中断。[①]

（五）建设美丽中国，为人民创造良好生产生活环境

生态文明建设是我国的一项基本国策，是全面建成小康社会的一项重要指标。十八大报告提出的全面建成小康社会的五项指标，其中第五项是："资源节约型、环境友好型社会建设取得重大进展。主体功能区布局基本形成，资源循环利用体系初步建立。单位国内生产总值能源消耗和二氧化碳排放大幅下降，主要污染物排放总量显著减少。森林覆盖率提高，生态系统增强，人居环境明显改善。"[②]讲的就是生态文明建设。把生态文明写进全面建成小康社会的指标，是党中央正确判断我国全面建成小康社会现状和形势的结果。世界上许多国家包括一些发达国家，都走过"先污染后治理"的老路，在发展过程中把生态环境破坏了，搞了一堆没有价值甚至是破坏性的东西，再补回去，成本比当初创造的财富还要多。20 世纪发生在西方国家的"世界八大公害事件"，如洛杉矶光化学

---

①《十八大以来重要文献选编》（中），中央文献出版社 2016 年版，第 833 页。
②《中国共产党第十八次全国代表大会文件汇编》，人民出版社 2012 年版，第 17 页。

烟雾事件、伦敦烟雾事件、日本水俣病事件等，对生态环境和公众
生活造成巨大影响，沉重的生态环境代价，教训极为深刻。中国全
面建成小康社会和建设现代化国家，不能走他们的老路。中国的一
个基本国情是，能源相对不足、生态环境承载力不强，"生态环境
特别是大气、水、土壤污染严重，已成为全面建成小康社会的突出
短板"[①]。发达国家一两百年出现的环境问题在我国30多年的快速发
展中就集中显现，呈现明显的结构型、压缩型、复合型特点，老的
环境问题尚未解决，新的环境问题接踵而至。走老路，无节制消耗
资源，不计代价污染环境，难以为继！我们要探索走出一条环境保
护新路，在发展经济的过程中，更加自觉地推动绿色发展、循环发
展、低碳发展，决不以牺牲环境、浪费资源为代价换取一时的经济
增长。因此，习近平总书记指出："环境就是民生，青山就是美丽，
蓝天也是幸福。要像保护眼睛一样保护生态环境，像对待生命一样
对待生态环境。"[②]

　　处理好人与自然的关系，必须树立新的发展理念和生活方式。
生态环境问题归根到底是发展方式和生活方式问题。要从根本上解
决生态环境问题，必须贯彻绿色发展理念，坚决摒弃损害甚至破坏
生态环境的增长模式，形成节约资源和保护环境的空间格局、产业
结构、生产方式和生活方式，把经济活动、人的行为限制在自然资
源和生态环境能够承受的限度内。为了帮助人们树立新的发展方式
和生活方式，习近平总书记深刻指出："我们既要绿水青山，也要金
山银山。宁要绿水青山，不要金山银山，而且绿水青山就是金山银

---

① 《习近平关于社会主义生态文明建设论述摘编》，中央文献出版社2017年版，第9页。
② 同上书，第8页。

山。"① 他指出："纵观世界发展史，保护生态环境就是保护生产力，改善生态环境就是发展生产力。良好的生态环境是最公平的公共产品，是最普惠的民生福祉。"② 这些论述，阐明了经济发展、人民生活与环境保护的辩证关系，指明了实现发展与保护环境协同共生的新路径。

建设生态文明，必须统筹山林水田草湖系统治理。山林水田草湖是一个生命共同体，人的命脉在田，田的命脉在水，水的命脉在山，山的命脉在土，土的命脉在林。这个生命共同体是人类生存发展的物质基础。如果种树的只管种树，治水的只管治水，护田的只管护田，就很容易顾此失彼，最终造成生态的系统性破坏。因此，习近平总书记要求："把生态文明建设放到现代化建设全局的突出地位，把生态文明理念深刻融入经济建设、政治建设、文化建设、社会建设各方面和全过程，从根本上扭转生态环境恶化趋势，确保中华民族永续发展。"③ 2013 年 12 月，在中央城镇化工作会议上的讲话中，他进一步指出："城市规划建设的每个细节都要考虑对自然的影响，更不要打破自然系统。为什么这么多城市缺水？一个重要原因是水泥地太多，把能够涵养水源的林地、草地、湖泊、湿地给占用了，切断了自然的水循环，雨水来了，只能当作污水排走，地下水越抽越少。解决城市缺水问题，必须顺应自然。比如，在提升城市排水系统时要优先考虑把有限的雨水留下来，优先考虑更多利用自然力量排水，建设自然积存、自然渗透、自然净化的'海绵城市'。许多城市提出生态城市口号，但思路却是大树进城、开山造

---

① 《习近平新时代中国特色社会主义思想学习纲要》，学习出版社、人民出版社 2019 年版，第 169—170 页。
② 《习近平关于社会主义生态文明建设论述摘编》，中央文献出版社 2017 年版，第 4 页。
③ 同上书，第 43 页。

地、人造景观、填湖填海等。这不是建设生态文明，而是破坏自然生态。"① 这一论述说明，建设生态文明必须树立系统思维，坚持系统治理，要算大账，算整体账，算综合账。按照生态系统的整体性、系统性及其内在规律，统筹考虑自然生态各要素、山上山下、地上地下、陆地海洋以及流域上下游等因素，进行整体保护、系统修复、综合治理，增强生态系统循环能力，维护生态的平衡。

保护生态环境，必须实行最严格的制度。建设生态文明，是一场涉及生产方式、生活方式、思维方式、价值观念的革命性变革。实现这样的变革，必须依靠制度和法治。为此，习近平总书记严肃指出："只有实行最严格的制度、最严密的法治，才能为生态文明建设提供可靠保证。"② 这种最严格的制度和法治主要是：构建产权清晰、多元参与、激励约束并重、系统完整的生态文明制度体系；建立归属清晰、权责明确、监管有效的自然资源资产产权制度；以空间规划为基础、以用途管制为主要手段的国土空间开发保护制度；以空间治理和空间结构优化为主要内容，全国统一、相互衔接、分级管理的空间规划体系；覆盖全面、科学规范、管理严格的资源总量管理和全面节约制度；反映市场供求和资源稀缺程度、体现自然价值和代际补偿的资源有偿使用和生态补偿制度；以改善环境质量为导向，监管统一、执法严明、多方参与的环境治理体系；更多运用经济杠杆进行环境治理和生态保护的市场体系；充分反映资源消耗、环境损害、生态效益的生态文明绩效评价考核和责任追究制度等。对怎样建立这样的制度，习近平总书记提出了明确的思路，他

---

① 《习近平关于社会主义生态文明建设论述摘编》，中央文献出版社 2017 年版，第 49 页。
② 同上书，第 100 页。

说，建立责任追究制度，"主要是对领导干部的责任追究制度。对那些不顾生态环境盲目决策、造成严重后果的人，必须追究其责任，而且应该终身追究。"①"要抓紧对全国各县进行资源环境承载能力评价，抓紧建立资源环境承载能力监测预警机制。我到过的好几个县、地级市，都说要迁城，为什么要迁呢？没水了。缺水就迁城，要花好多钱。所以，水资源、水生态、水环境超载区域要实行限制性措施，调整发展规划，控制发展速度和人口规模，调整产业结构，避免犯历史性错误。"②总之，要按照绿色发展理念，树立大局观、长远观、整体观，坚持保护优先，把生态文明建设融入"五位一体"总体布局和全面建成小康社会的全过程，努力开创社会主义生态文明的新时代。

二、政策精准，在贯彻落实创新、协调、绿色、开放、共享的新发展理念中推进全面建成小康社会

党的十八届五中全会首次提出了创新、协调、绿色、开放、共享五个新发展理念。全会通过的《中共中央关于制定国民经济和社会发展第十三个五年规划的建议》中指出："实现'十三五'时期发展目标，破解发展难题，厚植发展优势，必须牢固树立创新、协调、绿色、开放、共享的发展理念。"③对这五个发展理念的内涵，习近平总书记在党的十八届五中全会第二次全体会议上，首次做了系统阐述。他指出：创新发展注重的是解决发展动力问题。我国创新能力不强，科技发展水平总体不高，科技对经济社会发展的支撑

①《习近平关于社会主义生态文明建设论述摘编》，中央文献出版社 2017 年版，第 100 页。

② 同上书，第 104 页。

③《十八大以来重要文献选编》（中），中央文献出版社 2016 年版，第 792 页。

能力不足，科技对经济增长的贡献率远低于发达国家水平，这是我国这个经济大个头的"阿喀琉斯之踵"。新一轮科技革命带来的是更加激烈的科技竞争，如果科技创新搞不上去，发展动力就不可能实现转换，我们在全球经济竞争中就会处于下风。为此，我们必须把创新作为引领发展的第一动力，把人才作为支撑发展的第一资源，把创新摆在国家发展全局的核心位置，不断推进理论创新、制度创新、科技创新、文化创新等各方面创新，让创新贯穿党和国家一切工作，让创新在全社会蔚然成风。协调发展注重的是解决发展不平衡问题。我国发展不协调是一个长期存在的问题，突出表现在区域、城乡、经济和社会、物质文明和精神文明、经济建设和国防建设等关系上。在经济发展水平落后的情况下，一段时间的主要任务是要跑得快，但跑过一定路程后，就要注意调整关系，注重发展的整体效能，否则"木桶效应"就会愈加显现，一系列社会矛盾会不断加深。为此，我们必须牢牢把握中国特色社会主义事业总体布局，正确处理发展中的重大关系，不断增强发展整体性。绿色发展注重的是解决人与自然和谐问题。绿色循环低碳发展，是当今时代科技革命和产业变革的方向，是最有前途的发展领域，我国在这方面的潜力相当大，可以形成很多新的经济增长点。我国资源约束趋紧、环境污染严重、生态系统退化的问题十分严峻，人民群众对清新空气、干净饮水、安全食品、优美环境的要求越来越强烈。为此，我们必须坚持节约资源和保护环境的基本国策，坚定走生产发展、生活富裕、生态良好的文明发展道路，加快建设资源节约型、环境友好型社会，推进美丽中国建设，为全球生态安全做出新贡献。开放发展注重的是解决发展内外联动问题。国际经济合作和竞争局面正在发生深刻变化，全球经济治理体系和规则正在面临重大调整，引进来、走出去在深度、广度、节奏上都是过去所不可比拟的，应对外部经济风险、维护国家经济安全的压力也是过去所不能比拟的。现在的问题不是要不要对外开放，而是如何提高对外开放的质量和发展的内外联动性。我国对外开放水平总体上还不够高，用好国际国内两个市场、两种资源的能力还不够强，应对国际经贸摩擦、争取国际经济话语权的能力还比较弱，运用国际经贸规则的本领也不够强，需要加快弥补。为此，我们必须坚持对外开放的基本国策，奉行互利共赢的开放战略，深化人文交流，完善对外开放区域布局、对外贸易布局、投资布局，形成对外开放新体制，发展更高层次的开放型经济，以扩大开放带动创新、推动改革、促进发展。"一带一路"建设是扩大开放的重大战略举措和经济外交的顶层设计，要找准突破口，以点带面、串点成线，步步为营、久久为功。要推动全球经济治理体系改革完善，引导全球经济议程，维护多边贸易体制，加快实施自由贸易区战略，积极承担与我国能力和地位相适应的国际责任和义务。共享发展注重的是解决社会公平正义问题。"治天下也，必先公，公则天下平矣。"让广大人民群众共享改革发展成果，是社会主义的本质要求，是社会主义制度优越性的集中体现，是我们党坚持全心全意为人民服务根本宗旨的重要体现。这方面问题解决好了，全体人民推动发展的积极性、主动性、创造性就能充分调动起来，国家发展也才能具有最深厚的伟力。我国经济发展的"蛋糕"不断做大，但分配不公问题比较突出，收入差距、城乡区域公共服务水平差距较大。在共享改革发展成果上，无论是实际情况还是制度设计，都还有不完善的地方。为此，我们必须坚持发展为了人民、发展依靠人民、发展成果由人民共享，做出更有效的制度安排，使全体人民朝着共同富裕方向稳步前进，绝不能出现"富者累巨万，而贫者食糟糠"的现象。坚持创新发展、协调发展、绿色发展、开放发展、共享发展，是关系我国发展全局的一场深刻变革。这五大发展理念相互贯通、相互促进，是具有内在联系的集合体，要统一贯彻，不能顾此失彼，也不能相互替代。哪一个发展理念贯彻不到位，发展进程都会受到影响。[①] 在"创新、协调、绿色、开放、共享"五大发展理念中，创新是引领发展的第一动力，协调是持续健康发展的内在要求，绿色是永续发展的必要条件和人民对美好生活追求的重要体现，开放是国家繁荣发展的必由之路，共享是中国特色社会主义的本质要求。

　　由此可见，新发展理念是党在深刻总结国内外发展经验教训的基础上形成的，是在深刻分析国内外发展大势的基础上形成的，更是针对我国发展中的突出矛盾和问题提出来的。这里说的"我国发展中的突出矛盾和问题"，就是推进全面建成小康社会中的突出矛盾和问题。所以，对于为什么要提出新发展理念，习近平总书记在《关于〈中共中央关于制定国民经济和社会发展第十三个五年规划的建议〉的说明》中做了这样的解释：面对经济社会发展新趋势新机遇和新矛盾新挑战，谋划"十三五"时期经济社会发展，必须确立新的发展理念，用新的发展理念引领发展行动。发展理念是发展行动的先导，是管全局、管根本、管方向、管长远的东西，是发展思路、发展方向、发展着力点的集中体现。发展理念搞对了，目标任务就好定了，政策举措也就跟着好定了。为此，建议稿提出了创新、协调、绿色、开放、共享的发展理念，并以这五大发展理念为主线对建议稿进行谋篇布局。这五大发展理念，是"十三五"乃至

① 习近平：《在党的十八届五中全会第二次全体会议上的讲话（节选）》（2015年10月29日），《求是》杂志2016年第1期。

更长时期我国发展思路、发展方向、发展着力点的集中体现，也是改革开放 30 多年来我国发展经验的集中体现，反映出我们党对我国发展规律的新认识。[1]

在新发展理念中，"共享发展"是最具亮点的新提法。党的十八大以来，习近平总书记围绕共享发展理念作了诸多论述。他坚持以人民群众的期盼为准绳满足人民群众的利益诉求，把人民对美好生活的向往作为我们奋斗的目标。强调要紧紧围绕人民群众所思所盼来保障和改善民生。在党的十八届五中全会上，习近平总书记明确提出坚持共享发展理念，"坚持发展为了人民、发展依靠人民、发展成果由人民共享，做出更有效的制度安排，使全体人民在共建共享发展中有更多获得感"[2]。强调我们所要实现的共同富裕不仅仅意味着物质成果的共享，也包括共享出彩的人生价值机会。习近平总书记反复强调的中国人民共同享有人生出彩的机会、梦想成真的机会、同祖国和时代一起成长进步的机会，就蕴含着一种价值追求，在这样的价值追求的指引下，每个人将赢得发展空间，获得发展机会，进而促进更好的共享的实现。

共享发展理念包含着丰富的内容：一是全民共享。这是就共享的覆盖面而言的。共享发展是人人享有、各得其所，不是少数人共享、一部分人共享。二是全面共享。这是就共享的内容而言的。共享发展就要共享国家经济、政治、文化、社会、生态各方面建设成果，全面保障人民在各方面的合法权益。三是共建共享。这是就共享的实现途径而言的。共建才能共享，共建的过程也是共享的过

---

① 习近平：《关于〈中共中央关于制定国民经济和社会发展第十三个五年规划的建议〉的说明》（2015 年 10 月 26 日），《求是》杂志 2015 年第 22 期。
②《中共中央关于制定国民经济和社会发展第十三个五年规划的建议》，《人民日报》2015 年 11 月 4 日。

程。要充分发扬民主，广泛汇聚民智，最大激发民力，形成人人参与、人人尽力、人人都有成就感的生动局面。四是渐进共享。这是就共享发展的推进进程而言的。一口吃不成胖子，共享发展必将有一个从低级到高级、从不均衡到均衡的过程，即使达到很高的水平也会有差别。我们要立足国情、立足经济社会发展水平来思考设计共享政策，既不裹足不前、铢施两较、该花的钱也不花，也不好高骛远、寅吃卯粮、口惠而实不至。这四个方面是相互贯通的，要整体理解和把握。

　　那么，如何从理念走进实践呢？习近平总书记精辟指出：落实共享发展理念，"十三五"时期的任务和措施有很多，归结起来就是两个层面的事。一是充分调动人民群众的积极性、主动性、创造性，举全民之力推进中国特色社会主义事业，不断把"蛋糕"做大。二是把不断做大的"蛋糕"分好，让社会主义制度的优越性得到更充分体现，让人民群众有更多获得感。要扩大中等收入阶层，逐步形成橄榄型分配格局。特别要加大对困难群众的帮扶力度，坚决打赢农村贫困人口脱贫攻坚战。落实共享发展是一门大学问，要做好从顶层设计到"最后一公里"落地的工作，在实践中不断取得新成效。[①] 党的十九届四中全会通过的《中共中央关于坚持和完善中国特色社会主义制度、推进国家治理体系和治理能力现代化若干重大问题的决定》指出，"增进人民福祉、促进人的全面发展是我们党立党为公、执政为民的本质要求"，"满足人民多层次多样化需求，使改革发展成果更多更公平惠及全体人民。"[②] 这实际上就是

---

① 习近平：《深入理解新发展理念》(2016年1月18日)，《求是》杂志2019年第10期。
②《中共中央关于坚持和完善中国特色社会主义制度、推进国家治理体系和治理能力现代化若干重大问题的决定》，人民出版社2019年版，第25—26页。

旨在建立和完善让人民共享改革红利、不断迈向共同富裕的制度安排。

为了实现让人民共享改革发展成果，党的十八大以来，以习近平同志为核心的党中央做出了巨大努力。

（一）全民共享——人人享有发展成果

全民共享，共享发展的主体无疑是全体人民，这里所说的全体人民既是现实的个人，也涵盖现实的群体。从个人层面来看，共享发展表明个人不管处于何种身份地位、职业归属或是财产多寡、能力高低都应该也可以共享经济社会发展成果，以此来实现自身的利益诉求，同时贡献自身的社会价值。从群体层面来看，人民群众属于历史范畴，在质上是指一切对社会历史发展起推动作用的人，在量上是指社会人口中的绝大多数。在新时代，"全体人民"是指所有参与、拥护和支持中国特色社会主义建设的阶层和群体，包括各民族的工人、农民、知识分子等劳动人民，改革开放以来新出现的社会阶层，以及拥护社会主义、维护祖国统一的爱国者。处于不同地区、阶层、民族、职业等的不同群体都能参与到经济发展成果的共享中来是共享发展落实的基本追求。全民共享，在社会主义制度下得到充分体现。党的十八大以来，我国全面实施全民参保计划。这是覆盖全民目标、促进人人享有基本社会保障最重要的举措。而社会保障覆盖率是全面建成小康社会的基本指标之一。到十九大召开时，我国职工医保、城镇居民医保和新农合参保人数超过 13 亿，参保覆盖率稳定在 95% 以上。城乡居民基本医保财政补助标准由 2012 年人均 240 元提高到 2015 年的 380 元。基本医保、大病保险、疾病应急救助、医疗救助等相互衔接的机制逐步形成。全民医保基本实现。我国积极完善城镇职工基本养老保险和城乡居民基本养老保险制度，全国基本养老保险参保人数超过 9 亿，随着机关事业单位养老保险制度改革积极推进、统一的城乡居民基本养老保险制度全面实施、养老保险基金启动投入运营，有效地保障了退休人员的基本生活。

（二）全面共享——全面提升人民获得感、幸福感、安全感

全面共享包括经济共享、政治共享、文化共享、社会共享、生态共享等多方面的发展成果的共享，全面保障人民群众在各方面的需求，全面提升人民获得感、幸福感、安全感，而不是只停留在经济物质层面，用单一的指标来衡量。从经济建设成果看，共享发展主要表现为文化产品、文化形式更多地惠及全体人民，以此满足人民的精神文化需求，提高人民文化水平与综合素质；在政治建设成果中，表现为保障人民当家做主的权利，鼓励人民积极进行民主选举、民主参与、民主管理与民主监督，坚持党的领导、人民当家做主、依法治国三者的有机统一，巩固中国特色社会主义政治发展道路；在生态建设成果中，表现为人人都应该享有"美丽中国"下的绿水青山和白云蓝天，都能在人与自然的和谐相处中实现绿色发展、健康发展、永续发展。物质性发展成果最具基础性，它是满足人类基本生存所必需的、与人们的衣食住行相关的显性成果；非物质性发展成果则是更高层次的，满足人类精神发展休闲等需要的隐性成果。共享发展成果绝不仅仅是满足人基本生存需要的成果共享，同时也包含发展机遇、发展权利、发展愿景等更高层次的共享。党的十八大后，中国特色社会主义进入新时代。新时代的特征就是我国经济已由高速增长阶段转向高质量发展阶段。高质量发展，就是能够很好满足人民日益增长的美好生活需要的发展，是创新成为第一动力、协调成为内生特点、绿色成为普遍形态、开放成为必由之路、共享成为根本目的的发展。我们党紧紧抓住经济发展进入新常态之后出现的新变化，不断深化供给侧结构性改革，实施乡村振兴战略，推进全面建成小康社会。到 2018 年，我国国内生产总值突破 90 万亿元，城镇新增就业 1361 万人，调查失业率稳定在 5% 左右的较低水平，在近 14 亿人口的发展中大国，实现了比较充分的就业。我们积极推进三大攻坚战，防范化解重大风险，金融运行总体平稳；精准脱贫有力推进，农村贫困人口减少 1386 万，易地扶贫搬迁 280 万人；污染防治得到加强，PM2.5 平均浓度继续下降。我们坚持把教育摆在优先发展的战略地位，扎实推进教育惠民举措，充分彰显教育权利和机会均等。2016 年，我国学前三年毛入园率达到 77.4%，小学净入学率 99.9%，初中阶段毛入学率 104.0%，九年义务制教育巩固率 93.4%，高中阶段毛入学率 87.5%，高等教育毛入学率 42.7%。我们不断加强社会治理制度建设，打造共建共治共享的社会治理格局，加强预防和化解社会矛盾机制建设，努力做到早发现、早预防、早处置；加强社会治安防控体系建设，保护人民人身权、财产权、人格权；加强社会心理服务体系建设，更加注重人文建设和心理疏导，践行社会主义核心价值观，加强社会公德、职业道德、家庭美德、个人品德教育，深化群众性精神文明创建活动，引导人们自觉履行法定义务、社会责任、家庭责任，培育知荣辱、讲正气、作奉献、促和谐的良好风尚。全国人民的精神面貌发生了深刻变化，获得感、成就感、优越感、幸福感全面增强。

（三）共建共享——以共建推动共享，以共享引领共建

一切依靠人民，一切为了人民，是我们党的群众路线的集中体现。改革发展成果依靠人民创造，改革发展成果理所应当由人民共享，这就是共建共享。共享发展成果是人民群众应该享有的基本权

利，共同建设也是所有社会成员必须履行的社会责任。尤其在当下中国，处于利益格局深刻调整的社会转型期，社会矛盾和社会问题频发且日趋复杂化、多样化和尖锐化，迫切需要全民的共建共享，形成人人参与、人人尽力、人人都有成就感的良好局面。通过调动广大人民群众的建设热情和无穷的创造力，创造出更多的物质财富和精神财富，人民群众也在创造中有所发展、有所享受。可以说，人民群众的"获得感"，不仅源于对发展成果的"共享"，而且源于参与发展过程的"共建"。"共建"肯定了人民群众的人生价值，使其主体性得以充分发挥，使人之所以为人的本质得以充分展现。坚持共建共享，注重社会公平正义，实现人民群众在新的历史条件下追求美好幸福生活的新期盼，使全体社会成员最大限度地各尽所能，各得其所，在各自的岗位上发光发热，有所成就，有所获得，让人民群众老有所养、病有所医、学有所教、住有所居、劳有所得，最大限度地实现个人幸福和社会发展的统一。共建共享是中国特色社会主义追求社会公平正义的首要价值的深刻体现，是中国共产党以人民利益为重，促民生谋发展的根本立场的深刻体现。共建为了共享，共享依赖共建，二者是辩证统一的整体，缺一不可。一方面，共建是共享的基础和前提，没有共建的前提，共享不过是空想而已。共建的过程本身就是共享的过程，只有共建才能共享。并且，只有不断提高共建的水平，才能扩大共享的基础。另一方面，共享是共建的目标和动力。共建的目的还是为了共享，以共享发展成果的方式能够有效带动全体社会成员积极投身社会建设。共建与共享是一个持续不断的动态发展过程，二者统一于中国特色社会主义建设之中。

发展是共享的前提条件，共享是发展得以延续的有力保障。发展的前提是生产力水平的提高，而生产力的创造主体则是全体人民。共享发展包含了凝聚人民共识的要求，集中人民智慧，发挥人民群众的首创精神。在共享发展中，群众关切的利益，群众反映强烈的问题往往也是需要突破创新的问题，必须回应群众期待，集中群众智慧，务求在这些问题上取得突破性进展。共建共享强调了人民在共享发展中的主动性，只有实现全民共享才能提供共享的物质基础，只有全民共享才能更大地提升共建的积极性。共享发展的逻辑是"人人参与、人人尽力、人人享有"，可见，共享发展并不是被动地等待经济社会发展成果的平均分配，而是在人与人、组织与组织互动互助的共建中实现的，要求人人都把国家建设视为共同的事业，认识到"国家发展过程也是全体人民共享成果的过程"。共享发展坚持质量与效率并重原则，它关注发展的价值导向，蕴含更多的社会内涵，如经济增长的稳定性与持续性，政治制度的合理安排与运行，社会财富的公平分配和自然环境的可持续发展等，强调系统内部要素的优化与整体结构的完善，是在共建过程中完善自身、持续发展的过程。需要明确的是，共享发展强调"共建中共享"，使共享发展的目标更加明确，即共享发展是平等享有而非平均享有，是动态过程而非静态过程，既不过度重视效率忽视公平，也不落入平均主义的窠臼，允许在共建过程中存在一定程度的差别，将个人利益与集体利益结合起来，建立新型利益共享机制，通过每一个劳动者个体自觉劳动与共享来实现社会整体利益最大化，个体可以在总体利益中共享成果。

为了调动人民群众参与改革发展的积极性、主动性、创造性，我们充分尊重人民群众的首创精神，广泛动员人民群众自觉投身到火热的全面建成小康社会实践中去。在扶贫开发中，注重激发内生动力，坚持扶贫必扶智，治贫先治愚，脱贫致富不仅要富口袋，更要注意富脑袋，使贫困地区的贫困群众懂得幸福不会从天而降，好日子是干出来的。鼓励贫困群众勤劳致富，依靠自己的双手改变面貌。而不是党和政府大包大揽，给钱给物给不出稳定的全面小康。

（四）渐进共享——既尽力而为，又量力而行的循序渐进过程

共享发展有一个从低级到高级、从不均衡到均衡的发展过程，即使达到了较高水平的共享，也存在着或多或少、这样那样的差别。提高共享的质量，进而实现共享层次的不断提高，是一个螺旋式上升的发展过程。基于我国的基本国情和基本矛盾，加之一系列需要我们长期面对的利益纠葛和历史积弊，不可能一步到位地轻易解决。我们不能做出超越阶段的事情，而是需要一步一步走、一点一点做，对逐步实现共同富裕做出必要的决策、付出必要的实践，在现有基础上全力发展，积小胜成大胜，脚踏实地，循序渐进，将共享提高到更高的层级和水平。这是一个从实际出发，既志存高远又不能急于求成的渐进发展，还需一个很长的历史过程。首先，共享发展的起点层次要求人人能够获取公平参与发展的机会，这是共享发展价值链的始端。公平的发展机会关系到人民群众合理、合法利益的满足，关系到每个社会成员平等享有发展权利的实现，关系到每个人在社会建设中幸福感的提升。其次，共享发展的过程层次要求人人尽力、各尽所能推动发展，这是共享发展价值链的中端。保障人民群众的利益与需求得到满足，充分调动人民群众参与现代化建设的积极性，广泛凝聚社会发展动力。再次，共享发展的结果层次要求人人都能够公平享有社会发展成果，是共享发展价值链的终端。共享发展的落实在宏观上可以营造公平共享的社会氛围和互帮互助的社会环境，在微观上可以提高社会成员的生活水平，增进民生福祉，解决广大人民最关心最现实的切身利益问题，提高每个人的幸福指数，让发展成果真正使人民受益。

改革开放以来，我们党提出的一系列富民政策，如允许一部分地区、一部分人先富起来，先富带动后富；先解决温饱问题，再向总体小康社会迈进，再实现全面建成小康社会等，都体现了渐进共享的精神。

三、扶贫精准，打赢脱贫攻坚战

打赢脱贫攻坚战，是全面建成小康社会的重大部署。20 世纪90 年代，基于对扶贫开发已经进入攻坚阶段的战略判断，国务院于1994 年制定出台了《八七扶贫攻坚计划》。十八大以后，党中央对全面建成小康社会的形势做出新的判断，认为实现到 2020 年全面建成小康社会的目标，"城市这一头尽管也存在一些难点，但总体上不成问题。最艰巨最繁重的任务在农村，特别是在贫困地区，这是全面建成小康社会最大的'短板'"。[1] 根据这一判断，党和国家把全面建成小康社会的工作重点转向扶贫开发，于是提出"打赢扶贫攻坚战"。2015 年 12 月 31 日，在 2016 年新年贺词中，习近平总书记说："全面建成小康社会，13 亿人要携手前进。让几千万农村贫困人口生活好起来，是我心中的牵挂。我们吹响了打赢扶贫攻坚战的号角，全党全国要勠力同心，着力补齐这块短板，确保农村所有贫困人口如期摆脱贫困。"[2] 在此前后，习近平总书记两次谈到这个问题，第一次是 2015 年 11 月 27 日，在中央扶贫开发工作会议上的讲话中，他指出："五中全会把扶贫攻坚改成了脱贫攻坚，就是说

---

[1]《习近平扶贫论述摘编》，中央文献出版社 2018 年版，第 8 页。
[2] 同上书，第 17 页。

到 2020 年这一时间节点，我们一定要兑现脱贫的承诺。"①第二次是
2016 年 7 月 20 日，在东西部扶贫协作座谈会上的讲话中，他说："现
在扶贫开发到了攻克最后堡垒的阶段，所以党的十八届五中全会把
'扶贫攻坚战'改成了'脱贫攻坚战'。这就像六盘山是当年红军
长征要翻越的最后一座高山一样，让全国现在 5000 多万贫困人口
全部脱贫，是我们打赢脱贫攻坚战必须翻越的最后一座高山。只有
翻越了这座山，扶贫开发的万里长征才能取得最后胜利。"②这两次
讲话详尽解释了我们党提出"打赢脱贫攻坚战"的缘由，就像党的
十八大前夕党中央把"全面建设小康社会"改为"全面建成小康社
会"一样，既说明建成全面的小康社会已经到了黎明时刻，希望就
在眼前；又说明攻克最后一座山头不是轻而易举的事情，必须付出
更大的艰辛和努力；还说明全面建成小康社会到了今天这样的局面，
不进则退，必须攻克最后一道难关。2015 年 11 月 29 日，中共中央、
国务院出台《关于打赢脱贫攻坚战的决定》。《决定》指出："我国
扶贫开发已进入啃硬骨头、攻坚拔寨的冲刺期。中西部一些省（自
治区、直辖市）贫困人口规模依然较大，剩下的贫困人口贫困程度
较深，减贫成本更高，脱贫难度更大。"③截至 2014 年底，全国尚有
农村贫困人口 7017 万人。《决定》提出的脱贫目标是："到 2020 年，
稳定实现农村贫困人口不愁吃、不愁穿，义务教育、基本医疗和住
房安全有保障。实现贫困地区农民人均可支配收入增长幅度高于全
国平均水平，基本公共服务主要领域指标接近全国平均水平。确保
我国现行标准下农村贫困人口实现脱贫，贫困县全部摘帽，解决区

---

① 《十八大以来重要文献选编》（下），中央文献出版社 2018 年版，第 29 页。
② 《习近平扶贫论述摘编》，中央文献出版社 2018 年版，第 18 页。
③ 《十八大以来重要文献选编》（下），中央文献出版社 2018 年版，第 52 页。

域性整体贫困。"①在这个文件发布的两天前，习近平总书记出席中央扶贫开发工作会议，并发表重要讲话。他在讲话中把脱贫攻坚的目标概括为"两不愁、三保障"，指出："两不愁"就是稳定实现农村贫困人口不愁吃、不愁穿，"三保障"就是贫困户人口义务教育、基本医疗和住房安全有保障，同时，实现贫困地区农民人均可支配收入增长幅度高于全国平均水平，基本公共服务主要领域指标接近全国平均水平。他明确指出："扶贫攻坚已经到了啃硬骨头、攻坚拔寨的冲刺阶段，所面对的都是贫中之贫、困中之困，采取常规思路和办法、按部就班推进难以完成任务，必须以更大的决心、更明确的思路、更精确的举措、超常规的力度，众志成城实现脱贫攻坚目标。"②最后，他指出：脱贫攻坚战的冲锋号已经吹响。我们要立下愚公移山志，咬定目标、苦干实干，坚决打赢脱贫攻坚战，为全面建成小康社会而努力奋斗！

怎样才能实现打赢脱贫攻坚战的上述目标呢？

（一）加强党对打赢脱贫攻坚战的组织领导

中国共产党是长期执政党，中国特色社会主义最本质的特征是中国共产党的领导，中国特色社会主义制度的最大优势是中国共产党领导。习近平总书记指出："办好中国的事情，关键在党……坚持和完善党的领导，是党和国家的根本所在、命脉所在，是全国各族人民的利益所在、幸福所在。"③中国扶贫事业取得举世瞩目伟大成就的根本原因，就是坚持党的领导，坚持和发挥各级党委总揽全局、协调各方的作用，落实脱贫攻坚一把手负责制，省市县乡村五

---

① 《十八大以来重要文献选编》（下），中央文献出版社 2018 年版，第 53—54 页。
② 同上书，第 34 页。
③ 《论坚持党对一切工作的领导》，中央文献出版社 2019 年版，第 59 页。

级书记一起抓，为脱贫攻坚提供坚强政治保证。这就是社会主义能够集中力量办大事的优势，是社会主义制度的优越性。我们要办的大事就是全面建成小康社会，全面建成小康社会在十八大以来的重点就是打赢脱贫攻坚战，让全国所有贫困地区的贫困群众同全国人民一道迈进全面小康社会。

以习近平同志为核心的党中央高度重视脱贫攻坚。党的十八大以来，党中央从全面建成小康社会要求出发，把扶贫攻坚纳入"五位一体"总体布局、"四个全面"战略布局，作为实现第一个百年奋斗目标的底线任务和标志性指标，做出一系列重大部署和安排，全面打响脱贫攻坚战。"脱贫攻坚力度之大、规模之广、影响之深，前所未有，取得了决定性进展，显著改善了贫困地区和贫困群众生产生活条件，谱写了人类反贫困历史新篇章。"[①]党的十八大以来，习近平总书记最关注的工作之一就是贫困人口脱贫。每到一个地方调研，都要到贫困村和贫困户了解情况，有时还专门到贫困县调研。全国 11 个集中连片特困山区地区，包括六盘山区、秦巴山区、武陵山区、乌蒙山区、滇桂黔石漠化区、滇西边境山区、大兴安岭南麓山区、燕山—太行山区、吕梁山区、大别山区、罗霄山区，他都走到了。从 2015 年到 2020 年，习近平总书记亲自主持召开了七次打赢脱贫攻坚战的专题会议。

第一次是 2015 年 2 月 13 日，习近平总书记在陕西延安主持召开陕甘宁革命老区脱贫致富座谈会。在那次座谈会上，他指出，全面建成小康社会，没有老区的全面小康，没有老区贫困人口脱贫致富，那是不完整的。各级党委和政府要增强使命感和责任感，把老

---

① 习近平:《在打好精准脱贫攻坚战座谈会上的讲话》（2018 年 2 月 12 日），《十九大以来重要文献选编》（上），中央文献出版社 2019 年版，第 221 页。

区发展和老区人民生活改善时刻放在心上，加大投入支持力度，加快老区发展步伐，让老区人民都过上幸福美满的日子，确保老区人民同全国人民一道进入全面小康社会。

第二次是 2015 年 6 月 18 日，习近平总书记在贵州贵阳主持召开部分省区市扶贫攻坚与"十三五"时期经济社会发展座谈会。在那次座谈会上，他提出，"十三五"的最后一年是 2020 年，正好是我们确定的全面建成小康社会的时间节点，全面建成小康社会最艰巨最繁重的任务在农村，特别是在贫困地区。扶贫开发工作进入啃硬骨头、攻坚拔寨的冲刺期，要把握时间节点，努力补齐短板，科学谋划好"十三五"时期扶贫开发工作，确保贫困人口到 2020 年如期脱贫。要在精准扶贫、精准脱贫上下更大功夫，做到扶持对象精准、项目安排精准、资金使用精准、措施到户精准、因村派人（第一书记）精准、脱贫成效精准。要实施"四个一批"的扶贫攻坚行动计划，通过扶持生产和就业发展一批，通过移民搬迁安置一批，通过低保政策兜底一批，通过医疗救助扶持一批，实现贫困人口精准脱贫。

第三次是 2016 年 7 月 20 日，习近平总书记在宁夏银川主持召开东西部扶贫协作座谈会。在那次座谈会上，他讲到，东西部扶贫协作和对口支援，是实现先富帮后富，最终实现共同富裕目标的大举措，充分彰显了中国共产党领导和我国社会主义制度的政治优势，必须长期坚持下去。西部地区特别是民族地区、边疆地区、革命老区、集中连片特困地区贫困程度深、扶贫成本高、脱贫难度大，是脱贫攻坚的短板。必须采取系统的政策和措施，做好东西部扶贫协作和对口支援工作，全面打赢脱贫攻坚战。

第四次是 2017 年 6 月 23 日，习近平总书记在山西太原主持召开深度贫困地区脱贫攻坚座谈会。在那次座谈会上，他提出了 8 条要求：第一，要合理确定脱贫目标。第二，加大投入支持力度。第三，集中优势兵力打攻坚战。第四，区域发展必须围绕精准扶贫发力。第五，加大各方帮扶力度。第六，加大内生动力培育力度。第七，加大组织领导力度。第八，加强检查督查。这次会议后，打赢脱贫攻坚战的重点集中在"三区三州"等深度贫困地区的脱贫上。他特别强调：扶贫要同扶智、扶志结合起来。智和志就是内力、内因。我在福建宁德工作时就讲"弱鸟先飞"，就是说贫困地区、贫困群众首先要有"飞"的意识和"先飞"的行动。没有内在动力，仅靠外部帮扶，帮扶再多，你不愿意"飞"，也不能从根本上解决问题。

第五次是 2018 年 2 月 12 日，习近平总书记在四川成都主持召开打好精准脱贫攻坚战座谈会。在那次座谈会上，他指出：各级党政干部特别是一把手必须以高度的历史使命感亲力亲为抓脱贫攻坚。贫困县党委和政府对脱贫攻坚负主体责任，一把手是第一责任人，要把主要精力用在脱贫攻坚上。中央有关部门要研究制定脱贫攻坚战行动计划，明确三年攻坚战的时间表和路线图，为打好脱贫攻坚战提供导向。

第六次是 2019 年 4 月 16 日，习近平总书记在重庆主持召开解决"两不愁、三保障"突出问题座谈会。在那次座谈会上，他强调，脱贫攻坚是全面建成小康社会必须完成的硬任务。各省区市党政主要负责同志要增强"四个意识"，坚定"四个自信"，做到"两个维护"，强化政治责任，亲力亲为抓好脱贫攻坚。省级分管扶贫的负责人岗位特殊，要熟悉情况、钻研业务，当好参谋助手，抓好工作落实。省里分管扶贫的负责人要选优配强、原则上保持稳定，对不合适、不胜任的要做一些调整。各行业部门要围绕脱贫攻坚目标任务，按照尽锐出战要求，切实履职尽责、合力攻坚，对责任不落实、政策不落实、工作不落实影响任务完成的要进行问责。

第七次是 2020 年 3 月 6 日，在脱贫攻坚倒计时 300 天的时间节点，习近平总书记主持召开决战决胜脱贫攻坚座谈会。全国各省区市主要负责人出席会议，中西部 22 个向中央签订了脱贫攻坚责任书的省份一直开到县级。这是中共十八大以来脱贫攻坚方面召开的最大规模的会议。会议就克服新冠肺炎疫情影响，凝心聚力打赢脱贫攻坚战，确保如期完成脱贫攻坚目标任务，确保全面建成小康社会，进行再动员，再部署。习近平总书记明确指出："脱贫攻坚越到最后越要加强和改善党的领导。各级党委（党组）一定要履职尽责、不辱使命。""从下半年开始，国家要组织开展普查，对各地脱贫攻坚成效进行全面检验。这是一件大事。要为党中央适时宣布打赢脱贫攻坚战、全面建成小康社会提供数据支撑，确保经得起历史和人民检验。"[1]

习近平总书记回顾主持召开的这些座谈会说："每次围绕一个主题，同时也提出面上的工作要求。每次座谈会前，我都先到贫困地区调研，实地了解情况，听听基层干部群众意见，根据了解到的情况，召集相关省份负责同志进行工作部署。"[2]"这几次座谈会，对统一认识、交流情况、推动工作，都产生了重要作用。座谈会上提出的思路和举措，都得到积极落实，收到明显成效。"[3]

---

[1] 习近平：《在决战决胜脱贫攻坚座谈会上的讲话》（2020 年 3 月 6 日），人民出版社 2020 年版，第 12 页。

[2] 同上书，第 2 页。

[3] 习近平：《在深度贫困地区脱贫攻坚座谈会上的讲话》（2017 年 6 月 23 日），人民出版社 2017 年版，第 3-4 页。

　　党的总书记亲自抓脱贫攻坚，亲自主持每一次脱贫攻坚座谈会，亲自指挥全党全国人民的脱贫攻坚战，充分说明党中央对如期实现全面小康的高度重视，充分说明作为执政党兑现向人民做出的庄严承诺的坚定态度，充分说明中国共产党是伟大光荣正确的党，凡是承诺的事必须要办而且一定能够办好。

　　强调坚持党对脱贫攻坚的组织领导，就是因为中国共产党是全面建成小康社会的决定力量，中国共产党在革命、建设、改革、复兴的每个时期，都形成了成熟的中央领导集体和领导核心。这样的中央领导集体和领导核心，能够根据中国国情，做出正确判断，制定正确的路线方针政策，并团结和带领全国各族人民一步步把党和人民的事业推向前进。具体到党的十八大以来全面建成小康社会的旷世伟业，就是：

　　——制定了明确的奋斗目标。这个目标就是到 2020 年全面建成小康社会。具体指标是："国内生产总值和城乡居民人均收入比 2010 年翻一番"，"我国现行标准下农村贫困人口实现脱贫，贫困县全部摘帽，解决区域性整体贫困"①。

　　这个目标是根据中国经济已经进入新常态的战略判断做出的。中国经济进入新常态，意味着中国经济将比改革开放以来前 30 多年平均 9% 以上的增速有所减缓，但仍可以保持中高速的增长，而中高速的增长大体可以保持在 7% 左右的增速。在从 2016 年起到 2020 年的"十三五"期间，只要经济年均增长保持在 6.5% 以上，就能确保国内生产总值翻一番和城乡居民人均收入翻一番。全面建成小康社会的重点在农村，难点在贫困地区和贫困群众的脱贫。把这 7017 万农村贫困人口彻底脱贫，才算实现全面的小康。怎样实

---

① 《十八大以来重要文献选编》（中），中央文献出版社 2016 年版，第 791 页。

现这 7017 万农村贫困人口彻底脱贫？根据有关部门测算，到 2020 年，通过产业扶持，可以解决 3000 万人脱贫；通过转移就业，可以解决 1000 万人脱贫；通过易地搬迁，可以解决 1000 万人脱贫，总计 5000 万人左右。还有 2000 多万完全或部分丧失劳动能力的贫困人口，可以通过全部纳入低保覆盖范围，实现社保政策兜底脱贫。最终实现"两不愁、三保障"：人均纯收入稳定超过国家扶贫标准且吃穿不愁，义务教育、基本医疗、住房安全有保障。实现了这个目标，也就使现行标准下农村贫困人口实现脱贫、贫困县全部摘帽、解决区域性整体贫困。它意味着中国将历史性地消除绝对贫困，提前 10 年实现联合国 2030 年可持续发展议程确定的减贫目标。

——制定了正确的脱贫方略。就是精准扶贫、精准脱贫基本方略。对中国来说，全面建成小康社会主要的是在两个方面下功夫：一是保持经济社会发展，实现国内生产总值和人均收入翻番。这个比较容易实现。二是保底工程，使贫困地区的贫困群众脱贫，这个就需要付出很大努力。必须因地制宜，因户施策，"一把钥匙开一把锁"。这就提出了一个问题：不管是党和政府及第三方的"扶贫"，还是贫困地区、贫困群众实现"脱贫"，都要从自身的有利条件出发，从怎样才能有利于脱贫出发考虑对策，这就是精准扶贫、精准脱贫的基本要义。为了做到"扶持对象精准"，党和政府组织工作队深入到每家每户，了解情况，测算家底，按照统一的标准经过申请、评估、公示、审批等环节确定扶持对象。为了做到"项目安排精准"，根据每个贫困户、贫困群众的需要、能力与可能，科学安排脱贫项目，宜农则农、宜林则林、宜牧则牧、宜商则商、宜游则游，适合搞什么项目，就安排什么项目，主要有 10 种手段，即发展特色产业、组织劳务输出、资产收益、易地搬迁、生态保护补偿、发展教育提高脱贫能力、医疗保险和医疗救助、低保兜底、社会公益脱贫等。为了做到"资金使用精准"，根据扶持对象实施脱贫项目的实际需要安排资金，把专项扶贫资金、相关涉农资金、社会帮扶资金捆绑使用，需要多少就安排多少，坚决杜绝不从需要出发"撒胡椒面"及重此轻彼的做法。为了做到"措施到户精准"，为每户扶持对象定制一套脱贫计划，稳步推进，倒排工期，完成销号。为了做到"因村派人精准"，动员党政机关、企事业单位、人民解放军和其他社会力量，把精兵强将派到扶贫一线。正如习近平总书记所说："在乡镇层面，要着力选好贫困乡镇一把手、配强领导班子，使整个班子和干部队伍具有较强的领导群众脱贫致富的能力。在村级层面，要注重选派一批思想好、作风正、能力强的优秀年轻干部和高校毕业生到贫困村工作，根据贫困村的实际需求精准选配第一书记、精准选派驻村工作队。"① 为了做到"脱贫成效精准"，引进第三方评估方式，对脱贫攻坚全面工作进行评估，重点对"两不愁、三保障"实现情况进行评估，国务院扶贫开发领导小组每年组织脱贫攻坚督查巡查，纪检监察机关和审计、扶贫等部门按照职责定期开展监督工作，并充分发挥人大、政协、民主党派的监督作用。精准扶贫、精准脱贫基本方略，是对马克思主义具体问题具体分析原理的运用和发展，体现了实事求是的思想方法和工作方法。

——制定了一套超常规的政策举措。一是建立脱贫攻坚的责任体系，实行中央统筹、省负总责、市县抓落实的工作体制，中西部22个省份党政主要负责人向中央签署脱贫攻坚责任书、立下军令状，攻坚期内贫困县党政正职保持稳定，省市县乡村五级书记抓攻

---

①《十八大以来重要文献选编》（下），中央文献出版社 2018 年版，第 47—48 页。

坚。党中央、国务院主要负责统筹制定扶贫开发大政方针，出台重大政策举措，规划重大工程项目。省（自治区、直辖市）党委和政府对扶贫开发工作负总责，抓好目标确定、项目下达、资金投放、组织动员、督导考核等工作。市（地）党委和政府要做好上下衔接、域内协调、监督检查工作，把精力集中在贫困县如期摘帽上。县级党委和政府承担主体责任，书记和县长是第一责任人，做好项目落地、资金使用、人力调配、推进实施等工作。中央和国家机关各部门要按照部门职责落实扶贫开发责任，实行部门专项规划与脱贫攻坚规划有效衔接，充分运用行业资源做好扶贫开发工作。二是实施"五个一批"工程，发展生产脱贫一批、易地搬迁脱贫一批、生态补偿脱贫一批、发展教育脱贫一批、社会保障兜底一批。三是建立脱贫攻坚的投入体系，加大财政资金、金融资金和土地政策支持力度，每年有上万亿元资金投向贫困县乡村用于攻坚。四是建立脱贫攻坚动员体系，广泛动员全党全社会力量参与扶贫，健全东西部扶贫协作机制，启动实施经济强县（市）与国家扶贫开发工作重点县"携手奔小康行动"；健全定点扶贫机制，推进中央企业定点帮扶革命老区县"百县万村"活动；健全社会参与机制，鼓励支持民营企业、社会组织、个人参与扶贫开发，引导社会扶贫重心下移，自愿包村包户，实现社会帮扶资源与精准扶贫有效对接。五是建立脱贫攻坚监督体系，严格扶贫考核督查问责，出台中央对省（自治区、直辖市）扶贫开发工作成效考核办法，建立年度扶贫开发工作逐级督查制度，选择重点部门、重点地区进行联合督查，开展巡视，对未完成减贫任务的省份约谈党政主要领导。

（二）实施精准扶贫、精准脱贫方略

把"精准扶贫、精准脱贫"作为打赢脱贫攻坚战的基本方略，是习近平总书记提出来的。他说:"脱贫攻坚要取得实实在在的效果,关键是要找准路子、构建好的体制机制,抓重点、解难点、把握着力点。"那么,好路子好机制是什么呢?习近平总书记说:"总结各地实践和探索,好路子好机制的核心是精准扶贫、精准脱贫,做到扶持对象精准、项目安排精准、资金使用精准、措施到户精准、因村派人精准、脱贫成效精准。"①这"六个精准"回答了扶贫工作中的一系列重大问题:一是"扶持谁"?就是要摸清贫困人口的底数,包括贫困人口、贫困程度、致贫原因,并建档立卡,以便因户施策、因人施策。二是"谁来扶"?就是实行扶贫工作责任制,形成中央统筹、省(自治区、直辖市)负总责、市(地)县抓落实的扶贫开发工作机制,做到分工明确、责任清晰、任务到人、考核到位,既各司其职、各尽其责,又协调运转、协同发力。三是"怎么扶"?主要是实施"五个一批工程",即发展生产脱贫一批、易地搬迁脱贫一批、生态补偿脱贫一批、发展教育脱贫一批、社会保障兜底一批。四是"扶持效果怎么样"?就是脱贫一户,销号一户,对建档立卡的贫困户进行动态管理,脱贫了逐户销号,返贫了重新录入。

首先,要精准识别,建档立卡,准确摸清贫困人口的底数,解决"帮扶谁"的问题。2013 年底,中共中央办公厅、国务院办公厅印发《关于创新机制扎实推进农村扶贫开发工作的意见》,要求国家制定统一的扶贫对象识别办法,对每个贫困村、贫困户建档立卡,建设全国扶贫信息网络系统。从 2014 年起,国务院扶贫办统筹顶层设计,按照"一年打基础、两年完善、三年规范运行"的总体思路,制定《扶贫开发建档立卡工作方案》和《扶贫开发建档立

①《十八大以来重要文献选编》(下),中央文献出版社 2018 年版,第 38 页。

卡指标体系》，明确了全国统一的建档立卡标准和程序。以 2013 年农民人均纯收入 2736 元（相当于 2010 年 2300 元不变价）的国家农村扶贫标准为识别标准，采取自愿申请、公示公告、乡镇人民政府审核、县扶贫办复审的程序进行。国家《扶贫开发建档立卡工作方案》规定："贫困户和贫困村的识别工作要严格按照工作流程进行，贫困户识别要做到'两公示一公告'，贫困村识别要做到'一公示一公告'，要有相关记录和档案资料，要全程公开，接受监督，确保结果公正。严禁优亲厚友，严禁提供虚假信息，严禁拆户、分户和空挂户，杜绝平均分配。"[①] 到 2014 年 11 月底，全国完成了 2949 万贫困户、8962 万贫困人口的信息采集录入工作，实现了全国扶贫对象的集中管理。回顾这项工作，国务院扶贫办主任刘永富说："我们组织几百万人逐村逐户采集核实贫困信息，统一建档立卡，把扶持对象找出来。""我们一开始搞也很费劲啊。2013 年，根据统计局的统计，还有 8249 万贫困人口，经过一年工作下来，建档立卡多达 8962 万人。"为保证建档立卡工作的准确性，2015 年 7 月，国务院扶贫办组织对建档立卡工作开展"回头看"，动员了县乡两级 200多万人工作了 8 个月，减去了不符合标准的 929 万人，又补录贫困人口 807 万，建档立卡工作实现了从"基本精准"到"比较精准"。建档立卡后的贫困人数比统计局统计的略多，刘永富认为，这符合事实，因为中国的贫困多属于支出性贫困，如因病致贫、因学致贫等，当事人的收入即使超过了贫困线，但实际生活还是很困难。何况，扶贫办的标准除了收入外，还要"两不愁、三保障"，即当事人不愁吃，一年四季有自己的换洗衣物，享受义务教育、基本医

---

① 《国务院扶贫办关于印发〈扶贫开发建档立卡工作方案〉的通知》（2014 年 4 月 2 日），国务院扶贫开发工作领导小组办公室网。

疗，住房安全有保障。

其次，选派干部驻村，解决"谁来帮"的问题。国家建立了干部驻村帮扶机制。各省（自治区、直辖市）普遍建立驻村工作队（组）制度。为规范驻村干部的选派，中共中央办公厅、国务院办公厅印发《关于加强贫困村驻村工作队选派管理工作的指导意见》，对选派干部的原则、条件、管理、考核、使用和职责做出明确规定。《指导意见》要求，县级以上各级机关、国有企业、事业单位要选派政治素质好、工作作风实、综合能力强、健康且具备履职条件的人员参加驻村帮扶工作。坚持精准、因村选人组队，把熟悉党群工作的干部派到基层组织软弱涣散、战斗力不强的贫困村，把熟悉经济工作的干部派到产业基础薄弱、集体经济脆弱的贫困村，把熟悉社会工作的干部派到矛盾纠纷突出、社会发展滞后的贫困村，充分发挥派出单位和驻村干部自身优势，帮助贫困村解决脱贫攻坚面临的突出困难和问题。《指导意见》明确驻村工作队（组）主要承担10项任务：（1）宣传贯彻党中央、国务院关于脱贫攻坚各项方针政策、决策部署、工作措施。（2）指导开展贫困人口精准识别、精准帮扶、精准退出工作，参与拟定脱贫规划计划。（3）参与实施特色产业扶贫、劳务输出扶贫、易地扶贫搬迁、贫困户危房改造、教育扶贫、科技扶贫、健康扶贫、生态保护扶贫等精准扶贫工作。（4）推动金融、交通、水利、电力、通信、文化、社会保障等行业和专项扶贫政策措施落实到村到户。（5）推动发展村级集体经济，协助管好用好村级集体收入。（6）监管扶贫资金项目，推动落实公示公告制度，做到公开、公平、公正。（7）注重扶贫同扶志、扶智相结合，做好贫困群众思想发动、宣传教育和情感沟通工作，激发摆脱贫困内生动力。（8）加强法治教育，推动移风易俗，指导制定和谐文明的村规民约。（9）积极推广普及普通话，帮助提高国家通用语言文字应用能力。（10）帮助加强基层组织建设，推动落实管党治党政治责任，整顿村级软弱涣散党组织，对整治群众身边的腐败问题提出建议；培养贫困村创业致富带头人，吸引各类人才到村创新创业，打造"不走的工作队"。在《指导意见》的推动下，建立起中央国家机关和省、市、县、乡四级驻村工作队伍，确保每个贫困村都有驻村工作队（组），每个贫困户都有帮扶责任人。在解决"谁来帮"的过程中，全国累计选派 43.5 万名干部担任第一书记，派出 277.8 万名干部驻村帮扶。到 2018 年初，在岗的第一书记共 19.5 万名，驻村干部 77.5 万名。

再次，针对贫困村的具体情况，区别对待，有针对性地制定帮扶计划，实施帮扶工程。党和国家出台了一系列帮扶政策措施。

——发展产业脱贫，是写在《中共中央、国务院关于打赢脱贫攻坚战的决定》中的第一项脱贫工程。为此，国家制定《特色产业增收工作实施方案》《全国优势特色经济林发展布局规划（2013—2020 年）》，对各集中连片特困地区特色农林牧业进行科学布局，明确发展重点。发布《特色农产品区域布局规划（2013—2020 年）》，将贫困地区 96 个特色品种纳入规划范围，引导多方力量加大投入。实施贫困村"一村一品"产业推进行动，扶持建设贫困人口参与度高的特色农业基地。开展乡村旅游扶贫工程行动，实施旅游"万企万村帮扶"专项行动，采取结对帮扶、景区带村、安置就业、项目开发、输送客源、定点采购、提供摊位、入股分红、土地流转等形式，鼓励"飞马奖"获得者、中国旅游集团 20 强、百强旅游投资企业、百强旅行社等，在全国范围内选择帮扶对象，发展乡村旅游，打造精品民宿、乡村酒店、乡村度假地、旅游景区、旅游度假

全面小康社会不落下一人

区等旅游项目，发展以农家乐、渔家乐、牧家乐、休闲农庄、森林人家等为主题的乡村度假产品，建成依托自然风光、美丽乡村、传统民居为特色的乡村旅游景区，策划采摘、垂钓、农事体验等参与型的旅游娱乐活动，通过项目开发和旅游发展带动贫困人口脱贫。

——易地搬迁脱贫，是针对极度贫困人口从根本上脱贫采取的一项特殊有效政策。有四类地区的贫困人口适用于易地搬迁脱贫：一是深山石山、边远高寒、荒漠化和水土流失严重，且水土、光热条件难以满足日常生活生产需要，不具备基本发展条件的地区；二是《国家主体功能区规划》中的禁止开发区或限制开发区；三是交通、水利、电力、通信等基础设施，以及教育、医疗卫生等基本公共服务设施十分薄弱，工程措施解决难度大、建设和运行成本高的地区；四是地方病严重、地质灾害频发的地区。在这四类地区中涉及 22 个省约 1400 个县共 981 万人需要易地搬迁。2016 年 9 月，国家发改委印发了《全国"十三五"易地扶贫搬迁规划》，明确了推进易地扶贫搬迁的指导思想、目标任务、资金来源、资金运作模式、保障措施等。《规划》提出坚持把贫困搬迁户的脱贫工作贯穿于规划选址、搬迁安置、后续发展全过程，立足安置区资源禀赋，依据不同搬迁安置模式，支持发展特色农牧业、劳务经济、现代服务业以及探索资产收益扶贫等方式，确保搬迁群众实现稳定脱贫。2012 年以来，国家累计安排中央预算内投资 404 亿元，撬动各类投资近 1412 亿元，搬迁贫困人口 591 万人，地方各级统筹中央和省级财政专项扶贫资金 380 亿元，搬迁 580 多万贫困人口。通过科学规划、合理选址，加强安置区基础设施和社会公共服务设施建设，大幅改善生产生活条件，搬迁群众脱贫致富步伐明显加快，确保搬迁一户、脱贫一户。

——生态保护脱贫，在全面建成小康社会中具有特别重要的意义，也是贫困地区的发展优势。为了使生态环境保护助力脱贫攻坚，着力提高生态环保扶贫能力，推动生态环保扶贫取得新的更大成效，生态环境部 2018 年出台了《关于生态环境保护助力打赢精准脱贫攻坚战的指导意见》。《指导意见》提出，国家支持贫困地区探索符合当地实际的绿水青山就是金山银山新模式新机制，因地制宜将生态环境优势转化为绿色发展优势、脱贫攻坚优势。高标准建设生态工业园区，发展新兴产业、生态产业。推广生态种养殖模式，发展"三品一标"（无公害农产品、绿色食品、有机农产品，农产品地理标志）产品。支持贫困地区加大环境治理力度，改善生态环境质量，实施清洁取暖工程，发展沼气发电、生物质能等清洁能源。协调相关部门进一步加大重点生态功能区转移支付力度，将更多贫困县纳入转移支付范围。扩大流域上下游横向生态补偿试点，生态补偿资金向上游贫困地区倾斜，推动调整和完善生态补偿资金支出或收益使用方式，提高贫困人口直接受益水平。加强贫困地区参与碳市场能力建设，将贫困地区林业碳汇项目优先纳入全国碳排放权交易市场抵消机制。积极推动贫困地区生态综合补偿试点。引导贫困地区采取政府购买服务或设立公益岗位的方式，吸纳贫困人口参与生态环境保护，安置贫困人口就业，增加劳务收入。在污染防治、生态保护修复等工程项目建设运行中，设置一定数量岗位安排贫困人口就业，在政府采购、招投标合同约定中予以明确保障。鼓励各地根据需要设置生态环境强化监督、生态保护红线管护等岗位，让贫困人口参与生态环境监管，对表现突出的给予奖励，提高贫困人口保护生态环境的积极性。经过积极努力，习近平总书记提出的探索生态脱贫新路子的要求基本实现。

——发展教育脱贫，是贫困地区、贫困家庭、贫困人口走上稳定的全面小康道路的根本途径。"十二五"期间，国家实施学前教育三年行动计划、乡村教师生活补助计划，实施中等职业学校免学费、补助生活费政策及面向贫困地区定向招生专项计划，切实保障贫困人口受教育权利。2012—2015年，中央财政累计投入资金831亿元改造义务教育薄弱学校，投入约140亿元建设边远艰苦地区农村学校教师周转宿舍24.4万套，可入住教师30万人。连续实施学前教育三年行动计划，全国学前三年毛入园率由2011年的62.3%提高到2015年的75%，中西部地区在园幼儿数由2011年的2153万人增加到2015年的2789万人，增长了30%。2014年11月，有关部门联合印发《关于统一城乡中小学教职工编制标准的通知》，将县镇、农村中小学教职工编制标准统一到城市标准，并向农村边远贫困地区倾斜。2013—2015年，中央财政累计投入资金约44亿元，支持连片特困地区对乡村教师发放生活补助，惠及约600个县的100多万名乡村教师。2012—2015年，中央财政共下达中等职业学校免学费补助资金417亿元，对公办中等职业学校全日制在校生中所有农村（含县镇）学生、城市涉农专业和家庭经济困难学生免除学费（艺术类相关专业除外）。对在职业教育行政管理部门依法批准、符合国家标准的民办中等职业学校就读的符合免学费政策条件的学生，按照当地同类型同专业公办中等职业学校免除学费标准给予补助。对全日制一、二年级在校涉农专业学生和非涉农专业家庭经济困难学生发放国家助学金，2012—2014年助学金标准为每生每年1500元，从2015年春季学期起提高到每生每年2000元，覆盖近40%的学生。实施面向贫困地区定向招生专项计划，面向832个贫困县4年累计录取学生18.3万人，贫困地区农村学生上重点高校人数连续三年（2013—2015年）增长10%以上。

在推进精准扶贫、精准脱贫方略的过程中，中央财政专项扶贫资金年均增长22.7%，省级财政专项扶贫资金年均增长26.9%，贫困县统筹整合财政涉农资金用于脱贫攻坚，累计整合5296亿元。金融部门扶贫搬迁专项贷款3500亿元，扶贫小额信贷累计发放4300多亿元，扶贫再贷款累计发放1600多亿元。贫困地区建设用地增减挂钩节余指标流转，累计收益460多亿元。东西部扶贫协作，342个东部经济较发达县结队帮扶570个西部贫困县，促进了西部地区脱贫攻坚和区域协调发展。中央企业开展贫困革命老区"百县万村"活动，民营企业开展"万企帮万村"精准扶贫行动，到2017年底，全国已有46200家民营企业帮扶51200个村，投资527亿元实施产业扶贫项目，投资109亿元开展公益帮扶，带动和惠及620多万建档立卡贫困人口。在四川凉山，中国光彩会组织500多名知名民营企业家参加精准扶贫行动，促成合作项目149个，合同金额2037亿元，向凉山州捐赠公益资金4000多万元。

精准扶贫、精准脱贫方略的实施，取得了巨大的成功，全国现行标准下的农村贫困人口由2012年底的9899万人减少到2017年底的3046万人，五年累计减贫6853万人，减贫幅度达到70%左右。贫困发生率由2012年底的10.2%下降到2017年底的3.1%，下降7.1个百分点。年均脱贫人数1370万人，是1994年至2000年《八七扶贫攻坚计划》实施期间年均脱贫人数639万的2.14倍，是2001年至2010年第一个十年扶贫纲要实施期间年均脱贫人数673万的2.04倍。贫困县数量实现了首次减少，2016年有28个贫困县脱贫摘帽，还有100个县即将退出贫困县。这使解决区域性整体贫困迈出坚实步伐。

（三）实施打赢脱贫攻坚战三年行动

2017年10月，中共十九大隆重召开。大会以"决胜全面建成小康社会，夺取新时代中国特色社会主义伟大胜利"为主题，提出："从现在到2020年，是全面建成小康社会决胜期。要按照十六大、十七大、十八大提出的全面建成小康社会各项要求，紧扣我国社会矛盾变化，统筹推进经济建设、政治建设、文化建设、社会建设、生态文明建设，坚定实施科教兴国战略、人才强国战略、创新驱动发展战略、乡村振兴战略、区域协调发展战略、可持续发展战略、军民融合发展战略，突出重点、抓短板、补弱项，特别是要坚决打好防范化解重大风险、精准脱贫、污染防治的攻坚战，使全面建成小康社会得到人民认可、经得起历史检验。"①这段话高度概括了从十九大到2020年全面建成小康社会的一个战略目标、"五位一体"总体布局、七大战略举措、三大攻坚战。

为什么要把从十九大到2020年这段时期作为"全面建成小康社会决胜期"？党的十九召开之时，距我们党确定的到2020年全面建成小康社会的目标只剩3年多时间。这时，我国在全面建成小康社会的征程中，一方面，取得了巨大成就，创造了我国减贫史上最好成绩，促进了贫困地区加快发展，构筑了全社会帮扶的强大合力，建立了中国特色脱贫攻坚制度体系；另一方面，全国贫困人口还有3046万人，要在未来的3年多时间里把剩下的贫困人口全部脱贫，平均每年要脱贫1000多万人，特别是深度贫困地区脱贫任务艰巨，而且脱贫攻坚越往后，遇到的越是难啃的硬骨头。据统计，深度贫困地区贫困人口超过200万的有7个省区，贫困发生率超过18%的贫困县有111个、超过20%的贫困村有16700个。这些县和

---

① 《十九大以来重要文献选编》（上），中央文献出版社2019年版，第19-20页。

村前几年每年脱贫率大体是 3%—4%。按照这个速度，在剩余 3 年时间内完成脱贫目标任务将十分艰巨。在这些深度贫困地区的贫困人口中，任务最重的是"三区三州"地区，不仅贫困发生程度深，而且基础条件薄弱、致贫原因复杂、公共服务发展不足，脱贫难度更大。全国建档立卡贫困村居住着 51% 的贫困人口，普遍存在村"两委"班子能力不强，基础设施和公共服务严重滞后，村内道路、入户路、环境卫生设施短缺，大量危房需要维修和重建等难题。另外，建档立卡贫困人口中因病、因残致贫比例居高不下，分别超过 40% 和 14%，缺劳力、缺技术的比重分别占 32.7% 和 21.1%，65 岁以上老人占比超过 16%，这些贫困人群是贫中之贫、艰中之艰。以上情况说明，脱贫攻坚既任务艰巨，又时间紧迫，所以叫"决胜期"，既要"决战"，更要"决胜"，没有回旋余地。

鉴于深度贫困地区特别是"三区三州"地区脱贫的严峻复杂形势，党的十九大前后，党中央又把打赢脱贫攻坚战的重点聚焦到"三区三州"地区贫困人口的脱贫上。2017 年 6 月 23 日，在十九大召开 3 个多月前，习近平总书记在山西太原主持召开深度贫困地区脱贫攻坚座谈会，他在会上的讲话中，深刻分析了深度贫困地区的地域特征，指出：深度贫困地区主要集中在以下地区：一是连片的深度贫困地区，西藏和四省藏区、南疆四地州、四川凉山、云南怒江、甘肃临夏等地区，生存环境恶劣，致贫原因复杂，基础设施和公共服务缺口大，贫困发生率普遍在 20% 左右。二是深度贫困县，据国务院扶贫办对全国最困难的 20% 的贫困县所做的分析，贫困发生率平均在 23%，县均贫困人口近 3 万人，分布在 14 个省区。三是贫困村，全国 12.8 万个建档立卡贫困村居住着 60% 的贫困人口，基础设施和公共服务严重滞后，村"两委"班子能力普遍不强，3/4

的村无合作经济组织，2/3 的村无集体经济，无人管事、无人干事、无钱办事现象突出。根据河北省的调查，深度贫困的特征可以概括为"两高、一低、一差、三重"。"两高"即贫困人口占比高、贫困发生率高。深度贫困县贫困人口占全省贫困人口总数 22% 以上；深度贫困县贫困发生率在 15% 以上，高于全省贫困县平均水平近 9 个百分点；深度贫困村贫困发生率接近 35%，高于全省贫困村平均水平近 24 个百分点。"一低"即人均可支配收入低。深度贫困县人均国内生产总值 21650 元，人均公共财政预算收入 1386 元，农民人均可支配收入 5928 元，分别只有全省平均水平的 50.7%、36.2%、49.7%。"一差"即基础设施和住房差。深度贫困县的贫困村中，村内道路、入户路、危房需要维修和重建。"三重"即低保五保贫困人口脱贫任务重、因病致贫返贫人口脱贫任务重、贫困老人脱贫任务重。深度贫困县贫困人口中低保、五保贫困户占比高达近 60%，因病致贫、患慢性病、患大病、因残致贫占比达 80% 以上，60 岁以上贫困人口占比超过 45%。

习近平总书记在讲话中还深刻分析深度贫困地区贫困人口的致贫原因，认为主要有五个方面：一是集革命老区、民族地区、边疆地区于一体。深度贫困县中，有革命老区县 55 个，少数民族县 113 个。自然地理、经济社会、民族宗教、国防安全等问题交织在一起，加大了脱贫攻坚的复杂性和难度。二是基础设施和社会事业发展滞后。深度贫困地区生存条件比较恶劣，自然灾害多发，地理位置偏远，地广人稀，资源贫乏。西南缺土，西北缺水，青藏高原缺积温。这些地方的建设成本高，施工难度大，要实现基础设施和基本公共服务主要领域指标接近全国平均水平难度很大。三是社会发展滞后，社会文明程度低。由于历史等方面的原因，许多深度贫困地区长期封闭，同外界脱节。导致有的地区文明法制意识淡薄，家族宗教势力影响大，不少贫困群众沿袭陈规陋习，婚丧嫁娶讲排场、搞攀比，"一婚十年穷"。不少群众安于现状，脱贫内生动力严重不足。四是生态环境脆弱，自然灾害频发。深度贫困地区往往处于全国重要生态功能区，生态保护同经济发展的矛盾比较突出。还有一些地方处在地质灾害频发地带，"十年一大灾、五年一中灾、年年有小灾"，实现脱贫和巩固脱贫成果都存在很大不确定性。五是经济发展滞后，人穷村也穷。深度贫困县村均集体收入只有 8800 多元，同所有贫困县平均 5 万元相比，差距较大。在找准病因的基础上，习近平总书记在这次会上的讲话中为深度贫困地区的脱贫开出一系列"药方"，提出要合理确定脱贫目标，要加大投入支持力度，要集中优势兵力打攻坚战。

为了进一步巩固脱贫攻坚战的成果，凝心聚力解决好剩下的 3000 多万人的脱贫问题，特别是解决好"三区三州"等深度贫困地区贫困人口的脱贫问题，2018 年 6 月 15 日，中共中央、国务院颁发《关于打赢脱贫攻坚战三年行动的指导意见》。《指导意见》重申通过实施"五个一批"工程，确保现行标准下农村贫困人口实现脱贫，消除绝对贫困；确保贫困县全部摘帽，解决区域性贫困。同时，对上述脱贫标准提出新的具体指标。对于贫困人口的脱贫，《指导意见》提出：严格按照"两不愁、三保障"要求，确保贫困人口不愁吃、不愁穿；保障贫困人口家庭孩子接受九年义务教育，确保有学上、上得起学；保障贫困人口基本医疗需求，确保大病和慢性病得到有效救治和保障；保障贫困人口基本居住条件，确保住上安全住房。对于实现贫困地区基本公共服务主要领域指标接近全国平均水平，《指导意见》提出：贫困地区具备条件的乡镇和建制村通硬化路，贫困村全部实现通动力电，全面解决贫困人口住房和饮水安全问题，贫困村达到人居环境干净整洁的基本要求，切实解决义务教育学生因贫失学辍学问题，基本养老保险和基本医疗保险、大病保险实现贫困人口全覆盖，最低生活保障实现应保尽保。在加大脱贫攻坚项目支持力度上，《指导意见》增加了实施健康扶贫工程，加快推进农村危房改造、开展贫困残疾人脱贫行动、加快实施交通扶贫行动、大力实施电力和网络扶贫行动、大力推进贫困地区农村人居环境整治等政策举措。

中共中央、国务院《关于打赢脱贫攻坚战三年行动的指导意见》颁发后，全国上下迅速行动，相继出台了一系列配套政策措施。

2018年10月29日，国务院扶贫办、中央组织部、中央宣传部、中央文明办、国家发展改革委、公安部、司法部、财政部、水利部、农业农村部、文化和旅游部、国家卫生健康委、国家医疗保障局13个部门联合出台《关于开展扶贫扶志行动的意见》。《意见》提出：加强扶贫扶志，激发贫困群众内生动力，是中国特色扶贫开发的显著特征，必须更加注重培育贫困群众的主体意识，更加注重提高贫困群众的脱贫能力，更加注重改进帮扶方式，更加注重营造健康文明新风，激发群众立足自身实现脱贫的信心和决心，形成勤劳致富、脱贫光荣的价值取向和政策导向。按照统一部署，各地普遍开展扶志教育，组织贫困群众认真学习习近平总书记关于扶贫开发工作的重要论述，大力弘扬"脱贫攻坚是干出来的""幸福是奋斗出来的""滴水穿石""弱鸟先飞""自力更生"等精神，帮助贫困群众摆脱思想贫困，树立主体意识。在此基础上，围绕贫困群众产业发展和就业需要，组织贫困家庭劳动力开展实用技术和劳动技能培训，确保每一个有培训意愿的贫困人口都能得到有针对性的培训。各地把改进帮扶方式作为深化扶志效果的重要途径，大力开展转移就业，开发扶贫岗位，在有条件的地方建设扶贫车间，确保有劳动力的贫困户至少有一项稳定的脱贫项目。这些措施，对于形成有劳才有得、多劳多得的正向激励，增强贫困群众自我发展能力起到重要作用，也促进了发展教育脱贫的思路落实落地。

2018 年 12 月 30 日，国务院办公厅发布《关于深入开展消费扶贫助力打赢脱贫攻坚战的指导意见》。《指导意见》要求各级机关和国有企业事业单位带头参与消费扶贫，将消费扶贫纳入中央单位定点扶贫和地方各级结对帮扶工作内容。鼓励各级机关、国有企事业单位、金融机构、大专院校、城市医疗及养老服务机构等在同等条件下优先采购贫困地区产品，优先从贫困地区聘用工勤人员，引导干部职工自发购买贫困地区产品和到贫困地区旅游。鼓励各级工会按照有关规定组织职工到贫困地区开展工会活动，在同等条件下优先采购贫困地区产品。组织开展贫困地区农产品定向直供直销机关、学校、医院和企事业单位食堂活动。结合军队帮扶工作，鼓励有关部队特别是驻贫困地区部队积极参与消费扶贫。动员民营企业等社会力量参与消费扶贫，将消费扶贫纳入"万企帮万村"精准扶贫行动，鼓励民营企业采取"以购代捐""以买代帮"等方式采购贫困地区产品和服务，帮助贫困人口增收脱贫。发挥行业协会、商会、慈善机构等社会组织作用，组织动员爱心企业、爱心人士等社会力量参与消费扶贫，依托"中国农民丰收节"、中国社会扶贫网等平台，针对贫困地区策划相关活动，推动参与消费扶贫各类主体的需求与贫困地区特色产品供给信息精准对接，推广乡村特色美食和美景。《指导意见》要求大力拓宽贫困地区农产品流通和销售渠道。打通供应链条，形成农产品从田间到餐桌的全链条联动。支持贫困地区完善网络基础设施和公共服务平台，为农村电商经营者提供产品开发、包装设计、网店运营、产品追溯、人才培训等专业服务，不断提高贫困人口使用网络和用户终端等能力。

2019 年 3 月 8 日，欧美同学会（中国留学人员联谊会）出台《关于助力脱贫攻坚的实施意见》。《意见》提出，要发挥欧美同学会（中国留学人员联谊会）的人才智力优势助力脱贫攻坚，坚持"分层分类分步"脱贫攻坚思路，制定层级性扶贫任务和目标安排，根据贫困状况、产业特色以及专家特长等进行分类对接、分步实施，注重提高脱贫攻坚质量。重点是：实施产业扶贫工程，积极搭建"农校对接""农超对接""农企对接""农资对接""农网对接"平台，加强技术指导和资金支持，着力发展农副产品加工业和农村电商服务平台，助力壮大乡村集体经济，为贫困地区农民脱贫增收奠定可持续的发展基础；实施健康医疗扶贫工程，聚焦因病致贫、因病返贫问题，通过组织海归医疗专家及其医疗资源进行对口帮扶，逐步提升定点帮扶地区基层医疗机构综合服务能力；充分利用人工智能、互联网大数据等技术，对接优质医疗资源，开展远程"健康扶贫讲堂"等健康知识普及和诊疗活动，通过健康宣教、重大疾病早期筛查和慢性病管理，实现防治结合、关口前移，推动帮扶地区群众减少患大病和慢性病概率。

2020 年 2 月 17 日，国务院扶贫办、财政部联合印发《关于积极应对新冠肺炎疫情影响　加强财政专项扶贫资金项目管理工作　确保全面如期完成脱贫目标任务的通知》。《通知》要求积极应对新冠肺炎疫情对脱贫攻坚的影响，确保脱贫攻坚全面胜利、圆满收官。一是重点向产业项目倾斜，结合实际加大对受疫情影响较大的产业扶贫项目生产、储存、运输、销售等环节的支持，解决"卖难"问题。支持贫困户恢复生产，开展生产自救，加大奖补力度。二是强化就业支持，适当安排财政专项扶贫资金用于组织稳定贫困人口就业岗位。对结合疫情防控需要，新增的保洁环卫、防疫消杀、巡查值守等临时岗位，优先安置贫困劳动力就业。对疫情防控期间外出务工的贫困劳动力按规定给予交通和生活费补助，有条件地区可加大奖补力度。三是全力保障贫困群众基本生活。对罹患新冠肺炎、集中或居家隔离、无法外出务工、无法开展基本生产、收入受到重大影响等生活陷入困境的建档立卡贫困群众和因疫致贫返贫农民群众，应按现有支持渠道及时落实好针对性帮扶措施，确保基本生活不受影响。

在党中央、国务院扶贫攻坚三年行动指导意见的推动下，全国掀起了新的扶贫攻坚热潮。特别是 2020 年 3 月 6 日，习近平总书记出席全国决战决胜脱贫攻坚座谈会，并发表重要讲话，进一步坚定了全党全国人民打赢脱贫攻坚战最后一仗的决心和信心。经过全党全国人民的共同努力，全面建成小康社会进入尾声。

第十章　梦圆 2020

第一个百年的辉煌

从 1921 年建党时中国共产党人和中国人民就梦寐以求的"小康"梦想，经过新民主主义革命创造根本政治前提、社会主义革命和建设时期奠定制度基础、改革开放以来特别是"小康社会"正式命名及形成"三步走"发展战略之后协力攻坚，在一代又一代共产党人的接续奋斗下，在 2020 年中国共产党成立 100 周年来临之际，实现全面建成小康社会的目标，终于毫无悬念了。

一、全面建成小康社会完美收官

按照党的十六大以来不断提高的全面小康标准，实现全面建成小康社会，至少要达到六项指标：

1. 国内生产总值比 2010 年翻一番。按照 2011 年《政府工作报告》公布的数据，2010 年我国国内生产总值为 39.8 万亿元，2020 年国内生产总值达到 80 万亿元就绰绰有余实现了翻一番；而据李克强在十三届全国人大三次会议上所做的政府工作报告显示，2019 年全年国内生产总值已达 99.1 万亿元。如果加上 2020 年的国内生产总值，将会出现更大的超越。

2. 城乡居民人均收入比 2010 年翻一番。按照国家统计局公布的数据，2010 年我国城镇居民人均总收入 19109 元，农村居民人均纯收入 5919 元。这个数据意味着 2020 年我国城镇居民人均总收入达到 38218 元，农村居民人均纯收入达到 11838 元，就实现了翻一番的目标。实际上 2019 年我国城镇居民人均可支配收入为 42359 元，农村居民人均可支配收入已达到 13432 元。

3. 实现现行标准下农村贫困人口脱贫，贫困县全部摘帽，解决区域性贫困。2012 年底，我国贫困人口为 9899 万人。十八大后每年减少农村贫困人口 1000 多万人，从 2013 年初到 2014 年末，两年减贫 2882 万人，平均每年减贫 1441 万人。农村贫困人口从 9899 万减至 7017 万。又经过两年的努力，到 2016 年底，再减贫 2717 万人。四年累计共减贫 5500 多万人，贫困发生率从 10.2% 下降到 4.5%，贫困地区农村居民收入增长幅度高于全国平均水平。到 2017 年底，农村贫困人口减少到 3046 万，一年减少了 1254 万人。十八大后的五年累计脱贫 6853 万人，年均脱贫人数 1370 万人。十九大以来，脱贫攻坚再次取得新进展，到 2019 年底，共减贫 2495 万人，年均减贫 1247.5 万人，全国农村贫困人口减少到 551 万。到 2020 年 2 月底，全国有 601 个贫困县宣布摘帽，摘帽率达到 94%，区域性整体贫困的问题也基本得到解决。按照每年脱贫 1000 万人以上的速度，2020 年实现最后的 551 万人脱贫任务是有保证的。随着这一目标的实现，剩余的 52 个贫困县的摘帽任务也将随之完成。

4. 实现农村贫困人口不愁吃、不愁穿，义务教育、基本医疗和住房安全有保障。实现贫困地区农民人均可支配收入增长幅度高于全国平均水平，基本公共服务主要领域指标接近全国平均水平。在"两不愁"方面，全国建档立卡贫困户人均纯收入由 2015 年的 3416 元增加到 2019 年的 9808 元，年均增幅 30.2%。建档立卡贫困人口中，90% 以上得到了产业扶贫和就业扶贫支持，2/3 以上主要靠外出务工和产业脱贫，工资性收入和生产经营性收入占比上升，转移性收入占比逐年下降，自主脱贫能力稳步提高。在"三保障"和贫困地区"基本公共服务主要领域指标接近全国平均水平"方面，10.8 万所义务教育薄弱学校的办学条件得到改善，村村都有卫生室和村医，960 多万贫困人口通过易地扶贫搬迁摆脱了"一方水土养活不了一方人"的困境。具备条件的建制村全部通硬化路，农网供电可靠率达到 99%，深度贫困地区贫困村通宽带比例达到 98%。仅 2018 年，就资助各类学校家庭困难学生近 1 亿人次，棚户区住房改造 620 多万套，农村危房改造 190 万户。在"贫困地区农民人均可支配收入增长幅度高于全国平均水平"方面，2013 年至 2019 年，全国 832 个贫困县农民人均可支配收入由 6079 元增加到 11567 元，年均增长 9.7%，比同期全国农民人均可支配收入增幅高 2.2 个百分点。

5.文化软实力显著增强。文化建设是"五位一体"总体布局的重要内容之一，坚定中国特色社会主义道路自信、理论自信、制度自信，说到底是坚定文化自信，世世代代的中华儿女培育和发展了独具特色、博大精深的中华文化，为中华民族克服困难、生生不息提供了强大精神支撑。全面建成小康社会离不开社会主义文化繁荣兴盛。党的十八大以来，我们坚持倡导富强、民主、文明、和谐、自由、平等、公正、法治、爱国、敬业、诚信、友善的社会主义核心价值观，通过深入践行社会主义核心价值观，融入教育教学、校风学风，体现到文明城市、文明村镇、文明单位、文明家庭、文明校园创建的各个方面，使公民的文明素质和社会的文明程度显著提高。全党特别是各级领导干部坚持不懈地进行理论武装，深入学习习近平新时代中国特色社会主义思想，不断提高马克思主义理论水平和执政本领，提高领导全面建成小康社会和打赢脱贫攻坚战的能力；我们坚持全面从严治党，以零容忍的态度惩治腐败，在不断进行自我革命中更加赢得人民群众的信赖。

6.资源节约型、环境友好型社会建设取得重大进展。生态文明建设是全面建成小康社会的五项指标之一，党的十八大以来，我们提出一系列新理念新思想新战略，生态文明理念日益深入人心，污染治理力度之大、制度出台频度之密、监管执法尺度之严、环境质量改善速度之快前所未有。我们加快推进生态文明顶层设计和制度体系建设，制定了 40 多项涉及生态文明的改革方案，从总体目标、基本理念、主要原则、重点任务、制度保障等方面对生态文明建设进行全面系统部署安排。十八大报告提出的主体功能区布局基本形成，京津冀、长江经济带沿线省市和宁夏等 15 个省区市的生态保护红线已经划定，一大批高污染企业有序退出；资源循环利用体系初步建立，我国成为世界利用新能源和可再生能源第一大国。我国是世界上第一个大规模开展 PM2.5 治理的发展中大国，同 2013 年相比，2017 年全国 338 个地级及以上城市可吸入颗粒物（PM10）平均浓度下降 22.7%，京津冀地区 PM2.5 平均浓度下降 39.6%，北京 PM2.5 平均浓度从每立方米 89.5 微克降至每立方米 58 微克。我国消耗臭氧层物质的淘汰量占发展中国家总量的 50% 以上，成为对全球臭氧层保护贡献最大的国家。

二、中国全面建成小康社会的成功经验

中华民族是一个既具有 5000 年文明历史又有一段近代屈辱经历的被压迫民族，当代中国是一个从半殖民地半封建社会逐步站立起来的东方大国，是一个人口多、底子薄的发展中大国，是一个以马克思列宁主义为指导，坚持走社会主义道路的由中国共产党长期执政的社会主义国家。因此，中国全面建成小康社会的成功，更具有政治意义、历史意义、世界意义。对于实现小康目标、全面建设小康社会、全面建成小康社会的成功经验，党的几代领导集体都做过系统总结。

以江泽民同志为核心的第三代中央领导集体曾做过这样一个概括："我国扶贫开发取得的巨大成就，具有重大的经济意义和政治意义。第一，我们党和国家开展扶贫开发，努力解决贫困人口的生产生活问题，是我国社会主义制度优越性的一个重要体现，极大地坚定了全国各族人民建设有中国特色社会主义的信心。第二，组织扶贫开发，解决几亿人的温饱问题，说明我们党和国家高度重视推进中国人民的人权事业，为保障人民的生存权和发展权这一最基本、

最重要的人权，进行了锲而不舍的努力。扶贫开发取得的成就，不仅是对世界人权事业的重要贡献，也为我们开展国际人权斗争、反对西方反华势力干涉我国内政创造了有利条件。第三，扶贫开发取得的成就，为保持国民经济协调发展，为促进民族团结、保持边疆安定和社会稳定做出了贡献。第四，扶贫开发取得的伟大成就和积累的宝贵经验，以及广大干部群众表现出来的自力更生、艰苦奋斗的精神，为我们进行爱国主义、集体主义、社会主义教育和基本国情教育增添了丰富生动的教材，应该充分运用它来激励全国各族人民继续为推进改革和建设而不懈奋斗。这四条，是我们认识扶贫开发重大意义的基本方面。全党全国上下要进一步加深认识，增强做好扶贫开发工作的自觉性和坚定性。通过扶贫开发，我们积累了使贫困地区群众摆脱贫困、走向富裕的重要经验，主要是：政府主导、社会动员，立足发展、坚持开发，因地制宜、综合治理，自强不息、艰苦创业。"①

以胡锦涛同志为主要代表的中国共产党人也做过一个概括："我们坚持依靠发展解决贫困问题，把加快发展作为促进减贫的根本举措；坚持以人为本，把改善贫困地区群众生产生活条件和提高贫困人口生活水平作为扶贫开发的中心任务；坚持党委领导、政府主导，把强有力的组织领导作为实现减贫的重要保证；坚持开发式扶贫，把增强贫困地区和贫困人口自我发展能力作为实现脱贫致富的主要途径；坚持广泛动员社会力量，把定点扶贫、东西部扶贫协作、其他社会力量参与扶贫作为推进扶贫开发的有效模式；坚持尊重贫困地区群众主体地位，把激发群众自力更生、艰苦奋斗精神和主动性、创造性作为扶贫开发的内在活力；坚持学习和借鉴国外经验，

①《江泽民文选》第三卷，人民出版社 2006 年版，第 248 页。

把开展国际交流合作作为扶贫开发工作的重要补充。"①

　　以习近平同志为核心的党中央也做过一个概括："在脱贫攻坚的伟大实践中，我们积累了许多宝贵经验，主要包括以下几个方面：一是坚持党的领导，强化组织保证。脱贫攻坚，加强领导是根本。必须坚持发挥各级党委总揽全局、协调各方的作用，落实脱贫攻坚一把手负责制，省市县乡村五级书记一起抓，为脱贫攻坚提供坚强政治保证。二是坚持精准方略，提高脱贫实效。脱贫攻坚，精准是要义。必须坚持精准扶贫、精准脱贫，坚持扶持对象精准、项目安排精准、资金使用精准、措施到户精准、因村派人（第一书记）精准、脱贫成效精准等'六个精准'，解决好扶持谁、谁来扶、怎么扶、如何退问题，不搞大水漫灌，不搞'手榴弹炸跳蚤'，因村因户因人施策，对症下药、精准滴灌、靶向治疗，扶贫扶到点上扶到根上。三是坚持加大投入，强化资金支持。脱贫攻坚，资金投入是保障。必须坚持发挥政府投入主体和主导作用，增加金融资金对脱贫攻坚的投放，发挥资本市场支持贫困地区发展作用，吸引社会资金广泛参与脱贫攻坚，形成脱贫攻坚资金多渠道、多样化投入。四是坚持社会动员，凝聚各方力量。脱贫攻坚，各方参与是合力。必须坚持充分发挥政府和社会两方面力量作用，构建专项扶贫、行业扶贫、社会扶贫互为补充的大扶贫格局，调动各方面积极性，引领市场、社会协同发力，形成全社会广泛参与脱贫攻坚格局。五是从严要求，促进真抓实干。脱贫攻坚，从严从实是要领。必须坚持把全面从严治党要求贯穿脱贫攻坚工作全过程和各环节，实施经常性的督查巡查和最严格的考核评估，确保脱贫过程扎实、脱贫结果真实，使脱贫攻坚成效经得起实践和历史检验。六是坚持群众主体，

①《人民日报》2012年2月28日。

激发内生动力。脱贫攻坚，群众动力是基础。必须坚持依靠人民群众，充分调动贫困群众积极性、主动性、创造性，坚持扶贫和扶志、扶智相结合，正确处理外部帮扶和贫困群众自身努力关系，培育贫困群众依靠自力更生实现脱贫致富意识，培养贫困群众发展生产和务工经商技能，组织、引导、支持贫困群众用自己辛勤劳动实现脱贫致富，用人民群众的内生动力支撑脱贫攻坚。"[①]

几代中央领导集体对扶贫开发工作成功经验的总结，高度凝练地概括了中国共产党成立 100 年来在革命、建设、改革、复兴各个历史时期为建设全面的小康社会、为实现共同富裕、消除贫困而不懈奋斗的光辉历史，为我们今天深刻认识和总结全面建成小康社会的历史经验提供了重要的理论指导。

（一）必须坚持党对一切工作的领导

正确的领导是事业成败的决定力量。近代以来，中国也曾经政党林立，但都昙花一现，在滚滚向前的历史洪流面前分崩离析，土崩瓦解。归根到底，这些政党或带有政党性质的组织，没有科学的理论指导，没有领导斗争和建设的实践经验，一句话，没有执政中国的能力。唯独中国共产党一经走上中国政治舞台，就改变了这种局面，从此中国革命有了正确的前进方向。中国共产党一成立就宣布自己以马克思列宁主义为指导，最终目标是实现共产主义的社会制度。从那时起就肩负起为中华民族谋复兴的历史使命。中国共产党人懂得，实现中华民族伟大复兴，必须首先实现民族独立、国家统一、人民解放、社会稳定。所以，党的二大就制定了民主革命纲领，提出目前的目标是：消除内乱，打倒军阀，实现国内和平；推翻国际帝国主义的压迫，达到中华民族完全独立；统一中国本部，

[①]《十九大以来重要文献选编》（上），中央文献出版社 2019 年版，第 224-225 页。

成为民主共和国；保障工人、农民的选举权和自由权利，改善人民生活等。这些内容就包含着让人民过上好日子的小康追求。那时，我们党虽然还很年幼，很弱小，但在党的正确领导下，由弱到强，从小到大，从胜利走向更大胜利，取得新民主主义革命的胜利，成立了中华人民共和国，建立了社会主义制度，为当代中国一切发展进步提供了根本政治前提和制度基础。党对让人民过上幸福和小康生活的追求，在新民主主义革命时期主要表现为：实现民族独立及"打土豪、分田地"；在社会主义革命和建设时期主要表现为：为实现工业化和四个现代化而奋斗及解决几亿人的吃饭问题；在改革开放和社会主义现代化建设新时期主要表现为：正式提出小康社会目标，推进实现总体小康社会目标及全面建设小康社会；在新时代主要表现为：打赢脱贫攻坚战，把全面建成小康社会变为现实，并乘势而上开启全面建设社会主义现代化国家新征程，向第二个百年奋斗目标进军。所有这一切都充分说明，只有共产党，才能救中国；只有共产党，才能发展社会主义；只有共产党，才能全面建成小康社会。

（二）必须坚持中国特色社会主义道路

对于从半殖民地半封建社会脱胎换骨而建立起社会主义制度的中国，如何建设社会主义，我们没有现成的答案。世界上第一个社会主义国家苏联对这个问题也没有认识清楚，所以导致1991年苏联解体。在吸取苏联模式经验教训的基础上，我们党从1956年初开始探索自己的社会主义道路，毛泽东发表的《论十大关系》《关于正确处理人民内部矛盾的问题》和中共八大的召开，标志着这一探索取得初步成果。此后，从1957年反右斗争扩大化开始，以至发生"文化大革命"的全局性严重错误，使这一探索发生了严重偏

差。"文化大革命"的发生有其复杂的历史原因，但从另一方面警
示全党，在社会主义的初级阶段，必须坚信贫穷不是社会主义，必
须坚持以经济建设为中心，必须尊重经济规律，片面夸大主观意志
的作用只能适得其反。1978 年 12 月党的十一届三中全会的召开，
做出把工作重点转移到社会主义现代化建设上来的战略决策，标志
着党重新确立了马克思主义的思想路线、政治路线和组织路线，开
启了改革开放和社会主义现代化建设的新时期，逐步走出一条中国
特色社会主义新道路。

中国特色社会主义道路，就是在中国共产党领导下，立足本
国国情，以经济建设为中心，坚持四项基本原则，解放和发展社会
生产力，建设社会主义市场经济、社会主义民主政治、社会主义先
进文化、社会主义和谐社会、社会主义生态文明，促进人的全面发
展，逐步实现全体人民共同富裕，建设富强民主文明和谐美丽的社
会主义现代化国家。全面建成小康社会包含在中国特色社会主义道
路之中。在中国特色社会主义道路的指引下，我们以"逐步实现全
体人民共同富裕"为目标，不断推进小康社会的历史进程，从总体
小康、全面建设小康社会到全面建成小康社会，一步步把全面的小
康社会变为现实。历史充分说明，中国特色社会主义道路是当代中
国发展的根本方向，只有中国特色社会主义才能发展中国，才能实
现全面建成小康社会的目标。

（三）必须坚持以经济建设为中心、以人民为中心

社会主义的最大优越性就在于能够比资本主义更快地发展生产
力。社会主义的本质是解放生产力，发展生产力，消灭剥削，消除
两极分化，最终达到共同富裕。全面的小康社会最重要的特征是物
质比较丰富，人民生活比较富足。所以必须首先把经济搞上去，在

消灭贫穷的基础上实现共同富裕。把发展经济建设作为一切工作的中心是在改革开放以后。针对人们对姓"社"姓"资"的思想顾虑，邓小平明确指出："计划多一点还是市场多一点，不是社会主义与资本主义的本质区别。计划经济不等于社会主义，资本主义也有计划；市场经济不等于资本主义，社会主义也有市场。计划与市场都是经济手段。""判断的标准，应该主要看是否有利于发展社会主义社会的生产力，是否有利于增强社会主义国家的综合国力，是否有利于提高人民的生活水平。"[1] 为了打牢以经济建设为中心的思想基础，我们党提出把发展作为解决中国一切问题的关键。党领导人民建设社会主义的根本任务是解放和发展生产力，增强综合国力，满足人民群众日益增长的物质文化需要。坚持以经济建设为中心，推动我国经济隔几年上一个大台阶，经过改革开放40多年的发展，走完了资本主义国家几百年的现代化建设的路程。坚持以经济建设为中心，在全面建成小康社会的征程中，表现为坚持开发式扶贫的方针，一方面，通过支持贫困地区贫困群众依靠自己的努力，通过发展经济，实现脱贫。另一方面，正是因为坚持以经济建设为中心，国力增强，后来才有条件实施西部大开发战略、区域协调发展战略，向中西部地区进行财政转移支付，把城市支援农村、工业反哺农业作为一项方针坚持下来，推进工业与农业协调发展，扶持贫困地区和贫困群众脱贫致富。实践证明，发展经济必须摆在各项工作的首位，没有经济的快速发展，一切都无从谈起。全面的小康社会目标的实现，说到底是坚持以经济建设为中心的结果，这条基本路线必须永远坚持下去。

---

①《邓小平文选》第三卷，人民出版社1993年版，第372-373页。

（四）必须坚持精准方略

方略是执行路线的手段，正确的路线靠正确的政策和策略去实施、去实现。善于在正确路线指导下制定正确的政策和策略，是中国共产党的优良传统。在土地革命战争时期，党找到一条"农村包围城市，武装夺取政权"的中国革命正确道路后，随之就制定了实行武装割据、建立农村革命根据地、开展游击战争的战略战术。新中国成立后，党中央提出："过渡时期的总路线和总任务，是要在一个相当长的时期内，逐步实现国家的社会主义工业化，并逐步实现国家对农业、对手工业和对资本主义工商业的社会主义改造。"为实现党在过渡时期的总路线，中共中央做出优先发展重工业的战略选择，编制和实施第一个五年计划，进行大规模经济建设，同时进行农业社会主义改造、对资本主义工商业的社会主义改造。小康社会目标正式提出以后，我们党在十三大就把它纳入"三步走"战略，1994 年起开始实施《八七扶贫攻坚计划》，2001 年颁布《中国农村扶贫开发纲要（2001—2010 年）》，2011 年又颁布《中国农村扶贫开发纲要（2011—2020 年）》。进入新时代，以习近平同志为核心的党中央提出"精准扶贫、精准脱贫"的基本方略，实施打赢脱贫攻坚战，印发《关于打赢脱贫攻坚战三年行动的指导意见》，一步一步实现全成建成小康社会的目标。这一切都说明，制定正确的政策和方略对于全面建成小康社会是十分重要的，正如毛泽东所说："政策和策略是党的生命"，"只有党的政策和策略全部走上正轨，中国革命才有胜利的可能"①。

（五）必须把总体战与保底线结合起来

全面建成小康社会，是实现社会主义现代化、实现中华民族

①《毛泽东选集》第四卷，人民出版社 1991 版，第 1298 页。

伟大复兴征程中的一个新阶段。作为一种"社会"状态，必须具有全面性，即整个社会都应该达到一定的水平，一部分人或多数人即使达到再高的生活水平，也不能叫全面的小康社会，而应该使所有人的生活水平都有很大的提高；作为一种"小康"状态，必须具有较高的生活水平，那就是整个国家总体上要达到中等发达国家的水平，即国内人均生产总值10000美元左右。这就要求在两个方面下功夫。一是坚持以经济建设为中心，保持国民经济持续稳定快速发展，确保实现中等发达国家的发展水平；二是要保底线，补短板，确保现行标准下贫困人口如期脱贫。贫穷不是社会主义，两极分化也不是社会主义。中国在全面建成小康社会的整个历程中，始终坚持"两手抓"，一手抓大力发展国民经济，每10年左右实现经济总量翻一番。以这样的发展速度，我国在世界排名1994年居第七位，2000年居第六位，2002年超过法国居第五位，2006年超过英国居第四位，2007年超过德国居第三位，2010年超过日本居第二位。一手抓扶贫攻坚，从1982年起，38年如一日，使贫困人口逐步走上脱贫致富之路。这种点面结合的方法，是马克思主义的方法，体现了既整体推进又分类指导，既突出重点又围绕难点的辩证思维、系统思维、底线思维。事实证明，只有把总体战与保底线结合起来，才能真正建成全面的、不落下一人的小康社会。

（六）必须坚持一张蓝图绘到底

实现全面小康社会的宏伟目标，是一项百年伟业，需要几代人的接续奋斗。中国共产党长期执政的制度优势，共产党人始终以全心全意为人民服务为根本宗旨、而没有自己特殊利益的先进性特质，注定了只有中国共产党能够做到一张蓝图绘到底。而只有有一张蓝图绘到底的执着与坚韧，才能干成大事，破解难事。从党的一大宣告本党的使命是进行"社会革命"，党的二大制定民主革命纲领，提出为工人、农民眼前利益计，以眼前目标的一步步实现逐步向共产主义靠近之后，一代代共产党人就聚拢在为民族独立、为民主共和国的建立、为劳苦大众翻身解放、创造幸福生活这一共同理想的旗帜下。在新民主主义革命时期，我们党带领全国各族人民浴血奋战，终于把日本帝国主义赶出了中国，实现了民族独立；推翻了国民党的反动统治，建立了新中国。在社会主义革命和建设时期，我们党带领全国各族人民，恢复经济，医治战争创伤，进行社会主义改造，确立社会主义制度，成功实现了中国历史上最深刻最伟大的社会变革，为当代中国一切发展进步奠定了根本政治前提和制度基础，还解决了几亿人的吃饭问题。党的十一届三中全会后，我们党带领全国各族人民深刻总结我国社会主义建设正反两方面经验，做出把党和国家工作重点转移到经济建设上来、实行改革开放的历史性决策，确立社会主义初级阶段基本路线，成功开创了中国特色社会主义道路。改革开放之初，我们党就明确提出小康社会目标，并开始对贫困地区贫困人口实施扶贫开发战略，逐步解决人民的温饱问题。十三届四中全会后，我们党在国内外形势十分复杂、世界社会主义出现严重曲折的严峻考验面前，捍卫了中国特色社会主义，并成功地把中国特色社会主义推向 21 世纪。在推进实现小康社会目标的进程中，实施《八七扶贫攻坚计划》，实施西部大开发战略，提出全面建设小康社会的新目标，到 2000 年时全国人民总体上实现了小康。在新世纪新阶段，党中央抓住重要战略机遇期，在全面建设小康社会进程中，强调以人为本、全面协调可持续发展，提出构建社会主义和谐社会、加快生态文明建设，提出全面建成小康社会，形成中国特色社会主义总体布局，着力改善和保障民生，促进社会公平正义，取消了实行 2600 多年的农业税，建设社会主义新农村，实施东北振兴战略和中部崛起战略，推动全面建设小康社会向人文领域延伸。在新时代，我们党领导全国各族人民，统揽伟大斗争、伟大工程、伟大事业、伟大梦想，系统回答了新时代坚持和发展什么样的中国特色社会主义、怎样坚持和发展中国特色社会主义这个重大时代课题，创立了习近平新时代中国特色社会主义思想。在推进全面建成小康社会的进程中，把脱贫攻坚作为底线任务和重要指标，提出精准扶贫、精准脱贫基本方略，实施打赢脱贫攻坚战，层层实行脱贫攻坚责任制，开展挂牌督战，确保所有贫困地区贫困群众与全国人民一道迈进全面小康社会。全面建成小康社会的成功，记载了一代代中国共产党人的不懈奋斗，一代人有一代人的长征路，每一代人的长征路，都是在上一代人开辟的基础上，接续奋斗，压茬推进，而不是"新官不理旧账"，撇开前任，另搞一套。做到一张蓝图绘到底，必须胸怀远大理想，立足正在做的事情，有一种"功成不必在我"的不求有功的无我胸怀，以自己的无私奉献，为全面小康社会的最终实现贡献自己的智慧和力量。全面小康社会终于在 2020 年如期实现了！在此之前，全党全国各族人民都为此付出了辛勤劳动，甚至生命的代价，他们都是全面建成小康社会的功臣。历史永远铭记他们的英名。

全面建成小康社会是实现社会主义现代化、实现中华民族伟大复兴中国梦的重要里程碑。实现全面建成小康社会，标志着我们跨过了实现现代化建设第三步战略目标必经的承上启下的重要发展阶段。全面建成小康社会与基本实现现代化之间，在时间上紧密衔接，在各项事业发展上全面对接，是继往开来的关系。确保全面建成小康社会目标如期实现，对于顺利开启全面建设社会主义现代化国家新征程意义十分重大。实现全面建成小康社会，标志着我们党实现了对人民、对历史做出的庄严承诺。表明自古以来中华民族孜孜以求的"小康"社会理想在当代中国变为现实，这在中华民族发展史上是浓墨重彩的一个篇章。实现全面建成小康社会，标志着我国从中等收入国家向高收入国家发展迈出坚实步伐。小康是中国式现代化的话语范畴。按照国际标准，我国在 1999 年由低收入国家进入中等收入国家，目前人均国民总收入超过 8000 美元，属于中等偏上收入国家，与高收入国家门槛（2016 年划分标准为人均 12475 美元）还有约 34% 的差距。近年来我国经济保持中高速增长，到 2020 年全面建成小康社会时，我国人均国民收入有望达到或超过 10000 美元，更加接近高收入国家标准。这表明，我国全面建成小康社会进程与国际上现代化发展阶段是衔接的。[①] 实现全面建成小康社会，标志着为开启全面建设社会主义现代化国家新征程打下坚实基础。从全面建成小康社会到基本实现现代化，再到全面建成社会主义现代化强国，是新时代中国特色社会主义发展的战略安排。在全面建成小康社会后，全面建成社会主义现代化国家分为 2020—2035 年、2035 年至 21 世纪中叶这两个阶段来安排，我国社会主义现代化建设的时间表、路线图更加清晰了。两个阶段全面建设社会主义现代化国家，是习近平新时代中国特色社会主义思想的重要组成部分，是新时代具有开创意义的社会主义现代化发展理论。决胜全面建成小康社会的如期完成，必将为开启全面建设社会主义现代化国家新征程打下坚实基础。[②] 实现全面建成小康社会标志着中华

---

① 《党的十九大报告辅导读本》，人民出版社 2017 年版，第 167–168 页。

② 全国干部培训教材编审指导委员会组织编写：《决胜全面建成小康社会》，人民出版社、党建读物出版社 2019 年版，第 19 页。

民族对人类文明进步做出重大贡献。作为世界上人口最多的发展中国家，建成惠及十几亿人口的全面小康社会，将实实在在促进人类减贫和人的全面发展，为人类社会发展贡献中国力量。改革开放40多年来，在中国共产党的领导下，中国的社会生产力、综合国力实现了历史性跨越，人民生活实现了从贫困到温饱再到总体小康的历史性跨越。8亿多农村贫困人口成功脱贫，这不仅使中国彻底抛掉了"东亚病夫"的帽子，而且成为世界上率先完成联合国千年发展目标的国家。减少贫困的卓越成绩被世界银行称之为"迄今人类历史上最快速度的大规模减贫"①。中国为人类战胜贫困、为全球减贫事业做出了重大贡献，为发展中国家寻找发展道路提供了成功经验。

三、展望全面建成小康社会后的美好前景

为中华民族谋复兴，是中国共产党的庄严历史使命。为实现这个历史使命，中国共产党在社会主义建设初期明确提出实现"四个现代化"，把我国建设成为社会主义强国的任务和目标。改革开放后，党对我国社会主义现代化建设做出新的战略安排。1987年，党的十三大提出"三步走"，引领从温饱到小康的历史性跨越。1997年，党的十五大谋划新的"三步走"，确定到2010年、建党100年和新中国成立100年的发展目标，锚定21世纪中叶基本实现现代化。党的十九大高瞻远瞩地擘画了到21世纪中叶之前中国发展的战略安排，为今后30多年全面建设社会主义现代化国家规划了路线图。这就是：从2020年开始再奋斗15年，到2035年基本实现社

---

① 《人类减贫史上的伟大实践——党中央关心扶贫开发工作纪实》，《人民日报》2014年10月17日。

会主义现代化；从 2035 年到 21 世纪中叶，在基本实现现代化的基础上，再奋斗 15 年，把我国建成富强民主文明和谐美丽的社会主义现代化强国。这个宏伟的战略安排，吹响了夺取新时代中国特色社会主义伟大胜利的冲锋号，激励全体人民朝着伟大目标奋勇前进。

站在全面建成小康社会的新的历史起点上，展望未来的中国，我们充满自信，我们豪情万丈。

（一）到 2035 年基本实现社会主义现代化

1987 年，党的十三大提出了到 21 世纪中叶基本实现社会主义现代化战略目标。党的十九大报告提出，到 2035 年基本实现社会主义现代化。这比原定时间足足提前了 15 年。这一重大战略规划，是适应我国发展实际和趋势做出的必然选择，彰显了新时代中国特色社会主义的充足底气和强大自信。那么，到 2035 年基本实现的社会主义现代化是怎样一幅图景？

在经济建设方面，现代化经济体系基本建成，我国经济实力、科技实力将大幅跃升，跻身创新型国家前列。到那时，我国发展空间格局得到优化，经济将保持中高速增长、产业迈向中高端水平，经济发展实现由数量和规模扩张向质量和效益提升的根本转变，经济活力明显增强，形成若干世界级先进制造业集群，全要素生产率明显提升。跻身创新型国家前列。

在政治建设方面，人民平等参与、平等发展权利得到充分保障，法治国家、法治政府、法治社会基本建成，各方面制度更加完善，国家治理体系和治理能力现代化基本实现。党的领导、人民当家做主、依法治国达到高度有机统一。人民民主更加充分发展，人民代表大会和人民政协制度更加完善，民主选举、民主协商、民主决策、民主管理、民主监督得到有效落实，人权得到充分保障，人民的积极性、主动性、创造性进一步发挥。政府公信力和执行力大为增强，人民满意的服务型政府基本建成。依法治国得到全面落实，科学立法、严格执法、公正司法、全民守法的局面基本形成。

在文化建设方面，社会文明程度达到新的高度，国家文化软实力显著增强。到那时，全体人民的文化自信、文化自觉和文化凝聚力不断提高。中国梦和社会主义核心价值观深入人心，爱国主义、集体主义、社会主义思想广泛弘扬，公共文化服务体系、现代文化产业体系和市场体系基本建成，人民思想道德素质、科学文化素质、健康素质明显提高。中外文化交流更加广泛，中华文化走出去达到新水平。

在民生和社会建设方面，全体人民向共同富裕迈出坚实步伐。到那时，我国进入高收入国家行列，人民生活更为宽裕，现代社会治理格局基本形成。基本实现基本公共服务均等化，实现幼有所育、学有所教、劳有所得、病有所医、老有所养、住有所居、弱有所扶的美好愿景，人均预期寿命和国民受教育程度达到世界先进水平。实现政府治理和社会调节、居民自治良性互动，人民获得感、幸福感、安全感更加充实、更有保障、更可持续，社会充满活力又和谐有序。

在生态文明建设方面，美丽中国目标基本实现。到那时，生态文明制度更加健全，生态环境根本好转。基本建立清洁低碳、安全高效的能源体系和绿色低碳循环发展的经济体系，基本形成绿色发展的生产方式和绿色低碳的生活方式，基本建立生态安全屏障体系，大气、水、土壤等环境状况明显改观。我国碳排放总量将在2030年左右达到峰值后呈现下降态势，在应对全球气候变化和促进绿色发展中发挥重要作用。[①]

　　概而言之，到 2035 年基本实现社会主义现代化，就是经济建设、政治建设、文化建设、社会建设和生态文明建设"五位一体"都要达到基本实现现代化的目标。在全面建成小康社会的坚实基础上，到 2035 年实现这一目标有着光明的前景。

（二）到 21 世纪中叶建成社会主义现代化强国，实现中华民族的伟大复兴

　　到 21 世纪中叶，我国将全面建成富强民主文明和谐美丽的社会主义现代化强国，物质文明、政治文明、精神文明、社会文明和生态文明将全面提升。那时的中国将是一幅怎样的场景？可以预想，那时的中国将有更加鼎盛的国力。我国社会生产力水平大幅提高，核心竞争力名列世界前茅，经济总量和市场规模超越其他国家，全面建成社会主义现代化强国，成为综合国力和国际影响力领先的国家。国民素质显著提高，中国精神、中国价值、中国力量成为中国发展的重要影响力和推动力。那时的中国将有更为成熟定型的制度。实现国家治理体系和治理能力现代化，是社会主义现代化强国的制度基础。未来 30 多年我国深化改革开放的目标，就是进一步革除体制机制弊端，在各领域、各方面加强制度建设，最终形成一套比较成熟、完整、定型的制度体系。坚持依法治国和以德治国有机结合，形成又有集中又有民主、又有纪律又有自由、又有统一意志又有个人心情舒畅生动活泼的政治局面。那时的人民将有更加幸福的生活。我国城乡居民将普遍拥有较高的收入、富裕的生活、健全的基本公共服务，享有更加幸福安康的生活，全体人民共同富裕基本实现，公平正义普遍彰显，社会充满活力而又规范有

①《党的十九大报告辅导读本》，人民出版社 2017 年版，第 26—28 页。

序。天蓝、地绿、水清的优美生态环境成为普遍常态，开创人与自然和谐共生新境界。那时的中国将更走近世界舞台的中央。我国作为具有悠久历史的文明古国，将焕发出前所未有的生机活力。[①]

到 21 世纪中叶，社会主义现代化强国的建成，也标志着实现中华民族伟大复兴中国梦的实现。习近平总书记指出，实现中华民族伟大复兴的中国梦，就是要实现国家富强、民族振兴、人民幸福。国家富强，就是要全面建成小康社会，并在此基础上建设富强民主文明和谐美丽的社会主义现代化强国；民族振兴，就是要使中华民族更加坚强有力地自立于世界民族之林，为人类做出新的更大的贡献；人民幸福，就是要坚持以人民为中心，增进人民福祉，促进人的全面发展，朝着共同富裕方向稳步前进。中国梦把国家的追求、民族的向往、人民的期盼融为一体，体现了中华民族和中国人民的整体利益，表达了每一个中华儿女的共同愿景，已成为激荡在近 14 亿人心中的高昂旋律，成为中华民族团结奋斗的最大公约数和最大同心圆。

毛泽东在 1954 年曾说过："我们有充分的信心，克服一切艰难困苦，将我国建设成为一个伟大的社会主义共和国。我们正在前进。我们正在做我们的前人从来没有做过的极其光荣伟大的事业。"[②]回望建党至今近百年的伟大历程，中国共产党始终以"为中国人民谋幸福、为中华民族谋复兴"作为自己的初心和使命。在紧紧围绕着这一"初心"和"使命"的基础上，党治国理政的一条重要经验，是根据不同发展阶段制定相应发展战略，一届接着一届

---

① 《直挂云帆济沧海——如何把握新时代中国特色社会主义发展的战略安排》，《人民日报》2018 年 2 月 27 日。
② 《毛泽东文集》第六卷，人民出版社 1999 年版，第 349-350 页。

办、一代接着一代干。现代化的漫漫征途如同一场接力赛，从"站起来"到"富起来"再到"强起来"，需要一棒传一棒，前赴后继、不断努力。在不同发展时期，我们党总能因时而变、随事而制，确立一个又一个新目标，激励人们团结一致、携手奋进。2020 年全面小康社会的建成，标志着这一伟大憧憬已经看得见曙光。今天，拥有 960 多万平方千米土地、5000 多年灿烂文明、14 亿人口的泱泱大国，夺取新时代中国特色社会主义伟大胜利、全面建成社会主义现代化强国，具有无比广阔的时代舞台，具有无比深厚的历史底蕴，具有无比强大的前进定力。

后　记 | HOUJI

　　本书是在全党全国人民万众一心、众志成城，决战新冠肺炎疫情的日子里完成最后写作的。

　　为什么要写第一个百年奋斗目标——全面建成小康社会这么大的选题？

　　在学习中共十九大精神的过程中，习近平总书记在十九大报告中对于"新时代中国共产党的历史使命"的论述使我深受启发。他说："我们党深刻认识到，实现中华民族伟大复兴，必须建立符合我国实际的先进社会制度。我们党团结带领人民完成社会主义革命，确立社会主义基本制度，推进社会主义建设，完成了中华民族有史以来最为广泛而深刻的社会变革，为当代中国一切发展进步奠定了根本政治前提和制度基础，实现了中华民族由近代不断衰落到根本扭转命运、持续走向繁荣富强的伟大飞跃。我们党深刻认识到，实现中华民族伟大复兴，必须合乎时代潮流、顺应人民意愿，勇于改革开放，让党和人民事业始终充满奋勇前进的强大动力。我们党团结带领人民进行改革开放新的伟大革命，破除阻碍国家和民族发展的一切思想和体制障碍，开辟了中国特色社会主义道路，使中国大踏步赶上时代。"①

　　这段话，科学地、深刻地回答了第二个百年目标——到21世

①《十九大以来重要文献选编》（上），中央文献出版社2019年版，第10页。

纪中叶，实现中华民族伟大复兴的历史渊源以及中国共产党在其中的历史性作用。这使人更加明白，从 1949 年 10 月 1 日中华人民共和国成立起，我们党领导全国各族人民完成社会主义革命，确立社会主义基本制度，推进社会主义建设，都是为实现中华民族伟大复兴提供根本政治前提和制度基础。十一届三中全会以来，我们党领导全国各族人民实现伟大历史转折，开启改革开放和社会主义现代化建设历史进程，开辟、坚持和发展中国特色社会主义，经过 40 多年的改革开放和社会主义现代化建设，中华民族伟大复兴展现出光明的前景，现在，我们比历史上任何时期都更接近中华民族伟大复兴的目标，比历史上任何时期都更有信心、有能力实现这个目标。

由此，联想到第一个百年目标——到 2020 年全面建成小康社会。既然是到中国共产党成立 100 年的奋斗目标，那它的起止时间应是从 1921 年中国共产党成立到 2020 年时。那么，如何认识 1979 年 12 月 6 日邓小平在会见日本首相大平正芳时的谈话时才正式提出的小康目标，是中国共产党成立 100 年时的奋斗目标呢？小康目标正式写进党的代表大会文件，最早是中共十二大，由胡耀邦所做的十二大报告指出："从 1981 年到本世纪末的 20 年，我国经济建设总的奋斗目标是，在不断提高经济效益的前提下，力争使全国工农业的年总产值翻两番，即由 1980 年的 7100 亿元增加到 2000 年的 28000 亿元。实现了这个目标，我国国民收入总额和主要工农业产品的产量将居于世界前列，整个国民经济的现代化过程将取得重大进展，城乡人民的收入将成倍增长，人民的物质文化生活可以达到小康水平。"[1]

①《胡耀邦文选》，人民出版社 2015 年版，第 424 页。

实际上，习近平总书记在十九大报告中已经做出了回答。他指出："中国共产党一经成立，就把实现共产主义作为党的最高理想和最终目标，义无反顾肩负起实现中华民族伟大复兴的历史使命，团结带领人民进行了艰苦卓绝的斗争，谱写了气吞山河的壮丽史诗。"①这一科学论断告诉我们，既然中国共产党一经成立就义无反顾肩负起实现中华民族伟大复兴的历史使命，而小康社会是实现现代化、实现中华民族伟大复兴征途中的一个阶段性目标，实现中华民族伟大复兴其中就包含着小康社会目标。因此，我们党一经成立，也就同时胸怀建设小康社会的伟大理想。

回答第一个百年目标的缘起，是一个重大理论问题。为了从理论上、实践上更全面、更准确、更深刻地揭示它的理论依据、发展脉络、实践过程，笔者加紧了有关理论的学习研究，潜心阅读学习了毛泽东、周恩来、刘少奇、朱德、邓小平、江泽民、胡锦涛、习近平等领袖的经典著作和《建党以来重要文献选编》以及十一届三中全会以来到党的十九大以来重要文献选编，查阅国务院扶贫开发领导小组办公室公布的政策法规、文件文献，不断深化对全面建成小康社会与实现社会主义现代化、实现中华民族伟大复兴中国梦以及与扶贫开发工作的关系的理解。

在这个过程中，国家高端智库在北京举办2019年论坛——"新中国成立70周年与坚决打赢脱贫攻坚战"，我有幸参加。在发言中，我谈了对这个问题的认识和框架、思路，得到有关专家学者的赞同。此后便萌生了写作本书的初步计划。写作提纲形成后，在编辑部的大力支持下，我从2019年11月中旬开始写作，主要是利用双休日和晚上时间挑灯夜战。其间还约请两名青年专家一起讨论并

①《十九大以来重要文献选编》（上），中央文献出版社2019年版，第10页。

参与有关章节的研究。在此表示深深的谢意！

值得一提的是，对我的研究成果，山西《党史文汇》、辽宁《刊授党校》杂志开辟专栏，宣传推介，令我感动。

由于本人理论水平、学术造诣有限和时间仓促等原因，错漏之处在所难免，敬请读者予以批评指正。

作 者

2020 年 3 月 20 日于北京